海丝北海

上海社会科学院
北海市社会科学界联合会
北海职业学院 合编

上海社会科学院出版社

编 委 会

主　任：王德忠

副主任：干春晖

成　员：伍朝胜　邵　建　林旺兴　蓝　伟　杜文俊　李宏利
　　　　　李文红　李永玲　范　博　宁　霞　刘梦琳　赵青青
　　　　　李道海　陈宗雁　莫　雯　陈　喜　杨晓华　杨欢梅

主　编：伍朝胜

副主编：杜文俊　林旺兴　蓝　伟　李文红

编　辑：宁　霞　陈宗雁

编　务：杨欢梅　陈继蔚　叶小霞

序　言

王德忠*

"日射涠洲廓，风斜别岛洋。交池悬宝藏，长夜发珠光。"这是明代戏曲家汤显祖在游览北海涠洲岛时写下的诗句。

地处北部湾畔的北海，风光旖旎，历史悠久，人文鼎盛，是我国古代海上丝绸之路始发港之一，中国历史文化名城南珠的发源地。作为中国重要的通商港口城市，北海自秦汉就有了海上贸易，唐宋时期的海上丝绸之路更是通达波斯湾和印度等国，沿海上丝绸之路远来的商舶帆影与海风相伴，为这座城市带来了文明的滋养，并融入北海发展历史的血脉之中，造就了人文荟萃的城市底蕴。可以说，海丝文化既是北海开放发展标志性产物，也是中华民族传统文化的一抹亮色。

《易经》有一句名言："观乎人文，以化成天下。"意思是通过观察人类社会的各种现象，可以用教育感化的手段来治理天下。通俗来说，就是要通过文化建设来提升人的素质。作为广西北部湾（北海）发展研究院的共建单位，上海社会科学院一直十分重视对北海的决策咨询服务，推进双方的合作发展。这些年来，我们先后协助或资助北海编印了《跨越之路——北海三年跨越发展纪实》《黄金十年向海路——广西北部湾经济区开放开发看北海》等书籍，进一步强化了双方的合作纽带。2017年4月，习近平总书记视察广西及北海时指出："要让文物说话，让历史说话，让文化说话。要加强文物保护和利用，加强历史研究和传承，使中华优秀传统文化不断发扬光大""要写好海上丝绸之路新篇章。"牢记总书记的嘱托，探究北海这个古海丝之城发展密码，传承海丝人文精神，是我们与北海方面共同的责任和愿望。在这当口，北海市社会科学界联合会送来了《海丝北海》初稿，欲与上海社会科学院合作编辑出版，并盛请我为这本书写篇序言。这令我既感荣幸，又倍加珍惜。在本书即将脱稿成书之际，我逐页认真翻阅，收获颇丰，发现本书有如下特点：

---

* 王德忠：上海社会科学院院长。

一是史料翔实。本书收集70余篇文章，内容涵盖海运商贸、民风民俗、名人轶事、文化特色等。每篇文章的作者都是各有关领域的专家或专业人士，本书即为他们利用所在单位的便利条件，通过搜集大量史料，梳理综合而成，绝不是捕风捉影和闭门臆造之作。

二是语言朴实。每篇文章没有华丽辞藻的堆砌，每个史实没有豪言壮语的倾泻，而是以讲故事的形式娓娓道来，显得真实可信。书中大量使用了民间口头语言和民间约定俗成的语言，比如"爷娘生温（我）有拱（这么）大，生是女命在世间""咸鱼包、讲嚎话"等，这些都有助于提高读者的感性认识，具有相当的亲和力。

三是选材现实。本书所选文章题材广泛、体裁多样。一方面，有理论研究文章，也有实践的纪实性、回忆性文章，让人迸发出思想火花；另一方面，信息量大，有些史实鲜为人知或闻所未闻，尤显弥足珍贵。比如，时任国家文物局局长单霁翔在2010年3月24日到北海调研时，对北海为修路而将原英国领事馆易地整体"平移"保护等举措十分赞赏，认为北海文化底蕴丰沛，保护措施得力，完全有资格成为国家历史文化名城。这对我们推进文化建设极有借鉴意义。

四是内容真实。全书内容紧扣主题，并精选多幅图片，做到图文并茂，增强了书籍的感染力和可读性。

上海与北海同属千年海丝古城，同源而生，同功为用，有着共同的梦想追求和发展振兴使命，有条件也有基础来进一步加强互惠合作，推动比翼齐飞。为此，在庆祝中华人民共和国成立70周年华诞和纪念上海、北海被列为中国首批开放沿海城市之际，我们希望通过合作出版书籍等多方举措，来搭建双方共赢平台，促进两地发展更加水乳交融。

是为序。

2020年10月15日

前　言

悠悠海丝路，簇簇帆千年。

《汉书·地理志》记载："自日南障塞，徐闻，合浦船行可五月，有都元国……自夫甘都卢国，船行可二月余，有黄支国……黄支之南，有已程不国。"这段话描述的"日南"在今天越南的中部，"徐闻"即为今天的湛江，"合浦"是今天的广西北海合浦县，"都元国"是今天的印度尼西亚加里曼丹岛，"夫甘都卢国"是今天的缅甸，"黄支国"是今天印度南部的一个古国，而"已程不国"则为今天的斯里兰卡。这是海上丝绸之路有史以来最早的文字记载，描述了北海（合浦）海上丝绸之路使者往来不断、商贩不绝于旅的盛况。

海丝路是商贸之路，也是文化之路、开放之路、兴盛之路。

凡是过往，皆为序章。走过千年的北海，岁月刻下了她寒暑洗礼的沧桑巨变，风雨滋养了她春夏耕耘的春华秋实。

清末启蒙思想家龚自珍有一句名言："欲知大道，必先为史。"意思是说，要掌握"大道"，必须先研究蕴含着"大道"的历史。在庆祝中华人民共和国成立70周年和北海被列为中国首批对外开放沿海城市35周年之际，我们特意编辑出版《海丝北海》一书，解读北海这个古代海上丝绸之路始发港发展历史的玄机，展示其深邃的文化内涵，让你看到一个更丰富多彩的北海，以此昭示未来。

《海丝北海》一书从"海丝风帆·古港贸易""海丝人文·千年荟萃""海丝交融·名人轶事""海丝风貌·光影故事"四个维度来描述北海这个中国历史文化名城的海丝文化特色。掀开"海丝风帆·古港贸易"篇，笔者带你穿越秦汉，与古代商贾们一道车出长安、挥鞭南郡（湖北荆州）、逐浪北流河、扬帆南流江、货抵合浦港，最后远航东南亚、西亚乃至欧洲……开展贸易活动，传播中华文化。品读"海丝人文·千年荟萃"篇，你会发现处于多元文化交汇的北海，民俗文化丰富多彩、博大精深，以海丝文化为主体，中原文化与岭南文化、中西文化等多元文化共存，同时也糅合了华南、西南、中南各地的民俗，形成了北部湾地区特有的民俗形态。尤其是海港龙舟赛、通衢赛会、北海游神及客家习俗、疍家风情等民俗，既有地方性、传承性，也有变异性，很值得品味。那些鲜为人知、真挚动人的史实故事正向你娓娓道来，让你感受北海的丝路情缘。探踪"海丝交融·名人轶事"篇，你会惊叹这一方水土人文荟萃，名贤辈出。既有东汉马援在合浦养兵征交趾，又有北宋苏东坡等诸多名家在合浦留下传世之作和逸闻轶事；既有辛亥风云中名人典故，又有英伦名医漂洋过海来北海办医的踪迹。这些名人都用他们的聪明才智和汗水为海丝北海增色添彩。浏览"海丝风貌·光影故事"篇，你可以欣赏到气势恢宏的廉州府治、风雅如诗的北海老街、布点众多的西洋建筑群、古韵犹存的特色小镇南康，还有造型精美的大士阁、巧夺天工的铜凤灯、名满天下赤江陶瓷……这里风雨昭昭、城池灵动，古刹蝶翩、轻乐绕梁，处处都是画不尽的古朴景象、讲不完的乡愁故事。

与此同时，本书还选用诸多图片，还原了这个海丝古城真实的面貌，你可按图索骥，寻踪觅影，去体验这底蕴深厚的文化名城意境，去沐浴海丝起点的悠悠古韵。

高尔基曾说："读了一本书，就像对生活打开了一扇窗户。"希望这本书也像窗户一样，带你认知北海、品味北海、热爱北海、畅游北海，去领略她历经千年人文精华，或许会让你收获意想不到的体验和惊喜！

目 录
Contents

1	序言
1	前言

第一篇　海丝风帆·古港贸易

3	珠光帆影丝路长
	——汉代海上丝路合浦始发港的前世今生
17	古代合浦纺织业发展述略
20	汉郡合浦的当地产业探析
28	古代北海的商品交换及赋税
32	谈谈古代海丝路上的进出口产品
37	海上丝绸之路始发港
39	古代北海的海运业
44	市廛丹砂石康陶
48	明末清初海禁政策对北海的影响
52	北海历史上金融风潮概述
55	北海与香港历史渊源
66	不同开放背景下的不同港口发展
70	中英《烟台条约》两次签订的原因及对北海的影响
78	辛亥革命前后的北海贸易
84	民国初期的北海航运业
88	陈济棠主粤时期钦廉外贸短暂繁荣
92	抗战初期北海贸易的特殊地位

| 95 | 大廉山古盐道
| 99 | 改革开放中建设石步岭新港区
| 111 | 古代合浦丝绸、陶瓷生产、贸易及移民
| 118 | 北海古码头和"高德埠"碑
| 120 | 声名显赫的高德造船业

第二篇　海丝人文·千年荟萃

| 125 | 北海先民生活的习俗
| 127 | 北海龙舟古今谈
| 132 | 漫话北海舞狮
| 137 | 北海游神民俗风
| 143 | 北海疍家的民风
| 147 | 祭祀民俗
| 159 | 北海古代的婚嫁礼俗趣话
| 164 | 合浦民间技艺
| 168 | 北海客家的天妃信仰
| 171 | 汉代海上丝绸之路与合浦汉墓出土文物
| 175 | 汉武帝与北海合浦海丝路的情缘
| 180 | 海上丝绸之路对南珠文化积累的影响
| 190 | 疍家文化　千秋焕彩
| 210 | 北海廉政文化
| 213 | 合浦人在汉代吃什么
| 216 | 南珠甲天下
| 220 | 公馆人的酒席
| 222 | 客家人做的"籺"

第三篇　海丝交融·名人轶事

| 227 | 伏波将军马援与合浦
| 230 | 北海人物传之费贻

232	话说东汉名臣孟尝
246	三国时期北海的乡贤
248	陶璜与合浦归晋
250	苏东坡量移廉州
255	李逊：监守不阿，白龙记功
258	罗绅：父子英烈，建祠奉祭
261	徐柏：一肩来去，阜市荣昌
264	王鉴：宦海登岸，终成大家
267	北海最早引入南丁格尔护理技术与观念
274	创立北海普仁医院的奠基人
	——昔日华南教区主教包尔腾其人其事
277	陈铭枢将军在北海
281	民间技艺八仙过海
286	当年珠海路"大益盛"老板的二三事

第四篇　海丝风貌·光影故事

291	特色小镇"标配"
293	古代合浦史地杂谈
298	千年风韵小镇干江
304	说北海非遗　话民间传奇
311	千年古城廉州
321	山口大士阁
323	大廉峒
	——客家人之渊薮
328	高德的冠名
330	南珠那点事
336	连接海上丝绸之路的永兴桥
337	范兰与涠洲岛盛塘天主教堂
340	历尽沧桑的北海西洋建筑
	——漫谈洋楼在北海的诞生、发展、衰落与保护

344 | 木梁古风惠爱桥

347 | 北海近代建筑的"幸运儿"

350 | 西汉羽纹铜凤灯

353 | 赤江陶瓷：揭开历史的尘封

355 | 珠光蔚起白龙城

376 | 后记

第一篇

海丝风帆·古港贸易

珠光帆影丝路长

——汉代海上丝路合浦始发港的前世今生

范翔宇

以合浦为始发港的汉代海上丝路的开辟及发展，其历史成因是多方面的。在有关的理论探究中，通常有一江通中原，一珠聚商贸，一港连四海，"三汉"存史迹的概述。

一、一江通中原

"一江"，就是南流江。南流江古称合浦水，发源自北流大容山，流经玉林盆地后，从博白江口出玉林市境，再流入钦州市的浦北县，然后自北而南贯穿北海市境汇入北部湾，全长287千米，流域面积9 704平方千米，是广西南部独自流入大海的江河中，流程最长、流域面积最广、水量最丰富的河流。南流江因此被称为北海、玉林、钦州三市共同的母亲河。

南流江流经合浦县境地入海的干流约100千米，入海口的海岸线长达100千米，在自东向西形成了六大古港口宽广壮阔的入海口景观的同时，也造就了面积达550平方千米南流江三角洲和面积达128万亩的南流江冲积平原，分别成为广西最大的三角洲和广西第二大平原。因此，南流江的历史文化有着独特的地理区域特征及社会发展内涵。

自从秦始皇在"秦瓯之战"中开通了"秦凿渠"，使南流江流域与北流江流域相接，并经灵渠与湘江、珠江水系联通后，南流江就以其联通中原水路网络，连接中原出海通道的优越条件，而有海上丝路内陆"黄金水路通道"之称；

因秦汉以来作为历代的军事出海通道（如秦皇定南越，汉武征岭南，光武平交趾等）而有"安边定邦之路"的称誉；

因秦军戍卒、万五补衣女子、马留人等移民群体由此进入岭南、开发岭南，形成了合浦"俗有四民"的社会生态环境，而有"迁徙之路"的名称；

岭南荔枝，合浦珍珠，黄金、白银、诸夷奇宝，以及无岁不至的朝贡遣使，沿江往返，不绝于道，因此产生了"进贡之路"。

商人们带着大量异邦特产如琉璃、玛瑙、水晶来到合浦后，沿江进入中原各地换取丝绸，因此产生了"琉璃之路"；

自汉代以来，因官员的升迁贬徙，唐宋三宰相、苏东坡及大量文人骚客等由此往返中原而成为"人文荟萃之路"。

自唐宋设置的长沙盐署，庶一水而散数州的廉盐专卖，成为朝廷买马的专门经费来源之一而产生了"盐运之路"；

因宋朝廷专门设置太平军传舍，南流江成为指定的对外交往水路通道，故有"外交之路"之称；

由汉窑、唐窑、宋窑、明窑等组成的陶瓷产业市场而成为"陶瓷之路"；

因木薯、烟草等外来物种的引进传送，而成为"物种引进之路"；

自南北朝起，佛教文化从海路由此进入中原传播而成为"佛教南传之路"；

由抗击倭寇，保卫南疆的大动脉而产生了"抗倭之路"。

正是因为有了这常态化的、多元结构的、物流巨大的、长效机制的交流渠道和平台，由此以南流江连接中原水路运输网络为主轴，向北连接中原水运网络的南流江黄金水道为大动脉，形成了连接漓江、珠江、湘江水系的交通网络；向西为西南地区的商品进入大海开辟了一条新的通道，也为西南地区参与海上对外贸易提供了一个平台和出海口。

南流江在对接通中原水运网络入海的过程中，先后形成了廉州水路、西南海道（入安南通道）和盐政运道。

（一）廉州水路

这是以海上丝绸之路始发港的交通优势为依托而形成的国际航道，是继汉代海上丝路具备军事功能的始发港，在商贸功能之后，发展转变成为以文化外交交流为主的专业性通道。由于是以始发港所在的廉州府城为主要周转站，而且是以海、水路交通为主，故称廉州水路。

唐宋之间，朝廷为了加强对东南亚一带的文化外交交流，在扩大常规性外交的同时，还在南流江沿海地区，设置了专门用于接待东南亚及印度洋使臣的驿所传舍，并为这些沿海上丝路航线到来的外国商客设置了货场仓库（博易场）、指定地点建立边贸市场，以方便边民小额的贸易经营。合浦始发港所在的廉州府城，一度成为岭南最活跃的对外贸易集散地，知名度空前提高。廉州水路航路成为中原商贾、域外使臣往返东南亚行程的首选。东南亚来使通过廉州水路进入南流江北上中原，朝廷派往东南亚的使臣则通过南流江进入廉州水路，出发到东南亚及印度洋各国。这些史迹在历代的史籍中均有记述。

《宋史·列传》卷一百九十九记述："李度端拱初，籍田毕，交州黎桓加恩，命度借太常少卿充官告国信副使，上赐诗以宠行。未至交州，卒于太平军传舍，年五十七。"文中提到的"端拱初"，即北宋宋太宗年号的"端拱"，时在988年。这里的"太平军传舍"，是当时朝廷设在廉州的专门用于东南亚及印度洋各国来使机构，相当于官方招待所。

淳化元年（990年），宋朝廷派王世则出使交趾，安南王黎桓"遣东内都指挥使丁承正等以船九艘，卒三百人至太平军来迎"（《宋史》卷四百八十八）。也就是说，安南王的特使带领船队来到廉州迎接宋朝廷的使者。太平军是当时廉州的改称。从这些重大事件中可见，当时的廉州是非常重要的对外交流重镇。

（二）西南海道

这是一条为加强对东南亚等国的经贸往来而开辟的综合性通道。航行的线路是以廉州湾为中心，向东承接由广州港出发的航船，向北承接由南流江黄金水路南下的航船。东来南下的航船到达廉州湾后，沿"伏波运道"向西南进发，"北风顺利一二日可抵交之海东府，若沿海岸行则乌雷岭一日至白龙尾，白龙尾二日至土山门，又一日至万宁州，二日至庙山，三日至海东府"（康熙《廉州府志·外纪志》）。由于航行的方向是在廉州府的西南方向，故称"西南海道"。而这条通道的航线第一站均直达安南境内，历史上又称为"入安南通道"。

由"西南海道"，廉州府及钦州进入安南的海路航船顺风扬帆，一日可到达交州的潮阳镇。对安南等地的经济贸易进一步加强、加快，各种商贸文化交流活动日益频繁。

到了明代嘉靖年间，廉州知府张岳曾率众疏通"西南海道"，以加强廉州府至安南航线的管理，开辟从冠头岭至安南海东府、海阳府、新兴府的不定期直达航线。

"西南海道"经过了历代朝廷的经营开拓，不但促进海上丝绸之路始发港对外商贸文化的多元化交流发展，也提高了广西北部湾地区的区域地位。

（三）盐政运道

这是朝廷为了加强对合浦盐务管理而开辟的一条专用信道。合浦自古是重要的盐政基地，汉代元封元年就设置盐官（公元前110年），实行专营管理。到了宋代，合浦的盐业生产更加引起了朝廷的重视，指定为专供产品。到了元丰三年（1080年），在合浦建立了白石场和石康盐署。据元马端临所著的《文献通考》记载，宋代绍兴年间（1131—1149年），廉州府每年定额向朝廷进盐300万斤，这些海盐要供应广西、湖南周边的19个州。到了宋绍兴八年（1138年），朝廷又规定产盐实行九分法，即上贡朝廷九成，产盐的州只能留一成。盐赋所得，主要是用于买马。这就是《宋会要辑稿》中记述的："朝廷岁拨本路上供钱、经制钱、盐钞钱及廉州石康盐、成都府锦，付经略司，为市马之费。"即朝廷将廉盐税赋、成都蜀锦税赋及相关的地方上缴的收入合在一起，作为买马的经费，年购1 500马匹以上。据《文献通考》记载，这些都是良种的战马："马必四尺二寸以上乃市之，其直为银四十两，每高一寸，增银十两，有至六七十两者。"按这个市值计算，每年买马的费用达10万两银元。由此可见，当时廉盐税赋的数额已具相当规模。

为什么朝廷要指定用廉盐税赋作为买马的主要经费？这里有一个特定的时代背景：1127年，北宋皇帝宋钦宗赵桓被北方的金政权俘虏，北宋由此灭亡；赵构重建宋政权，建都临安（今浙江杭州），是为宋高宗，由此形成了北方的金政权和南方的宋政权并立。而当时淮水，经唐（今河南唐河）、邓（今河南邓县东）两州至秦岭大散关（今陕西宝鸡西南）一线以北属金界，宋政权占有南方地区，因而以南宋称之。由于这个时候，北方已经成了金政权的势力范围，南宋政权获得战马的陆路渠道已经被堵死，而合浦作为海上丝路始发港所在地，当时正处于陶瓷代替丝绸成为海上丝路对外贸易的主导商品之一，经营状况正处于上升的兴旺阶段。合浦不但是陶瓷的生产出口地，又有巨大的廉盐税赋，加上南流江便捷的运输条件，朝廷通过海上丝路渠道买马，也就成了最佳选择。并且，通过海上丝路商贸渠道买马，运到合浦始发港后，再通过南流江水路运送到辖地其他地方，这是绕过北方"敌占区"，让军队获得战马的最佳途径。由此可见，合浦海上丝路始发港在不同的历史时期中，担负着不同的历史使命，南流江作为中原内陆出海的黄金通道，所发挥的作用是多元的、长效的、巨大的。

元代，朝廷为了加强廉州盐业的管理，专门设置了海北盐课提举司。明初在两广设立了两个盐课提举司：一是广东盐课提举司，设在广州府，下辖14个盐场；另一个就是海北盐课提举司，明代成化年间（1473—1480年）迁入廉州府城内，下辖15个盐场，计有廉州府境内的4个盐场、雷州府境内的3个盐场、高州府境内的2个盐场及琼崖境内的6个盐场。可见，海北盐课提举司所管辖的盐场乃是海北海南道治下的雷州半岛地区、北部湾地区及海南岛地区沿海的盐场。从海北盐课提举司的设置中可以看出，古代合浦地区盐务管理的重要地位及南流江盐运对朝廷决策的重要影响。

为加强南流江盐务漕运的管理，历代朝廷在合浦设置了各级盐政管理机构。据

《宋会要辑稿》记述，宋代安南使臣到京都朝贡，回程时京城官员向安南使臣推荐改走水路："自郁林州水路可至廉州，其处亦有回脚盐船。自廉航海一日之程即达交趾。若由此途，则从静江而南二千余里，可以不役一夫而办。"指的就是南流江盐政运道。

二、一珠聚商贸

合浦古属百越地区，本地区所产的珍珠作为贡品的记录见诸史籍，最早出现在商代。当时的君主都热衷于与诸侯的朝会。朝会的仪式很隆重，各路诸侯则带着各地最珍贵的土特产在台下等候君主的传诏进贡。因此，这种朝会诸侯的场景非常浩大，各种土特产贡品堆积如山，摆放数里。其实，各路诸侯所带的土特产也并非真正的本地特产，只是投君主所好以其他地方的特产来应付罢了。商代第一任君主成汤也看到了这个问题，因此他在提到朝会贡品的时候对担任尹（相当于丞相）的伊尹说："诸侯们的进贡，有的并没有把本土最好的特产贡献，而是以其他地方的特产来应付，这些容易弄到手又不珍贵，名不符实。现在我想依据各地所出的特产作贡物，你就制定四方进献的法令吧！"伊尹接受命令，于是就作出《四方令》，命令今后各路诸侯都要以当地特产作贡品，其中"正南方的瓯骆、邓国、桂国、损子、产里、百濮、九菌等国，要以珍珠、玳瑁、象牙、犀牛角、翠鸟羽毛、菌地的鹤、矮脚狗作为贡物"。《四方令》中所称正南方的瓯骆、邓国、桂国、损子、产里、百濮、九菌等国，就是包括古合浦在内的"古越"地区。这就是珍珠作为指定贡品的最早记载，时间约在公元前17世纪初。

汉武合浦立郡后，合浦优越的地理位置、天然的港口条件、丰富的物产资源等区域优势得到了激活及开发，特别是合浦珍珠市场的功能迅速扩展。原先，人们只是用珍珠来交换作为赖以谋生的主要物资粮食，由此形成了以珍珠为主的、以物易物的市场，也就是原始珠市。随着珠市交换的品种、经营范围不断扩大，市场的辐射力也不断地扩展。特别是南流江黄金水道开通后，中原商贾和东南亚、印度洋等国家的客商到合浦珠市采办合浦珍珠成为常态。在合浦珠市效应的牵动下，一个以合浦珍珠为主导商品，由中原的丝绸、农具、诸夷奇石异物等商品组成的物流集散中心在合浦古港口形成。中原商贾带着丝绸来到合浦珠市销售，以经营所得来采购合浦珍珠带回中原销售获取厚利；东南亚、印度洋一带的客商从海路闻风而至，带着琉璃玛瑙等奇珍异宝到合浦珠市销售，以经营所得来采购中原丝绸，于是就形成了"先有珠（合浦珍珠），形成市（珠市），引来丝（丝绸），建立港（对外贸易港口始发港），开通路（海上对外贸易通道）"的产业依存关系。

（一）王章妻合浦贩珠传奇

提到合浦古珠市的历史影响，人们首先就会想起一个特定的名字——"王章妻"。正是这个"王章妻"在合浦珠市的奇特经历，在很大程度上提高了合浦珍珠的知名度，增添合浦珠市的传奇色彩。

西汉元帝（公元前48年—前33年）时，有一个以敢于直言而著称京兆尹名叫王章，其在京兆尹任上，刚直不阿，不附权贵，向皇帝举报辅政帝舅大将军王凤独断专行、结党营私的劣行。元帝虽然很赞同王章的做法，却又将王章的举报告诉王凤，王章因此被王凤怀恨在心，设局诬陷大逆之罪而被处死，家产被没收，王章的妻子也受牵连，流放到合浦。

王章妻携子女来到流放地合浦之后，并没有怨天尤人，而凭着她的勤劳耐苦和远见卓识，充分利用王章当京兆尹时在京城积累的人际关系，在合浦开展采珠经营。由于她善于经营，数年之后，就获得了丰厚资产。后来，王凤死了，王章冤案平反，王章妻及子女们又得以回到故乡，在泰山太守帮助下，用在合浦经营珍珠所得巨款赎回了被没收变卖的家产。王章妻被贬合浦采珠经营致富的经历，在当时及后世都产生了影响，对提高合浦珍珠的知名度，推动合浦珍珠的市场经营具有积极意义。从"王章妻"事典中可以看出，合浦珠市起码在西汉就具备了相当的规模和市场辐射力。

汉末，时任"绥南中郎将"的士燮，受命总督交趾七郡。他的弟弟士壹任合浦太守，另外还有两个弟弟分别任南海太守和九真太守。建安十五年（210年），孙权占据岭南，士燮投靠孙权。虽然当时战乱不断，烽火连天，但士燮对孙权的进贡却没有中断过。"燮每遣使诣权，致杂香细葛，辄以千数，明珠、大贝、流离、翡翠、玳瑁、犀、象之珍，奇物异果，蕉、邪、龙眼之属，无岁不至。壹时贡马凡数百匹。权辄为书，厚加宠赐，以答慰之。"（《三国志·吴书·刘繇太史慈士燮传第四》）孙权为此专门下诏拜安远将军，封龙度亭侯。因此，士燮在交州合浦的统治得以延续，"在郡四十馀岁"。而从中还可以了解到，时任合浦太守的士壹每次都向孙权进贡战马数百匹。据史料记载，合浦不是马匹的产地，当地只出产数量很少的一种矮小的果马，供人们骑玩。而士壹向孙权进贡的必是良种战马，这都是通过珠市经营购买的。由此可见，当时合浦珠市的辐射凝聚力。

合浦珍珠的市场需求，有力地推动了采珠业的发展。于是，独具特色的合浦采珠业就在这样的社会环境和时代背景中产生了。采珠业和珠市经营，由此成为推动合浦社会经济发展的两个轮子，成为朝廷重要的税赋财源。同时，也为海上丝绸之路的贸易交流和文化交流提供了坚实的物质基础。

（二）合浦珠市风情万千

唐朝项斯有《蛮家诗》描写珠市盛况颇为传神："领得卖珠钱，还归铜柱边，看儿调小象，打鼓试新船。醉后眠神树，耕时语瘴烟。不逢寒便老，相交莫知年。"这真是一幅生动的风俗画。在珠市中卖了珍珠的珠民，斜倚在马援纪功立威的铜柱边，一边喝酒，一边看杂技表演（调小象），一边观看新船下的盛典。醉意之间，谈论农时耕种节气也忘记了。心情好是因珍珠收成好，卖了珍珠领得5铢钱可换酒喝。这种太平盛世的景象可慰藉终年劳作间难得的快意，也是符合大唐盛世的社会状况。

宋代廉州团练使陶弼在其《三山亭》诗中描述合浦与占城之间密切的商贸往来情形是"商夸合浦珠胎贱，民乐占城稻谷丰"。占城，位于今越南北部。可见两地商贸往来之密切，也印证了合浦珠民以珠换米的交易方式。

但是，由于交通不便，信息不灵，珠民们被奸商欺骗的现象也屡有发生。宋代周去非在《岭外代答》中对此进行了揭露："珠熟之年，蜑家不善为价，冒死得之，尽为黠民以升酒斗粟，一易数两。既入其手，即分为品等，铢两而卖之城中。又经数手，乃至都下，其价递相倍蓰，至于不赀。"意思是说，合浦珍珠在海丝路珠市的交易中，"又经数手"，到了各国的都市或中原城市，不但身价"递相倍蓰"，而且供不应求。当然，这里面有市场营销因素在内。

当年，有明末清初"岭南三大家"之称的著名学者屈大均，为了探究广东古代四大专业市场（广州花市、东莞香市、廉州珠市、罗浮药市）之一的合浦廉州珠市，专门乘船沿海西行，来到廉州湾后，进入南流江入海支流西门江，逆江而上，来到了廉州古城西门古渡旁的卖鱼桥——这里就是古代的珠市所在。他一边品尝当地珠民为他烹制的鲜美珍珠贝肉，一边与珠民谈起珍珠迁移的情景。屈大均在与珠民的交谈中得知，当时其他地方的古珠池都不再出产珍珠了，只有合浦的珠池还在出产珍珠。屈大均在廉州珠市桥头的大排档里品尝了鲜美的珍珠贝肉后，兴致勃勃地去珠市采风。珠市所见使他大开眼界："珠市。在廉州城西卖鱼桥畔，盛平时，蚌壳堆积，有如玉阜。土人多以珠肉饷客，杂姜齑食之，味甚甘美，其细珠若粱粟者，亦多实于腹中矣。"（《广东新语·四市》）他不但目睹了堆积如山，像玉阜一般洁白光亮的珍珠贝，还看到了游客在品尝珠民烹制的珍珠贝肉时，不时还吃到藏在珍珠贝肉中的细小珍珠。

实地考察了廉州珠市的珍珠贸易和珠民烹制的珍珠贝肉待客的情景后，屈大均写了《合浦珠市》一诗，展现了珠市的另一种景象："海上集珠市、城中尽竹房。居临鲛室近，望入象林长。"

"海上集珠市，城中尽竹房"非常形象地描绘了珠民、商家在珠池现场交易的情景；"居临鲛室近"指合浦珠民得珠池的优势采珠之利。古人认为珍珠是海底居住的

"鲛人"眼中流出的泪水而成，合浦珠民与"鲛人"居所邻近，因此采珠多。珠商们为了收得好珠，不待采珠船上岸就急不可耐地跑到珠池海面去收购了。有的甚至是租船出海收购，或者直接住到采珠疍户居住的水上艇屋里收购，如此一来，海上珠市便热闹起来，引得"一舟才过一舟呼""依旧连筐献海人"。这一幅幅动人的原生态珠市景象，就是合浦风情万千的古珠市中的一个缩写。

结束了廉州珠市的考察后，屈大均在《广东新语》一书中评述："合浦珠名曰南珠，其出西洋者曰西珠，出东洋者曰东珠。东珠豆青白色，其光润不如西珠，西珠又不如南珠。"

这就是合浦珍珠被称作南珠的开始。此后，南珠作为合浦珍珠的专有代称，品贵天下，享誉天下。

三、一港连四海

合浦能够担当起海上丝绸之路始发港的历史使命，并不是孤立的现象，而是自秦汉以来，朝廷为开辟中国的海外交通航线所做的不懈努力的结果。

在当时，虽然有陆地丝绸之路作为汉王朝与外国开展商贸文化交流的通道，但陆地丝绸之路沿线的西域属国之间，或不断地相互侵扰，或反叛连年。这种混乱的状况，"朝廷不能禁，议者因欲闭玉门、阳关，以绝其患"（《后汉书·西域传》）。加上这条陆地丝绸之路"拒玉门，阳关者四万余里，靡不周尽焉"，"自建武至于延光，西域三绝三通"（《后汉书·西域传》），到和帝时（89—105年）"西域反畔，乃绝"（《后汉书·西域传》）。因此，合浦始发港的建立及海上丝绸之路航线的形成开通，正好填补了这一对外贸易连接的断档。

于是，便有了《汉书·地理志》记述："自日南障塞、徐闻、合浦船行可五月，有都元国，又船行可四月，有邑卢没国；又船行可二十余日，有谌离国；步行可十余日，有夫甘都卢国。自夫甘都卢国船行可二月余，有黄支国，民俗略与珠崖相类。其州广大，户口多，多异物，自武帝以来皆献见。有译长，属黄门，与应募者俱入海市明珠、璧流离、奇石异物，赍黄金，杂缯而往。所至国皆禀食为耦，蛮夷贾船，转送致之。"

这就是关于以合浦为始发港的海上丝绸之路的最早记载。这里明确清晰地记述了2 000年前，中国海上对外贸易的主要商品、贸易方式和远洋航线。这条海上丝绸之路航线的贸易区域，正好与2010年建成并开始运行的中国—东盟自由贸易区基本吻合。由此见证了合浦始发港所在的广西北部湾地区，是中国最早开展海上对外贸易的地区，也是古代中国与东南亚和印度洋等沿海国家进行经贸文化交流的前沿区域。

以合浦为始发港的海上丝绸之路的开通，决定于以下5个关键因素：一是汉武帝为国家安全而确定的海疆开拓发展战略。为实施这个战略，张骞在陆地丝绸之路上不辞艰难险阻地探索了近30年，才了解到川滇至印度商路可入海通西域各国，因此加快了汉武帝从西南、岭南打通海上商路的决心。二是汉武帝的七次巡海，使他更加明确了海疆安全对国家统一稳定的重要意义。三是平定的南越王国，设置了岭南九郡后，汉王朝的海疆开阔了，航海环境得到了进一步改善。而合浦郡所处的地理经济区位以及在汉武帝海疆开拓发展战略中的地位十分明显突出，使汉武帝的打通海上商路的决策择向有了明确的方位。四是汉代造船业已经很发达。五是秦王朝和南越王国时期在岭南地区开展的海上交往活动及航海探索，也为海上丝绸之路的固定发展奠定了基础。

就合浦自身的条件而言，则体现在以下三方面：

第一，汉代合浦郡政治、经济、文化、军事的鼎盛，使合浦成为"海上丝绸之路"的始发港。首先，在政治上，合浦历史悠久，是岭南的古郡。西汉时期，西汉武帝元鼎六年（公元前111年）汉武帝平定南越之后，就开始设置了合浦郡，后来的2 000多年合浦一直是郡、州、路、府、县的所在地。最鼎盛时期以郡为建制。从现在的出土文物来看，仅今合浦县内就有近万座汉墓，而且这些汉墓的埋葬者都是很有身份的，古时岭南人口非常稀少，但今合浦县境竟云集了万多座汉墓，可以想见其繁华情景。

第二，优越的地理位置使合浦古港成为海上丝绸之路的始发港。秦始皇征服了南越之后，合浦就成了一个重要的政治、经济、文化、军事中心。在秦汉时期，合浦是中原沟通岭南及海外各国的中转站。由于北方匈奴的骚扰，外国经西域到中国的陆路不通，海上交通成为重要的通道，而当时的航海技术不高，外国使者和商人抵达中国，大多先往交趾（今越南）到合浦再进入中原。在西汉时期，我国已经和东南亚各国进行了海上交往和贸易交流。合浦是东南亚国家向王朝进贡货物运输必经之地，很多贡品都要在合浦港中转北上进贡王朝。

第三，天然的港口条件使合浦古港成为海上丝绸之路始发港。合浦地势是北高南低、背山面海、三面环海，海上交通非常发达。合浦地处北回归线以南，受亚热带海洋性季风的影响，冬无严寒，夏无酷暑，气温比较适宜，四季可以通航。汉代合浦县海岸线港口很多，有六大古港口之说。这些港口海湾水深浪平，避风条件较好，是少有的天然良港，理所当然地成为中原与海外沟通的必经之地，成为我国和海外各国交流的桥头堡。合浦属于亚热带海洋性季风区，冬季一般吹北风，从合浦出海驶向东南亚方向比较顺风；夏季则吹南风多，从东南亚回到合浦又是顺风。顺风、顺水、顺浪,这样一个良好的水域条件是非常有利于海上航行的。从合浦出发的船只行驶速度快,节省时间、人力和物力,从经济的角度上选择合浦作为"海上丝绸之路始发港",既有经济效益又节约了时间,也比较安全。

以合浦始发港为中心,随着海上丝绸之路外贸业务的扩展,航线向东伸延,产生了徐闻、广州、泉州、福州、杭州以及江苏、山东等沿线港口城市及不同时期的中心港口,这些海上丝绸之路航线上的沿海港口城市得以在更大范围内发挥作用,分别承担起不同时期对外交往的历史使命。

以合浦始发港为中心,向西伸延形成了联通东南亚,印度洋沿线各国的西线海上对外贸易,文化交流的交通网络,产生了日南、扶南、都元、象林、谌离国、邑卢没国、夫甘都卢国、已程不等中心港口及沿线城市,由此形成了以海上丝绸之路连接而成的国际商贸次区域。于是就有了《汉书·地理志》中关于海上丝绸之路商贸经营航线、经营方式、商贸品种的记述。

以合浦为始发港的海上丝绸之路由民间经过漫长的探索时期,到汉武帝时纳入官府管理之后,航线的开辟扩展得到迅速伸延,而且线路的往返也不再是一成不变,或根据《汉书·地理志》中记述的线索:"合浦船行"往西南航行,到日南(今越南中部)—都元(苏门答腊坼)—邑卢没国(泰国华富里)—谌离国(泰国境巴蜀)—夫甘都卢国(缅甸薄甘)—黄支国(今印度东岸);回程的时候从黄支国返航时,经过已程不(今斯里兰卡)—皮宗(新加坡西面皮散岛)—日南—象林(越南维川)。从中可见,以合浦为始发港的海上丝绸之路航线纳入了官府管理经营后,不但航线伸延了、航线增加了,更重要的是航线的辐射更加广阔了。从《汉书·地理志》记述的往返不同的航线可见,往返航线已经不同;参与贸易的国家增多,经营的商品种类也在急剧增加。这是以合浦为始发港的海上丝绸之路的对外贸易航线。

四、"三汉"存史迹

在汉代海上丝路合浦始发港文化形态中,"三汉文化"是其中最辉煌的篇章。"三汉"是指汉窑文化、汉墓文化、汉港(城)文化。汉窑文化反映的是产业形态;汉墓文化反映的是人文形态;汉港(城)文化反映的是社会发展形态。这三种汉代文化形态构成了以合浦为始发港的汉代海上丝绸之路文化主体。

(一)合浦草鞋村汉窑群

近年来随着合浦汉窑群的挖掘、考古工作的不断深入,汉窑中蕴含的文化元素日益凸显,与之相关的海上丝路贸易、合浦汉代郡城所在、岭南汉代陶业生产状况等问题的考证也愈来愈引起考古界的关注。合浦汉窑成为继合浦汉墓、合浦古珠池、合浦汉代港口、合浦古珠市之后，研究、考证合浦汉代社会生产状况的又一文化热点，同时也是研究考证海上丝路与陶瓷之路的形成和发展关系的重要物证。

合浦汉窑群遗址最早发现是在1989年，当时草鞋村的村民在挖鱼塘时，发现了大量的瓦砾及红陶片堆积层。由于合浦自古以来盛产陶瓷，古窑众多，因此村民们对这些"缸瓦"碎片并不在意。后经合浦县博物馆派出工作人员进行实地考察后，初步认定这些瓦砾及红陶堆积层是汉代的砖瓦与陶器残片。接着，经有关部门派出专家进一步开展勘查考察，又先后发现了多个馒头窑和10余个马蹄窑，最终确认均属汉窑遗址。1993年5月，合浦县政府将草鞋村汉窑群遗址公布为县级文物保护单位。

2007年10月，经国家文物局批准，由广西文物考古研究所、合浦县博物馆以及厦门大学考古专业实习学生组成了联合考古队，对草鞋村汉窑群遗址进行第一次发掘。经过这次发掘证实，草鞋村汉窑址群遗址面积共18 000多平方米，从中发掘出2座半倒焰马蹄形窑，以及围绕在四周20余座砖窑、陶窑。至2008年3月，草鞋村汉代窑群遗址终于向世人展示出真面目。

2013年5月，草鞋村汉窑群遗址被国务院公布为第七批全国文物保护单位。

草鞋村汉窑群遗址的发掘，在中国汉窑考古史上创下了多个第一，为以合浦为始发港的汉代海上丝路的贸易交流，提供了大量难得的实物和考古线索，为全面考证合浦始发港的时代概貌及在海上陶瓷之路中的地位与作用，揭开了新的一页。草鞋村遗址汉窑群中所蕴涵的多元文化要素，必将随着发掘考古的深入发展，焕发出海上丝路始发港灿烂的文明之光。

（二）合浦汉墓葬群

合浦汉墓葬群自1957年4月考古工作队在合浦县城东郊的杨家岭和钟屋发现东汉的砖室墓各一座及出土带印款方格纹灰陶罐、挂青釉方格灰陶罐、挂青釉弦纹灰陶壶等随葬器物后，于1962年公布为合浦县文物保护单位；1981年公布为广西壮族自治区文物保护单位；1983年、1987年对合浦汉墓葬群进行了两次大普查；在此基础上，于1987年、1999年又先后两次对汉墓葬群进行复查，建立了较为系统的保护管理档案。而在1988年广西壮族自治区人民政府就决定筹建广西合浦汉墓博物馆，并于当年8月动工建设，至1993年完成了合浦汉墓博物馆的总体规划，同年5月开始修建一号汉墓保护棚并于当年7月底完成主体工程。1994年3月3日，广西壮族自治区人民政府将合浦县四方岭定为汉墓保护区。1995年12月，经广西壮族自治区党委、广西壮族自治区人民政府同意，命名为广西壮族自治区爱国主义教育基地。1996年11月，国务院公布其为全国重点文物保护单位。

图 1-1 廉州镇草鞋村汉代城址出土的网坠和纺轮（范翔宇 摄）

合浦汉墓出土文物的种类有：陶瓷器、青铜器、铁器、金银器、玻璃器、玉石器、玛瑙、水晶、琥珀、漆器等。合浦汉墓出土文物的形状有：农具、日用品、房屋、兵器。此外，还有大量舶来品。

在《汉书·地理志》中有这样的记载："自徐闻合浦南入海……有黄支国，民俗略与珠崖相类，其州广大，户口多，多异物，自武帝以来皆献见。有译长，属黄门，与应募者入海市明珠、璧琉璃、奇石异物……亦利交易。"由此可知，起码在汉武帝时期，海外出产的"璧琉璃"等舶来品就通过合浦进入中国市场了。根据考古资料显示，合浦汉墓出土的明显带着异域色彩的水晶玛瑙、玻璃琥珀等饰物与器皿等舶来品数量巨大。在瓯骆地区汉墓出土的琉璃、玛瑙、水晶、玻璃珠等，共有 1 965 颗，而合浦博物馆中现藏的汉墓出土的水晶、玻璃、玛瑙、琉璃等穿珠就有 1 075 颗，其中有 3 条串珠共 856 颗属于一级品。因此，可以确定地说，早在汉代合浦就是以上舶来品的主要集散地进出口市场了。由此也展现了以合浦为始发港的汉代海上丝绸之路对外贸易的兴盛面貌。

合浦汉墓出土文物是了解、研究岭南地区社会政治、经济、文化、军事，研究汉代中国与外国开展商贸往来、文化交流，特别是见证汉代海上丝路的形成、合浦成为汉代海上丝路始发港的重要考证实物。

合浦汉墓中发掘出来的 1 万余件出土文物，在生动而又确切地见证了合浦汉代的社会生活各种层面的同时，也反映了合浦汉代海上丝路所具有的军事、经济、文化、

图 1-2　2008 年，在合浦发现的墓室（许振国　摄）

政治多元化功能。正是这些多元化功能的社会效应，为南珠文化深厚而又丰富的积累，提供了时代条件和社会基础。因此，有专家称其为"岭南汉文化第一品牌"。

（三）汉建筑遗址

2010 年四五月间，合浦县在开展整治西门江工程施工过程中，在草鞋村老盐仓南侧突然挖出一些汉砖。经过半个多月的抢救性发掘后，考古队不仅发现了汉砖所在地的建筑遗址，还发掘出宽约 46 米的古代河道遗迹，中间距地表最深处约 3.6 米。当时已经开挖的这个汉代遗址为南北走向，全长约 70 米。开挖的遗址明显呈现出两个遗址痕迹，一是墙基痕迹，二是古河道痕迹。挖掘现场的遗址分布状况：北段长约 25 米为墙基遗址。在挖掘现场，可以清楚地看到，墙基的土质不但与周边的土质明显不同，而且有明显的人工夯实的迹象，据此能够确认为墙基遗址。与墙基遗址向南伸延处相接的，是长约 50 米为古河道遗址。之所以说是古河道，是因为在挖开了表层土之后，从古河道遗址离地面约 2 米下挖出的都是沙子，沙子层下面挖出的黑土呈胶质状，应属于河道的淤泥沉积层。

专家们根据挖掘出来的古河道和建筑遗址状况推测，如果这一段古代河道能够确定是护城河，那么这个城的周长约为 1 200 米，这就与宋代以前的廉州古泥城的面积基本相当。

接着，广西文物考古研究所又在草鞋村汉窑群遗址东侧的人工河边发掘出连片汉代建筑遗迹。这个遗迹的发掘现场面积约有450平方米、长约60米铺着瓷砖的地面，最宽处约有1.8米。这段铺瓷砖地下还有一条笔直的排水暗沟，沟底也铺着同样的瓷砖。这些瓷砖多为34厘米见方，厚度5厘米，表面平整，呈"工"字形铺贴，砖与砖的接合处严密合缝。砖的颜色为白色或淡红，烧制的火候较高，被掩埋几千年依然保持较高硬度，大部分砖没有裂痕，仍然能承受相当于一名成年人体重的压力。经检测确定为汉代制作。

现场还出土了陶提筒、陶罐、陶纺轮、铜箭头、筒瓦、板瓦、瓦当等，均为汉代常见的器物。而草鞋村汉建筑遗址出土的陶网坠与最近在白龙珍珠城考古搜集到的汉代陶网坠型制相近，而两地相隔百里。由此可见，早在汉代，陶网坠在合浦地区的海洋渔业生产中的应用，已经相当广泛了。

草鞋村汉代建筑遗址的发掘，为进一步考究汉代合浦郡城的方位提供了参考数据，揭开了全面考证汉代合浦郡城的时代概貌及在海上陶瓷之路中地位与作用的新一页，更是人们最接近发现合浦汉代郡城梦想的一次探究。

此外，合浦另一个汉代建筑遗址，位于该县石湾大浪古城村，于2002年3月—2003年5月进行了挖掘考证。根据对出土的瓦片、青花瓷片、粮坛、瓮等残件进行的考证分析，初步认为遗址城基呈正方形，长宽均约220米。据当时的考古报告，这个汉代遗址在古城遗址西边，是一个往北走的弧形平台，平台北有台阶连着船埠（供停靠船舶、装卸货物用，也称步头），船埠长约8米，为夯土筑成，东与城墙边相接处宽3米，最宽处5米，有三级台阶下水。平台出土的陶片有水波纹、米字纹、几何纹、方格纹等10多种，木柱的柱洞20多个。台阶被认为是相当于西汉早中期的夯土船埠，船埠上的柱洞是木柱腐化后形成的，木柱是作为固定船只使用的。柱洞内保存的木屑经北京大学作碳十四年代测试，其年代与古城（汉代）年代相吻合。

悠久的历史轨迹、厚重的文化底蕴、丰富的物质遗存，这就是汉代海上丝路合浦始发港的前世今生。

古代合浦纺织业发展述略

郭 超

合浦县文化底蕴深厚。早在汉代,合浦就是中原通往东南亚、南亚的交通枢纽,是海上丝绸之路的重要始发港。古代合浦纺织业总体落后于中原,但合浦民众以当地丰富的资源为原料,因地制宜,创造并发展了颇具特色的棉、麻等纺织业,有力促进了当地社会经济发展。先秦时期,包括合浦在内的岭南人多利用苎麻、黄麻、葛麻,甚至蕉茎、竹子等植物纤维作纺织原料,生产出葛布、麻布、蕉布、竹布等纺织品。这类纺织品虽不及绢、锦等细密,但品质亦可谓不俗,尤其是因地制宜发展葛布等织物,具有轻薄宜身、吸汗散热等特点,所制夏衣很受时人欢迎。《韩非子·五蠹》:贵人"冬日豹裘,夏日葛衣"。《墨子·节用中》:"古者圣王制为衣服之法曰:'冬服绀緅之衣轻且暖;夏服绤绤之衣轻且清。'""绤绤之衣"即葛布单衣。可见,早在战国时期,葛布就为贵族所喜好。

《汉书·地理志》对以徐闻、合浦等地为始发港的海上丝绸之路有较为详细的记载,其中提到"有译长,属黄门,与应募者俱入海市明珠、璧流离、奇石异物,赍黄金杂缯而往"。"赍,赐也",汉使携带皇帝所赐黄金、杂缯出海贸易。当时帛或缯帛为丝织品的通称,《说文解字》缯、帛互训,又言"绮,文缯也"。贵港(汉代郁林郡治)罗泊湾一号墓出土14件陶纺轮,这14件陶纺轮器形相同,但大小不一,最大的一件(M1:270)厚2.8厘米,直径3.4厘米,最小的一件(M1:262)厚1.4厘米,直径2.4厘米,可纺粗细不等的原麻纱。秦汉时期,随着大量中原人南迁郁林、苍梧、合浦等地,带来了先进的牛耕农业和各种手工业生产技术,其中包括先进的纺织业生产技术。但丝织业未能发展,可能与丝绸是奢侈消费品,种桑面积不多,难以形成规模生产有关。

木棉原产于印度,自东汉始,我国西南、岭南部分地区种植木棉,并用木棉花絮织布。汉代,生活在合浦等地的乌浒蛮"能织班布,可以为帷幔"。三国吴万震《南州异物志》载："五色斑衣,以丝布、吉贝布所作。此木熟时,状如鹅毛,中有核如珠珣,细过丝棉,人将用之,则治出其核,但纺不绩,任意小抽,相牵引无有断绝。欲为斑布,则染之五色,织以为布。"这里所说的班(斑)布是采用天然颜料染成的色彩多样的木棉布。东汉杨孚所撰的《异物志》记载："木棉树高大,其实如酒杯,皮薄,中有如丝棉者,色正白,破一实可得数斤。广州、日南、交趾、合浦皆有之。"汉代广州、日南、交趾、合浦等地广泛种植木棉并用于纺布。晋人裴渊《广州记》载："蛮夷不蚕,采木棉为絮,皮圆当竹,剥古绿藤,绩以为布。"可见,岭南地区主要用木棉絮、竹、藤等织布。

东汉时期,原本多下层人士所用的葛布、蕉布等被当作奢侈品看待。王符《潜夫论》卷三《浮奢》指责当时京师贵戚："衣服、饮食、车舆、文饰、庐舍,皆过王制,僭上甚矣。从奴仆妾,皆服葛子升越,筩中女布,细致绮縠,冰纨锦绣……"与葛子升越并列的绮纨锦绣等皆是缯帛的上品,"从奴仆妾"僭服之,故为王符所刺。从中亦可窥见岭南所纺葛布品质甚好,做工不亚于名贵丝织品。左思《吴都赋》："蕉葛升越,弱于罗纨。"刘渊林注："蕉葛,葛之细者。升越,越之细者。"可见葛布之细软甚于优质的丝绸。北宋乐史《太平寰宇记》卷一六六《岭南道·贵州·郁林县》："藉,细布。一号郁林布,比蜀黄润。古称云:'筩中黄润,一端数金。'《淮南子》云:弱緆细布也,《汉书》云白越即此布也。"可见,汉代郁林郡(郡治在今贵港)细葛布颇负盛名,与郁林相距不远的合浦应有类似织物。汉末,占据交州(今广西南部、越南大部)的士燮"每遣使诣权,致杂香细葛,辄以千数,明珠、大贝、流离(琉璃)、翡翠、瑇(玳)瑁、犀、象之珍,奇物异果,蕉、邪、龙眼之属,无岁不至"。这里提到的"蕉"即蕉布。

唐宋时期,合浦等地仍以蕉、葛、苎麻、棉布为主。《太平寰宇记》卷一六七《容州·风俗》引唐代《十道志》曰："夷多夏少,鼻饮跣足,好吹葫芦笙,击铜鼓,习射弓弩,无蚕桑,缉蕉葛以为布。不习文学,呼市为圩,五日一集。人惟刚悍,重死轻生。"时廉州属容管,"无蚕桑"的记载大致属实。唐代,产于桂林的桂(管)布享有"桂布白似雪"的盛誉,"满朝皆仿之,此布为之骤贵也"。这表明桂林地区棉布生产已经达到较高技术水平,并作为商品广泛流转内地。合浦所产棉布品质不及桂布,但也有所发展。南宋周去非在《岭外代答》载："广西触处富有苎麻,触处善织布。柳布、象布,商人贸迁而闻于四方者也。"柳州(治今柳州)、象州(治今象州)的苎麻布更为中原人熟悉,同书载："雷、化、廉州有织匹,幅长阔而洁白细密者,名曰慢吉贝。幅粗疏而色暗者,名曰粗吉贝,有绝细而轻软洁白,服之耐久者。"棉布虽不华美,但很耐穿,符合普通民众需要。宋代,东南亚等地商人携带金、银、铜钱、沈（沉）香、生香、熟香、光香、真珠（珍珠）、象齿、犀角等，到钦州、廉州，我国的商人则用"纸、笔、米、布之属，日与交人少少（稍稍）博易"（《岭外代答》卷五《财计门·钦州博易场》）。这里所说的布主要是产于钦州、廉州等地的棉、麻布。

宋代合浦丝织业有所发展。《岭外代答·服用门》记："广西亦有桑蚕，但不多耳，得茧不能为丝，煮之以灰水中，引以成缕，以之织绌，其色虽暗而特宜于衣。"由于没有完全掌握热水缫丝技术，导致丝线不白，织物不佳。周去非曾任钦州教授（地方教职）及桂林属县县尉（掌治安），熟悉广西民情，所载较为可信。崇祯《廉州府志》载："合浦县桑六千一百二十二株，丝六两一钱一分二厘。"可见明后期合浦养蚕植桑已有相当规模，从课税"六两一钱一分二厘"看，地方政府鼓励丝织业发展，税额较低。清沈日霖《粤西琐记》云："壮妇手艺颇工，染丝织锦，五彩灿然，与缂丝无异，可为裯褥，凡贵官富商，莫不争购之。"可见清代壮族妇女颇善染丝、织锦。康熙《廉州府志》记述廉州杂植，主要有"绵、桑、苎麻、络麻、茱萸"等，可见合浦仍不乏植桑者，丝织业继续发展。清代乾隆年间，廉州知府周硕勋、康基田等提倡农民种桑养蚕，清后期"合浦县开始有缫丝业，清末常乐已有黄丝由北海销往香港"。

据民国《合浦县志》卷五《实业志·商业》载："（合浦）生猪、蔗糖、花生油、元肉、黄麻等付币行专与香港贸易，获利亦多。其余商店栉比，若绸缎行、南北货行、洋杂货行，药材行皆推广府人为首，资本至少数千元至多则达十万元不等。"可见民国时期合浦纺织业继续发展，黄麻等通过北海港参与香港国际贸易，绸缎行资产颇丰。

汉郡合浦的当地产业探析

谭伟强

北海合浦的古代海上丝绸之路开始于民间贸易，在海边交换奇珍异宝，互通有无，进行物物交易。据史料记载，先秦时期，人们就聚集在北海合浦进行珍珠、海盐、奇石异物的交易。从秦汉一直到南北朝时期，北海合浦不仅是中原与岭南的贸易重镇，而且向海外发展建立了与南洋国家间的官方海上贸易通道，成为古代海上丝绸之路的最早始发港。

根据史料分析，汉代的海上丝绸之路上进口的是明珠、璧琉璃、奇石异物和犀角、象齿、香料等，出口的主要是丝绸、黄金和青铜器、陶器等。

北海合浦不仅是中国与南洋国家最近最便捷的港口，而且先秦时期已经是北部湾沿海国家进行珍珠、海盐、丝绸、青铜器、陶器、粮食、奇珍异宝等贸易的集散地。到汉朝时，官方海上丝绸之路的正式开通，使得北海合浦的当地产业得到大发展，逐渐形成了自己非常有特色的产业体系。

一、南 珠 业

北海合浦采珠业始于何时，已不可考。但最迟在秦统一岭南之前就已有了。到汉代，合浦的采珠业已很兴盛。汉武帝时，宫人"簪瑇瑁，垂珠玑"（《汉书·东方朔传》）。西汉成帝阳朔元年（公元前 24 年），时任京兆尹王章得罪大将军王凤，遭陷冤死，其妻子被流放到合浦，"以采珠为业"；发了大财，七八年间，"致产数万"（《汉书·王章传》）。

由于合浦珍珠（被世人称为南珠）久负盛名，汉朝的历代皇帝都不断派官前来搜采。所派之官采取杀鸡取卵的方法，无限制地驱民搜采，南珠很快就被采绝。到东汉桓帝时（147—167 年），孟尝来做合浦太守，革除前弊，为政清廉，与民休息，采集

图 1-3 未经加工的珍珠光彩夺目（许振国 摄）

南珠有所节制，合浦珍珠得以自然繁殖。所以，传说迁到别处的珍珠又回到了合浦珠池。这就是合浦"去珠复还"的故事（《后汉书·孟尝传》）。合浦珍珠也因此名闻天下。合浦太守孟尝为恢复和发展北海合浦南珠业作出过重大贡献，深受当地人民的爱戴和怀念。

据《旧唐书·地理志》载：合浦县有珠母海，是当地人采珠的地方。这珠母海又称为"珠池"，主要散布在白龙珍珠城到山口红树林附近的海里。自白龙海湾起，从西到东有杨梅、珠砂、白沙、乌泥、平江五大珠池，冠头岭外海有青婴珠池，涠洲岛有断望珠池。这七大珠池，一池挨一池，连绵不断，总面积达60多万亩。北海合浦这一带海底层是砂质；海水比重在1.014—1.024，咸淡适中；水温平均为22—25℃，温度适宜；加上红树林提供了肥沃水质，硅藻类浮游生物繁多，饵料丰富。这些条件都有利于珠贝的繁殖生长。因此，这里产的珍珠浑圆凝重、莹润皎洁，俗称"南珠"，是世界上公认的最名贵的珍珠，也是古代向朝廷进贡的稀世珍宝。北海合浦采珠业的发展为当地商贸注入了巨大活力，成就了最早的古代海上丝绸之路。

今天，北海市要振兴南珠产业，必须传承、发扬光大北海合浦的南珠文化，讲好南珠故事，让南珠再次名扬海内外！

二、青铜冶铸业

中国古代青铜工艺在经过商至春秋时期的繁荣阶段以后，到秦汉时期已走向衰落。汉代青铜器已从先秦那种庄严、厚重、古朴的风格中变得轻便、灵巧，纹饰也崇尚简朴。但在中国岭南，特别是北海合浦地区，兴起了一种錾刻花纹工艺，就是在薄胎青铜器上用坚硬而精细的金属工具，錾凿和镂刻出繁缛精致的几何纹样和动植物图案。錾刻花纹工艺开创了汉代合浦郡青铜冶铸业辉煌发展的新局面。

图1-4 铜凤灯（许振国 摄）

合浦汉墓群中比较大的墓葬大多是达官贵人的墓葬，他们的随葬品多有青铜器，其中錾刻花纹铜器特别引人注目。这类铜器包括盛食器、饮食器、熏炉和灯具，即承盘、酒樽、镳壶、食盒、魁、卮、杯、长颈壶、提梁壶、扁壶、熏炉、豆形灯、凤凰灯、席镇等，甚至仓、灶模型明器上也錾刻精细花纹。比如，望牛岭1号墓出土的就有承盘、魁、长颈壶、提梁壶、熏炉、凤凰灯、席镇等20件；堂排2号墓有酒樽、长颈壶、食盒等10件；北插江盐堆1号墓有承盘、酒樽、食盒、熏炉、豆形灯各1件。

值得一提的是，合浦錾刻花纹的青铜器制作精细，纹饰繁缛而工整，是工艺水平很高的艺术品。这种用錾凿来制造花纹的做法在中国其他地方的同时代青铜器上还未见到，因此它是合浦地区自己的独特创造。其中，合浦铜凤灯就是最有代表性的精品。这些青铜器都是合模铸造的，铜器表面的花纹除部分与该器同时铸出外，许多反复出现的纹饰都是在铜器铸成以后，再用坚硬的钢刀錾凿和镂刻上去的。合浦青铜器的錾刻花纹内容丰富，但大体可分为两类：一是抽象性的几何形图案，二是写实性的动植物图案。

合浦錾刻花纹铜器的流行时间，上起西汉中期，下至东汉晚期，前后历时约300年，最繁盛的时期是西汉后期至东汉前期，即新莽时期前后。合浦郡这种錾刻花纹铜器，在与之相关的内河航运线上的贵港、梧州等地也有大量出土，北至桂林兴安、湖南永州，甚至汉代首都长安（今西安）都有发现。这既是汉代达官贵人奢侈生活的时尚显示，也是对外贸易需求的客观反映。

三、盐 铁 业

自古以来北海合浦地区就是中国非常重要的盐铁产区。北海铁山港有丰富的钛铁矿、褐铁矿和黄铁矿；而煮盐用的铁盘就需要用铁矿制造。据说，秦始皇征服岭南主要是为了取得海盐。

北海海岸大部分是砂质阶地，从北海市区的冠头岭以东，至大冠沙、竹林、北暮、榄子根，到白龙港、永安港（今铁山港），是延绵数百里的滩涂，岸线平直，发展盐业十分有利。而且北海日照强、时间长，非常适合用海水晒盐。

海盐的利用在中国已有六七千年的历史。《中国盐政史》记载："世界盐业莫先于中国，中国盐业发源最古在昔神农时代夙沙煮海为盐，号称'盐宗'。"20世纪50年代福建出土的文物中有煎盐器具，这证明了仰韶时期（公元前5000年—前3000年），中国人已学会煎煮海盐。《周礼》中的盐人就是当时掌管盐务的官职。汉代已经设置了盐官管理盐税。

史料记载，从宋朝开始，北海合浦沿海便建有大规模的盐场。当时北海合浦设白石、石康两个大盐仓，是中国四大盐仓之二。宋元丰三年（1080年），北海合浦年产熟盐150万斤以上。广西以及附近内陆省份所需海盐全仰北海合浦的盐仓供给。据宋朝《岭外代答》（卷五）记载：北海合浦"盐场滨海，以舟运于石康仓。客贩西盐者，自廉州陆运至郁林，而复可以舟运"，即榄子根、武刀等15处盐场所产的海盐，大都用海船运抵合浦干体港，候潮溯州江抵石康。石康仓位于南流江下游，北海合浦的食盐，"向用局漕挽运，经由武刀港、冠头岭"等处，由港口上溯南流江运抵石康。然后，以南流江为干线，"遮一水可散于诸州"。

又据《宋史》卷一百八十三记载：廉州漕盐负责供应容、白、钦、化、蒙、龚、象、宜、柳、邑、浔、贵、宾、横、南仪、郁林州。为了促进漕盐的畅通，广西转运使在南流江上游的玉林"置十万仓"，自石康运往该处贮存。当时广西陆路运输远比不上航运发达，故漕盐全靠水运。"南流江上通郁林，下通廉州，舟楫通行，上至州界之船埠，下达于海"。

从宋代开始，海盐成为北海合浦最重要的传统输出商品之一。宋末，"长、宝、衡、永四郡，郴、道二州，皆附桂林行盐"，就是由北海合浦取道玉林，沿西江，溯桂江运至。《岭外代答》还记载，由于"杨幺扰洞庭，淮盐不通于湖湘，故广西盐得以越界"。当时，每年由北海合浦经玉林运8万箩盐抵桂林，转卖给湖南等地，得额外赋税收入40万缗。

1285年，元世祖下诏"定廉州盐法"，仍按宋朝旧制，"一引四百斤，价银十两，折钱二十贯"。当时，北海合浦每年官定盐额35 665引，余盐15 000引。

明洪武二年（1369年），朝廷在北海合浦设海北盐课提举司，管辖盐场15处，盐仓仍设在合浦石康。高德、龙潭、武刀、白沙、白龙珠场、陇村、山口永安等一带村寨所产海盐，仍从海上用漕船运抵干体集中运往石康。

四、陶器制造业

汉代的北海合浦人除了制造独特的青铜器，还制造同样独特的陶器。比如，合浦汉墓随葬品中数量最多的陶器、漆器、陶制品。在南洋苏门答腊、爪哇、加里曼丹等东南亚岛屿发现了中国汉代陶器。特别珍贵的是，在苏门答腊出土的一件陶鼎的底部还有西汉元帝初元四年（公元前45年）的纪年铭文；而在加里曼丹岛出土了公元1世纪的薄绿釉陶魁，它与合浦望牛岭汉墓出土的陶魁极为相似。

如果从中原将陶器运抵东南亚各国，路途遥远、运输极端困难，远不如在北海合浦出海口烧制陶器方便，且又减轻成本。所以，汉代起，北海合浦沿海的陶器制造业应运而生，蓬勃发展。1949年后，在北海合浦沿海地区先后发现了众多的汉代及宋代的陶瓷窑址和实物，非常罕见。这些陶瓷址和陶瓷文物，是北海合浦瑰丽的

图1-5 在汉墓中发现的陶器（许振国 摄）

古陶瓷文化与海丝路文化结合的最好见证，证明北海合浦的陶器制造业在汉代已初具规模。

1949年后相继发现的北海合浦地区的汉、宋古陶瓷窑址有：合浦山口英罗村的汉、宋陶瓷窑址3处；福成上、下窑村的宋代窑址5处；干体老哥渡汉陶瓷窑址两处；廉州镇窑上街的汉陶瓷窑址群1处。1957年，在合浦山口镇英罗村的汉陶瓷窑址发掘出汉代的青白瓷和乌金釉陶瓷器。1956年，在干体老哥渡附近的陶瓷窑址发现了汉代大量青白瓷片，其中有一件汉白瓷水盂完好无损，1959年经广东博物馆鉴定为东汉时的器物，该文物后藏广东博物馆。1982年，在廉州窑上街附近发现汉古陶瓷窑址群，该窑址群陶瓷碎片堆积层丰厚，其中发现一件完好无损的十分难得的汉代青白瓷碗。这是汉代陶瓷精品，在北海合浦亦寥若晨星。这个汉瓷碗是研究北海合浦陶瓷业发展史、陶瓷文化及对外贸易的重要实物资料。

还有，据现代考古发现，北海合浦的元朝古陶瓷窑址，大多分布在沿海地带。在铁山港区营盘镇的东窑村、西窑村和福成土窑村附近的元代古窑中，出土有瓷、罐、壶、盒、甄、拨火罐、擂钵、烟斗等物。这些器物上绘着海鸟含"寿"字，釉色主要有青黄、灰黄两种，证明当时北海合浦已大批生产较为优质的专门用于出口南洋的陶瓷器。

今天，北海合浦地区还有非常著名的中国四大名陶之一的坭兴陶制作人和仍然驰名于东南亚各国的赤江陶瓷厂，让人感叹它们的生命力是如此强大。

五、蚕桑丝绸业

合浦汉墓出土了很多丝织品，其中一个墓就出土10箱丝绸，其中2箱是丝绸衣服、8箱是成匹的丝绸。在汉代，东南亚各国商人携明珠、璧琉璃、玛瑙、琥珀等奇珍异宝，远涉重洋抵达北海合浦，就是为了交换丝绸、陶瓷、青铜器等。东南亚等国商人也不必长途跋涉到长安或者中原，因为当时北海合浦不但是丝绸集散地，还是丝绸产地。唐代张文昌的诗说合浦"有地多生桂，无时不养蚕"，说明当时北海合浦人养蚕十分普遍。

这里最早生产丝绸的地区是合浦郡北部（今属浦北县）。当时北部地区山高林密，以天然树蚕（木蚕）为主，量足质优。常乐、石康一带则以桑蚕为主。北海合浦地区生产的丝绸，一为交趾郡商人所购，一为南洋商人所购。史料上说"交趾、蕃夷皆来市焉，虽赋重困穷，民未庐室空虚，此蚕桑之厚利也"。

为适应海外贸易的需求，北海合浦大力发展丝绸生产。东汉时，常乐、石康的桑蚕丝绸，无论在质量上和数量上都远远超过北部地区的树蚕丝绸。当时常乐、石康一带农民几乎家家种桑、户户养蚕抽线织布。随着经验积累，北海合浦丝绸品种日增，制作工艺日高。据说，当时常乐丝绸薄如蝉翼、柔软滑润、色泽鲜艳、经久不变，其中以荔枝绸和点梅纱两个品种为最著名。荔枝绸是用传统工艺制作，染料以茹良为主，布面为纯黑，布底为荔枝核色且布面有暗花图案，色泽经久不变。用它制作的夏衣能爽汗透风，如遇雨淋，雨水也不易渗透，且易干爽；点梅纱为银白色，且有暗花纹，布质柔软、细滑，色泽艳丽，经久耐用。汉代，北海合浦的丝织品具有冬暖夏凉的特点，深受东南亚各国商人的青睐。

六、古玻璃制造业

根据《汉书·地理志》记载，当时从海外购入的是"明珠、璧琉璃、奇石异物"。明珠是指夜明珠、玻璃珠之类大而亮的珠子；璧琉璃是指除了玻璃珠之外的古玻璃产品；而"奇石异物"则是指奇形怪状、罕见独特、颜色晶莹、质地坚硬的像宝石一样好看的佩饰品以及一些中国没有的珍奇的东西，包括水晶、玛瑙、琥珀、瑇瑁等。

由于汉代上层统治者对玻璃制品的刻意追求，从海外大量输入玻璃制品。因此，在没有认真研究合浦等地汉墓出土的玻璃（琉璃）之前，人们都以为这些出土的玻璃制品全部是舶来品。但经过认真研究后，发现有些玻璃制品却是北海合浦人自己烧制的。

比如，一些合浦汉墓出土的玻璃璧、玻璃耳珰、玻璃鼻塞等，它们与中国传统玉制的璧、耳珰、鼻塞非常相似，应该是中国人自制的产品。经过能谱分析和密度测定后发现，这些玻璃制品成分复杂。测试17件，其中13件属钾硅玻璃、3件属铅钡玻璃、1件属钾钙玻璃，没有发现西方古代的钠钙玻璃。据此，属于铅钡玻璃的璧、耳珰和鼻塞，其形制又与中国传统同类玉制品相似的，这是北海合浦人制造的产品已无疑问。属钾硅玻璃的是各种珠饰、盘、高足杯等，它们的纹饰风格与中国传统的玛瑙、水晶、琥珀珠饰无异，因此也应是中国人自己制造的。而且，同类型的陶杯、铜杯、玉杯在汉代也是有的，玻璃杯腹部那种凸弦纹也是中国先秦两汉时期的陶器、铜器上的一种常见纹饰。因此，汉墓出土的数量较多的玻璃璧、耳珰和鼻塞应是北海合浦人制造的。

而且研究表明，北海合浦人烧制这些钾玻璃选用了铁、钴、锰、铜作为主要着色剂，颜色特别鲜艳。晋代葛洪《抱朴子·论仙》记载："外国作水精碗，实是合五种灰以作之，今交广多有得其法而铸作之者。"这里所说的"水精碗"就是玻璃碗，"交广"即今广东、广西和越南北部。这条文献说明，在晋代或晋代以前，"交广"地区的人已掌握了烧制玻璃的技术。又据《南州异物志》记载："琉璃本质是石，欲作器，以自然灰治之。自然灰状如黄灰，生南海滨，亦可浣衣，用之不须淋，但投之水中，滑如苔石。不得此灰，则不可释。"这种生于南海之滨的自然灰，应是一种自然纯碱或草木灰，是制造玻璃的一种助溶剂。现今合浦汉墓出土的含钾量较高的玻璃制品，极有可能就是利用这种自然灰作助溶剂的。

汉代的北海合浦人学习制造琉璃，说明中国人除了通过合浦与海外贸易商品外，还进行了生产技术和原材料的学习引进。例如，烧造玻璃的技术和相关原料的引进输入，北海合浦的工匠利用这些原料和技术加工成中国传统的生活用品。北海合浦人这种开放、吸收、创新发展的历程一直延续至今。

综上，北海合浦的古代海丝路，开创了一条沟通中外商品交易、文化交流、社会交往的新通道。同时，北海合浦充分利用当地资源、技术优势，发展出口产业，积极与南洋国家进行产品与技术交流，取得了辉煌成绩，体现了中国人勇于开拓进取、开放包容、平等互利、活学善用、创新发展的奋斗精神和海丝路文化。

古代北海的商品交换及赋税

李裕芳

古代北海的经济状况，和当时整个岭南地区一样，是原始的农耕经济。先秦时期，商品交换的方式主要有两种：一是贡献和回赐；二是物物交换。据《广西商业史料》考证："自虞舜开辟了岭南北交通道路后，岭南和岭北的经济和文化往来，加深了彼此之间的相互了解，所以商汤定四方献令，岭南要贡献'珠玑、玳瑁、象齿、方犀、翠羽、菌鹤、短狗为献'。到了周武王时，岭南贡献的产品为'南海贡鱼革、珍珠、大贝；瓯人贡蝉蛇、骆人贡大竹'。"这里的南海便是北部湾北海一带。"北方的奴隶主或封建主得到贡品后，采取回赠的方式给岭南部落首领赐物，当时回赐岭南的赐物，一般有铜器、铁器或奢侈物品，如铜编钟、铜鼎、铜卤具、兵器等物。"

物物交换是一种最原始的市场行为。当时，岭南地区进行商品交换的地方，不同于北方的"因井为市"。"交易而退，故称市井"。即是说，交换了物品便散去，所以叫"交易而退"；因为古代没有市场，大家聚集在水井旁边进行交易，所以叫市井。选择在井边集市的原因非常简单，要交换的交易物不少是牲畜，需要喝水，人也需要喝水。而当时北海却是另一种情况，商品交换一般选择在交通要道或江河海渡口的地方，"而在山区少数民族部落人们进行商品交换，双方须约定地点进行交换，有的地方双方不直接见面，只是把货物放在部落之间的中间地带大树下，到时各自派人去取送。这是不等价的物物交换，这种交换形式直到解放初期还可见到"（《广西商业史料》）。

除了本地的交易活动外，有意义的是与中原地区的交通。南北商品交流活动，首先开始接触的是楚国，这当然是因区域之便。楚国商人进行地区间的商业活动有比较丰富的经验。被世人称为陶朱公的范蠡，就是楚国人，为后代岭南商人所敬慕的祖师爷。"楚商以铁器吸引西南各少数民族的最好货物，广西北海（合浦）、钦州和广东番

图 1-6 波斯陶壶（许振国 摄）

禺一带所产的珍珠、玳瑁、龟、贝和山区的翡翠、香料桂羌、象犀等土特产品,通过楚国商人和两广商人长途贩运到楚国,再经过楚国商人或郑国商人转运中原各国销售。"正是这种与中原地区的交流,包括北海在内的整个岭南地区的生产、商业、文化都开始得到质的飞跃。

岭南距中原遥远,自汉置郡县以来,历代的朝廷采取一些特殊政策,如:汉代"灭两粤,番禺以西至粤南者初置郡十七,且以其故俗治,无赋税"(《汉书·食货志》)。这是说汉朝,对岭南地区不征税,晋室南渡后,也未有建立固定的赋税制度;"又岭南诸酋帅,因生口翡翠明珠犀象之饶,雄于乡曲者,朝廷多因而署之,以收其利。历宋齐梁陈皆因而不改,其军国所需杂物,随土所出,临折课市取,乃无恒法令。"(《隋书·食货志》)对于富有的奠帅人物,授以一定的官职,通过他们的"进贡"名义而征收,对军队所需的杂物,根据各地出产的情况,按其价值征收赋税。到了隋代仍如此,岭南与中原有所分别。

隋朝在中原地区实行均田制和府兵制,国家对农民计口授田,农民向国家交纳一定的赋税,还要服兵役,但在岭南地区未见推行,基本上沿用六朝时代的征收办法。《隋书·食货志》:"列州郡县,制其任土所出,以为征赋。其无贯之人,不乐州县编户者,谓之浮浪人,乐输亦无定数,任量,准所输,终优于正课焉。"即岭南各州县的赋税,以当地所出进行实物征收,对那些不愿编入户籍的所谓"浮浪人",根据实际情况,收取一定的赋税。

隋代"岭南诸州多以盐米、布交易,俱不用钱,并处近海多犀、象、玳瑁、珠玑、奇异珍玮,在商贾至者,多取富焉"(《隋书·地理志》)。此记述说明合浦盛产珍珠,珠民还像汉代三国时期那样以珍珠交换粮食,外地商人从事珍珠买卖的,多能致富。在隋代,北海与中原地区交易的主要产品,仍然是以珍珠、玳瑁、龟、贝为主。

北宋结束了五代十国的割据混乱局面,社会经济得到较大发展。经济重心也由北向南移。广西经济也得到空前发展。(当时廉州属广西管辖)

宋代大中祥符三年(1010年),诏许廉州及钦州如洪砦互市。钦州如洪砦与交趾互市的场所,市称钦州博易场。《岭外代答》记载:"凡交趾生生之具,悉仰于钦,舟楫往来不绝也。博易场在城外江东驿,其以鱼蚌来易斗米尺布者,为三交趾蜒。其国富商来博易者,必自其边永安州移牒于钦,谓之小纲。其国遣使来钦,因以博易,谓之大纲。所赍乃金、银、铜、钱、沉香、光香、熟香、生香、真珠(珍珠)、象齿、犀角。吾之小舟近贩纸笔米布之属,且与交人少少博易,亦无足言。唯富商自蜀贩锦至钦,自钦易香至蜀,岁一往返每博易动数千缗,各以其货互缄,逾时而价始定。"《岭外代答》记述:"钦、廉皆号极边,去安南境不相远。异时安南舟楫多至廉,后为溺舟，乃更来钦。今廉州不管溪峒，犹带溪峒职事者，盖为安南备尔。廉之西，钦也。钦之西，安南也。交人之来，率用小舟，既共港，遵崖而行，不半时即入钦港，正使至廉，必越钦港，乱流之际，风涛多恶。"

这段话除了记述宋代钦廉地区与交趾的海上贸易情况外，还反映了原来安南（即交趾）船只多是到廉州的。后来因遇风浪溺舟，才至钦州。来往钦州的都是小舟。交趾舟楫来廉州、钦州是进行商品交换；交趾之商船一般都不大，以往在来往合浦廉州的过程中常遇狂风恶浪，舟货沉没，后来一般的小舟来往合浦廉州的就少了。

谈谈古代海丝路上的进出口产品

谭伟强

北海合浦的古代海上丝绸之路开始于民间贸易，在海边交换奇珍异宝，互通有无，进行物物交易。从秦汉一直到南北朝时期，北海合浦不仅是中原与岭南的贸易重镇，而且向海外发展建立了与南洋国家间的官方海上贸易通道，成为古代海上丝绸之路的最早始发港。

关于古代海上丝绸之路的最早记载见于《汉书·地理志》，记载了2 000多年前汉朝使节走向南洋的海丝路航程及相关见闻：汉使携带中国的"黄金杂缯"从徐闻、合浦乘船出海，先后到达都元、邑卢没、谌离、夫甘都卢、黄支、已程不等国，历时一年有余，然后返航；黄支、已程不等国的民俗略与海南岛相类似，而且"其洲广大，户口多，多异物"；最终汉使从海外换回"明珠、璧琉璃、奇石异物"。

据史料记载，汉武帝在合浦设郡以后，官方正式开通了这条海上航线，向海外传播中国文化，南洋诸国也从此海路向汉朝贡纳方物，官私人员和货物往来更为频繁。

海外奇珍异宝经过北海合浦北上中原，中国内地丝绸汇聚合浦驶出海外，换回奇石异物、珍禽异兽，由此构成了古代海丝路航线的一道亮丽风景。

古代海上丝绸之路是东南亚、西亚各国乃至欧洲的罗马与中国通好的海上途径。这种往来已经超出了一般的经济贸易范围，而成为国家间在政治上敦睦邦交的手段，海上丝绸之路也就成了"使节之路""友谊之路"。

但是，"海上贸易之路"始终是海上丝绸之路的根源与主体，它的主要目的始终是进行海上商品贸易。

中国通过古代海上丝绸之路进口的是犀角、象齿、香料和明珠、璧琉璃、奇石异物等。

海外的犀牛运到中国，最早见诸文献记载的是在西汉平帝时期。《汉书·平帝纪》载："元始二年（约公元1年）春，黄支国献犀牛。"《汉书·王莽传》又说："黄支自

图1-7 "广西传统工艺三雕"之一的合浦角雕——动物造型的牛角雕是其经典特色(范翔宇 摄)

3万里贡生犀。"《后汉书·西域传》载:"大秦国(罗马)于延熹九年(166年)派使者来献象牙、犀角、瑇瑁。"

虽然在合浦汉墓中还没有发现与犀牛有关的遗物,但在长沙,马王堆汉墓却出土很多这方面的遗物。例如,马王堆一号墓遗册简中记载:"木文犀角、象齿一笥",西边箱的竹笥上挂着"文犀角、象齿笥"木牌,笥内装满木文犀角和木象齿;在贵港罗泊湾汉墓出土的《从器志》木牍也记载随葬品中有"象齿四",确实也出土过木制"象齿"。

因为年代久远,当时进口的香料只能从燃香所用的熏炉推知。合浦汉墓所出燃香之器熏炉有铜质和陶质两种。在合浦县望牛岭、堂排、风门岭、九只岭的汉墓都出土过铜熏炉,风门岭、文昌塔、母猪岭、凸鬼岭汉墓出土过陶熏炉。熏炉的盖镂空,作重叠云雾山峰纹饰,顶有活环钮,系活链,与腹部环钮连接,圆盘身,喇叭形座,有的下有承盘。堂排2号墓铜熏炉盖有镂孔,有活链与器身相连,出土时内有少量香料和灰烬;风门岭48号墓出土的陶熏炉内盛有炭化的香料。贵港、梧州、兴安汉墓也有铜熏炉和陶熏炉出土。这说明当时燃熏香料已成为社会上层人士奢靡的生活时尚。中国不产香料，所以这些香料主要是海外舶来的。

在已经考古发掘的合浦汉墓中，还可以见到从海外进口的明珠、璧琉璃、奇石异物等。根据《汉书·地理志》记载，当时从海外带回来的是"明珠、璧琉璃、奇石异物"。明珠指夜明珠、玻璃珠之类大而亮的珠子；璧琉璃指除了玻璃珠之外的古玻璃产品；而"奇石异物"则指奇形怪状、罕见独特、颜色晶莹、质地坚硬的像宝石一样好看的佩饰品以及一些中国没有的珍奇的东西，包括水晶、玛瑙、琥珀、琉瑁等。

经研究分析，汉墓随葬品中数量最多的铜器、铁器、陶器、漆器、金饼、金珠是当时合浦郡的本地产品，而水晶、玛瑙、琉璃、琥珀饰品等则是海外舶来品。

在合浦汉墓中随葬的古玻璃器，包括珠、管、璧、环等佩饰品和杯、盘、碗等饮食器皿。其中以玻璃珠最多，据不完全统计，总数至少上万枚，每座墓少则1枚，多则千余枚，如：2001年发掘的九只岭6号A墓出土3 869枚、5号墓出土1 331枚，是目前所知广西汉墓出土玻璃珠最多的两例。出土的玻璃珠有透明的、半透明的和不透明的。颜色以蓝色占绝大多数，次有青、绿、褐、棕、红、紫、黑色等多种。蓝色又分深蓝、天蓝、湖水蓝等。形状有圆算珠形、球形、圆柱形、橄榄形、扁圆形、五棱柱形、网坠形，还有管状的。风门岭西汉墓出土的玻璃珠还有鱼形、瓜形和花篮形的，五彩缤纷。玻璃珠一般作为佩戴饰物，出现在死者头部或胸腰之间，但有时候也作为财富的象征与其他值钱的东西放在一起。例如，1985年清理廉州爆竹厂一号西汉墓，发现有800枚玻璃珠与数百枚五铢钱一起存放在一个漆盒内，下层是五铢钱，上层是玻璃珠。

世界上生产玻璃最早的地区是西亚和地中海东部沿岸国家，其最早年代可追溯到公元前2700年，中国则到公元前1100年左右才开始烧造玻璃。西方的玻璃是钠钙玻璃，中国古代的玻璃是铅钡玻璃。中国汉代，由于上层统治者对玻璃制品的崇拜与刻意追求，国产玻璃早已不能满足需要，便从国外大量进口。在《汉书》《后汉书》中都有关于从海外进口玻璃（琉璃）的记载。在合浦汉墓中出土的玻璃器有很大一部分是通过海丝路进口的。

中国人通过北海合浦的古代海上丝绸之路出口的主要是丝绸、黄金和青铜器、陶器等。

在汉代，北海合浦不仅仅是中国最主要的丝绸集散地，还是重要的丝绸生产基地，这里生产的丝织品具有冬暖夏凉的特点，深受东南亚各国商人的青睐。汉代合浦郡北部（今属浦北县）地区山高林密，以天然树蚕（木蚕）为主，量足质优；而常乐、石康一带则以桑蚕为主。北海合浦地区生产的丝绸，无论是在质量上还是在数量上都远远超过北部地区的树蚕丝绸。丝绸是古代海上丝绸之路的主要贸易商品。

当代的考古发现证明了这一点。在合浦汉墓出土了大量丝织品。其中仅廉州爆竹厂一号墓就出土6大箱丝绸；三号墓出土10箱丝绸，其中2箱是丝绸衣服、8箱是成匹的丝绸。

黄金是一种软的、金黄色的、抗腐蚀的贵金属。从古至今，从中到外，黄金都是非常稀有、珍贵和被人看重的极品金属。现在国际上仍视黄金为硬通货。中国古代以黄金作为上等货币，视黄金为一种非常重要的等价物。黄金不仅是作为最方便储运的特殊通货，又是人人喜欢的制作装饰品的稀有宝物，所以，当然会受到海丝路沿途国家的欢迎。

中国汉代青铜器已从先秦那种庄严、厚重、古朴的风格变得轻便、灵巧，纹饰也崇尚简朴。但在中国岭南地区，以合浦郡为中心兴起了一种錾刻花纹工艺，在薄胎青铜器上用坚硬而精细的金属工具，錾凿和镂刻出繁缛精致的几何纹样和动植物图案，使该器显得特别精美华丽。由于古代海丝路沿途国家的人民非常欢迎中国的青铜器制品，所以，汉代合浦郡的青铜产业得以进入繁荣发达的新时代。

合浦汉墓群中比较大的墓葬都盛行随葬青铜器，其中錾刻花纹铜器特别引人注目。这类铜器包括盛食器、饮食器、熏炉和灯具，即承盘、酒樽、豆形灯、铜凤灯等，都是居家的日用器物。仅望牛岭1号墓出土的就有承盘、魁、长颈壶、提梁壶、熏炉、凤凰灯、席镇等20件；堂排2号墓出土的有酒樽、长颈壶、食盒等10件。

值得一提的是，合浦錾刻花纹的青铜器制作精细，纹饰繁缛而工整，是工艺水平很高的艺术品。这种用錾凿来制造花纹的做法在中国其他地方的同时代青铜器上还未见到，因此它是北海合浦地区自己的独特创造。其中，铜凤灯就是最有代表性的精品。这些青铜器都是合模铸造的，铜器表面的花纹除部分与该器同时铸出外，许多反复出现的纹饰都是在铜器铸成以后，再用坚硬的钢刀錾凿和镂刻上去的。合浦錾刻花纹铜器的流行时间，上起西汉中期，下至东汉晚期，前后约300年左右，最繁盛的时期是西汉后期至东汉前期，即新莽时期前后。

汉代的北海合浦人除了制造独特的青铜器，还制造同样独特的陶器。比如前面提到的合浦汉墓随葬品中数量非常多的陶器、漆器、陶制品。还有，在苏门答腊、爪哇、加里曼丹等岛屿发现了中国汉代陶器。特别珍贵的是，在苏门答腊出土的一件陶鼎的底部还有西汉元帝初元四年（公元前45年）的纪年铭文，在加里曼丹岛出土的公元1世纪薄绿釉陶魁，与合浦望牛岭汉墓出土的陶魁极为相似。

今天，北海合浦地区还有非常著名的中国四大名陶之一的坭兴陶制作人和赤江陶瓷厂，它们的生命力非常强大。

除了这些产品以外，还有一种非常特别的产品。在没有认真研究合浦等地汉墓出土的古玻璃（琉璃）之前，人们都以为这些出土的玻璃制品全部是舶来品。但经过认真研究后，发现有些玻璃制品是北海合浦人自己烧制的。比如，一些合浦汉墓出土的玻璃璧、玻璃耳珰、玻璃鼻塞等，它们与中国传统玉制的璧、耳珰、鼻塞非常相似。在经过能谱分析和密度测定后发现，其中大部分属钾硅玻璃，少数属铅钡玻璃、钾钙玻璃，都没有西方古代的钠钙玻璃。因此，这些形制与中国传统玉制的同类产品相似的玻璃璧、耳珰、鼻塞等，无疑是中国人自己制造的。这些北海合浦人制造的玻璃杯腹部那种凸弦纹也是中国先秦两汉时期的陶器、铜器上的一种常见纹饰，因此也证明了是中国人制造的。

而且研究表明，北海合浦人烧制这些钾玻璃选用了铁、钴、锰、铜作为主要着色剂，颜色特别鲜艳。晋代葛洪《抱朴子·论仙》记载："外国作水精碗，实是合五种灰以作之，今交广多有得其法而铸作之者"。这说明，在晋代或晋代以前，"交广"地区的人已掌握了烧制玻璃的技术。

北海合浦人学习制造琉璃，说明中国人除了通过海上丝路与海外贸易商品外，还进行了生产技术和原材料的学习引进。中国工匠利用这些进口的原料加工成中国传统的生活用品，如烧造玻璃，然后销往中国中原地区等地。

总而言之，北海合浦的古代海上丝路，最早开创了一条中外商品交易、文化交流、社会交往的海上新通道。汉代的海上丝绸之路上进口的是明珠、璧琉璃、奇石异物和犀角、象齿、香料等，出口的主要是丝绸、黄金和青铜器、陶器等。北海合浦人首先开创的这条古代海丝路体现了中国人勇于开拓进取，开放包容，平等互利，活学善用，敢于创新发展的丝路精神！

海上丝绸之路始发港

李裕芳

查史籍所载北海海上丝绸之路的港口,明确有记载的是南流江口至冠头岭一带。关于海上丝绸之路的历史记载,作为依据而引用的是《汉书·地理志》:"自日南障塞、徐闻、合浦,船行可五月,有都元国。又船行可四月,有邑卢没国。又船行,可二十余日,有谌离国。步行可十余日,有夫甘都卢国。自夫甘都卢国,船行可二月余,有黄支国。民俗略与珠崖相类。其州广大,户口多,多异物,自武帝以来,皆献见。有译长,属黄门,与应募者,俱入海,市明珠、璧流离、奇石、异物,黄金杂缯而往。所至国皆禀食为耦。蛮夷贾船转送致之。亦利交易。剽杀人。又苦风波溺死。不者,数年来还。大珠至围二寸以下。自黄支船行,可八月,到皮宗。船行可二月,到日南象林界云。黄支之南,有已程不国,汉之译使自此还矣。"

这段记载表明:汉武帝时,官方商船船队从今北海的合浦以及广东的徐闻,日南(今越南境)起程远航。船队规模颇大,水手应募而来。船上有黄门(少府附属机构)译长(翻译官员),携带大批黄金、杂缯(各色丝织物)出海,换回明珠、璧、琉璃、奇石异物。船队到过7个海国,每到一国,都受到友好接待,供给伙食,派船接送;但船队有时遭到海盗抢劫;遇着飓风就会使船工丧生。每次经历3年以上艰险的海上航行,才能回到起程的港口。

7个海国均是古代名称,"都元,日本藤田半八谓即通典之都昆或都军,在今马来半岛。邑卢没,即《新唐书·南蛮传》之拘娄密,在缅甸缘岸。谌离,即贾耽《入四夷道里》中之骠国悉利城。夫甘都卢,即缅甸之蒲甘城。黄支,即《西域记》达罗恭毗之都建志补罗"(冯承钧《中国南洋交通史》)。已程不国具体位置,史学界比较一致的看法是在今斯里兰卡。这就是说,汉代从合浦起程的远程船队,已先后到达今马来半岛、缅甸、印度和斯里兰卡等地,开辟了海上丝绸之路。

《后汉书》还有一段记载:"永宁元年,掸国王雍由调复遣使者诣阙朝贺,献乐及幻人，能变化，吐火、自肢解、易牛马头，又善跳丸，数万至千，自言我海西人。海西即大秦也。掸国西南通大秦。"有人认为，掸国是暹罗，自号为泰，即今之泰国。暹罗人远祖本为越族。"幻人"即魔术，就是过去说的"杀人中瓜"。此种江湖幻术北海合浦一直流传到民国。

从上述这些历史记载中，可以看到当年北海（合浦）港口的繁荣景象。

汉代北海（合浦）港口的位置，史籍没有记载。依据今人研究，干体港"扼江海之交"，秦汉至明清时期是我国对外交通和贸易的要地；合浦西部的大观港，海面辽阔，是钦廉的通航要道，东抵高凉雷琼，经龙门（今钦州市境内）直抵交趾，干体汉朝时作为我国通往东南亚各地的港口是可能的，史籍所载冠头岭至南流江口这个海湾的港口是丝绸之路的始发港。南氵万港、高德港正处其中。干体港淤浅，自明代以后失去港口功能，高德渐渐取代；清乾隆元年（1736年）对外开放，在高德设海关分支机构。同治年间，发生高德海关税务官被打死事件，高德海关分卡搬到北海。

汉代，合浦港成为南海贸易和交通的中心之一。到了唐宋时期，合浦港仍是一个经济与政治的中心。由于内河淤积和海岸自然变化，港口地址有逐渐南移趋向，北海港日益显示其地位之重要，无疑将成为与南海各国的商贸大港。"随着航海技术的提高，船舶吨位的增大，港口主要位道也逐渐向南伸延易换其位，干体一带口岸，自明朝中期逐渐衰落，让位给今洪阔水深的北海港埠地。""北海港最早的商埠，在今南氵万港（古称南湾），后渐往东移至高德和今北海市区。"

古代北海的海运业

范翔宇

北海古属合浦,是中国最早开展对外贸易的地区,是古代中国与东南亚和西方国家经贸文化交流的前沿区域,是北部湾最优良的人文宜居港口城市,从汉代以合浦为始发港开通的海上丝绸之路对外贸易航线至今,已有 2 000 年对外贸易史。而以合浦为始发港自汉代开通的这条海上丝绸之路沿线对外贸易区域,正好与 2010 年建成并开始运行的中国—东盟自由贸易区吻合。

北海占有汉代海上丝绸之路始发港所在地理之利,海运业起步早,对外贸易活跃,除了丝绸、陶瓷等大宗商品的常规出口物之外,其他特色土产交易也不断扩展,带动了海运贸易的发展。因此,北海海运业的发展具有一个鲜明海上丝路地域元素特征,在不同历史时期里有着不同的社会功能。

如三国时期,北海合浦主要属于孙吴政权势力范围,孙权曾组织庞大的船队想冲破琼州海峡走向远洋,但因航海技术及航海设备的局限,没有成功。当时士燮家族统领交州,为了多向朝廷进贡特产及异方宝物以尽可能争取较长时间的偏安,士燮的弟弟时任合浦太守士壹费尽苦心经营北海至东南亚的海外贸易,就是为了"每遣使诣权,致杂香细葛,辄以千数,明珠、大贝、琉璃、翡翠、玳瑁、犀、象之珍,奇物异果,蕉、邪(椰)、龙眼之属,无岁不至。壹时贡马凡数百匹。权辄为书,厚加宠赐,以答慰之,士燮在郡四十余岁,黄武五年,年九十卒"(《三国志·士燮传》)。从士燮向孙权进贡的物品来看,明珠、大贝、琉璃、翡翠、玳瑁都是海上丝绸之路的贸易商品和合浦等地的特产,而时任合浦太守士壹每次都向孙权进贡的马匹竟达数百匹之多,这些被选作进贡的马匹一定是好品种。合浦不产马,这些马肯定是从其他地区通过市场交易或征调而来的,当然包括通过海上丝绸之路运来的宝马。由此可见,当时北海海运业的经营主要是以特产为主。

两晋南北朝时期,随着佛教文化从海路进入中国,史料中的北海海运业多见东南亚及印度等国"遣使献佛牙、画塔、舍利、菩提树","遣使奉表来献象牙佛像及画塔","遣使献礼佛物品"的记载。由此可见,当时北海海运业的规模不大,且以官方的文化交流居多。

到了唐代,唐王朝以其强盛的国力,大力发展航海和造船业,是中国历史上航海事业发展最快的时期,也是海上丝绸之路航线的扩展和沿线港口城市兴起强大的时期,海上丝路海运的重心转到了广州,并催生一批港口城市,形成了我国航海重心逐渐向东南移的格局,东南港口日益兴起。但是,由于当时航海技术和设备的限制,东南亚一带的客商贾户把货运到广州之后,仍然采取沿岸走陆路回程的旅途,也就是走陆路到北海冠头岭再乘船走水路,主要是为了避开琼州海峡及其外洋的风涛海怪之险。这就是唐代广州司马刘恂在其所著的《岭表录异》中记述的"每岁,广州常发铜船过安南,贸易路经调黎(原注:地名)深阔处,或见十余山,或出或没,篙工曰:非山岛,鳟鱼背也。'双目闪烁,鬐鬣若簇朱旗,日中忽雨霢霂。舟子曰:此鳟鱼喷气,水散于空,风势吹来,若雨耳。'近鱼即鼓船而噪,倏尔而没。交趾回,乃舍舟取雷州,缘岸而归。不惮苦辛,盖避海鳟之难也"。这里所描述的身躯庞大的"海怪",其实就是鲸鱼、鲨鱼之类的大型海族。由此可见,这个时期北海的海运业是以辅助通道的形式继续发展,重点是对东南亚的单程贸易。

宋代是海上丝绸之路沿线港口变化最大、海上丝绸之路商贸结构变动强烈的时期,主要标志有二:一是主要的商贸物流集散港口迁向广州、泉州,港口布局和功能趋于分散;二是商品贸易方式由"贡献"、配额(即由朝廷指定品种和数量)制转化为在提举市舶司管理下的自由贸易。因此,商品的种类也随市场需求产生了巨大的变化,即进口商品种类剧增,最高峰时达420种;出口商品则略有压缩,陶瓷产品成为主打,丝绸及丝织品退居第二。在这种结构调整状态中,一些沿线港口的功能退减,甚至失去作用。而北海海运业却能乘势而上,盛况空前、主要是得益于陶瓷产业的发展和廉州水路的形成。

到了宋代,海上丝绸之路贸易商品中的陶瓷产品代替了丝织品(即"杂缯"),成为海丝路贸易的第一大商品,极大地刺激了合浦陶瓷生产的快速发展。为了配套蚕丝及丝织品的出口贸易,合浦在汉代就建有汉窑群专门生产陶器供出口。到了宋代,朝廷为了适应海丝路贸易陶瓷出口不断扩大的需要,在合浦投资建官窑两处,专门生产供出口用的陶器。此时,北海的海运业是以陶瓷为主。

与此同时,廉州水路日益形成、成熟,发展成为多元化交通要道。如淳化元年(990年),宋镐、王世则出使交趾,安南黎桓"遣东内都指挥使丁承正等以船九艘,卒三百人至太平军来迎",其中的"黎桓"就是安南国王黎王。"太平军"就是廉州。

宋代是安南使臣通过廉州进入中原"朝贡"最频繁的时期，而安南的特使则带领船队到廉州（太平军）迎接宋朝廷的使者。

《壮族通史》在论述宋代的海上交通时也强调合浦航道的功能："合浦古称廉州，濒临北部湾，自古就是中国通往东南亚各国的海上通道，也是壮族和各族人民与交趾人民往来的主要航道。"

交趾人多从海上乘船到廉州。宋以后，广州成为南方的重要对外口岸，东南诸国商旅及使者到中国，多从广州港泊岸，中国出海也多从广州港出发。合浦航通逐渐失去出海口的重要地位，但广西沿海的出口仍然以合浦为通道。

如宋代周去非所著的《岭南代答》中，就有北海出口橄榄香的记载。《宋会要辑稿》一书则记述北海冠头岭是交（州）广（州）海路的重要集散港口。元朝在廉州府设市舶提举司，专门负责外国商船的管理和抽税。到了明代，又设置盐务、珠池、河泊等管理机构，北海港的海运业务可以说是持续发展的。但是到了明末清初，由于倭寇入侵滋扰，郑成功部与清军的对抗，北海港一带海域成了主战场。据史籍记载，从顺治四年（1647年）清廷开始对广东沿海（时北海属广东廉州府）实行"近海禁私船"起，到顺治十八年（1661年）"迁界禁海"，至乾隆五十五年（1790年）解除"禁海"的150年间，北海成为军事港口。频繁的军事行动，在一定程度上严重制约了北海商贸海运业的发展。

尽管如此，清代的北海合浦海上丝绸之路的商贸文化交流发展还是出现了一个新格局。这时影响北海海运业的重大事件有：清圣祖康熙二十四年（1685年），廉州口设海关，隶属粤海关；清高宗乾隆元年（1736年），广州粤海关在合浦设廉州口海关，兼辖山口、钦州二小口，后又设高德、西场、沙岗海关分卡。

道光二十年（1840年），鸦片战争爆发。第二年清廷对英国宣战，拉开了中国近代史的帷幕，这也是殖民主义者用炮舰轰开中国沿海门户的开始。北海的海运业在西方列强的军舰冲击中开始了艰难的破茧之旅。从道光二十六年（1846年），北海人开辟了北海至澳门的定期帆船航班开始，至今整整走过了160年。这是北海人在炮声和硝烟中勇敢走向世界的一次伟大创举，在北海近代海运史上有着里程碑的象征意义，正是因为有了这一次的勇敢创举，不久便有了北海近代史上的第一条国际海运商业航线。

咸丰元年（1851年），廉州府发生了两件重大事件：一是天地会首领刘八、方晚在合浦被官府用反间计诱捕，所部2 000多天地会成员投奔太平天国；二是由居住在澳门的葡萄牙商人建造的艋船从澳门首航北海，开辟了北海近代海运史上的第一条国际商业航线。艋船也称"头艋"，是一种运输量较大的木帆船，载重量最大可达300

吨。特别是北海尚未开埠前，艋船的出现，无疑是一种生产力的革新。随着葡萄牙商人乘艋船来到北海，"头艋"迅速在北海兴起并进入全盛阶段，在短短的10年间便发展至30余艘，成为北海海运的主力，同时也加快促进了其他航线的开辟。

同治二年（1863年），在西方列强的压迫下，清廷同意增开宜昌、温州、芜湖和北海四个口岸，作为英国船只停泊装卸货物的码头。这是英国商船在北海进行出口贸易的起端。北海口岸是被迫开放的，就是史书所称的"开埠"。同治二年的这次开放，实际上比光绪二年（1876年）二月十九日（农历）的北海新关（海关）开办的"开埠"要早14年。同治十年（1871年），广东北海常关成立，清廷明文规定：凡为外人运货之艋板赴香港者，须先在北海或广州等报关。两年后，清廷规定，以北海为总汇，设关征税，并在钦州、电白、石城（今廉江）、海康、吴川设立北海分卡，在钦州、防城设立北海稽查子卡。由此可见，当时北海海运业的发展占据了北部湾沿海地区的龙头地位。北海港事实上也已成为北部湾中心港口。

光绪三年（1877年），北海新关开办后，海关的控制权落入西方殖民主义者手中，与此同时，西方海运业也加快了进入北海的步伐。

光绪五年（1879年），英国"海南号"轮船开辟了北海至香港的定期航线，客运、货运业务也同时开展。德、葡、日等国的客、货轮也接踵而来。中国招商局轮船也驶入北海港，加进北海海运队伍之列。是年，进出北海港的外国轮船已达286艘次，航线伸延至海口、海防、香港。光绪十三年（1887年）二月，清廷规定两广桂皮只在产地抽落地税一次，今后两省关卡无论税、厘不准再抽。唯至粤海、北海两关出口时，完纳正税。这一措施也在一定程度上促进了北海海运业的发展。

光绪十五年（1889年）七月，北海港出现了专运出洋华工"卖猪仔"的外国轮船，每船几百人至千余人。是年，北海出口广西丝5 400余斤，获朝廷奖励。

第二年又有德国"威洛号"到北海贩运出洋华工，直达苏门答腊。光绪二十八年（1902年）由北海运往苏门答腊华工达2 879人。这一条"卖猪仔"专线一直继续至宣统二年（1910年），荷兰"共班娜号"轮船厂从苏门答腊搭载华工336人归国在北海上岸才告结束。这是一条血泪斑斑的航线。

光绪十六年（1890年），北海、法国、挪威等国轮船又开通北海航线，至此已有8个国家的轮船在北海开通了直达上海、香港、海口、海防、新加坡、苏门答腊6条航线，此后的10年间（至1899年）进出北海港的外轮共2 322艘次，总吨位达116万吨，年平均230艘次，旅客出入人次为46 294人。随着北海港海运能力的增强，知名度的提高，接着又有美国、荷兰、俄国的轮船公司开辟了到北海的新航线，北海的航线又伸延到上海、广州、台湾和缅甸等地，经北海中转的货物可以进入欧美市场。

根据有关史料记载，1900—1911年清朝灭亡前的12年间，进出北海港的外轮已达3 243艘次，吨位达221万吨。

民国成立后，国内的一些轮船公司也着意发展北海的海运业务，一些大型轮船，如：广南船厂的千吨海轮、安益公司的两艘985吨海轮，航商载重均为673吨的"海利""大司马"，也纷纷进入北海港，而北海本地的"头艋"船队也相应扩大，一些大型的三桅三帆、载重量达二三百吨的"头艋"普遍见用。而美国、法国等轮船公司的大型轮船也来到北海停泊，其中载重5 000吨的美国太平洋航业公司的轮船也驶进北海港寄泊。民国开元至1919年的8年间，进出北海的外轮为408艘次，进出吨位17万吨，进出旅客人数5 949人。北海港口俨然成为一个国际港口。随着北海海运能力的增强、辐射能力的提高，进出口物资种类也大幅度增多，殖民主义者掠夺性的贸易也愈益明显，尤其是大量鸦片随之进入北海，成为北海社会的一大祸害，在北海近代海运史上划下了一道深重的伤痕。

市廛丹砂石康陶

刘忠焕

位临南流江边的石康，在宋明时期是县城，历来为岭南重镇，商贸繁荣。宋明之廉州府的漕运海盐以南流江为干线，必先运至石康仓，再转运广西各地。《宋史》卷一百八十三记载：廉州府沿海开辟有不少盐场，其中的白石（现合浦县山口镇永安村）、石康两个盐仓最大，乃全国四大盐仓之二。

石康位于海上丝绸之路的咽喉地位，宋代周去非在《岭外代答》卷五也有载："盐场滨海，以舟运于廉州石康仓。客贩西盐者，自廉州陆运至郁林（现玉林市），而后可以舟运……自改行官卖……乃置十万仓于郁林州，官司以牛车自廉州石康仓运盐贮之，庶一水可散于诸州。"可见，宋代时石康已经是重要的盐业中转基地，其枢纽作用表露无遗。

盐运业的发达，无疑会推动石康社会经济的发展，让石康逐渐成为富庶之地。

石康的繁荣，吸引了密集的人流，从而消费大量的日用生活品，如瓮罐瓢盆等陶器。石康拥有丰富的高岭土资源，陶瓷业随之兴盛起来。直到现在，石康的陶器业依然很兴盛。

从现存古迹文物来看，石康拥有的县级保护文物单位，可如数家珍：唐城遗址、二埠水山岗遗址、豹狸缸瓦窑遗址、顺塔、罗公祠、万善寺、银锭井、华身靛厂作坊遗址……这表明石康不仅仅是盐运业中转枢纽，陶瓷业也名不虚传。

"陶舍重重倚岸开，舟帆日日蔽江来。"但见：南流烟波起，长街日照朗。来来往往的舟船在石康码头靠岸，市廛里商客云集，人头攒动，或贩运海盐，或选购土陶。"拿起一只陶碗，仔细端详制作工艺""讨价还价""运送货物"这样的场景，在石康似乎就如日常一般。

石康也不只是一座集镇，在很长的一段时间里，它都是县衙所在地。据《读史方舆纪要》卷一百四《广东五》（15）记载："石康废县府东北三十里。本合浦县地。南汉咸亨初，置常乐州，领博电、零绿、盐场三县，宋开宝五年（972年），州县俱废，改置石康县。"又有《一统志》载："石康县治南有常乐废州治，是也。本属廉州。元因之。明洪武初改属雷州府，十四年（1381年）还属廉州府。成化八年（1472年），为广西獠贼所残破，并入合浦县。"长达900年的县治历史，可见石康的荣耀与不凡。

烟火生活的兴盛，使土陶生产成了石康经济的一大特色。但见十里陶城，黑瓦密盖，烟囱高低错落，制陶工人忙忙碌碌。各式的土陶产品如流水线一样，走出窑窟，走入市廛，走上江船，走向五湖四海。在漫长的岁月中，形成了独特的石康陶器风情。

关于石康陶器，笔者大多是翻阅书本而来，算不得"一手资料"，纸上谈兵而已。前不久，笔者专程走进了石康，看风土、察人情、辨街市、识土陶，总算领略了石康陶瓷的魅力。

在石康街的一家陶瓷杂货店里，笔者跟店主有过一番"较量"。店铺里煲、罐居多，黑红黄白都有。笔者拿了一个罐子，用另一只陶杯轻敲，发出的竟然是沉浑之音，心疑其质量不佳；再拿第二个，仍是浑浊之音；取第三个，还是如此。

店老板见状，觉得奇怪，问我原因。笔者便将书本上的辨别方法与他说了。店老板听罢，沉吟一会后说："这的确是识别陶器好坏的办法之一，声音清扬的，说明陶器质地坚硬，内部结构紧密，没有裂纹；如果声音喑哑，则说明陶器质地松弛，甚至有肉眼发现不了的砂眼或者裂纹。但你刚才的试音方法错了。"

"你拿一个质地差的陶杯，用它来敲击，当然无清扬之音了。"店老板取来一个质地好的汤煲盖子，轻轻一碰，便发出了清脆声，如筝音流淌。店老板说，试音很重要，如果你拿的是质地差的陶器，它发出的声音会干扰你的听觉，影响你的判断。你手中拿有真正的好东西，才能找出更好的东西来。

店老板的话，很有蕴意与哲理，却也让我羞愧，并落荒而逃。

笔者落荒而逃不是要"逃"回家，而是要"逃"去陶器厂家看一看，探究他们是如何生产出陶器的，都使用了怎样的好手段。

在石康镇周边，有好多家陶瓷厂，一片红红火火，似"依然商贾千方集，仍见陶烟五色长"的景象。他们已经摒弃柴火熏烧的生产工艺，改用更容易控制的高温煤气炉了。产品也远销东南亚各国，已非当年的吴下阿蒙。

"浮梁巧烧瓷，颜色比琼玖。"那些土陶艺人们正在和泥、拉坯、晾干、上釉、码窑、烧制。一件件盛放东西的器皿，不断生产出来，已然成了泥巴的艺术。他们不理俗事忧忧，心无杂念，手掌中凝结了世代的技艺和制陶的热忱，细腻的高岭土在脚下磨盘的带动下飞速旋转。在艺人们的手里，泥块变成了一件又一件的作品，朴拙厚实又素雅大方，独具本地特色。令我感叹的是，现在居然还保持着原生态的制陶工艺，他们还固执地沿袭代代相传的古老制陶方式，——这便是传承。

千人写梅各有姿，无须拾人巧牙慧！陶器没有贵贱之分，只有适不适合市场、有没有销路之说。同一件陶器，不同的工艺师，创作出来的风格与气韵千差万别，何况还有地域、原材料、工艺和审美的差别！或许，景德镇的瓷器是清水芙蓉、倜傥风流，钦州的坭兴陶是刻玉雕琼、婉转多姿，而土色土香的石康陶，却也是人文浓郁、寂寥空灵。

陶器在窑里经过千锤百炼，就像凤凰涅槃一样，获得重生。从一坨厚实的泥土，蜕变成供人们使用的器皿，抑或工艺品，可谓是妙手生花。那些人们常使用的缸、埕、瓮、盆、碟、碗、钵、灯台、香炉、酒坛、蒸锅、熬罐、花瓶、壶、水罐、花钵，乃至排水管、面砖等，不断面世。

每次开窑，师傅们都很兴奋，总能看着自己亲手捏制的一块块泥巴，变成了富有生气的陶器，赋予了它们生命。而每一次开窑，又是一次次地惊喜，会有烧坏的，也会有窑变的器皿，与其他土陶呈现出不一样的色彩，那是玄妙的化学变化。

土陶，给予石康人的不只是质朴悠然的生活，还有更多的精神品质。

图1-8　合浦县石康镇老街（石康淘）（邓超斌　摄）

遥想当年，苏东坡量移廉州时，曾为陶器作了一首诗："庚辰八月二十八，刘几仲饯饮东坡。中觞闻笙箫声，杳杳若在云霄间，抑扬往返，粗中音节。徐而察之，则出于双缶，水火相得，自然吟啸，盖食顷乃已。坐客惊叹得未曾有，请作《缶笙诗》记之：孤松吟风细泠泠，独茧长缲女娲笙。陋哉石鼎逢弥明，蚯蚓窍作苍蝇声。缶中宫商自相庚，昭文无亏亦无成。东坡醉熟呼不醒，但云作劳吾耳鸣。"好神奇的"缶"！

时任石康县令的欧阳晦夫，专程赴廉州看望了老朋友苏东坡，相互之间还赠送了礼物。《缶笙诗》中自然吟啸的"缶"，其实是一种汤煲。它是否欧阳晦夫赠送给苏东坡的？苏东坡没有明说。但笔者愿意相信，那"缶"就是来自石康。

明末清初海禁政策对北海的影响

李 静　李志俭

一

明清地方史告诉北海人一个常识：谁"闭关锁国"，谁就会落后挨打。据《广东通志》（嘉靖）卷六十七记载："广东海道自廉州冠头岭发舟。"明初冠头岭一带已逐渐繁荣，我国商船由此处扬帆出海，不定期抵东南亚各国港口，从事海外贸易，冠头岭成为合浦的主要港口。

嘉靖年间，时任广东巡抚林富上奏朝廷，力陈对外通商，有"助国、给军、利官、利民"四大好处，实施有限的"开禁"。然而，统治者认为只有"厚本抑末"、重农轻商和海禁，即可保封建王朝长治久安，下令"严禁交通外番""无得擅自出海与外国互市"。这种政策，使中国封建王朝渐趋僵化与没落。

与此相反，当时西欧一部分国家进入资本主义原始积累时期，纷纷向东扩张，进行海外掠夺，首先破坏了中国传统的"朝贡贸易"制度。外国殖民主义者飘忽于中国南海，拦船劫货，干着赤裸裸的海盗罪恶勾当。日本武士、浪人勾结国内的"强盗"，骚扰我国沿海口岸。今北海港一带作为北部湾的主要贸易集散地，自然成为这些倭寇洗劫的目标。此时，葡萄牙海盗在广东沿海活动十分猖獗，他们到处杀人放火，焚毁村庄。天顺三年（1459年），安南海寇冒充商贾，从海道抵港口进行贸易，并与内地"莠民"勾结，伺机在北海港及附近海面抢劫商船的货物及疍户的珍珠，杀害百姓，严重地影响了廉州沿海的生产和社会安定。于是，朝廷下诏廉州府，"诏禁钦廉商贩无得与安南夷人交通"。因而，与安南的海上交通一度中断。

嘉靖以前，廉州已有相当规模的陶瓷作坊，生产了大批陶瓷器，大都向东南亚各国出口。然而，廉州府采取招民开垦以减田赋的办法，将农民禁锢在农业之中，约束工商业的发展，并且严禁商船出海。当时，港口已无永乐、宣德时番舶云集的气象了。

廉州商贾有时仍以贩卖鱼盐为名，冒禁进行海外贸易。弘治十六年（1503年），为了加强廉州海禁，明朝把海北道兼兵备道移镇廉州，造成港口海上运输和贸易十分萧条。正德二年（1507年），明统治者将"兵备道移驻灵山"。据《廉州府志》（乾隆）卷十二记载，当时"占城、暹罗、满剌加，安南诸番易达廉州之境，尤为全广重险，故兵符于灵山达宝增屯，于卫海寇之警，獠獞之扰，外夷之侵，有兼忧焉"。但因灵山离廉州海面近百千米，很难防止海寇大规模的突然袭击，故廉州沿海百姓易遭受海寇的蹂躏。

据《明史·满剌加传》记载：明朝为了保护海疆，对外番"行令驱逐出境，并且再申洋禁。自是安南、满剌加诸番，有司尽行阻绝"。正是由于明水军在广东沿海加强海禁，所以安南、满剌加、暹罗等国商贾不能在廉州等埠互市。结果，他们"皆往福建漳州海面地方，私自行商。于是利归于闽，而广之市井皆萧然也"。明朝中期以后，由于倭寇和安南海盗的骚扰，统治者惧怕"海疆不靖"，令廉州府"严申海禁"。这种闭关自守的海禁，使当地与安南的海上交通和贸易一度中断。1509年，海盗再次侵犯中国沿海边境地区。为保卫海疆，明朝"再申洋禁"。正德十一年（1516年），海寇又侵犯廉州沿海，"入寇西场"，立即遭到港内干体营水师的伏击。嘉靖二年（1523年）明朝水军又在广东新会海面击败葡萄牙海寇，海疆暂时获得安定。

但明朝仍禁止与外番贸易，并封闭所有通商口岸。于是，廉州海外贸易亦暂告停顿。这种闭关锁国政策，放在世界历史潮流中考察，无疑是一种落伍行为。

从嘉靖二十七年至崇祯九年（1548—1636年），海寇大规模在北海港一带海面抢劫商船共11次，洗劫沿海村庄，使港口贸易遭到极大破坏。涠洲岛在冠头岭南面，素为港口天然屏障，却沦为寇穴。他们以此为据点，骚扰港口，使廉州的海上交通大受影响。《粤西笔记》记载："万历四年倭贼寇古里、龙潭，沿海渔村百姓涂炭"；"万历六年倭贼寇古里、白龙，劫畧民渔舟……"明朝为了保证港口的安全，派水师在古里（今北海市区）和龙潭寨古城（今属北海市银海区）大败倭寇。《粤海杂录》称"龙潭古城抗倭至要，且港湾曲折、隐蔽，又易补给"。可见，今北海港一带在明代曾为抗倭要地。万历六年（1578年）以后，明朝派水师驱逐涠洲岛的海寇，并移民耕地，派游击一员镇守；在冠头岭设巡检增兵屯戍；还在干体驻水师，置战舰24艘。这些军事措施，对保卫港口的安全起了一定的作用。崇祯九年（1607年），安南海寇又在港口劫杀商贩。明廷再次下诏廉州府，涉海商贩不许潜与安南夷人交通，并宣布"禁通番"。这种闭关政策，虽然保护沿海人民的生命安全，但妨碍了港口的发展，失去了自宋元以来持续发展的大好势头，并在世界航海界成为落伍者。

二

清初的海禁政策更为严厉，几乎断绝了当地的对外贸易。清兵入关后，南逃的明朝宗室和廉州官兵坚持反抗，直到兵败城陷。清军大举南下，李定国由廉州败退云南。由于久经兵燹，廉州田地荒芜，城乡凋敝，商业萎缩，社会生产遭到严重破坏。又因廉州沿海有抗清势力，今北海港和铁山港成为"海禁"重点区域。

顺治十二年（1655年），廉州府宣布"严洋禁"，不准百姓私造两桅以上帆船，私自到外洋贸易，抓住一律斩首。同时清朝规定：如有打造双桅500石以上船只出海者，不论官兵民人，俱发边卫充军。造船是航海的基础，这种禁令无异对航海的发展是釜底抽薪，使廉州造船业遭到极大破坏，亦使港口的海上运输大受影响。

不但沿海百姓生计艰拙，廉州府赋税收入亦大受影响。据《合浦县志》记载，当时海禁造成"盐路室塞，埠商逃散，盐引不行，无从征饷"。可见，此时商业运输一落千丈，港口漕盐已处于停顿状态。

顺治十七年（1660年），清廷为了进一步扼杀闽粤沿海的反清斗争，实行更加严厉的闭关禁海政策。据《合浦县志》记载，当时廉州府"诏逋赋，招民开垦，再申洋禁"；并且立界设防，海船尽行烧毁，寸板不许下海。据清《经世文编》记载，凡私自出海者，一律处斩，船货没收。凡不执行海禁命令的军政官员，革职严办，保甲人员处以斩刑。康熙元年（1662年），清廷颁布"迁海"命令，并派遣大臣监督。于是，廉州官府派兵强迫包括南湾村在内的沿海百姓，"徙内地五十里，设排栅，严出入，以杜接济台湾之患"。所谓"迁海"，就是强迫当地沿海居民一律内迁。廉州官府把合浦沿海的村庄、城郭、庐舍，一律拆毁，制造沿海50里内无人区。所谓"设排栅"，就是设集中营式的营寨，将沿海居民赶入其中居住，不准自由出入。清廷在今北海港口岸，设"北海镇标"驻之，加强对百姓的镇压。据《合浦县志》记载，在"迁海"过程中，"老弱转死沟壑，少壮流离四方"，商人无法从事买卖，渔民无法出海营生，大批居民流离失所。南湾村是商船渔船寄碇和补给的中转站，居民被迫三次内迁，屋舍全被拆毁。"迁海"造成"地方凋零""四乡无墟市"的悲惨情景，严重妨碍了南湾村的发展。清朝强制"迁海"，不但造成北海沿海"复无人烟"的历史大悲剧，而且导致内外阻绝，商旅不通，使廉州的航海贸易又遭到沉重打击。

实行"海禁"和"迁海"，引起了人民的强烈反抗。1665年，为缓和阶级矛盾，廉州府放松海禁，"尽撤排栅，改设讯台"。同时，在今北海港沿岸设了6个墩台（瞭望哨），名为望子（在冠头岭下）、高德、草头、崩沙、石子、白虎墩，并加强干体水师营,派出快马船在港口巡弋。次年,清政权逐渐巩固,廉州府宣布取消迁海令,"复沿海居民旧业",予许商人持号票从事近海贸易。康熙二十二年(1683年),台湾的抗清力量被扑灭后,廉州沿海的海盗也基本肃清。清王朝虽暂时松弛海禁,但对国外商舶抵港十分注意,防范极严。清廷一方面因循守旧,以"天朝大国"自居,宣称对外夷"加恩体恤";另一方面又防夷如虎,千方百计抵制西方的东西。1717年,廉州府又重申"洋禁",并在冠头岭、地角、八字山、大观港建炮台。同时,清廷不许商船私往南洋贸易,凡偷往外洋,"令解回正法"。对早已出洋的商贾,"俱不准回籍"。雍正六年(1728年),清廷又重申洋禁,先后颁布了禁止五谷、金银铜铁出洋的种种禁令。据《经世文编·海防》记载,当时限制海船载大米不超过5石,船桨不超过2支,只准带腰刀、弓之类的武器,而对火炮、鸟枪、火药严加限制,并发牌照规定航海范围和天数。这些规定,特别是武器的限制,给西方海盗和安南海寇提供洗劫商船的方便。这种严厉的海禁政策,严重限制了港口的海上交通和对外贸易的发展,也造成地方经济的衰落。

综上,清廷的"闭关锁国"政策,不但使冠头岭等炮台无法有效抵御外来侵略,反倒妨碍业西的正常海外贸易,从而对外部世界变化毫无所知。当外国已使用铁壳船时,北海和全国沿海一样仍在使用木板船,结果与西方的航海技术差距越来越大,无法面对西方的"船坚炮利"。历史告诉我们,"闭关锁国"就会落后挨打。这是沉痛的教训。

北海历史上金融风潮概述

黄家蕃

北海是在光绪二年（1876年）根据中英不平等的《烟台条约》开辟为通商口岸的，素有商埠之称。由于商业发达，金融活跃，故北海历史上的金融风潮，屡经起伏。而有记录可稽的历次风潮，无不与变幻的政治风云息息相关。这种规律，把金融信息说成是政治气候的寒暑表亦不为过。

光绪十四年（1888年），中国未有银元以前，市场通货均以银锭两为单位，另有辅币制钱（中穿方孔的老铜钱）和铜仙两种并用，辅币与银的比值时有起落，但一般标准是每"吊"（1 000个）制钱抵铜仙100个。每两银就抵制钱10"吊"或铜仙1 000块（即俗称"一千钱"）。张之洞做两广总督之后，西班牙、英国等殖民主义者从广东输入大量银元，以吸收我成色比该洋银高的银两。张之洞感到不妙，决然采取抵制措施，在光绪十四年特从国外进口铸币机在广东自铸银元。此种银元正面铸有"光绪之宝，库平七钱二分，广东省造"等字样；另一面则铸有双龙盘绞图案，称为"龙银"；此外还铸有三钱六分、一钱四分四厘、七分二厘和三分六厘等四种小银元。其图文均与大银元同，只是钱数和大小不同而已。这是中国币制从银锭改为银元的滥觞。

民国初年，袁世凯篡夺了辛亥革命的果实而窃取了"大总统"的宝座。民国三年（1914年）铸造银元，因图案一面铸有袁氏侧面头像，故俗称为"袁头"，通行全国，并颁布了废除银两制改为银元单位的法令。这是全国统一银元为单位的开始。此时，时任广东军政府都督胡汉民已被袁世凯安插在广东的爪牙新军统制龙济光胁迫下台，龙氏取代了广东都督，另在广东铸有二毫银币通行。时第一次世界大战爆发，而广东各派政治力量亦互相倾轧，政局不稳。香港市场因而拒用此种广东银币，遂使北海商场顿起混乱，有的中小商户因此倒闭。

民国十年（1921年），日本帝国主义乘机在金融领域向我伸进黑手，伪造大批中国铜仙从香港运入本市，骗走了大批银元和真铜币。此种伪铜仙是用劣质铜泥块铸就，质轻易碎，掷地声哑，故称"哑板铜仙"。因伪铜币价的大贬，真铜仙亦受波及而贬降，使原来二十块兑银毫二毫比价，降为五十块。日帝的卑鄙手段，令人发指。

民国十一年（1922年），广东政权已归陆荣廷掌握，通令行使粤省银行发行的纸币。七月底，北海商民罢市，以示抵制。原来于六月间，孙中山命部将黄明堂率军自广西进驻北海；九月，被陈炯明部将黄强迫走，黄强入驻北海之后，迫不及待地向商民勒索军糈。此时商民因抵制纸币，罢市风潮未息，这对于黄强筹集军饷极为不利，便向北海商会施加压力，限令复市并筹捐军饷；商会不得已，召集商家开会，分摊认购部分粤币来作黄强驻军的饷项。同时于九月五日复市，风潮始息。

民国十二年（1923年）一月，黄明堂率军来攻，时陈炯明已任命苏慎初为国防总办，驻军北海，与八属军阀邓本殷合流以抗击黄明堂军，结果邓、苏退走，北海重归黄明堂所治。因在北海开设兵工厂和铸币厂（在今园林管理处办公室附近），铸就5分面额的镍币2.5万元，流通市面。本市商民鉴于镍币价值，在广州已大受贬损；且政权变幻，朝夕易帜，故拒而不用，金融风潮又起。但此次尚未酿成罢市。经黄明堂将军出面说服商会，才又由商会召集商家分摊，仅认购了6 000元了结。事后将该镍币运往广州，仅得二成价值而已。北海商民又遭受了一次损失。

同年九月以后，八属联军总指挥邓本殷卷土重来，黄明堂不支而退，北海复归八属军阀统治。邓本殷把钦、廉、琼、崖、高、雷、罗、阳等属作为他割据统治地盘，作为长治久安之计，乃于钦廉二州分设铸币厂，铸就成色甚低的二毫银币，是为"八属毫"，饬令各地与成色优纯、威信卓著的"中山毫"等价使用。商民惮于压力，不敢公然抗拒，但黑市交易，均降为9折勉强通用，后来该币值每况愈下，商民又蒙受巨大损失，但军阀的私囊却反为充盈了。

民国十四年（1925年）十一月，陈铭枢率领国民革命军第十师从江门而来，与桂军联合在海南岛驱走了邓本殷，十二月一日进驻北海，本市结束了八属军阀的统治。民国十六年（1927年）七月一日，北海设"中央银行支行"，这是继民国七年停业的"中国银行北海分行"之后而设立的银行；同时设立分行金库。由广州总行拨给小洋（中山毫）100万元作基金，并授权北海银行按基金额发行地方钞票，式样与总行发行的相同，只有加印"北海"字样，作为地方流通货币。民国十九年（1930年）初，桂军张发奎率第四独立军（称为铁军）袭占北海，北海银行职员走避广州，银行停止营业，宣告：凡持有该行所发钞票的（当时大约为20万元流通额），可向广州总行十足兑换。但本市币值已狂跌至五成。张部"铁军"不久被粤军第八路军赶走，北海秩序恢复正常。十一月，北海银行复业，才将已发钞票按值收回换发新币。民国二十年（1931年）北海银行又因广东军阀陈济棠宣布独立的政局影响，于五月二日暂行停业，商民挤兑拥挤，仍有所发新钞16万元不及兑现，致使币值再次狂贬，商民又复人心惶惶。到十二月十六日，银行始行复业，宣布所发纸币全部兑现，金融波澜又恢复平静。

民国二十一年（1932年）陈济棠为进一步使广东经济独立，将原"中央银行"改组为"广东省银行"，颁发纸币和毫银，是为"广东券"和"广东毫"。1932—1938年，金融较为稳定。陈济棠垮台后，国民党政府的"关金券""法币"和农民银行的"牛仔纸"，便在1939年前后充斥市面。其时，北海边防为桂军驻守，因而市面又有所谓"广西券"流行。但商场最欢迎的则是"袁头""龙银"和渐已稀少的"铜仙"。

1945年以后，国民党经济崩溃，通货恶性膨胀，法币充斥，成为人们累赘讨厌的"湿柴"，商民受损至惨。此时，人们都追求各种银元和外币以保币值。1947年以后，市面均以越南币（西贡纸）为本位，署名"田福进"的各种法币已成为一堆垃圾，但仍通行，当为历史上金融秩序最为混乱的时期。那时，如果手头没有"西（贡）纸"和银元，根本买不到东西，故持有"湿柴"的贩夫走卒、官绅商贾，均想尽办法兑换银元或外币。由此，金融兑换业便应运而兴。

这种靠金融波动、比价差距而行兑换外币银元图利的人，称为"银精"，他们均仰承当时操纵北海金融市场、自设电台而对国际金融行情极为敏感的"力生行"老板李苏石的鼻息来求生计。中小工商业者和一般劳动群众，凡见到"银精"们串街走动"收盘"（入兑外币或银元），便意识到"湿柴"又进一步贬值了，凡手头"湿柴"不能发落的人便都心惊肉跳，寝食不安。

1948年，国民政府为挽救其行将瓦解土崩的政权，发行所谓的"金元券"和"银元券"，大肆进行欺骗宣传，以吹牛发金币为后盾，连哄带迫地限期要民众以外币、银元或法币兑换，民众苦于"湿柴"祸害，有的误信金币总胜于银元，因而挤兑"金元券"之风潮大兴。最初，"金元券"一元还可以兑换"金币"一枚，致使银行挤兑人群从早到晚万头攒动，争兑唯恐不及。一般老弱的贫苦人民，撇下营生时间来挤兑，整天未得其门而入，只好抱着大捆的"湿柴"蹲在骑楼底下抽泣。仅过两天，金币"兑完"了，"金元券"却大量抛出；但已由最初几天的5万元法币兑1元提到50万元兑换1元了。1949年年初，法币虽渐为"金元券"代替，但它已紧步法币后尘，直线贬值，市场渐次拒用，而外币、银元还有绝迹多年的铜仙便作为几乎清一色的流通货币。到1949年12月北海解放时，"金元券"和未及发来本市的"银元券"，俱随同蒋家王朝一起被扔进了历史垃圾堆。故俗谚云"今年见（金元券）明年不见"。诚哉斯言。

北海与香港历史渊源

黄家蕃

一、香港对北海经济潮汐之引力

光绪二年（1876年）中英缔约北海开埠以来，北海便与香港结下千丝万缕的联系。百多年来，北海的经济（商情、航运、金融）与政治、文化、科技等，无不受香港的影响，这种渊源延续至今，而且有日益密切趋向。对于北海的社会效应，过去因国力式微，往往是负多于正。香港回归之后，历史将会颠倒过来，这是毋庸置疑的。

（一）贸易联系

北海第一次对外开放的具体日期是光绪三年（1877年）四月一日，是由尚未到任的北海海关外籍税务司惠达在香港向国际航运界宣布而定。之前的同治年间（1862—1874年），北海商业已甚为兴盛。当时从北海出口香港的以花生饼、花生油、蓝靛、砂糖、八角、桂皮、云南锡板、牛羊皮等桂、滇货和本地货为大宗；分别从香港、新加坡、海防、广州进口的以花纱、布匹、呢绒、日用百货和鸦片为大宗。从北海口岸厘金税"饷银每年数万两"（按货值1‰）推算，北海每年进出口总额为数千万两，超过开埠后的光绪二十年前后最高纪录的近10倍。《北海杂录》说，北海外贸以"同治年间为最旺"，想必不无根据。因为当时北海口岸只抽厘金而无关税，还因为自咸丰五年（1855年）至同治三年（1855—1864年），西江波山艇起义军封锁了梧州航道，原由梧州出进香港的货物改道北海，造就了北海开埠前的繁荣，亦为尔后的开埠准备了条件。在北海开放的头两年，香港工商界对北海还很陌生，光绪五年（1879年）第一艘外轮开通香港航线，北海渐被香港人瞩目，随着与香港的关系日益密切，北海被推上了南路"一大商埠"的台阶。

1876—1949年的漫长历史阶段，北海口岸区经济的盛衰几乎与香港息息相关。1877—1931年，是北海外贸由起步至全盛时期，进出口额累计达11 324万关平两

（下同），其中出口累计 6 057 万两，逆差 5 266 万两。从开埠到 1949 年的 73 年中，几乎没有过出超，旧中国外贸必然的负面规律下所寓涵的正面，则是给北海口岸及其贸易区带来了取代落后的封建社会自然经济的资本主义市场经济，促使资本主义近现代企业的诞生并造就了这些企业的管理人才。百多年来形成北海上层建筑各领域"半殖民化"特点的"经济基础"，是由北海与香港历史渊源所造成的。

（二）海运联结

在现代化轮船参加北海香港线营运之前，已有华商经营的"红单"大帆船把北海、澳门和香港联结了起来。自第一艘外轮"海南号"开拓该航线起，先后加入营运的有德、法、葡、日、奥、丹等国的客轮，同时把航线开拓至海防。北海由原来的终站变为腰站。客货源更为充盛。不久，中国招商局轮船也加入营运。光绪十六—二十五年（1890—1899 年），营运伙伴又增加了挪威船，航线续伸至东北面的基隆、上海，西南面的新加坡和苏门答腊。这期间进出北海港轮船累计 2 323 艘次，116.14 万吨，出入口旅客累计 46 294 人次。光绪二十六年—宣统三年（1900—1911 年），又有荷兰船加入营运。1912—1937 年，先后参与港北线营运的有英国怡和洋行、太古洋行，法国孖地洋行、邮航公司，源昌利洋行、广东华侨船务公司、大丰公司，日本大阪商船公司，中国招商局，德国森宝洋行以及葡萄牙、丹麦、俄国等轮船公司的轮船，可谓洋洋大观。其中在 20 世纪 30 年代参加营运的英国太古轮船，以设备豪华、吨位大、安全系数高和班期准确等优势而执航运界牛耳，至全面抗战前夕，北海香港线完全为太古船所垄断，航线又再延伸至中国东南沿海各口岸，以及东南亚至西贡、仰光、泗水，北方至海参崴等港口。

（三）金融互动

20 世纪初以来，作用于北海金融潮汐的引力是香港。开埠初期，北海商业银行仍属真空，主要与香港汇丰银行业务往来海关税银汇兑，全由私营的银号办理。光绪末年，始由海关官银号专办。1914 年，广东都督龙济光铸 2 毫银币在全省通行，因广东各派军阀互相倾轧，政局动荡而使香港商场拒用"龙记"银币，造成北海金融市场混乱，致使一些中小企业倒闭。

1923 年，孙中山部将黄明堂率部进驻北海，铸 5 分镍币 2.5 万元流通市场，又因香港拒绝使用，北海商家再受损失。1924 年，把黄明堂赶出北海取而代之的八属军阀邓本殷铸 2 毫银币，俗称"八属毫"，因白银成色甚低，香港金融界将之贬值八折使用。北海商人又大受其损。

1946 年以后，国民政府"法币"开始逐年狂贬，民众为了保值，以西贡币、港币和银元为本位。法币与这两币一元比价一日数变，市场上以炒外币银元为业的所谓

"银精"行业应运而生。当时北海金融潮汐的讯息唯香港币币值升降而定。谁先掌握这个讯息，便有可能一夜之间成为巨富，登上金融寡头的宝座。当时能够担当此名的是中华人民共和国成立后被称为"官僚资本家"的力生行老板李苏石。所谓"官僚资本"是因为他拥有北海唯一的一台收音机，早晚收听香港股市行情和国际金融讯息罢了。这时期香港金融行情的电波，乃是关系到北海人民温饱饥寒的福音和凶讯。这种情况，随着曙光而起的解放北海的枪声而画上句号。

百多年来，香港给予北海是恩是怨，是予是夺，只能让历史作结论。这种结论，又需扩大到政治、军事、文化、科技和意识形态等领域去研究才能全面。

二、香港是北海半殖民地政治色彩的染缸

（一）关税特权

《烟台条约》签订，北海开放，关税权柄操之英国人之手，北海海关成为名副其实的"洋关"。

香港作为北海主要的贸易伙伴，进口额约占 80%。洋关本能地拥有维护列强特别是英国利益的特权，故北海洋关的关税壁垒并非本口岸利益的屏障而是相反。以鸦片进口为例，这种隐名为"洋药"的特殊商品，完全是由香港发运属于臭名昭著的东印度公司的产品，通过缴纳关税便可通行无阻地向我口岸区倾销。为了遏制竞争对手的中国土烟，北海洋关有千万条理由禁止云南烟土运进，使洋药成为毒害南路民众的专利品。

对待华洋进出口商的政策，北海洋关出于主观随意性而制订出截然不同的规定。洋商进出口的洋土货，只纳一道关税，免纳中国过境税厘金，华商输出的土货，"须纳（关）税又纳厘（金）"。至于货物托运，华船洋船亦有手续繁简区别。华商向华船托运，不但要受洋员特别严格的检查，更要受中国厘金税官的再查验和挑剔留难。如果由外轮承运，中国厘金厂则"不能派员到洋船查验"。有此方便，谁肯由华船托运呢。洋关这种规定，不久便把华人航运业成功地挤出历史舞台，北海港的客货运输，完全由挂着外国旗帜的轮船所垄断。

中国的海关"常关"自有洋关之后，形同虚设。根据光绪二十七年（1901年）《辛丑条约》"常关拨归海关税务司兼理"条文，北海常关必须唯北海洋关派驻的洋员之命是从，北海常关只不过是北海洋关的点缀品而已。

（二）领事遥控

自光绪三年（1877年）起，北海外国侨民以英国人为最先。外侨身份分别是北

海关税务司和海关职员、领事馆官员、商务或船务代表、传教士、医生等及其家属。外侨人数以法国人为多，而德、美、意、葡、比、奥、丹、瑞（士）、挪等国长驻的多属商务人员。据统计，开埠初至光绪中后期，北海外侨长住的有英国人19名、法国人13名、德国人8名、葡萄牙人14名、安南人12名，"若丹（麦）、美、瑞（士）、挪威等各1名，共西人70名"。但这是极不完全的统计，因为还有他们的家属以及外籍传教士和教徒"约300名"（法籍天主教约占60%）未计在内，这就是北海作为南路驻有众多外国领事馆的前提。

在北海设领事馆的有英、法、德、奥、比、意、葡、美8个国家。其中以英国设立于光绪三年（1877年）为最早，以法国存在至1950年为最久。有些国家因种种原因未在北海设有馆址和派员来驻，而是委托本国或者他国驻香港或驻北海的领事馆代办北海领事职能。其中，比利时和意大利两国的北海领事职能由该国驻香港领事兼管；奥匈帝国、德国、美国的北海领事职能则委托英国驻北海领事兼办；葡萄牙的北海领事则委托法国驻北海的领事兼理，无论有否驻在馆址和官员，均受驻香港各国华南总领事馆级别高一等的领事官节制。所以说北海各国领事均受香港总领事的遥控。

（三）工潮应援

1925年6月19日，香港工人为支援上海人民反帝斗争的"五卅"运动举行政治大罢工。23日，广州工人也响应罢工斗争，随即在广州成立"省港罢工委员会"，组成工人武装纠察队分别进驻广东沿海各港口，严密隔绝与香港的交通。北海人民以积极行动配合这一爱国主义运动。6月20日，北海码头工人率先组成"北海罢工委员会纠察队"，在刚刚结束的抵制日本货运动的基础上，重新掀起抵制英国货和日本货的高潮，学生也配合武装巡查港口，禁止任何船艇接触英、日货轮装卸货物。7月，"北海各界民众后援会"成立，捐毫银2 000元支持省港大罢工。12月25日，英轮"陆逊号"自香港开来，视北海罢工纠察队制止卸货，被迫返航。从此，香港北海航线停航近一年之久。

1926年1月，驻北海的国民革命军陈铭枢第十师函请"广东省罢工委员会"增派工纠队员前来加强口岸管制，省工纠队派黄镜如等一行数人抵北，及时制止入口英轮卸货和英、美女传教士各一名上岸。3月27日，北海各界万人举行"援助省港罢工周"大会，第十师政治部主任李笠农、参谋长戴石孚和省工纠队队长欧兆辉等先后发表演说。会后大游行，同时募捐大洋2 000元支援罢工委员会。

北海人民支援省港大罢工的反帝爱国行动，由码头工人率先发起，发展到学生、商人及各阶层市民，最后得到爱国军人的参与和支持，斗争持续近一年。这说明香港这块英国殖民地与内地之间，政治经济神经网络的利害痛痒是何等敏感。

三、对北海军事干涉的桥头堡

英国对北海口岸区的军事干涉,均以香港为桥头堡。百多年来,对我领海主权的侵犯有记录的不下 10 次;甚至直接派遣武装部队到广东内地,借"保护贸易秩序"为名,杀害我人民,烧毁我村庄。北海口岸区内亦有英国派驻的将军"主理军事事务",这段未为世人所知的惨痛历史,是因为腐败无能、引狼入室的清廷是始作俑者,故有意紧捂盖子,企图把屈辱外交的丑史从史页中抹去。

(一)测量领水

咸丰元年(1851 年)英国商船"伊兹亚"号在船长可尔率领下,未经清廷许可,潜入北部湾进行海道测量;同治六—七年(1867—1868 年),英国军舰 Pifemau 号对北部湾进行持续一年的海道探测,并作详细记录:"蛇洋洲北面又西 66° 约 15 里有涠洲岛……昔有兵船停泊此处……距涠洲角北又西 51°58 里有白龙角……"并以比例 1 ∶ 56 750 制成海图。光绪二—五年(1877—1879 年),英国军舰 Mogaie 号在高级将领纳皮尔和纳格皮率领下,对北海港区水深千米以内海域及岸线进行测绘,海图比例 1 ∶ 56 750,定名为《北海停泊区》。光绪二十七—三十年(1901—1904 年),英国军舰 Wateyiten 号先后在不同舰长率领下多次测绘包括北海港在内的《南海各埠海图》。

1922 年,中国海域测量权始从英国人控制下的海关"划归(中国)海军管理"。《北部湾海图》是从外国人出版的有关海图资料翻印的。

(二)军事干涉

从外国档案中发现,光绪十八—二十七年(1892—1901 年),广东沿海地区的"治安",曾由英国将军们划片分管,中国地方武装由他指挥,任务是"清剿"在中国的北海至汕头与香港之间境内"整个海岸线的海盗"。中国境内的"海盗"竟然劳烦英国将军前来坐

图 1-9 1905 年前后的廉州府署仪门,府署吏在门前合影(范翔宇 摄)

镇清剿，岂非咄咄怪事！

原来据说"海盗"们干扰了香港与内地的"法律的和秩序的尊严"。其中一位在19世纪70年代"知名"的洋将军，在广东沿海的辉煌"业绩"，是"日日夜夜进行杀害（人民）和烧毁村庄，直到整个汕头地区即他负责区彻底平靖为止"。在英国殖民者辞典里，中国"海盗"的定义，是类似广州三元里武装对抗他们的义民。这足以说明广东沿海武装反帝活动强大到使与中国地方官僚一丘之貉的英国人非联手对付不可的地步。

北海口岸以廉州为政治首府。这个南路"声明文物之邦"，虽然比汕头地区远离香港，但在英国殖民主义者印象里，这里的"居民就曾经有一个不好的名声，而且不容置疑，在某种时候，纯朴的渔民也不一定不是潜伏的海盗"。根据这种逻辑推理，他们有十足理由在北海口岸伸进军事魔爪了。在上述同时期内，"（北海）的军事事务军是由 chen_tai（原注：一个英国将军）主理的，他的司令部设在廉州府城"。

（三）英舰入境

光绪二十六年（1900年）北方义和团运动爆发。9月2日，英国巡洋舰"舞鹤"号从香港开抵北海，散发英国驻华总领事给北海的英国侨民公开信，略谓如果你们愿意离开这块麻烦的地方的话，可以立即随军舰撤走。结果无人愿意离开，主要因由是北海未受到义和团的任何干扰。9月3日，该舰起锚返航。同月，法国巡洋舰"河内"号从海防开抵北海执行同样任务，结果相同。

民国元年（1911年）一月十八日，廉州革命党人接管了清朝廉州府和合浦县政权，成立"军政分府"。驻北海的第二十一营清军乘机抢掠外沙货船，外国侨民均集中北海洋关作武装自卫。之前，有英、法、德三国各派战舰一艘前来接侨。军政府代表庞玉珊约见各国驻北海领事官，宣布：民军有保护外侨生命财产安全之责。外舰停港3日，因外侨无一人愿走而离去。

1926年8月17日，持续一年的北海各界支援省港大罢工运动刚刚结束，一艘英军舰从香港开来，在北海航道外无故拦截他国商船，因北海市民集会抗议而离去。

四、北海人较先从香港引入先进科技

香港在百多年来给予北海消极的影响居多，然也有某些正面的效益。那就是在科教文卫领域内，较先输入西方先进技术，使北海成为南路物质文明"开风气之先"的商埠，从而培养了较多的电器和机械技术工人，形成一支令市民欣羡的"机器仔"队伍。他们的组织"北海机器工会"，在北海社会活动中，与"码头工会"同时有举足轻重的作用。这种作用持续到1949年中华人民共和国成立前夕，是促进北海早期社会生产力发展的一股动力。

（一）机器生产

光绪二十六年（1900年），英资"怡和公司"在北海开业，附设高德锯木厂，从香港购进一台英国"格拉斯哥"的圆盘式锯木机，由内燃机带动，专为进口的"红毛泥"（水泥）加工包装桶板，也为"东洋车"（黄包车）加工车厢木板和拉手材料，原料均系北海资源丰富的松木和樟木。这算是北海自动化机器生产的发轫了，因此哄动许多市民前往看"新样"，啧啧称奇，前辈说："锯木不用人拉锯，番鬼佬确有本事。"

20世纪30年代，"广盛兴"布厂是最先用机械织布的私营工业企业，机械从香港进口，聘请的机械师是从香港"出师"的广州人。从缫纱、布经纬到织造都半自动化或自动化，产品是手工无法生产的斜纹布，畅销北海口岸区。抗战时期，因设备内撤而停产。这是北海首家较有规模的现代化资本主义工业企业，中华人民共和国成立后，机械设备全部公私合营。

官商合办的三合口农场的机械化垦殖，是1936年从香港一台美制履带式拖拉机开始的。这台机械从地角沙咀登岸，经珠海路，机声沿路引发好奇人们轰动。笔者少年时曾目睹此"怪物"，至今记忆犹新。1956年随团参观"三合口国营农场"，曾见到此台机械报废的残骸。

（二）电灯电报

宣统三年（1910年），北海英国教会内院已用电灯照明。电机由香港教会赠送。民国八年（1919年），北海和合浦商人集股1.5万银元向教会洋人创办的"保兴电灯公司"购买电机设备，改组为"廉北电灯公司"，是电灯进入北海家庭之始。因该发电机功率太小，未能满足日益增加的用户需要，后来向香港增购新机扩充业务，发电厂由民建街迁至中山中路双水井附近。1920年，军阀混战，云南"红头军"入境，见电灯有不用油、吹不灭的好处，即用刺刀割下拟作夜行军之用，结果电灯灭而人触电。这个插曲说明开放与闭塞的不同地区，人们的智商相差多远。1931年，商办"珠光电力公司"因北海商业鼎盛，经济发达而应运而生。筹建期间，陈铭枢将军通过香港的私人关系向德国名厂西门子公司订购发电量150千瓦的发电机，成为南路地区最先进的发电设备。直到1949年年初，北海都靠此机供电。

北海电报通信滥觞于光绪十一年（1885年）二月，属官办的"北海电报站"，同时兼办廉州电报业务，这台至今属原始的有线收发报机由外轮从香港运进。适值中法战起，法国军舰封锁北海港，电报非常及时地为北海防务与省宪军情联系发挥了重大作用。

（三）电影、电话

民国四年（1915年），北海人已经看到电影了。放映地点在今人民剧场（原称"晒香坡"）的旷地上，放映单位是英国教会，从香港带来的手提式"影画机"与黑白默片，放映第一次世界大战的战地纪录片。不管主办单位动机如何，它首先把北海人的视野引向了世界。1924年，中山东路一所家庭式的"世界影画院"创办，是北海首家商业影画院，最先上映上海明星公司默片《西游记》和《孟姜女》。1930年，"明珠电影院"在文明路开业，取代了"世界影画院"，由默片进到有声片。这两家影院的电影机，前者通过"广州会馆"，后者通过英国教会的关系，均是从香港购进的。1936年，中山东路的"娱乐戏院"开办，电影机质量比"明珠电影院"先进，"明珠电影院"遂被取代。这是如今人民电影院的前身，1956年公私合营，命名为"人民电影院"。为更新电影机，通过私商关系，从香港购进英国最新产品，当时被认为是广西最先进的电影放映机，后被调往南宁。

1931年，北海商会成立"北海电话所"，架设市内和通廉州的电话线路，电话机是从香港进口的西门子产品，为北海民用电话之始。抗战时期，作为接收冠头岭上警戒涠洲岛日军舰艇飞机活动的边防"监视哨"的信息中心，及时发出防空警报，以减少伤亡，起到了"顺风耳"和"保护神"的作用。

（四）汽车、电船

光绪三十二年（1906年），钦廉道王秉恩草创廉北公路。辛亥革命后，由钦廉道郭人漳开通；次年，从香港进口美国"福特"轿车一台，由北海开往廉州，北海公路汽车发轫于此，但尚属特殊阶层的奢侈用物。1924年，北海至南康公路和北海至廉州公路先后创建和扩建完成，商办"珠靖汽车公司""普益汽车公司"相继成立，投入营运的汽车均由香港购进的美国"福特"产品。至此，北海寻常百姓能坐上汽车了。

1919年，商办"廉北内河航运公司"成立，开辟廉州至玉林船埠的南流江航线，营运工具是高德造船工人建造的木壳内燃机动力的"电船"，使许多外国侨民深感惊奇和赞叹。可见在60年前，北海的造船和动力安装技术已达到相当水平，这不能排除香港作为技术内传渠道的事实。

（五）消防器材

北海市的消防组织，是由"广府行"的广仁社牵头、本地商家襄赞，于宣统年间与北海商会同时成立的，消防工具主要是两台佛山产的铜质柜式手泵喷水"救火车"，4个没有滚珠轴承的铁轮，需多人推动，如蚁爬行，相当笨重，喷水需10个壮汉操作，喷射水柱不足10米；其余是铜制"喷枪"和水桶。消防人员是非专职脱产的青壮店员，称为"义勇消防队"，遇有火警，闻哨子声即快速集中商会出动，个个积极主动，急公好义，精神可嘉。但因落后的消防工具，不足以应付伴随商业日益繁华而引起的频发火灾。1931年，珠海中路"广生财"大火，烧毁店铺10家，财产损失不计其数，于是消防工作便提到商会的议事日程。"广州会馆"从香港购进一台英国产的电动灭火机，一人可以拉走，轻巧而且起动灵敏，水柱有效射程达30米以外，还配套帆布水管和接头等一批器材，取代了原始式的"水柜"。从此，北海消防器材步入现代化门槛。此台灭火器一直存放在"广州会馆"，1941年"三三事变"被日寇抢走。

五、"欧风东渐"的"窗口"

北海早期的文化、教育、卫生、体育与科学技术受"欧风东渐"的较先影响，直接风源是香港。这种欧风，催化孕育了北海人除了学会奢侈、懂得享受的生活方式外，还造就了众多善于经商的"善贾"，同时具有比较开放的意识和对新事物敏感等特点。

（一）衣食文化

20世纪20年代初，在两广南路，最先着西装革履、旗袍和连衣裙，男士发式留两分头、女士留短发熨发的是北海人。新娘着婚纱，用汽车洋鼓迎亲等仪式，亦同时在北海的宗教界和知识界中开创先例。抗战胜利后，北海与香港恢复了断绝整整8年多的海运交通。港式时装首先在北海英国教会所属的"普仁医院"（市人民医院前身）护士小姐们的身上作"样版"展示，被仿效推广；直到60—80年代，北海社会色泽单调、式样统一的服装，唯有在人民医院护士"女同志"身上的"奇装异服"中略能窥见香港时髦服饰的豹斑，成为"万绿丛中一点红"。

北海是著名的粤菜区。在辛亥革命前，已经有能做西餐西点的北海厨师为北海洋关的洋员服务了。传统菜肴一向未有的佐料，如咖喱、噎汁、果酱，饮料如咖啡、奶粉、柠檬水、汽水等的传入，又使原本已够丰富的传统菜谱增加了新的品味，人们所熟知的"咖喱鸡""牛扒"（佐料"噎汁"），西点"多士""萨其马"等在北海第一次口岸开放前是没有的。

改革开放以来，国外食品如腰果、夏果等由香港传入，更为北海饮食文化增添新锦，这是后话。

但是，北海粤菜师傅的传统手艺，例如做海味菜肴，香港师傅亦曾自叹不如，一些大酒家曾派人前来取经，这是若干年前的事了。

北海茶楼酒馆等在早期口岸开放时起，一直相当发达，相辅而兴的"酒房"遍布，民初诗人林朱赞的名句"工商发达推茶肆，米珠酿户出新醅"是中肯的写照。茶楼的经营模式，固然以"广府"为样板，但从20世纪20年代开始，一些新设施和服务制度，却是从香港引进的，例如卡位设施，是香港茶楼老板从尺土寸金的有限面积中提高茶厅使用率想出的办法，在大庭广众的餐厅中，用卡位代替厢房，为情侣们另辟一块小天地。北海茶楼最先仿效的是珠海楼，继有上海楼。珠海楼的卡位原件是向香港接受的茶楼承顶而来的，抗战胜利后，许多茶楼都普及了卡位设施。

（二）教育、传媒

南路的小学设立地理、算术和体操新课程，是由北海英国教会于光绪十二年（1886年）创办的"义学"开始的。光绪十六年（1890年），该教会续办女子学校，面向社会招生，初期仅招10名，是女子入学的滥觞。在封建主义礼教束缚下，一向被剥夺受教育权利的妇女，第一次走出深闺绣阁，进入学校的殿堂，是件轰动性的社会新闻。

光绪二十四年（1898年），法国天主教会开办专授中、法两国文字的"学堂"，是北海的外文课的发轫。

光绪二十七年（1901年），德国基督教会开办"德华学堂"，授中、德文字、男女生兼收，这是开男女生同室上课的先例。

北海公立香坪二等小学的算术和地理体操新课程，显系步外国教会后尘，于光绪三十四年（1908年）才设立。

1939—1941年，广州、香港先后沦陷，受英国香港教会资助的"圣三一中学"由广州迁来北海，填补了抗战时北海无中学的真空（原一中内迁浦北长塘山），为北海战时教育作出了贡献。

北海之有报纸，应追溯到光绪二十九年（1903年）的《东西新文》了。这份报纸由德籍传教士编辑，北海德国教会附设的印刷厂印刷，信息新闻来自香港的一家小报，专门摘载省港各报新闻和重要社论，属周刊，发行1 800份。它存在仅3年，但却能使因闭关锁国而闭目塞听的北海人耳聪目明，第一次接触世界，其历史意义不谓不大。民国四年（1915年），该教会又创刊《觉民报》周刊，发行1 500份，免费赠阅，主要是报道第一次世界大战的有关战事新闻，新闻来源于香港的德文报纸中译版。1919年，随着战争结束而停刊。

（三）卫生、体育

晚清时期，北海是有名的一号病源区，固然因环境卫生太糟，但疫源主要是由越南和香港传入的。光绪二十年（1894年）三月初，北海流行一种叫"疬子疫"（颈淋巴结核的鼠疫），"死人不少，但未及光绪十年（厉害）"，"疫源可能是2月在广州、香港传入"的。这是当时一位专门前来考察的鼠疫研究专家、著名医生J. H. Lowry

所说的。之前，每年都有令人"谈虎色变"的疫病发生。J先生说："没有一个居住在北海的欧洲人染上这种病，虽然那时①他们亦住在简陋的中国房屋中，证明疾病发生是由于贫民窟的个人不卫生所引起的。"

光绪二十七年，"广府"商人的慈善机构"太和医局"成立环卫管理机构"北海洁净局"，才有专人打扫街道，这无疑是深受西方侨民卫生文明的启发，疫病来势虽有减弱，但又新发天花疫病，北海人仍未摆脱两大杀手的威胁。20世纪30年代末期，街道和下水道辟建，环境卫生改善，疫病才基本停止，证明J先生认为的"下雨时污物流入屋内排不出去"是病源孳生地的结论是对的。

光绪十二年，北海英国教会"中华圣公会"创办"普仁医院"，同时于隔邻（今三小）附近设麻风病院。初期有病床80张，其中40张为麻风病床（当时全市麻风病人300名，收容仅1/4）。拥有各种新式医械和X光透视设备，成为钦廉地区最早、最完善的综合性西医院。开办2年，病人由怀疑到信赖，到1891年，年诊治病人达8 000人次，以后逐年增加。对于而今属简单手术如割阑尾、剖腹产等，当时被看作是神奇。但您可知北海有这种见识，比内地人却是早了若干年。

北海市皮肤病院的前身"普仁麻风病院"原设于"普仁医院毗连"之处，3个麻风村（茶亭、赵屋岭、苏屋村）的病人"渐入菜市街道行动，传染之害，与虎何异"。民众反映强烈，故于1931年把麻风院迁建于今金海发电厂附近。

上述两所由香港教会拨款兴办的医院，多年来为北海社会作了不小贡献。稍后法国天主教会开办的"法国医院"，无论规模和设备都比不上"普仁医院"。

北海之所以成为广西的"足球城"，是足球运动的起点，乃是与口岸第一次开放同步之故。自从北海有"洋关"，洋员及外侨日益增多，"洋关"的高级官员的别墅里（今中山东路外贸宿舍，旧称"波楼"）有专用的网球场，高墙禁围，平民无法一睹。唯有下级洋员（含外轮海员）们普及的足球运动，非"波楼"外的旷地不可。足球便成为市民们经常看到而喜爱仿效的一项体育活动，推而广之，由教徒到文化人，再到中小学生，都成为足球爱好者，有些人竟成为出类拔萃的选手，全面抗日战争前夕，外轮海员经常与北海足球界进行友谊比赛，场面热烈，大饱市民眼福。而今，当年足球精英仅剩林锡光先生健在了。在当年，作为小学生的笔者也是足球爱好者，在战时艰苦岁月，足球只能用柚子作代用品，可见足球运动曾是风靡北海社会的一项运动。这种传统与香港吹来的"欧风"不无关系。

---

① 那时指1884年以前。——笔者注

不同开放背景下的不同港口发展

李志俭

一

北海作为沿海港口城市,于1876年和1984年两次对外开放,然而,两次对外开放的性质、目的、发展完全不同。前者的性质是主权外丧,被迫打开"国门"。被开放的目的,是让西方推销鸦片等洋货,实行对中国的掠夺和侵略,造成半封建半殖民地港口城市的畸形繁荣。后者的性质是主权在手,面向现代化,主动开启"国门",引进资金和技术,走建设中国特色的社会主义强国富民之路。

第二次鸦片战争后,英国加紧开展和法国争夺我国的西南市场。光绪元年(1875年)二月,发生了所谓的"马嘉理事件"。英国便借故由缅甸出兵攻入云南。1876年9月13日,中英两国签订了《烟台条约》,此后,北海正式辟为对外通商口岸。

1877年3月18日,英国政府在北海设领事府,同时开设海关。4月1日,一艘英轮抵北海港装货,由北海关首任税务司李华达向航运界宣布,北海正式开埠通商。中英《烟台条约》签订,标志着北海开始沦为半封建半殖民地的商业性港口城市。

北海开埠后,每年鸦片报关进口约1 000担,价值四五十万两关平银。鸦片大量涌入北海转销内地,与烟草混在一起推销,致使白银外流,金融恐慌。正如海关档案资料记载:"进口的鸦片有三分之二运去玉林州及南宁府,其余三分之一在北海、廉州及钦州销售。"光绪六年(1880年),鸦片由北海进口达1 346担,以每担估值450两关平银计算,则北海当年要流出白银61万两。至于走私进来的鸦片数量,估计当时每年亦不少于数百担。这样,一年内因鸦片外流的白银,仅在北海一处,便要付出100万两关平银。

1885年,英国当局拟定了一条《烟台条约》续增专款,规定:"鸦片进口时,按照每百斤箱向海关完纳正税三十两,并纳厘金不超过八十两",便可在中国境内行销。清政府的常关、厘厂等税收机构,不得较土烟所纳税捐等格外增加,"亦不得别立税课"。

按照这个专款,英国不但获得了在北海埠的领事裁判权,而且完全强夺了海关的关税自主权。单单鸦片一项,1879—1889年外商就在北海掠走白银近600万两。按照不平等条约的规定,港口隶属海关管辖,关税收入全部作为赔款,归侵略者所有。

1880年,北海进出口贸易总额175万两关平银,1890年则上升为460万余两,增长1.6倍。由于主权外丧,外国轮船运输逐渐排斥北海的木船运输,1890—1899年,开辟北海至上海、海口、香港、海防、新加坡、苏门答腊6条轮船航线,共进出外轮2 323艘次,载重116万吨。据北海税务司义理尔记载:由于英、法商人控制航运业,北海出口货物只能"附载轮船,以图快捷"。1890—1899年,外商在北海港推销了价值2 940万两关平银的洋货,而北海土货出口总值是1 200万两关平银,贸易逆差高达1 740万两关平银。

民国期间,港口主权仍操纵在外人之手,1912年洋货进口价值为144万两关平银,1922年上升为380万两,增加1.6倍。1926年由于反帝运动的高涨,洋货进口减少,客观上刺激了国内工农业的发展。国产货崛起后,与洋货抗衡。1928年进口洋货价值为152万两关平银,土货出口价值为199万两,北海港对外贸易开始由入超变为出超。1929—1936年,陈济棠主粤期间,北海港进出口贸易总值为6 553万元(洋银)。其中,1933年北海港土货出口(转口)总值为628万元(洋银),曾居全国沿海商埠第十位,出现了相对于国民党统治的其他时期所没有的短暂畸形繁荣。日本侵华后,北海埠惨遭日军铁蹄蹂躏。1940年的北海关档案材料记载:"本埠陆路交通,仍被阻梗。民船航业,大形衰落……"旧社会,北海市的工业底子,全市仅有小型的电厂(150千瓦)、纺织厂、陶器厂、玻璃厂以及一些零零星星的小手工操作、作坊生产的手工业。1949年全市工业总产值只有545万元。

公路运输落后,严重制约了港口发展。1909年3月,北海修廉北泥路,路面是2丈多宽的黄泥路,俗称"牛车路"。1924年,普益公司成立,私人集资购买客车6辆、货车2辆。将原来的"牛车路"加宽加直,造成北海的第一条公路——廉北公路。1934年,增建北海经三合口至福成的公路。因油价奇涨,部分车辆改烧木炭,百姓称之为"木炭车"。北海至南宁,需费时两天。北海与内地货物运输,全靠风帆船或渡船,俗称"安铺渡",内河航线,由北海至干体、老哥渡、小江、船埠、钦州、茅岭、石头埠、安铺等处。1949年,北海水运船只(包括沿海内河)为883艘。其中机帆船601艘、驳船5艘、驳运小艇250艘,运力很低。

民用航空更是落后。1918年,"广东航空队"2架水上飞机在旧海关海面试飞。

1928年冬，在茶亭附近修建简易机场，可停放单翼双座飞机2架。1931年重修，仅开通北海至广州航线，每周对开一班。使用"北斗""长庚"两架单翼机。1944年冬，美军在今皮肤医院和白屋村附近建简易机场，成为美空军十四航空大队的一个中转站。1949年夏，成立飞虎空运大队航空站，仅开北海至昆明、北海至海口航线，每日一班或隔日一班。每次载客仅20人。

二

中华人民共和国成立前，北海港没有一座像样的码头，没有一条铁路，没有一件装卸机械，没有一间大仓库。半封建半殖民地的旧中国，给北海港留下一个"一穷二白"的烂摊子。港口设施十分简陋落后，载重几十吨的小货船也要利用潮汐靠岸。轮船的货物，全靠用驳船接送。工人装卸，全靠一副肩膀一双手，一块肩布（或一块席布），一条杠棒，在几十米甚至几百米的沙滩上，将货物搬上岸或卸下船。装卸工人有时肩托着200多斤重的洋纱，在海滩上、桥板上来回奔走。若货物在肩上掉下来打湿、打坏，不但要赔偿损失，还要被毒打。旧社会，北海港流传着这样几句顺口溜："有力做到无力，无力做到乞食，乞食做到硬席（死）。"这是当时北海港工人悲惨生活的真实写照。

中华人民共和国成立后，由于帝国主义对中国沿海的封锁，以及越南战争的影响，国家对北海港口建设投资甚少，仅在外沙西港口修建小轮码头和中级码头，只能停靠2 000吨级以下船舶。

1984年以前，北海港口仍是一个设施落后的小港，年完成货物吞吐量只有几十万吨。

1984年4月16日，北海成为我国进一步对外开放的14个沿海港口城市。1985年1月8日，交通部与广西壮族自治区人民政府在迎宾馆召开特别会议。会议决定，马上在石步岭港区建两个万吨级深水泊位。1986年7月1日，北海市人民政府在石步岭新港区举行盛大庆典，庆祝万吨级码头一号泊位靠泊成功。1987—1995年，港务局依靠该项目2个万吨级泊位，扩大港口再生产，共装卸轮船4 374艘次，完成货物吞吐量1 038万吨，收入23 303万元，创利6 923万元。用9年的时间，赚回一期工程投资的一倍，社会效益和企业经济效益十分显著。

1996年7月1日，北海市委、市政府又在新港区举行二期工程竣工和进港铁路通车的隆重典礼。市委、市政府坚持"以港兴城"的发展战略，掀起港口建设热潮，截至2000年12月，共投入资金7.7亿元，相继建成或开工建设了一批码头泊位，配套了设备，使港口初具现代化规模，提高了港口吞吐能力。

除了上述石步岭港区二期工程和铁山港的建设以外，北海市还先后动工兴建了国际客运码头、涠洲岛客运码头和石油码头，以及交通部北海救助码头。

2010年，全市已建成8个万吨级泊位（其中，10万吨级2个，30万吨级1个），13个5 000吨级码头，另有客运码头4座。海上开通至海口和越南下龙湾旅游航线，北海机场开通国内72个航班和到香港包机的国际航线。北海铁路与南昆铁路接轨，已开通至南宁、成都的特快。南北高速公路已通车。北海信息产业飞速发展，通信网络"移动""联通""电信"等公司业务早已全球通。市区北海大道、西南大道等主干道路十分宽阔、整洁、漂亮。市区面积扩大十几倍，南洋国际大酒店、香格里拉等一批旅游设施拔地而起，将一座现代化的港口城市点缀得更美丽。随着当地经济飞跃、交通发展，客货运量不断增大，港口进入新的发展时期。

2006—2010年，北海市港口生产经营成绩骄人。全市完成港口吞吐量4 925.5万吨，其中2010年达1 250.51万吨；完成集装箱港口吞吐量23.6万标箱，其中2010年达6.2万标箱；完成旅客吞吐量641万人次，其中2010年达163万人次。与1950年港口吞吐量完成4万吨相比，2010年北海港口吞吐量增长300多倍。

"十一五"期间，北海市港口吞吐量达4 925.5万吨，年均增幅为32%，外贸进出口总值13.1亿美元，年均增幅高达48%。可见，外贸进出口总额的增长比港口吞吐量的增长更快。同时，全市工农业生产总值由2005年的165亿元，提高到2010年的372亿元，年均增长15.73%。由此表明，港口与城市发展相辅相成，互相促进。

中英《烟台条约》开放北海后，旧中国给北海人民留下了一个设施落后的小港。1984年北海改革开放，不到40年，2010年北海港已建成初具规模的现代化港口。2010年，铁山港区又再动工兴建2个10万吨级泊位，2012年全部投产，全市港口吞吐量能力扩大一倍。广西有关部门已规划2020年前在铁山港再建6个10万吨级泊位，北海全市港口将步入大港行列。港口规模的扩大，有力促进了货物吞吐量的增长：2016年只有2 749.68万吨，2017年升为3 168.77万吨，2018年再升为3 386.87万吨。港口货物吞吐量的增长，又有力促进了北海外贸进出口总值的增长：2016年只完成204.8亿元，2017年上升为230.81亿元，2018年突破300亿元，上升为320.7亿元，同比增长38.9%。

两种不同背景下的开放，北海港口产生两种不同的发展状况。

中英《烟台条约》两次签订的原因及对北海的影响

李志俭　李　静

一

中英《烟台条约》及续增条约签订后，1877—1911年，受西方政治、经济文化的影响，北海发展成为半殖民地典型的商业性港口城市。外国在此设领事府、洋行、银行、邮政、教会、医院、学校，造成北海一度早期繁荣；外轮投入本地运输，致使生产力发展，使北海港成为中国对外开放的重要港口；外商享受优惠，华商亦有销售渠道，外汇自由出入，促进北海对外贸易的兴旺。对北海当时的经济来说，起到了一定的推动作用。

1876年9月21日，清政府批准《烟台条约》，北海被迫对外开放。但是，英国的胃口并没有因《烟台条约》的签订而得到满足，由英国外交部照会中国，一方面称"英国并不欲重新再议此案"，另一方面借口中国对鸦片的征税过重，不同意《烟台条约》中某些规定。因而，英国政府一方面拖延批准该条约，另一方面则抓紧在北海开埠。1877年3月18日，英国政府迫不及待地派官员抵北海设领事府。与此同时，时任总税务司赫德派英人李华达（译音）抵北海开设海关（俗称"洋关"）。4月1日，经过精心安排，一艘英轮抵北海装货。由北海关向航运界宣布，北海正式开埠通商。对此，《中国海关统计年刊》向世界报道："北海的开港也许比其他各地重要些，因为它和海南岛的琼州（今海口市）、东京（今越南）海防相似。这三个港口合起来，足以给轮船以经营全面海运的良好机会。"《烟台条约》签订后，英国政府认为"从帝国观点来看，是非常令人满意的，但须和印度政府商议，方能做出决定"。推迟的原因，是关于鸦片的税收问题。1871—1872年，英属印度政府从事鸦片贸易收入达800万

图 1-10　中英《烟台条约》签订（英国领事馆旧址）（邓超斌　摄）

英镑，约占其财赋收入的14.3%。中国海关对鸦片入口征税、抽厘，自然限制了鸦片贸易。开埠后，鸦片大量涌进北海转销内地，严重毒害了当地人民的健康，亦引起大量的白银外流。据海关资料统计，光绪六年（1880年）鸦片由北海进口达1 346担，以每担估值450两关平银计算，则北海当年要流出白银61万两。对此，清政府不得不考虑如何应付这一危机。据《清史稿》卷一百五十四记载，光绪七年十月，李鸿章复与威妥玛商讨鸦片加征税厘问题。原议每箱征银150两，其中进口税30两，厘金120两。威妥玛拒不答应，清廷只好让步。"李鸿章便在嗣后的会议中，将这项每担一百二十两的厘金数目逐渐减低，直减到八十两为止。"英国政府在备忘录中同意划厘金和税则，但声明最高厘金只是每箱70两。英国代表甚至提出，《烟台条约》第3款应重新解释。因而，英国当局拟定了一条《烟台条约》续增专款。这个专款规定："鸦片进口时，按照每百斤箱向海关完纳正税三十两，并纳厘金不超过八十两"，便可在中国境内行销。清政府的常关、厘厂等税收机构，不得较土烟所纳税捐等格外增加，"亦不得别立税课"。续增条款的实质，是关于英国鸦片在中国境内自由买卖的具体细则，完全强夺了海关的关税自主权。1885年7月18日，双方签字仪式在英国伦敦举行。此后，中英《烟台条约》及续增条款正式生效，它标志着北海开始变为半封建半殖民地的商业性港口城市。

英国最早进入北海，占领范围亦最宽。领事府首任领事官何福爱（译音）先租用民房办公，嗣后建成税务司公馆。1885年，又建成英国驻北海领事馆楼。次年，又先后建成领事馆、普仁医院、英国义学堂、宣福音教堂各一所。1905年，英国又在北海建"洋关外班洋员大楼，坐落崩沙口外"。由于北海的关税权操纵在英人手中，所以英商在与他国商人的竞争中一直占上风，其先后在北海设有永福公司、怡和分公司、美孚火油公司等洋行。加上英国领事府除了管理英国商务以外，又"代理奥国、美国领事署员"，兼理奥、丹、美等国商务，并且一度代理德国在北海商务。所以，英国在北海实力一度居法国之上。

法国是借传教之名进入北海的。他们首先在东泰街建屋，嗣后在1881年建成天主教堂。接着，又在西场、石康、钦州、防城、灵山等处建教堂。1887年，法国建成驻北海领事馆。当时，北海与海防之间来往船只甚多，法国便企图通过操纵航务来控制北海。于是，法国驻扎北海领事府便"借口华船常到海防"，"谕船须向领事领照，无照即将船扣留"。据《北海杂录》记载："华商前赴越南贸易或径到北海法领事署，换给人情纸，方能前往。由殷实铺店，具保到洋务局，查询属实，即给凭照，再携到法领事署，换给人情纸亦可。"法国操纵了北海与越南贸易的船务大权后，接着又企图争夺北海税收大权。当时，法领事张贴告白，收取船税，每船输钞数元至数十元不等。法国借口中国的渔船经常抵越南，"在北海征收渔船照费"。"法人始收船牌费，然犹不拘大小，每艘船只收牌费十元，既而逐渐递增……其多者费至五十元，少亦二十元。"法商在此开设洋行，又在越南海防设轮船公司，加上北海离海防港较近，货物来往甚为便捷，故法国在北海的经济实力仅次于英国。

外国在北海商务的经济实力，德国占第三位。开埠初，德国虽没在北海设置领事馆，但在北海建洋行最早。其国商务先由英国代理，然后独立经营。1886年，德商首先建森宝洋行，"该行专办水火及代理招工等"。接着，德商又请华人当买办，建捷成洋行。1901年，德国为了与英、法竞争势力范围，便在北海设德国领事府、长老会教堂、德华教堂。德国领事府除了办理在北海的商务外，还兼理德国在海口市的商务。由于德国在此的经济实力增加，在北海形成了英、法、德三方鼎立的势力局面。

二

北海是一个风景优美的海滨城市，除了海边多沙碛和冠头岭高出海拔百余米以外，其余部分地高而平。"可以建高楼，可以远眺望，可以适旅行，故西人皆喜居之。"英、德、法等国的外交官员和商贾视北海为"乐土"，先后在此建大小洋楼22

座。据《北海杂录·洋楼》记载，外国人"所以乐居此土者，以水土和平，饮食便宜，除衣服靴鞋来自香港、海防外，余物均就地采办也"。随着外国列强对北海贸易的加强，海关的作用甚为重要。英国强迫清政府签订《中英通商章程善后条约》。这个不平等条约规定，邀请英人，"帮办商务"，而且包揽与海关无关的港务、船务、邮政和巡卫国境海岸线等工作。于是，为了控制北海港，他们引用不平等条约，认为海关有权"严查偷漏，制定口界，派人指泊船只及分设浮桩、号船、塔表、望楼等事"，取得了对港口管理的大权，并规定北海港区域为"自东京大界起至涠州海岛止"，后来又将区域范围扩大至雷州半岛西侧（今广西沿海）。同时，在北海关内设理船厅（即港务司）机构，专管港口业务。1879 年，英国派出大量人员对北海港口进行勘探，由英籍"纳彼"号船长麦彼（HMS）绘制出精确的《北海港海图》。1881 年 7 月 15 日，英国伦敦皇家海军公布了《北海港海图》，是当时国际航海界常用的最有权威的海图。

北海港自然条件优越，其"海面宽广，并无暗礁等险故也"。为了利于外国轮船航行，北海关首先在地角村北面附近的网门水域（今北海港锚地）设立浮标。1882 年，北海关税务司将北海港海图及航标设置情况，通过《中国海关统计年刊》向世界公布。英人把持北海关后，他们援引《中英天津条约》，规定：运输船舶抵港后，"限一日该船立将船牌、舱口单件交领事官，即于次日通知监督官，并将船名及押载吨数，装何种货物之处，照会督官以查验。如过限期，该船主并未报明领事馆，每日罚银五十两……"

北海关税务司接到领事馆详细照会后，才批准发开舱单，"倘船主未领开舱单，擅行下货，即罚银五百两，并将此下货物全行入官"。外国商船抵港，并不报告中国地方政府和北海常关，而是报知英、法、德驻扎北海领事府，由领事府和北海关派员登舱检查，地方官员则无权"派官员到洋船查验华商之货"。结果，外商在北海进出口货物，只纳税，不纳厘。华商除了交常关税、厘金之外，均须缴纳炮台经费，且比厘金尤重。这样，北海关便失去了保护本地工农业生产和对外贸易的作用。

北海银号，是当地最早的金融机构。专收海关银两，后改为"海关官银号"。另外，"在佛山、广州及香港设有代理所，他们可签发汇票。利率根据银根松紧及贸易波动，相差很大"。当时，月息可高达 3 分，使外国银行资本家可以从借贷资本中大捞一把。这样，外国资本家在北海的投资，以及华商汇款等项，全部或绝大部分通过外国银行。由于外汇可自由出入，因此加强了外国银行在北海的地位。

早在 1877 年，森昌成、保太和两间私商便开了邮店。1897 年改为官办邮政局。"借洋关为办公之所，归税务司兼管"，几乎全由外国人控制。北海邮政局下设廉州、钦州、玉林、安铺4个分局，业务管辖范围相当于今广东湛江地区和广西的钦州、玉林两个地区。此外，法国还在北海设"法国信馆"，办理国际国内业务，以海上邮路为主。

当地金融和邮政发展，亦促进了当地商业的发展。

开埠初，英国虽然开辟了北海至香港的轮船航线，但由于"首二年，商家未熟悉洋船规则，其出口油麦、靛、八角纱纸、锡等货，向系付回澳门本行"。北海的海上运输仍以三桅的红单大帆船为主，定期航行于北海与澳门、广州、江门、海口、海防、新加坡之间。1878年，北海航商的新祥顺船队，"载货至澳州行口，又被风打坏二船，破耗十余万两"。这次严重的海损事故，使北海商人对澳门的帆船运输失去信心。1879年年初，英伦"海南号"由香港抵北海争揽生意，当地商人便将土货物付轮船运输，开始与香港的直接海外贸易。轮船运输比帆船运输有更大的优越性，一艘轮船从香港往返北海三四次，帆船只能走一趟。因而，轮船运输具有速度快、期准、安全、省费等优点，能使商品的运输时间大大缩短，加快资金周转，这点对唯利是图的商人无疑具有极大的吸引力。根据《中国海关北海关十年报告（1882—1891年）》记载："货物如在香港和北海之间直接用轮船运输，则远在澳门民船贸易的经纪人将不能存在。"以轮船代替民船的运动，自1879年最后两个月开始，一直继续下去，至1880年已有105次进港，共87 836吨，和同样次数的出口。轮船运输业在竞争中，由于技术上占优势，垄断了北海的航运。1890年，抵港外轮245艘次，吨位12万吨。1896年抵港外轮升为330艘次，吨位19万吨。正如清代梁鸿勋《北海杂录》记载："光绪五年，即付轮船，洋关之旺收从此始，即常关之短收亦从此始。又值西江匪氛不靖，厘厂林立，所有来往广西之南宁、龙州、柳府、贵县、郁林进出货物，皆舍彼就此。税务遂见涨旺。"1890—1899年，外商开辟了北海至上海，以及至海口、香港、海防、新加坡、文岛（苏门答腊）6条轮船直达航线。据北海关税务司义理尔记载，由北海出口的土货，"昔由本埠商人载华船出口居多"。后来，由于外商操纵了航业，本地商人便将土货"附载轮船，以图快捷"。

1900年上半年，港口航运几乎由法国所垄断，他国船和华船无法与其争揽生意。下半年，德、英两国船纷纷抵港运输，与法国进行竞争。结果，"三国轮船，旋转往来，彼此挽夺，脚价忽跌，以致商人均受其益"。次年，美国、挪威等国亦加入竞争。其时，抵北海的外国船舶中，法国船183艘、德国船88艘、英国船32艘、美国船6艘、挪威船2艘。1903年，除了法、德两国轮船抵港外，还有俄、奥、荷、日等国和中国招商局的轮船来北海。1905年，日、俄两国忙于战争，法、德两国商人共同垄断北海的航业，"各上生意，脚价平均，闻皆获益"。1907年，英商怡和洋行和招商局的船只，以北海埠为中途站和中转港，"走香港海防线绕道北海"。同时，英国太古公司的船只共 31 艘次，载重 34 300 吨，由上海经福州、厦门、汕头、香港、琼州抵北海卸下洋货后，在此装上土货，运往香港或由上海中转，销往欧美。与此同时，法轮 80 艘，载重 47 500 吨；德船 50 艘，载重 36 500 吨，纷纷定期抵北海港。1900—1911 年抵北海港的外轮共 3 243 艘次，载重 221.8 万吨，使港口航业此时出现表面的繁荣。

三

北海的帆船虽然在与轮船的竞争中失利，但帆船具有船体小、靠岸容易的特点。因此，帆船仍维持北海与廉州、钦州、东兴、安铺等处的运输，甚至有时抵海口、江门、广州、汕头、新加坡等处运输，形成了轮船与帆船运输在北海并存的局面。光绪年间，钦州商业颇为繁盛，钦埠与北海、省佛商货交通，"成一航行极大路线"。北海木船到龙门候潮，可上到沙井湾泊，将货物运抵小董和陆屋等处销入内地。据海关档案记载，1905 年前南宁尚未有外轮运输。"从广州乘民船到南宁需要一个月，自香港经北海到南宁，现在最快的路途，十六天即可到达。"由于香港经北海抵南宁的贸易路线，比香港经广州、梧州抵南宁航线时间短，费用也低，故云南、贵州、广西的商人与香港进行贸易往来，几乎全由北海港集散货物。因而，光绪年间，经过北海往来南宁及滇东地区的商路每年约有 300 万银元的贸易。

北海口岸及内地的资源十分丰富，为帆船运输提供充足的货源。当时，由北海出口的土产主要有花生、花生油、糖、水靛、生丝、茶叶、烟草、圆肉、牛皮、桐油、桂皮、八角、生猪等，"单花生油一宗就约值 437 500 两关平银"。其中，糖和牛皮亦价值 50 万两。生猪由北海运往香港每年平均几万头。又据《钦县志》记载："广西南宁等处的土货，亦由钦州用帆船源源运出北海。其中花生、花生油，每年售价数十万至百万元。"北海帆船除了溯南流江、钦江而上，将进口货物销往广西的玉林和钦州，还定期抵安铺，集散广东高州、雷州的货物。另外，北海商船"亦有二十艘做新加坡贸易"，每年将铁器、陶器等土货运往新加坡，供居住在南洋的华侨使用；回程则载洋货，经海南的榆林、海口等港返回北海。由此表明，外商虽然垄断北海港的航运业，但木帆船运输仍然长期得以维持。轮船和帆船运输在北海港并存，当时大大提高了港口的货物集散能力。

中英《烟台条约续增专条》签订后，英国殖民主义者按此不平等条约搞协定关税，外商可享受各种特殊的优惠。名义上是"值百抽五"，实际上只征收百分之三四，另外子口税只有海关正税之半，即2.5%。外国商品只缴这一点税，便可以由北海港口远销中国西南。1880年，北海进口贸易总值为175万两关平银，1889年则上升为460万余两，增长1.6倍。由于滇、黔、桂和粤西的货物，大都取道北海港集散，遂使市区商业兴旺。正如1891年海关档案记载："此年来垦辟既广，而房间亦倍增。曩昔视此现象，嗣后北海一隅将可成繁荣之区。"当时北海埠生意旺盛的主要原因：一方面是由于海上交通畅达，抵港轮船增多；另一方面是由于北海税率低，云南、贵州、广西的货物大多由此集散。正如时任北海关税务司马士和副税务司余德记载："光绪十年以前，安南未成法国属地之时，所有洋货运往云南省之南及广西属之西，皆系经海防而去，运到老街浪顺、芒街等处，现在进海防所完之税过重，具运广西省边界，又须再完中国税饷。所以，销运此两省之货，大半经由北海口转运"；"虽路远费繁，而贸易仍逐见畅旺。"当时，云南、贵州的进口货物为什么不取道越南海防，而取道北海？这是由于自海防至龙州，较自北海至横州（今横县）两者运费不相上下。横州到南宁府，和龙州到南宁府，皆系水路，其运费也相差无几。然而，北海和越南海防的关税却相差悬殊。因北海关税由西方列强控制，外商享受优惠待遇；在海防，进口税却按货值抽30%—50%，税率比北海重5—10倍。商家唯利是图，自然舍彼就此，这便促使北海对外贸易畸形发展。由于外商在此拼命倾销商品，北海口岸出现极大的对外贸易逆差。1887—1891年的5年间，洋货进口估值关平银为1 605万两，土货出口价值为454万两，贸易逆差为1 151万两。

列强不仅把北海港作为倾销洋货的据点，而且把北海作为掠夺我国西南物资的基地。1890—1899年的10年间，由北海输出的土产价值达1 200多万两关平银，"其中最大宗系八角、八角油、水靛、生牛皮、糖片等货"，由北海出口的土货大部分运抵香港，"系在该处过船，转运广州、汕头、上海等口"。北海法商洋行、英商怡和洋行、德商森宝洋行则主要通过买办向内地收购土特产。有些本地商家也到内地组织土货，由北海港直接出口卖给香港的外商。所以，从1892年起，生猪出口便成为北海港输往香港的大宗货物之一，每年约有2万—5万头。当时，清政府总理衙门规定，出口生猪征税一事，应照《通商章程善后条约》第1款处理，并且行文答复总税务司赫德，认为"北海口亦有运生猪出口贸易，亦一体照办"。中国这种关税保护政策，首先遭到英国的反对。当时，英国政府宣称："英国根据最惠国条款应自由地平等分享给予任何国家的一切特权和豁免权。"清廷只得退让，由总理衙门收回成文，并且于1892年8月20日向总税处发出公函："生猪由琼海、北海两关出口，若该商呈出已完全厘金之凭据，即由该关免税放行，若无完全厘金之凭据，即按值百抽五之例征税。无论华商洋商报运出口，应准一体分别征税，以归划一。"清廷关税壁垒，就这样被打得粉碎。以后，大批的生猪和鸡鸭等禽畜产品抵北海港出口可免关税放行，源源不断运往香港和越南海防。

北海港又是一个渔港，除了在此出口滇、桂、黔和粤西的土货以外，还输出本地所盛产的鱿鱼、墨鱼、大虾、咸鱼等水产品。据北海关税务司马士记载，1898年北海出口的水产品价值10万两关平银，"其中咸鱼一万二千担，比上年多四倍。墨鱼三千担，比上年多半倍，所增之故。盖西省土匪踩躏难以销售，因而运往香港"。次年由北海出口的本地水产品比上年又增加一倍，海味竟估值关平银21万两，约占土货出口总值的12.5%。

1885年，法国强迫清廷签订《中法天津条约》后，又在东兴设领事馆，归驻北海之领事兼理。"故法国驻芒街之大员，遇有紧要交涉，则由驻北海之领事，与钦州道台直接磋商办理。"同时，东兴洋务局亦归北海洋务局管辖。北海关税务司和外国领事馆的权力，凌驾于钦廉道台之上，把其势力范围由北海扩大至整个北部湾沿海。据海关统计，1890—1899年，由北海进口的洋货为29 395 737两关平银，而出口土货价仅为12 220 656两平银，贸易逆差为17 175 081两关平银。例如，1891年北海金融市场，"金银由香港进口者计四万二千余两；由琼州进口者，计二万三千余两。出口往香港者，计八十一万六千余两；往琼州者，计七百两"。从中反映出，外商由香港输入很少的银元购买北海土货；另外，他们又在此推销洋货，获得大量白银，源源运走，从中牟取暴利。这10年间，外商共将5 475 608两关平银运走。同时，清政府由英人经营的北海关获得税收款额为2 036 103两关平银，也大部分汇解给总税务司，作为向帝国主义国家还债、赔款之用。1900—1911年，虽然梧州开埠，广州湾租与法人，但是对北海贸易没有造成严重影响。其间，北海港进出口贸易总值为3 698万两关平银，其中进口洋货为2 149万余两，出口土货为1 497万两，入超652万余两。列强规定，购买洋货，向海关交税和在邮局汇款，都要用银元支付。对此，时任北海关税务司阿歧森洋洋得意地说："对进口货物大量用出口银币来偿付。有时可发现颇多的银币在装船运输……从我们统计的货物表报，可以看到银的输出量要比输入大得多。"这10年北海白银入口51万两，出口却为748万两。其结果，造成北海商业和对外贸易的一度畸形繁荣，促使北海成为近代中国南方重要的对外开放口岸。

辛亥革命前后的北海贸易

李 静　李志俭

一

辛亥革命前,北海地区的阶级矛盾十分尖锐,当地人民反帝反封建的斗争像火山一样喷发。民国政府的成立,虽然客观上为北海当地资本主义发展开拓了道路。但是,民国以后原清廷与帝国主义签订的不平等条约没有废除,严重限制了民族资本主义的发展,北海仍是半封建半殖民地的港口城市。

1905年,我国掀起反对美国排华运动。

人民群众反抗斗争矛头,鲜明地指向帝国主义和清廷,北海亦发生了抵制美国面粉的风潮。当时北海百姓出于爱国,在街头巷尾谣传"花旗面有毒"。结果,店铺的美国面粉卖不出去,连用面粉制成的北海月饼亦无人问津。据当时《时报》记载:"自抵制美之风潮起,花旗(即美国)面粉大为滞销。"结果,沉重地打击了美商。次年,北海进口美国面粉由8万担下降到3 600余担。这种抵制运动,不仅使美商震动,而且代理美国商务的英国驻北海领事府官员亦感到不安。英国公使向清廷表示:"华人禁止美货事,非但美商受损,凡各国商务均有危险之虑。"并扬言如果清廷不制止,马上出兵动武。殖民主义者的叫嚣,吓坏了清朝官员,光绪皇帝下诏给各级官员取消抵制美货运动,谓:"倘有无知之徒从中煽惑,滋生事端,即行从严查究,以弭隐患。"两广总督岑春煊亦下令廉州官府"出示禁谣",把抵制美货运动镇压下去。1896年,北海进口洋货价值为315万两关平银,1905年和1906年北海进口洋货分别下降为184万两和159万两。洋货进口量比以前减少,除了当地生产遭到破坏、人民生活贫困购买力下降以外,更主要的因素是当地人民反帝和抵制洋货运动的高涨。

1907年农历3月,钦廉发生旱灾,饥民饿死路旁的现象屡有发生。清廷为了《辛丑条约》赔款,下令各地增税。廉州、钦州官府不顾黎民疾苦,仍然摊派苛捐。结果,

"钦属那丽、那彭、那思三乡抗捐酿成民变",愤怒的群众捣毁税卡,把斗争矛头指向官府。与此同时,廉州的群众对帝国主义分子在北海胡作非为早就不满,现又因清廷为了赔款加重捐税,便把愤怒迅速转移到外国教士身上,自发地起来捣毁英国、德国教堂。当时,廉州镇发生"教堂被焚,教徒被杀"的事件,当地人树起了反对洋教的旗帜。对此,时任北海关税务司阿歧森在1907年10月19日致赫德的函件中记载:"这一带所以动荡不安,或多或少地与反清情绪有关系……地下的火山正在酝酿着,可能爆发出来,使周围地区遭到毁灭。"当地人民群众反帝反清的怒潮,确实像火山一样爆发。据时任北海关税务司爱尔学记载:"当英国领事昨天下午收到廉州的雇员来电,报告英国教堂被毁,教士都逃走的消息时,大家都吓了一跳。后来又收到电报说,德国教堂也被毁了,英德两国教士都在廉州府衙门安身。下午6点钟在法国领事馆召开会议,各国领事决定把妇孺送上英轮。关员都领了海关的来复枪,其他一些人的武器由各领事馆供给……预料英法两国的军舰不久就要来了。"当时,英国派来巡洋舰"舞鹤"号,法国亦派巡洋舰"河内"号抵北海港碇泊,进行军事恐吓。清廷闻讯慌了手脚,命令廉州官府执行"保教抑民"的政策。一方面追查和捉拿参与拆毁廉州德国教堂的市民,另一方面将廉州街的"同善堂"赔给德国,又赔偿6 000两白银,才了结了此案。帝国主义为了维护自己在华的既得利益,不惜帮助清廷镇压民众,自然遭到北海及内地民众的反抗。一方面,他们继续抵制洋货进口,使北海"入口贸易,比上年大有减色";另一方面,则组织了"万人会"反抗清廷和外国教会。这种斗争撼动了清朝统治的基石,光绪帝下谕:"近年各省时有匪徒啸聚……事起一隅,动关全局。"要求各地加强镇压群众的自发性反抗斗争。于是,两广总督"派郭人漳、赵伯先二人各带新军三四千人",抵钦廉进行镇压。然而,星星之火,已变熊熊烈火。

全国已进入辛亥革命的前夕。郭、赵与同盟会有联系,孙中山利用这个机会,在钦廉一带发动了三次武装起义。第一次,派王和顺率部攻防城、钦州、灵山;第二次,孙中山和黄兴亲率"百数十人袭取镇南关……而与龙济光、陆荣廷等数千之众连战七昼夜";第三次,孙中山又派黄明堂"以二百余人出安南,横行于钦廉、上思一带,转战数月"。孙中山在钦廉领导的三次武装起义,客观上由于敌人势力太大,加上郭人漳违背诺言,反过来镇压革命,结果失败了。军阀郭人漳两手沾满革命党人的鲜血,爬上了钦廉道台的官阶。

二

1908年,清政府行将崩溃,社会动荡不安,北海口岸及内地,散勇肆行劫掠。

社会不安定造成生产下降，人民生活贫苦不堪，商业自然萎缩。于是，北海对外贸易便大受影响。货运量减少，北海航运业开始萧条。北海德商捷成洋行，将原有轮船"常川"号等船，"改走香港、汕头航线"。因而，1908—1910年抵北海外轮逐年减少。1910年，北海口岸及其内地发生严重旱灾，接着又发生鼠疫。3—5月，鼠疫迅速蔓延，北海及附近死亡人数达1 000人，廉州同遭此祸。北海商家和居民人心惶惶，纷纷迁徙他乡，屋宇多空，市肆尽闭，街道冷冷清清。对此，北海关档案资料亦记载："观以上各情，商务受害之故，易想见也。进口货暂行停办，其时乡人亦无敢携带土产来此者，诚恐染疫而返也。"天灾人祸，给北海商业带来了巨大的阴影。

广西内地的货物，转由越南海防输入。结果，北海"不但进口货大受影响，即出口货亦然，夏季格外短绌"。可怕的鼠疫，使北海对外贸易相对萎缩，对北海航运业极为不利。1910年，北海入口外轮仅为196艘，比1907年减少了131艘，几乎下降了40%。1911年，北海对外贸易逐渐恢复正常。据《中国海关北海关十年报告（1902—1911年）》记载，为恢复发展北海商务，当地官府和百姓"已采取了很多措施来改善这地区的公路"，先后修筑了北海经合浦至灵山、钦州、安铺的公路，客观上满足了北海扩大商务的需要。清末最后4年（1908—1911年），外商低价购走了水靛13.9万担、糖12.2万担、鱿鱼和墨鱼干1.2万担、干鱼咸鱼4万担、花生油8万担、生猪5.2万头，还有牛皮、花生、八角、桂皮、烟叶、水果等不计其数。这些农渔副产品，主要来自合浦、钦州、灵山、玉林一带，借以北海为门户，输往香港或海防中转。外商在此掠夺了大量原料，从中获得高额利润。因此，法、德、英、美等国十分注重经营北海，重视北海航运业，彼此进行激烈的竞争。北海法商洋行为了与北海德商捷成洋行竞争，"该船常由北海直驶赴港，不泊海口一埠"。北海商人则因捷成洋行的轮船经常中途行抵海口，耽误时日，恐出口生猪家禽等土货遭受损失，所以将土货大部分交给法商洋行的船只托运。结果，抵北海的外轮，"其法国船之艘数与吨数为最多，而德国船次之，似与法国船论较相去甚远也"。

另外，英国轮船亦抵北海装运食盐，运抵广州。荷国轮船亦继续来往北海与文岛（苏门答腊）和新加坡之间。

1910年秋收期间，广西内地的大米由北海不断输往粤省和香港。"时值北海的米价，涨至每斤四十五文。"时任钦廉道台郭人漳企图从中趁机捞一把，谓北海商会私运米石出口，不但把出口大米全部收归官府，并且"将商会协理董事斥革"。此事发生后，北海商民异常愤慨，"一律罢市"进行抗议。罢市消息传出，马上震动香港。自从1879年起，香港市场的一部分生活资料，向赖北海输出供应。当北海举行罢市时,"香港市面传闻异辞尤为震动"。尽管北海市民的罢市行动遭到清廷的镇压,很快失败。然而,人民反对清政府的斗争,继续像火山一样酝酿着爆发。

1911年9月27日,同盟会的革命党人罗侃庭在廉州组织新军起义,并且占领了廉州府。10月初,革命党派人与北海商会联系,筹备组织北海起义。时值10月10日,武昌爆发了辛亥革命,革命的火焰很快烧遍全国,清王朝迅速崩溃。据《合浦县志》(民国版)记载,当年10月12日驻钦廉地区的清军趁革命党人在廉州力量薄弱发动复辟,"烧西门内外街市,大肆掳掠,有室皆空",廉州镇成为兵灾之地,广大百姓惨遭一场洗劫。此时,北海亦战云密布。盘踞在北海的帝国主义分子担心动乱,于是"英德法兵舰各一艘驶至北海港",借口保护领事府、海关、洋行、教会,派兵在北海登陆。由于反动势力强大,同盟会的革命党人只好分别在廉州、北海撤退,抵省城广州找同盟会求援。清廷原驻北海的第二十一营兵勇,亦趁机作乱,进行反攻倒算,在北海,"先掠外沙货船然后洗劫商埠"。于是,北海告急。

此时,胡汉民已在广州成立军政府,闻廉州、北海发生叛乱,便派黄济川等人率领民军从广州乘兵舰抵北海港登陆。黄济川组织敢死队发起冲锋,将叛军打败,"尽缴乱兵枪械,诛其管带",很快便收复了北海、廉州。接着,胡汉民向北海发出通电,"要求本地的旧文武官员,同属国民,自应照常办公,所有地方治安及属内外人生命财产,请力任保护"。北海地区许多本来与革命无缘的官僚、政客、士绅亦纷纷跑到革命的旗帜下,造成了鱼龙混杂的情形。但也反映出当时辛亥革命是人心所向,大势所趋。北海民众为庆祝革命成功,于11月14日全市大放鞭炮,所有的船只和屋顶都降下清廷龙旗,改挂军政府的新旗。3天之内,珠海路一带就有500人剪掉了辫子。

三

原钦廉道台郭人漳亦趁机再次投机革命,摇身一变,自称钦廉军政府都督。为了收买人心,并争取帝国主义的支持,他打电报给北海洋务局程芷,谓:"薪水局用照旧由军政府给发,并请代转达各国领事及税务司,以后交谊更宜亲厚,凡外人生命财产教堂,力任保护,本日以前清政府各条约均继续有效。"新军阀又投降帝国主义承认不平等条约,其目的是争取在北海的英、法、德等国领事承认"钦廉军政府",并用关税向其提供军费来维持其反动统治。

1912年1月,为控制北海局势,争取外国的承认和支持,广东军政府派时任督办龙济光率领兵舰4艘,士兵2 400名,由广州从海路抵北海,"恢复地方秩序"。此时，帝国主义列强想继续巩固其在华势力，便在北海关大楼顶上降下黄龙旗，悬挂五色旗，作为承认军政府的象征。同时，拨一部分税收款给新政权充当军费。于是，广东军政府派重兵在北海驻防，使该埠恢复平静。结果，北海商业"实见复兴"，大量洋货又涌进当地市场。

1913年，民国临时政府在广东设广州航政局、琼州航政局和北海航政局。其中，北海航政局设在北海市珠海中路，"统辖钦廉各属——航政收入及船舶"。北海航政局成立后，英、法、德三国驻北海领事在北海关召开了紧急会议，精心炮制了《北海关理船厅章程》，企图架空北海航政局，使其变成单纯收取船钞的税收机关，而由他们继续控制港口。北海航政局的职责，"是办理本港（自雷州半岛以西至越南北部交界海域，当时均属北海港区域）一切航政事务、海事、船检、船员登记及管理，督导航商，发展航业等"。然而，外轮进出港口报关检查，由英、法、德驻北海领事府和北海关掌握，北海航政局无权干涉，只能管理本国的民船。1914年，北洋军政府批准了《北海关理船厅章程》，北海港主权进一步丧失。对此，广东省政府交通厅官员亦承认：来往本省内外船舶之管理，一部属本厅船政，一部属海关理船厅，"以重要航权，假手外人，实憾事之一"。当时，北海与廉州、博白、钦州、东兴和安铺之间的海上和内河运输，仍以民船为主，每年进出港口达3 000余艘次。此外，北海与海南岛的海口、三亚等处的海上交通，每年亦有500艘次民船来往。因此，北海航政局船钞收入较多。例如1919年6月份，船钞为576.4两关平银，12月份升为1 579.8两。当时许多有识之士认为，北海航业"将来再加整顿，及航海标识之建筑，则该处航政前途，定有可观"。

辛亥革命后，北海商贸一度恢复畸形发展。例如，1912年北海洋货进口估值仅为144万余两关平银，1922年上升为380万余两关平银，增长1.6倍，北海成为洋货充斥的市场。大量洋货涌进北海，打击了本地的工商业和农业。例如，水靛（一种染料）是北海港传统的出口商品，由于德国生产的化学染料大量打进国际市场，结果由北海出口的水靛销路滞塞，使廉州、博白、玉林、灵山一带种植水靛的农民几乎家家破产。对此，海关税务司亦承认：北海港的水靛出口，再次面临外国染料的竞争，"是年在这种商品的贸易上蒙受了重大损失"。许多农民在农村难以维持生计，便纷纷流入城市打工谋生。例如，北海市区街道在光绪末年原只有居民2万余人，在民国初却增为3.5万人。第一次世界大战结束后，列强的航运势力马上卷土重来。北海港航运业，几乎一直由英、法所垄断。这些轮船，大多经香港或海防抵北海。例如，1912年，"所有各船由海防进口者，八十四艘。由香港进口者，四十五艘"。1916年，英轮在北海港开始称霸，其吨位占抵港船舶总吨位的83%。正如1917年1月29日北海关税务司巴博记载："现本口输运权利，几乎全操太古洋行之手。"该洋行有"开封""松江"等轮，每艘载重900多吨，定期由上海经香港来北海，借以接载输往香港、上海的货物。由于受到丰厚利润的刺激，各国轮船纷纷抵北海港口争揽生意。结果，次年进出港口轮船达408艘，吨位增加87%。除了太古洋行的轮船以外，法船"开平""比美利""华登"等，日轮"东庆丸""芝班那"，葡船"海平"以及怡和洋行的"乐生""壳士"等轮经常行驶上海、香港、海口、北海、海防之间，"循序往来，班期准确"。中国招商局和广东华侨轮船公司在本地商人的支持下，也派数艘轮船抵北海港参加运输，"终岁行驶香港、海口、北海，并无间断"。

航运业的发展，促进了北海贸易的畸形繁荣。1912—1921年10年间，北海贸易进口总值为1 761万两关平银，出口总值为1 417万两关平银，贸易入超为572万两，造成大量白银外流。可见，由于不平等条约的存在，北海仍为半封建半殖民地的典型港口城市。

民国初期的北海航运业

李 静　李志俭

一

民国初,地方的清军作乱,曾在廉州等地大肆掳掠,火烧西门内外大街,一些主要商店化为乌有,北海市面一度陷入混乱。1912年1月,广东军政府派时任督办龙济光率领兵轮4艘,士兵2 400名,由广州从海路抵北海港,"恢复地方秩序"。北海关楼顶降下黄龙旗,悬挂五色旗,作为承认军政府的象征。1913年,中华民国临时政府便在北海设北海航政局,并在钦州、防城设分卡,统辖钦廉各属航政及船舶。北海航政局成立后,英、法、德三国驻北海领事在北海关召开紧急会议,精心炮制了《北海关理船厅章程》,企图架空北海航政局,使其变成单纯收取船钞的税收机关,而由他们继续控制港口和航运,其第2条规定:"凡洋船进北海口岸之后,限二日内,该船主将船票呈缴其国领事衙门。"如果该船所在国无领事驻北海,则将船票呈缴英、法、德驻北海领事或北海关税务司;如有未遵守此章者,按约议罚。按照这个条文,轮船进入港口,要听从外国领事的安排,其核心内容就是夺取港监大权。1914年,北洋军政府批准了《北海关理船厅章程》,北海港口主权进一步丧失。

北海是我国南方的一个重要对外贸易集散口岸,也是北部湾海上运输枢纽。1914年以前,北海港航业主要由法、德两国垄断。所以,当地商务则由法商洋行和德商森宝洋行操纵。据海关档案记载,1914年6月,英国设在上海的太古轮船公司,为了与法、德两国争夺北海市场,"派定轮船,按期行驶",来往于上海与北海之间。除了太古洋行以外,还有怡和洋行、大丰公司、源昌利公司、丹麦捷成有限公司、华侨船务公司、日本大阪商船公司、俄国运输轮船公司和中国招商局的船只,亦抵北海港争揽生意,与法、德两国商家竞争。

1916年,英轮在北海港开始称霸,其吨位占抵港船舶总吨位的83%。正如1917

年 1 月 29 日时任北海关税务司巴博记载："现本口输运权利，几乎全操太古洋行之手。"该洋行有"开封""松江"等轮，每艘载重 900 多吨，定期由上海经香港来北海，借以接载输往香港、上海的货物。由于英轮抵港艘次骤然增加，法商洋行和日商大阪公司的轮船无法与之竞争，只好停驶。北海商家付土货出口，主要由轮船运输。当法、德、丹等国的轮船不抵港，英轮又不按期而来，港口运输船更加缺乏，使货主因货滞留造成很大损失。为了吸引轮船抵北海港运输，本地商人将托运费提高 80%，还付出一笔额外的外贴给船方。由于受到丰厚利润的刺激，各国轮船又纷纷抵北海港口争揽生意。结果，1919 年进出港口轮船达 408 艘，吨位增加 87%，除了太古洋行的轮船以外，法船"开平""比美利""华登"等，日轮"东庆丸""芝班那"，葡船"海平"以及怡和洋行的"乐生""壳土"等轮经常行驶上海、香港、海口、北海、海防之间，"循序往来，班期准确"。

中国招商局和广东华侨轮船公司在本地商人的支持下，也派数艘轮船抵北海港参加运输，"终岁行驶香港、海门、北海，并无间断"。1921 年 5 月，日本商人为了推销火柴等洋货，并大批掠走锰矿石，派数艘轮船开辟了大阪经基隆抵北海的航线，"把北海作为停靠口岸"。这些日轮除了得到较高的运费以外，日本政府对其船主"每年都发给补助金"，目的是刺激他们抵北海港运输的积极性。1922 年，北海设公路局，先后修筑了北海经廉州至灵山和玉林线，北海经廉州至闸利、公馆、白沙、山口、安铺、遂溪、赤坎、广州湾线，北海经廉州、钦州至南宁线。民族资本家在北海设有珠靖汽车公司、普益汽车公司，共有数十辆客车和货车，多系福特牌。北海陆路交通的发展，大大便利了英、美、法、德、日等国在港口推销洋货。对此，北海关税务司巴博曾得意洋洋地向其主子报告："进口各货亦见有加无已，而且兼得善价。所有粤省南方各处，以及桂省东北边界一带，居民所需物品，均仰给本口为接济，而北海遂成运输货物总枢矣。概而言之，北海商业日臻繁盛。"抗日战争前，共有十几家外国洋行，在北海开辟了 13 条轮船航线，即北海至上海、汕头、广州、香港、广州湾、海口、海防、西贡、新加坡、文岛（苏门答腊）、仰光、海参崴、大阪（经基隆）。海上运输的发展，也促进了陆路交通。

随着港口货运量的增加，以及航海技术的进步，往来北海的轮船，"渐有以小易大之趋势"。例如，法国开平号轮船，仅载重 177 吨，后由廉州号代替，该船载重 1 416 吨；日轮"重洋丸"载重 764 吨，后以"中华丸"代之，该轮载重 1 302 吨；英国的大古轮船公司，派出大吨位的轮船，"往来上海与海防，中间经过汕头、香港、广州、海口、北海，均靠停焉"。

1922 年，两广军阀在梧州发生战争，使西江水上运输受到影响。因而，广西、云南的出口货物，相当部分便以北海为集散口岸。其结果，"北海一口，出口花生油、八角、茴香、烟叶、猪等，均有进益，述之颇足为乐"，"北海对外贸易总值由上一年的482万银元，升为597万银元，增长23%"。

二

民国初年，北海关大权仍操纵在外人之手，外商"进出洋土货物，则借子口税单得以往来内地而享不再重征之待遇，所有国内陆路贸易以及内河沿海之中国帆船运输事业，则逐渐转入洋船之手"。"外商与洋船之地位，则得条约与领事之保障而愈趋优越"，因此北海帆船运输业备受排斥打击。由于货源大部分由外商操纵，每年来往于北海与琼州、江门、陈村、澳门、广州、安南、新加坡之间的头艋船，大为减少。

然而，北部湾范围内，即北海与廉州、钦州、防城、东兴、安铺之间的沿海运输，仍以帆船为主。帆船运输业之所以在外轮排斥下，能够维持生存和发展，是因为其有独特的优势。帆船体积小，具有运输方便、灵活的特点。北部湾沿海地区纵横交错着不少河流，且海岸曲折，港湾众多，水深-1米至-6米不等。帆船吨位少，吃水浅，可利用木桨划水，在港汊、河流容易拢岸，而轮船吨位大，吃水深，无法在浅水的港汊、河流行驶。因而，轮船的装卸，只好让帆船驳运。帆船运输效率虽较轮船差，但成本小，运价较低，商人喜欢将洋货利用帆船运输销入内地，并从内地购买土货运回北海港集中装上轮船。正如海关档案资料所记载：北海港"广泛地航行着许多轻型帆船，运载着旅客和货物，来往于北海和内地较重要的市场和城镇之间"。当时，北海口岸进出口货物的内地集散，大部分由帆船维持。

1913—1919年的7年中，北海港进出港口帆船18 784艘次，平均每年2 683艘次，最高为1919年达3 250艘次。外国航商曾几次派小轮船在北海港区域范围内行驶，企图挤垮北海帆船运输业。法国航商首先派出小轮船与帆船争抢货源，停靠的港口是安铺、龙门和东兴。由于东兴、龙门一带岛屿众多，航道较复杂，轮船容易搁浅和触礁，加上本地商人对法国抱抵制态度，于是法国小轮船不久便退出这条航线。所以，在当地的沿海运输中，帆船、驳船、渡船占优势，尤其是钦江、南流江的内河运输，更以木帆船为主。为此，国民政府仍一度保留北海常关，"与数目庞大的帆船打交道，并处理相应比例的贸易业务"。除了从广西内地运来大量的土货，还经南流江和钦江，拖来大量的木材。因而，北海港随着货物的分类装卸，自然形成轮船和帆船的锚泊区。地角附近水域为轮船停泊区，从老街三王庙码头至高德的海面，为帆船停泊区。随着帆船运输业的发展，帆船制造仍有所发展。高德和党江是北海造船基地。

当时在那里制造了各种型号的渔船和货船。船舶的龙骨一般选用坚硬的铁杉或坤甸木，船舷架骨则要用自然弯曲而性韧不易扭裂的古樟，船板夹层选用富含油脂的板材，桅木主要用坚韧、高大、笔直的杉木。北海帆船设计外形和建造质量以及安全航速等方面，在国内同类船舶中可算得上佼佼者。对此，外商评论北海帆船，"反得与轮船争衡，而且隆盛，似属可疑。实则中国帆船有特殊便利之处，为数不少焉"。

北海木帆船运输业能在外轮的排斥打击下艰难发展，另一个原因是当地民族工业和对外贸易的发展对航运业的促进。民国初，钦州捻子坪煤和八角湾区锰矿的矿石，由民船源源运往北海港集中。于是，本口因积锰矿甚多，预备装运出口。此时，港口进出口货物，有一半要靠木帆船运输集散。正如1919年的北海关资料记载："查本年各渡船，报经本口常关来往货物，共值关平银1 653 701两"，约占北海港进出口货物总值的43%。对外贸易的发展，使北海变成一个重要的港口商业城市。当时的北海关代理税务司洛根·勒赛尔曾预言："从地理上看，本口岸比起西江通道更应该是广西很多产品的天然输出口，对于广东这个无疑受到忽视的海港，就其地理位置来看，它似乎应成为重要的商业中心。"随着商业的发展，北海运输十分繁忙。1919年进出口轮船达408艘次，帆船达3 250艘次，但仍满足不了运输的需要。

由于当地造船技术的进步，北海航运商便购买外国机器在高德造船工场自己制造机动船，并且购置小轮和汽艇，行驶北海与安铺、东兴及钦州各内地口岸。机动木船发展起来，大大提高运输速度，保证了生猪、生牛、家禽等活货，由玉林、博白、安铺、廉州、钦州、东兴等地及时调运来北海，以便集中港口装上轮船运往香港。对此，北海关资料记载："大宗出口之货，格外增加者，系花生、花生油、水靛、赤白糖等类，生猪为北海出产著名之物，本年运香港计38 048头。海产品营业亦称稳固。"由于香港国际市场对这些土货需求量甚大，并且货物能及时运达，因而使商人获利甚丰，同时也刺激了当地商人发展机动帆船运输的积极性。

北海帆船除了大部分在"本口界内"（今广西沿海水域）运输外，还有相当一部分在北海与琼州和海防之间来往。由北海抵海口，顺风一二日可至，逆风数日或十余日。每年平均约500艘，共载30余万担。因而，每年进出北海港的木帆船运输船只达3 000余艘次。总之，港口运输船舶由轮船和木帆船组成，有力地促进了北海航运业的发展。

陈济棠主粤时期钦廉外贸短暂繁荣

李 静 李志俭

一

1929—1936年，陈济棠管辖广东，实行一些发展地方经济的措施，客观上刺激了当地的商品生产，北海贸易发展较有起色。北海的土货出口，曾一度居全国沿海商埠第10位。

1926年5月，广西防城人陈济棠（1890—1954年）率领国民军第十一师接管北海。接着，他以钦廉为地盘，利用国民党内部的派系斗争，凭借手中的军事力量，执掌了广东的军政大权。1931年他和李宗仁成为西南各路军阀反蒋的盟主，省主席陈铭枢被迫出走。陈济棠拥兵自重，采取一系列措施发展当地经济。在交通方面，他把整顿水路航运作为重点项目，并成立了广东全省港务管理局，拟设江门、北海、九龙、拱北、三水、汕尾6个港务分局，统一管辖沿海港口。

同时，又设广州航政局北海办事处。这个决策，可以利用广东毗邻港澳，水上运费低廉，发展对外贸易，搞活地方经济。与此同时，他组织修建了广州经江门直通廉州、北海、钦州的公路，大力发展公路运输。另外，他委派廖国器任合浦县长兼公路局长，兴建三合口农场，修通北海经三合口、福成至南康的公路。1933年10月7日，北海冠头岭建筑灯塔一座，以便海上航行。1936年，抵北海港运输的外轮高达452艘，华船2 000余艘。

此段时间，北海中山路两旁房屋不断修建，北海商业由珠海路扩展至中山路，呈现一时繁荣。陈济棠还设立西南航空公司，建立北海飞机场。据北海关档案资料记载："本年广州、北海间航空，业已开始飞行，中间经过茂名、琼州等处，因而本埠与各该处关系，乃益密切矣。"在金融方面，陈济棠将蒋系控制的中央银行广东分行改组为广东省立银行，并在北海设支行，控制了金融。为了把大批国产货投入港澳和国际市场，他看准机会，一方面采取措施发展地方工商业。另一方面施行一种地方工业的法规，并且用关税壁垒来保障广东的地方产品打入国际市场。结果，促使地方的商业经济发展大有起色。

例如，糖是北海出口的传统大宗货物之一。产地主要在合浦、灵山、钦州一带。南流江和钦江沿岸，气候温暖、雨量充沛、土地肥沃，尤其适合甘蔗种植，故北海口岸内地是产糖区。然而，每年大批"洋糖"进口，冲击了国内市场，加上商家从中盘剥，农民种植甘蔗收入甚低，由此挫伤了蔗农的积极性。所以，每年北海港出口糖只有2万—5万担。在这种情况下，陈济棠管辖的广东省政府一方面制定《取缔贬价竞卖越境推销蔗糖暂行办法》等，另一方面通过对进口货增加关税和纳捐，保障国产货在国内市场的地位。例如，进口洋糖每担课税16银元（毫洋），另加纳捐税7—8银元，使其成本每担增加25银元。结果，使洋糖从北海港口进口数量大幅度下降。1931年进口4 589担，次年降为142担。与此相反，北海港出口糖运往上海，每担征税甚低，进口糖无法与之竞争。1933年，"输出通商各口岸之赤糖，共有七万三千担。本埠转口贸易，因而放一异彩焉"。

当时北海是广东著名渔港，当地有30%—40%的人以渔业为生。所以，外商和内地商人"缘以本港系鱼类制品之区"，加紧对海产品的收购。由北海输出的海产品，以鱿鱼、墨鱼、鱼干、咸鱼和虾米为大宗，大部分输往香港。1933年，共计估值有18.39万两之谱。另有一部分销往广州和广西内地。另外，生猪一项，亦是出口的传统贸易产品。外商也谓北海生猪"久所驰名，向居出口货重要部分，因饲养较廉，而香港常取于此。历年输出，有加无几"。北海港出口的生猪，主要来源于北海、合浦、灵山、博白一带。当地粮食一般自给自足，加上谷物低贱，青饲料多，故农民养猪成本低，因而出售价格亦便宜。所以，外商与北海华商合资从事生猪出口买卖者渐多。

1919年，北海输出生猪往香港只有3万头，1929年便升为5万多头。1927—1929年，北海港出口生猪共152 110头，价值关平银195万两，约占全国生猪出口总数的21%。此外，桐油、锑、钛、锰等工业原料，也打入了国际市场。锰矿石是传统的出口商品，粤西的民族资本家在钦州附近，兴办裕钦公司。新开采的锰矿石价廉物美。当时锰矿石由民船从钦州茅岭附近运抵北海港集中，然后装上轮船运抵日本。1927年，锰矿出口为160 440担，以后逐年增加。对此，北海关税务司巴博司亦曾记载："现在本口囤积锰矿石甚多，预备装运出口。"当时，所有本省附近北海各属，暨广西边界一带，各类土产等，"皆系由本口运出洋"。英法商家和买办从事北海土货贸易"获利尤厚"，大多发了横财。此时美商也加紧对北海商务渗透。他们一方面在此推销煤油，另一方面亦在此掠夺桐油、桂皮、八角、水靛等土货，由轮船运抵上海中转返回美国。因而，北海当时仍是滇桂黔和粤西的重要对外贸易口岸。

二

1930年，粤桂军阀为争夺势力范围，互相之间发生了战争。2月，桂军进攻北海。3月，广西独立第四军攻入北海，粤军便向广州湾方向撤退。4月，粤军加紧反攻，广东政府下令封锁北海。桂军被迫退回南宁，港口逐渐恢复安定。北海虽遭到战祸影响，但幸得时间极短，没有遭到很大破坏。7月，西江沿岸一带，桂粤军阀重新开战。据海关档案记载："南宁与梧州之间交通，自岁首旬日后，即以战争关系完全断绝，商业亦因停顿……7至9月间，南宁为滇军包围，所有海关人员，迫不得已，暂行离埠，以避战祸。"故南宁经梧州出口的货物，现多改由北海运输，促使北海港对外贸易一度增长。

此时，陈济棠已成为西南军阀的盟主。他为了可独霸南粤，与蒋介石分庭抗礼，维持其官僚机构和一支庞大的军队，每月军政开支达420万元（粤币），耗费巨大。由于缺乏财赋来源，每月赤字70万元粤币。而世界性经济危机此时又对广东地方经济冲击甚大，迫使陈济棠不得不立意兴办实业，发展出口贸易，以开辟财政来源。

陈济棠颁布新的税收法令，对洋货进口课以重税，对土货出口则实行优惠税，以保护地方经济的发展。结果，北海埠"商务状况，一时顿为活跃"。

1930年，北海洋货进口由上年的149万元升为210万元，只增加40%；国产货进口由上年的111万元升为246万元，却增加120%，国产货在北海市场开始比洋货占有明显优势。北海港的土货出口则由上年的162万元升为231万元，增加42%。"出口货中之八角油、花生油、纸张等项，增加颇巨，锰矿砂运往外埠之数（以运日本者居多），上年为九万七百三十担，本年增至二十万七千一百一十六担。"在北海港的对外贸易货种中，以锰矿石增长速度最快。当时，钦州那他之空洞岭地方，设有裕生锰矿股份有限公司，共有矿工500名，其地所产之矿砂，含纯锰45%以上，品位极高，是军火工业和钢铁工业的重要原料。对此，日商在北海港一方面推销火柴等洋货，另一方面则加紧抢购锰矿石。由于出口税率低，结果大批廉价的锰矿石经北海港口源源不断由轮船输往日本。

1931年5月，粤省宣布独立，与南京政府对峙。为了维持庞大的军队与蒋对抗，陈济棠费尽心机，筹集经费，不惜大开赌馆、发放公债、武装走私贩私，甚至提高税收率。1932年，又对水产品增加捐税。结果，北海地方，因商民反对省政府征收海产品捐，酿成罢市风潮，商务大受影响。广东省政府始觉不妥，准予缓行，改实行薄税多收的政策，始告平息。由于社会动荡，人心不安，商家一度采取观望态度，故对外贸易总值只有771万银元，比上年只增15%。可是，北海关的税收却由上年的32万元，升为59万元，增长84%。这种措施，大大满足了陈济棠军政府对财赋的需求。

1933年，北海产品在香港国际市场颇享声誉，贸易额增长很快。其中，生猪出口达6万多头。据北海关资料记载："出口贸易，因汇价优异，大显活跃。本年输出之猪、家禽、八角、花生油等货，以视去岁，无不增益。"土货大部分输往香港和越南海防出口，也有一小部分输往广州、上海、天津等处中转出口。1932—1936年短短5年，外商通过由北海出口或转口，共获得了当时估值2 051万元（洋银）的土货。

此期间，北海土货价格十分低贱。每担活鸡，仅值港币40元；每担花生油，价值港币20元；每担鱿鱼，价值港币65元；每担白糖，价值港币15元；每担烟叶，价值港币300元；每担生丝，价值港币900元；每担元肉，价值港币130元。北海土货如此价廉物美，自然吸引大批外商抵此经商。由于陈济棠实行高筑关税壁垒的策略，故洋货进口减少。与此相反，出口货物受到优惠税的鼓励，保障了地方产品在国内外市场的地位，客观上刺激了地方商品经济的发展，结果再次促使北海港对外贸易由入超变成出超。

1929—1936年，北海港国产货进口总值为2 085万元（洋银），洋货进口总值只有1 496万元（洋银），国产货已在北海市场上占据优势。与此同时，北海港土货出口和转口总值为3 035万元（洋银），为洋货进口总值的一倍以上。据《广东经济年鉴（1940年）》记载，1933年北海港土货出口（转口）总值为628万元（洋银），曾居全国沿海商埠第十位。以上反映出陈济棠主粤时期北海对外贸易已由入超变为出超，出现了相对于国民党统治的其他时期所没有的短暂繁荣。

陈济棠"治粤八年，确有建树"。此时广东省政府在北海港获得的关税为366万银元。而1921—1928年的关税收入只有97万银元，后8年为前8年的3.8倍。对外贸易的增长，以及税收的增加，从侧面说明了经济的"繁荣"。然而，当时旧中国处于风雨飘摇之中，半封建半殖民地的社会性质必然使这种繁荣为时不长。

陈济棠统治毕竟是军阀统治，其发展经济的出发点是为了解决军费维持统治，而不是为了国强民富。因而，北海贸易从1936年又开始下降。加上广西内地土匪横行，运输不易，北海港出口货物成本加重，"纵欲与他国产品角逐于市场上，终亦难操胜算矣"。1936年7月，陈济棠倒蒋失败下野后，他制定的经济改革规划，很快成了泡影。稍有起色的北海港对外贸易，又停滞不前。不久，日本全面侵华，北海埠惨遭日军铁蹄蹂躏。直至1949年，北海始终没有逃脱半殖民地化的厄运，当地对外贸易一蹶不振。

抗战初期北海贸易的特殊地位

李志俭　李　静

　　七七事变后，不到两个月，日军便对北海大动兵戈。据1937年11月19日《粤南日报》报道，9—11月，敌机敌舰轰炸北海市区，并扫射停泊在北海港内的中国船舶。岸上房屋被炸坏四五十间，死亡百余人。次年，英国政府为保护英国在华利益，与日本签订了《英日海关协定》。按此规定，日军一度不侵犯英国在华的商务，暂时不骚扰抵北海港的英轮。截至1939年11月15日，日军在钦州湾登陆以前，由于战争主要集中在华北、华中及华东地区，尤其上海抗战后，中国北方和华东各港的航路全部为日军封锁。出于战略需要，国民党政府的经济重心不得不向西南转移。原先即为大西南"通道"的北海港，则一度被推到战时的"特殊"位置上。故从1937—1939年下半年，北海贸易情形，仍可维持原状。

　　当时，北海与内地的交通，以及至广州、南宁之公路，业已改善，往来汽车，日渐增多。由于交通发展，对汽油、煤油的需要猛增，1936年仅进口41万升，1937年升为268万升，增长5.5倍，因而洋货进口总值由上年的67万银元，升为115万银元。与此同时，土货出口增加。猪运往香港者，于年终数月，销路奇旺。当时，法籍轮船每两星期抵港一次，德意利士公司的轮船每星期一次定期来往广州、香港、北海之间。太古轮船公司的船只，按班驶往上海、香港、北海、海防，途中每周在北海停泊一次。七七事变发生后，轮船来港次数虽开始减少，但1937年进出港口轮船289艘次，吨位37万吨。由于航运暂时处于正常状态，所以对外贸易仍维持原状，1937年进出口总值为725万银元。

　　1938年，怡和洋行的轮船开辟上海至海防（越南海防市）线，中途定期抵北海港停泊，全年共368艘次，吨位达51万吨。因此，北海"出口贸易便利甚多"。出口货种以生猪、家禽、花生油、桐油、石膏、海产品为主。同时，香港人口激增，"对北海埠土货需求甚殷，家禽出口比上年增长4倍。石膏出口，为数甚巨"。土货出口增加，应促进货物进口，却因法币汇价，惨跌甚巨，故对进口贸易影响甚大。据海关资料统计，北海港直接进口贸易价值，由上年的155万银元，降为77万银元。入口国产货，由上年的292万银元，降为286万银元。转口土货，由上年的157万银元，降为146万银元。唯直接出口土货，则由上年的157万银元，升为255万银元。当年，北海进口货物减少的原因，主要是汇价和运费上涨，引起物价飞升，民众的购买力降低。例如煤油，老百姓主要用来点灯照明，1937年进口220万升，次年只输入44万升。北海口岸及其内地的百姓，因生活艰难，以其售价昂贵，多燃植物油，以资代替。其他建筑材料，亦因价格倍升，民众无力购置，故进口滞阻。当时，北海进口货减少的另一个原因，则是港口设备太落后，国民党政府对港口建设漠不关心。"码头设备简陋，起卸货物，久感不便，乃至战争爆发，局势应变，困难甚巨"；"因没有深水码头，轮船不能靠岸装卸，只能人力驳运，进出货物颇受阻挠，尤以进口货物，影响甚剧"。

北海港以钦廉为依托，钦廉地区亦借它为门户。当时，合浦县城拥有商铺275间，东兴县和钦州县城亦分别拥有店铺106间和350间。加上外轮能定期抵此碇泊，北海埠仍成为滇、桂、黔和粤西洋货进口的重要渠道。自1938年8月起，梧州连续遭敌军轰炸，市肆尽闭，进出贸易，遂受打击。"嗣因日军在大鹏湾登陆，继之西江复被封"，商业悉告停顿。于是，一向由西江运输的广西进口货物，改由北海输入，使北海港的进口货物数量激增。由北海转销入内地的国产货则以上海产的棉纱、棉布为大宗。1939年，北海转口估值由前一年的286万银元，增为1090万银元。当时，北海港进出口的货物，经海道运输者，十之八九皆与香港往来。据海关档案记载：北海"自民国二十六年十一月德意利士公司停止航行香港北海线以来，现在所有进口之各商轮几乎全属太古、怡和两公司，其航线为往来上海、汕头、香港、北海、海防各埠"。因而，北海轮船航线减为两条：其一，从1939年7月起，太古轮船公司的航线，改为由香港开行，经广州湾、海口达北海。"因太古轮船公司缺少由上海直达北海港的船舶，故由北海之货物，往往在香港转船"。其二，"渣甸轮船公司的航线，系自上海经香港直达海防，回程或湾泊北海装载客货"。因此，1939年北海港对外贸易，尚克维持不坠。土货出口更为畅旺，出口货物如桐油、生猪、牛皮等，仍极踊跃。家禽由上年的2万只，升为21万只，土货出口总量则由上年的401万银元，跃为1858万银元。结果，北海的进出口贸易总值，从1938年的764万银元，升为3170万银元。因北海港暂时所处的"特殊"通道地位，故1938年和1939年北海对外贸易非正常出超共563万银元。随着战争的扩大，英美等国民用工业多已转入军工生产，故"运至中国之货物，逐渐减少，而

图1-11 抗战胜利纪念亭。1945年9月28日,北海召开筹建"抗战胜利亭"筹备会,会上将该历史性建筑物定名为"抗战胜利纪念亭"(邓超斌 摄)

由中国运出之土货,则尽其运输能力之所及,悉载而去"。外商的掠夺性经营,是造成战时北海贸易"出超"的主要原因。

1939年11月15日,因钦廉战争爆发,日军以北海港作为侵略广西的跳板,对港口实行军事封锁。土货出口嗣因"沿岸封锁益见严密,遂无法由海道输出矣"。于是,北海对外贸易几乎陷入绝境。1940年对外贸易总值只有10万银元,仅为上年的3‰,故当时北海贸易地位一落千丈。

大廉山古盐道

刘忠焕

大廉山上曾经有一条古盐道，并不为人们所熟知。

1965年之前，钦廉四属（钦州、合浦、灵山、防城）属广东省管辖。广东省管辖下的钦廉四属与广西内地有着天然的地理屏障，西有十万大山，东有云开山脉、六万山、大廉山。在没有开通公路之前，两地之间的交通异常闭塞，在群山环抱中，为沟通活路，只能人为地用脚走出一条条的小道，如古盐道。它们跟大西南的茶马古道一样，在漫长的艰难险阻中，充斥着许多的未知与变数。

钦廉四属与老广西有几条主要的古盐道。最早走的是水道，从廉州府经南流江上溯至石康盐仓，再肩挑过广西。后来，北部湾产盐的地方多了，私盐交易繁忙，都爱走捷径，便形成了几条山路古盐道，如从防城到上思，从钦州到邕宁，从合浦到灵山、玉林，从山口到博白，等等。

宋代周去非在《岭外代答》里有记载："朝廷岁拨本路上供钱，经制钱，盐钞钱及廉州石康盐，成都府锦，忖经略司为市马之费。""以为广东产盐多而食盐少，广西产盐少而食盐多。东盐入西，散往诸州，有一水之便。"这一水之便为："盐场滨海，以舟运于廉州石康仓。客贩西盐者，自廉州陆运至郁林州，而后可以舟运。斤两重于东盐，而商人犹艰之。自改行官卖，运使姚孝资颐重，实当是任。乃置十万仓与郁林州，官以牛车自廉州石康仓云盐贮之，庶一水可散运于诸州。凡请盐之州，曰静江府、融、宜、邕、宾、横、柳、象、贵、郁林、昭、贺、梧、藤、浔、容州，各以岁额来请。"

本文且不说廉州石康仓的水运（官运），也不说钦州至邕宁的运道，只说说笔者家乡大廉山的古盐道。

笔者家乡是合浦县公馆镇，在其铁山港的海边上有一个村委，叫盐田。这个村名的来历，就是因为这一带产盐，大量出产白花花的生海盐。那个盐田村离笔者的村庄约有 10 千米，读中学的时候笔者曾到过。当年学校组织师生去"担海堤"，也就是抢修被台风摧毁的海堤。但见，一块块的盐田，鱼鳞一般拼接在海滩岸上，蔚为壮观。盐田底部铺有一种叫"缸瓦片"的薄陶砖，利于盐的结晶和收拢。我不知道，这里何时开始产盐的，可以看到，他们的制盐作业流程已经很成熟。

据有关资料显示，公馆镇是客家人聚居地，自明朝弘治年间始，因"闽客填廉"而陆陆续续有客家人迁来这里聚居。盐田的产盐史也应该在明朝中晚期以后。大概，这里的古盐道跟钦州、防城那边差不多同期，而跟廉州府在北部湾的盐场比就晚多了，这是大廉山古盐道不甚出名的原因。

《华阳国志校补图注》有一句话："当虞夏之际，巫国以盐业兴。"说的是重庆巫溪县历史上产盐兴盛的事。这个"盐业兴"同样适用于公馆盐田。话说公馆镇，处于大廉山的包裹之下，土地贫瘠、水利不兴、出产欠丰，靠着海边晒盐，也是一条门路，它可以带动一些行业，养活不少人。从生产、贩运到买卖海盐，都需要一干人马去从业。

大廉山古盐道默默无闻，却也充斥了惊人的故事和辛酸的历程。到了民国年代，笔者的父亲刚满 16 岁，便跟着村上同宗的伯叔，挑担走盐道，过上了"担盐佬"的生涯。笔者的爷爷死得早，那年父亲才 12 岁，家里还有弟弟妹妹，父亲得帮着奶奶，以长子的身份，挑起养家糊口的担子。

司马迁曾说："天下熙熙，皆为利来；天下攘攘，皆为利往。"因生活所迫，身体犹嫌单薄的父亲，一咬牙，跟着伯叔们挑盐闯天涯了。"一泉流白玉，万里走黄金。"尽管，父亲所得极其微薄，"黄金"都让盐商拿走了。这条古盐道，横卧着数百年的记忆，像我父亲这样的"担盐佬"，用扁担演绎开了许多苦涩的故事。一步一江湖，遇事莫糊涂，这条古盐道，又寄托了多少人的希望！

官盐博弈，挑夫盈途，古盐道总是充满着传奇。大廉山古盐道的起点是盐田村，路径是一直往西北走。先过公馆圩西的乘马径，进入大廉山。大廉山是六万山的余脉，山不高，但森林茂密，路窄弯曲，不时还有毒蛇猛兽出没。再往山里走是六湖垌。道上曾有蛮人强盗打劫，所以，"担盐佬"都是成群结队出发。据父亲说，村里还有塘头、口水佬、老逼、阿聋十、时生、阿长公等几个人搭伴出行，有时候还得邀上邻村的伙伴，一般是十余人才出发。到了南流江边的亚山渡口，摆渡过江，进入泉水圩歇脚。接着赶往张黄圩，进入六万山腹地。张黄圩是一个分叉地，往西通向灵山县，往北则到达寨圩，寨圩再过去就是郁林州，也就是现在的玉林市了。父亲说，两条路都走，路程 100 多千米，寨圩路走多些，得在半道上歇两宿。

"担盐佬"的行头很简单，一根扁担，一对箩筐，装 100 斤或者 80 斤的盐。因长途跋涉,太重了怕掉队,有危险。有换洗的衣服就带一套,没有就算了。自带一钵米饭,几斤米及萝卜干。米饭是当天的伙食,大米是寄存在过往的客栈里,回程时煮来吃。

挑着盐担子在崎岖曲折的山路上行走,很容易磕碰着。有时候遇到大部队同时出发,会有100多人,浩浩荡荡,山头看不尽山尾。肩上的食盐得小心挑着,切莫打泼了,否则盐把头要你赔偿的。所以,相互之间要有一定的距离,特别是其中几段陡坡路,他们达成了"交通规则"——"七上八下不要吵,多走一步是狗叼"。意思是说,上坡时走七步歇一会儿,下坡时走八步歇一会儿,要慢点。担盐佬有老有嫩,气力有差别,慢点可以达成步调一致,否则会乱套。遇到雨天路滑,一脚不慎,倾覆了盐担子,可是赔不起的。

有道是,海角鱼盐天赐利,一担一路闯江湖。他们还留下了"担盐民谣":"难啊难,鸡啼半夜过山径;难啊难,膊头挑担上灵山;难啊难,走到半路草鞋烂;难啊难,带钵米粥冇够餐!"

开门七件事,柴米油盐酱醋茶,食盐对社会、家庭都很重要。家乡里有俗话:"三日不见盐,行路打脚偏。"故而,担盐佬不畏艰辛,一步一个脚印,穿行、缠绕、攀登在群山中。一个个简朴的身影,为着生计,风雨兼程。

到了20世纪70年代末,我曾走过一趟父亲的古盐道。话说,解放后父亲参加了土改工作队,留在了玉林县城隍镇工作。那年我也是16岁,刚好有城隍镇的老表结婚,邀请我们全家过去吃喜酒。但搭班车要好几块钱。贵。我们一合计,还是兵分两路,大哥带着我骑自行车抄近路过去,其余的人搭班车。

哥俩起了大早,凌晨4点半草草吃了早饭后出发,沿着父亲的古盐道走,过乘马径时,山脚下村庄的鸡还在"喔喔"打鸣,过六湖峒,到亚山渡口刚拂晓,那时,正值腊月,寒气袭人,渡口的水面冒起了烟雾,喊船工,十几分钟始出来,撑我们过渡,两人两车才收了2角钱。我们继续往泉水圩赶,10点钟时,终于走出了山路,上了国道公路。这条国道,中华人民共和国成立后才修通的。到张黄圩,我们往北不往西,到达小江镇时,中午12点了。我们在小江镇唯一的饭店吃午饭,每人一大碟炒粉,每碟一块二。大哥问我,饱了没?我说,没事了。其实,还可以吃的,但怕花钱。继续骑行,到了寨圩这边的公路不好了,上下坡多且陡。出了寨圩界,天已经擦黑,这边是玉林县地盘。再走20多千米,晚7点半才到达城隍镇湖村。

这一路,我们骑行了15个小时,太累人了。想起父亲他们,走路,还挑着盐,又是何等的苦难人生!

生生不息的大廉山人，他们以积极乐观的态度在苦难中创造生活，改善家境。这种闯江湖的干劲，反复叠加，凝聚成了石破天惊的力量，悄然改变着这里的一切。曾经的大廉山古盐道上的荒山野岭，如今变成了风景如画的村落，延续的就是这种力量。

饮水思源，昔日犹梦，古盐道成了一条时空隧道，连接着昨天、今天与明天。因为，担盐佬的故事，沉淀着某种关于艰苦奋斗的生存哲学。我的父亲早已不在，但每每想起他，总想起那些用血汗写就的古盐道传奇。

改革开放中建设石步岭新港区

李志俭　李　静

一

20世纪80年代，我国南方汕头、黄埔、湛江、防城港等一批现代化多功能的新型港口码头如雨后春笋般涌现。

然而，北海港仍凭着外沙西港口仅有的几百米小轮码头，一年仅完成50多万吨的吞吐量。在中国沿海港口中，它显得那样苍白、落后。

1985年元月8日是一个阳光灿烂的日子。时任广西壮族自治区主席韦纯束和交通部副部长子刚在北海迎宾馆召开"特别会议"。这次会议，彻底改变了北海港的历史命运！当时，虽然北海已成为我国14个对外开放港口城市之一。但是，建不建设石步岭港区？广西有关部门争论很大。

1985年元月9日《北海日报》头版头条报道，当时，听取了广西和交通部有关部门的领导、专家汇报后，子刚在会议上语气坚定地指出："除非这个城市不开放，否则非建新港不可！"回顾当时的历史背景，从下面两件事，可以看出交通部领导的决策是：适应改革，势在必行！

事件一：散化船无法接卸，丢了北海的脸

1984年3月18日，中央宣布北海为我国进一步对外开放的14个沿海城市之一。4月，交通部全国港口商务平衡会议决定，将接卸散装化肥任务交给北海港。当时对广西来说，十分重要。一方面解决了广西化肥来源，促农业增收；另一方面散装化肥灌包加工既提高了港口吞吐能力，又增加了当地农资、运输部门的收入。交通部为何将接卸散装化肥的任务交给北海港呢？因为早在1982年，北海港已连续成功地接卸"阿默卡利亚"等5艘外轮，共6.95万吨散装原糖灌包加工，为广西商务部门和地方财政增加收入5 000万元以上，并获得一笔丰厚的速遣奖美元。当时，时任广西党委书记乔晓光闻讯亦立即指示通报嘉奖,广西电视台、《广西日报》曾作专门报道,给北海港员工极大的鼓舞。这次接到任务后,全局职工十分振奋,个个摩拳擦掌,一个月内赶制出4套散装化肥灌包设备,准备大干一场。

7月初,一艘外轮满载2万吨散装化肥按计划抵北海港。可是,港口连一个万吨级泊位也没有啊!外轮只好停泊在装卸锚地。当工人们登上外轮,准备过驳作业时,却发现该轮是散装专船,船上没有舱吊。当时,广西沿海的所有驳船,没有一艘有船吊,根本无法进行接卸作业。如果从广东调船来,远水救不了近火。怎么办?港口领导和员工急得像热锅上的蚂蚁。该轮停泊等待一个星期仍无法在北海卸货,只好电告船东和货主,拉响一声长长汽笛,离开了北海。刺耳的返航笛声,好像嘲笑北海港太落后!该轮不能在北海港卸货,意味着当地财政少收入几百万元。而且无形中告诉世界航海界一个事实:中华人民共和国成立35年后的北海港仍是一个非常落后的小港。外轮不能卸货,不但丢了北海的脸,也丢了国家的脸。此事震惊了交通部领导,也震惊了广西和北海市领导。"散化船"事件表明:北海作为一个开放城市,没有万吨级码头,是无法适应对外开放和现代化建设需要的。

事件二:北海港在援越中承受巨大牺牲

1983年12月,中国航海史研究会在上海浦东召开"中国现代水运史"编写工作会议,会议由原交通部部长、中国航海学会理事长彭德清主持,邀请全国14个沿海城市的港口代表参加。座谈中,北海港的代表提出:"与横向相比,北海市港口码头泊位和海运船舶吨位,目前处于全国14个沿海港口城市倒数第一位。与纵向相比,北海港口落后了!它自秦汉始便是中国对外交通和海外贸易的主港,一个曾经有着辉煌历史的古港。《烟台条约》辟北海为通商口岸后,1933年,北海土货出口曾跃居全国沿海商埠第10位。但20世纪六七十年代的北海港口和海运,受'文化大革命'影响一度比不上抗战初期繁荣……"此语一鸣惊人。彭德清面色庄重站起来,对北海港代表说:"那几年在援越中,安排北海港做出牺牲,重点建设防城港。在'港口三年大建设'期间,北海港已下放地方管理。码头建设没有搞上去,我向你们致歉……围绕港口码头建设问题,你局要写一个材料汇报到部里。"并指示坐在身旁的原交通部水规院领导说:"北海港建设耽误太久了,你们水规院要支援他们。"自1965年8月,北海市由广东划归广西后,北海港是广西唯一对外开放港口,港务局仍为交通部部属企业。

1968年3月,为了援越抗美,广西秘密扩建防城港。作为中央企业对地方的支持,交通部一方面从北海港抽调大批人员到防城港工作,另一方面将广西建港资金大部分集中到防城港,建设援越工程,暂停在北海港建深水泊位。

20世纪70年代初,北海港成为支持越南抗美的主要阵地。当时,我国对越援助153艘船只,全部在北海港交接。船型以载重50吨的公字船和载重200吨的渔船为主,还有部分拖轮和驳轮。1971年6月,广西设工作组常驻北海,在港口负责具体组织抢运援越物资,以及救济安置数以千计由海上逃至北海避难的越南难民和华侨。1972年,在美国对越南北方轰炸、布雷封锁北越港口的关键时刻,北海船员组成特殊运输队伍(即第二援越大队),冒着生命危险,在沿海隐蔽航线(胡志明小道)上,担任着艰巨的援越任务。据统计,我国政府从北海港运去大米、大豆、面粉等物资10万多吨。同时,港务局亦继续派出几批干部和工人抵防城港,协助当地装卸和抢运援越物资。所以,在整个援越过程中,北海港发挥了巨大的作用。同时,自己也作出了牺牲,耽误了本身的码头建设。

二

1984年5月,中国航海学会水运技术经济专业委员会在秦皇岛召开学术讨论会。北海港代表提交《关于今后北海港发展的探讨》(载《中国港口》1984年第4期),并在会上提出,1973—1975年全国沿海城市港口"三年大建设"期间,北海港是唯一没有获得交通部投资建设的港口,因而,与兄弟港口相比,落后10年以上。北海是全国14个沿海城市中,唯一没有深水码头的城市。

1973年,根据周恩来总理"三年改变港口面貌"的批示,国务院发出了关于"充分利用烟台、连云港、镇海、温州、福州、厦门、汕头、北海港等中小港口,分流大港运量"的指示,加速扩建沿海外贸港口。1973—1975年是全国沿海城市港口码头建设的高潮时期,14个沿海城市唯有北海港没有上马兴建万吨级码头泊位。当时,北海港不但泊位不足,而且港口机械化程度低,装卸效率差,船只压港严重,扩建深水码头十分迫切。为此,港务局向上级呈报了《关于北海港"四五"后两年扩建规划的报告》,提出了扩建新港口的四点理由:其一,抵港船只日益增多,现有码头泊位太少,又没有深水码头,千吨级以上船舶需过驳作业,装卸效率低,限制了吞吐量的增长;其二,广西和云南、贵州从海运进出的货物在"五五"期间达到700万吨以上,北海港担负吞吐量20%—30%(150万—270万吨)完全必要;其三,北海对外贸易任务增长很快。1971年外轮抵港为28艘次,1972年升为591艘次,增长21倍;其四,选择扩建的地点,具有自然条件优越、投资少、见效快的特点。

市政府审查了报告后,完全同意扩建规划方案,将该方案上报广西交通厅和计委。与此同时,港务局派出代表带资料和图纸上北京向中央汇报,反映了北海港存在的问题和实际情况。时任国务院副总理谷牧听了汇报后说,北海港的资料准备工作相当充分,扩建深水码头的条件亦比较优越,如果那里建一条铁路,北海港就会活起来。你们是万事俱备,只欠东风,东风就是投资。并指示交通部和广西解决。广西计委曾于1974年2月发文:"同意北海港东驳岸120米改-6.0米水深,能停泊5 000吨级轮船泊位一个,总投资限制在236万元以内。"可是,该项目于1975年年初,由于有关部门压缩基建投资,将设计标准由5 000吨级改为2 000吨级,工程投资最后为219万元。尽管2 000吨级小轮泊位投产,初步改变外沙西港口的落后面貌,但对于北海港的发展来说,该项目不是万吨级泊位,仍是杯水车薪,无济于事。可见,当时北海港没有搭上"大建设"的快车,万吨级泊位不能上马。所以,1983年以前,北海港失去了很多发展机会,仍是一个落后的小港,历史拖账"真是太多"。

该不该建万吨级码头?在秦皇岛会议上,北海港代表向大会提出了对北海港扩建深水码头的可行性进行咨询的要求。委员会经过研究,并请示部领导,决定接受北海港务局的委托,列入工作计划。6月的一天,交通部水利规划设计院(简称水规院)派时任副院长陈大强等港口专家,冒着酷暑由北京飞抵广州中转湛江抵霞山机场,时任北海市市长姚克鲁派出的专车早已在机场等候。当晚,市计委、港务局领导跟市领导一起,向他们反映港口建设的迫切性。

当时,建万吨级泊位必须由交通部批准。部领导决策拍板,首先要听水规院专家的意见。

陈副院长是第一次来北海,通过连续几天考察,看到外沙西港口作业区又小又窄,大轮不能停泊码头,设备又差,说想不到北海港这么落后!当了解到西港口千吨级小轮码头设计能力为35万吨,1983年完成吞吐量72万吨,属于超负荷运转,港口经济效益十分理想,故对北海港人艰苦奋斗的精神十分感动!当考察到新港址,以石步岭为中心,东起地角村,西至冠头岭下,是建造深水泊位的天然地带,他们连忙向部里汇报,从交通部四航局调来钻探船对该址进行地质勘探,并从各港抽调专家陆续抵北海,对新港建码头工程进行可行性研究。

交通部水规院等8个单位,马不停蹄地对新港进行地质勘察、波浪要素分析、防浪模型试验及泥沙回淤等问题研究后,充分肯定此处具有建深水码头的优越条件:(1)该址有一条天然深槽,水深6—10.5米,有优良的航道与锚地。(2)陆域宽阔,顺岸线有4千米,纵深2.5千米,面积达10平方千米。地势平坦,地质条件好,地基承载能力为每平方米达20—30吨,是良好的持力层。平面布置完全能满足港口需要和铁路引进,且离老港区仅2千米,管理方便。(3)回淤少。涨潮流速小于落潮流速,落淤有限。把实测后得到的新海图同1879年英国人所测的老海图对照,经历

100余年，水深基本保持稳定，地貌不变。（4）风浪小。该处三面陆地环抱，西面虽向北部湾敞开，但西风强度和频率都很弱，故风浪生成受限制。（5）有城市依托，供水供电均有保证，涉外机构齐全，可节省投资。

在实地调研的基础上，交通部水规院的工程技术人员，向交通部和广西壮族自治区人民政府撰写了《关于北海港扩建深水码头的初步可行性报告》。1985年元月8日上午，交通部副部长子刚带领22名高级工程师和港建专家，与广西壮族自治区人民政府韦纯束等同志巡视了北海港新老港区，审查了该可行性报告。

随后晚上在迎宾馆召开特别会议，听取了有关港建工作的汇报。会议决定，由交通部投资2 100万元，广西投资1 000万元，马上在石步岭港区建两个万吨级深水泊位。子刚最后在会上强调："在建港过程中，一切阻力都需要排除，两个万吨级泊位要按期交付使用！"这次会议对北海港来说具有重要的历史意义，为北海市进一步对外开放创造了良好的投资环境，促使北海经济开发区更快地起飞，使港口进入一个新的发展时期。

三

1985年5月7日早上，朝晖映照北海港。石步岭港区红旗招展，锣鼓喧天，人山人海。市委、市政府在石步岭港区举行万吨级泊位第一期工程动工典礼，自治区及交通部等有关领导参加。该项目总投资3 100万元，这点钱对其他港口来说，可能是"湿湿碎"。别说建两个万吨级泊位，就是建一个也不够。按照旧的管理体制，养一个施工队，每年都要花几百万元。港务局班子认定，必须打破基建的"大锅饭"，港口建设才能加快。面对令人寒心的港口现状，他们必须要有改革的胆略和气概。

经请示市领导同意，聘请交通部水规院负责设计并总承包，上海航道局东方港湾开发公司、广州救捞局、冶金部第十九冶金建设公司、铁道部第二工程局、交通部二航工程局、广西航务工程处等单位，分别承包各项工程。

由于采用了公开招标，使工程造价得以大幅度降低。两个万吨级码头主体工程分三部分——水下抛石基础、码头主体沉箱和胸墙上部结构部分。整个码头前沿由50个大型预制沉箱排列而成。每个沉箱重量480吨，为当时国内同类型船运沉箱之最。设计人员打破常规，大胆采取了新的施工工艺：一是将新建的两个泊位布置在港湾凹处的中央部位，码头岸线向海凸出了350米，顺岸向东北方向布置，减少建设防波堤的一大笔费用，节约资金600万元以上。二是将50个码头沉箱预制在远离北海的广东顺德，在冶金部容奇预制场进行。其优点不占用港口码头场地预制，不妨碍港口建设；同时，码头主体制作，成本由 2 040 万元，降为 1 268 万元，节省资金 772 万元，减少投资 38%。三是大型沉箱在海上长距离驳运在国内尚属首创。每个沉箱高 11.5 米、宽 7.5 米、长 11.7 米，50 个沉箱共重 2.3 万吨，用 5 000 吨级半潜水驳分 5 次运来，航程 460 海里。沉箱用起重 500 吨级的浮吊起卸，吊放下水，定位准确。四是沉箱填砂采取翻斗车自陆上取砂，抢低潮位直接驶上沉箱顶倾倒的新工艺，效率高、速度快。五是采用自航耙式挖泥船和链斗式挖泥船相结合施工，开挖深水港池和航道调头区的新工艺，挖泥沙 143 万立方米，只花费 403 万元，比常规施工减少资金开支 47%。上述五项新工艺取得成功，从而使整个工程降低造价，并在短期完成。

1986 年 2 月 15 日，时任中共中央总书记胡耀邦在韦纯束主席陪同下，视察了石步岭新港区万吨级码头工程。胡耀邦指示说，北海市的工作要首先考虑怎样为港口服务得好，要围绕着港口的需要，建设运输、仓储、贸易、包装加工和其他第三产业等方面的设施，这是涉及广西和我国西南地区经济的发展、社会效益的一个课题，这项工作做好了，将会刺激我国西南地区经济的发展。他还强调，北海能不能兴旺发达，就看北海的运输快不快，繁荣港口运输是北海的第一位工作和课题。为此，市人民政府大力发展外引内联，在短期内，引进中外合资项目已达 30 多项，内联企业达 136 家。云南省和四川省人民政府组织攀钢等企业将半成品或粗加工的产品运到北海进行精加工和深加工，然后在此出口。当地经济的发展，客观地促使港口建设步伐加快。

1986 年 4 月，沉箱全部顺利安装完毕；6 月底，石步岭港区 1 号泊位成功试靠 3.8 万吨级的"琥珀海"号货船。

7 月 1 日，在纪念中国共产党诞生 65 周年的日子里，石步岭港区码头、轮船、吊车披红挂彩。市人民政府在石步岭新港区举行盛大庆典，庆祝万吨级码头一号泊位靠泊成功。时任广西壮族自治区党委书记陈辉光参加了剪彩庆典，北海市各界群众代表数千人参加了庆典。原交通部领导黄镇东在大会上的讲话中，充分肯定新港区一号万吨级泊位的建成，走出一条投资少、工期短、质量好的路子，是高速度、高质量完成基本建设项目的一个典范。

四

1986 年 11 月初，时任中共中央总书记胡耀邦再次视察北海港，在市委领导陪同下，深入工地慰问工程技术人员，并为北海港题写港名。在中央领导的直接关怀下，建港工人群情振奋，日夜加班苦干。同月 25 日，2 号码头竣工。2 个万吨码头工程，决算完成投资 2 497 万元，尚节余 603 万元，用来增建综合楼、仓库等项目。

经广西交通厅、建设厅组织人员检查验收，整个工程质量优良。北海市人民政府授予项目负责人陈大强、卞澄川为市"劳动模范"光荣称号，并给丁为民等工程技术人员记一等功。

码头建成后，港务局领导派人四处出动，寻找设备，让泊位早日投产。秦皇岛、上海港、黄埔港、湛江港等老大哥，十分关心小兄弟，低价转让1台16吨旧门机、2台27.5吨旧门机和2艘大拖轮。港务局将这批"破旧"修修补补，就这样开创新局面，使港口收入直线上升。1988年年初，由于市场开放，加上当时北海港尚未通铁路，部分货源流向兄弟港，出现"吃不饱"的现象。在这种情况下，港务局与市政府签订为期3年的第一轮经济承包合同。他们要把承包的压力变动力，积极争取货源，把"跳脚"的货主请到北海来。

云南货主先到，拨着算盘：人家港口有铁路，运费是0.08元/吨千米，你们暂不通铁路，公路运费是0.17元/吨千米。北海至钦州这段路长100千米，要多付运费几万元。且慢，待我们也帮你算一笔账。第一，我们的灌包加工费比其他港口低。这一笔，你们可节省多少？第二，把节约下来的灌包费垫一点进这段公路，运费是不是还有节余？第三，港口小，是我们的短处，但提供优质服务是我们的长处。货物到港，快卸快装，资金周转快，赢钱亦多。货主一拨算盘，就把原计划在某港卸货的1万吨纯碱，调来北海港。这趟生意，港口便增收40万元。

北京货主亦看重北海，安排一艘载重5万吨散装化肥的外轮"波利斯·哥迪耶夫"号抵港。船方提出的条件却毫不含糊：必须18天内卸完。该轮实装化肥38 000吨，若提前一天，奖励速遣费2 500美元；若推迟一天，罚滞船费5 000美元。石步岭港区只拥有1.5万吨级的码头泊位，要靠泊5万吨级的船舶。万一出个三长两短，个人卷铺去坐牢尚属小事，国家遭受巨额损失是至关重要的大事。当时有人说：港口水浅，大船难进港。局领导找来引航员研究，认真分析巨轮的长度和吃水深度，以及航道、潮汐，制定积极可靠的引航方案。这一天凌晨2时，是最高潮位。当人们还沉睡在甜梦中，北海港的领航员早已登上停泊在锚地的外轮，驾驶巨轮徐徐进港。刺眼的航灯像利剑劈开黑夜，把航道照得如同白昼。石步岭港区码头上灯火辉煌，这个庞然大物安全地靠上了2号泊位……拿下这艘船，港口又增收100多万元。

企业承包后，北海港积极开展合理化建议和社会主义劳动竞赛，多次被交通部和广西评为优质运输先进单位。第一轮承包的任务，他们在艰难中完成，港口吞吐量、总收入、利润的实际完成数，分别增长14.2%、63.37%和126.68%。

在北海港的面前，有85条航线，通向96个国家和地区的218个港口；在身后，有钦北铁路、南防铁路、南昆铁路、湘桂铁路、黔桂铁路、枝柳铁路，连接滇、桂、黔、川整个大西南。一批轮船来了，又走了，又来了。迎来送往越频繁，港口越兴旺。两个万吨级泊位原设计能力为75万吨，1990年完成82万吨，1995年便升为201万吨，增长速度极快。

1987—1995年，港务局依靠该项目2个万吨级泊位，扩大港口再生产，共装卸轮船4 374艘次，完成吞吐量1 038万吨，收入23 303万元，创利润6 923万元。他们用9年的时间，赚回了超过一期工程投资的一倍利润，社会效益和企业经济效益十分理想。回头看看，在交通部和广西各部门的支持下，在市委、市政府的领导下，依靠各方面的力量，千方百计把万吨级码头搞上去，让港口发展添上腾飞的翅膀，这条路子，走对了。

五

"城以港兴，港以城荣"，这是世界沿海港口城市自身发展的历史规律。1990年12月21日，时任中共中央总书记江泽民来到北海市视察。江总书记在石步岭港区码头接见港务局领导和部分职工代表，与大家亲切握手。临别时，江总书记挥动双手，深情地说："祝北海港兴旺发达！"现场全体职工激动地报以热烈的掌声。12月13日，市政府将《北海市人民政府关于北海港二期工程项目建议书的报告》呈报自治区政府。1991年2月21日、3月23日，广西交通厅和广西计委分别批复，同意立项。6月13日，北海港务局再委托交通部水规院对北海港二期扩建工程进行可行性研究。7月，有30多艘万吨级钢材船抵港。然而，石步岭港区2个万吨级泊位只能靠泊2艘轮船，余下只能停泊在锚地排队等候卸货。其中，有10余艘轮船将在1个月后才能安排卸货。时间就是金钱。假如一个月后市场每吨钢材降价100元，则每艘船的货主就会损失100万元以上，因此货主急得像热锅上的蚂蚁。局领导决定由职工学校加快培训轮船卷扬机手，适应将外轮分流到锚地、冠头岭外海和铁山港石头埠装卸"边贸钢材"的需要，以解燃眉之急；另外，积极争取二期工程尽快上马。该方案本地货主暂时"满意"，但西南货主又出"难题"：因石步岭港区尚不能靠泊5万吨级货轮，又没有铁路运输，不得不临时将货物改在湛江、黄埔上岸，绕道广东，再去西南，既增加成本，运输又不合理。1991年，北海港仅完成货物吞吐量121万吨，不能适应北海市对外开放新突破的需要。

1992年春，传来了邓小平"南方谈话"的精神，北海港职工迎来了一轮思想解放和改革的热潮。同年3月，北海港务局委托广西国际工程咨询公司，组织有关专家抵北海，对二期工程项目进行工程可行性研究评估。其中，有一位60多岁、国内

"顶尖"港口水工专家，已被海南省海口港聘请。此时，刘兴家副局长布置笔者去海口上门邀请。我与他见面的第一句话就说："罗工，北海港轮船压港，不解决问题就会每天被外轮罚款几万美元。"他听说港口要被外轮罚滞遣金，认为最丢中国的脸，了解我的来意后，一话不说，当夜跟我搭船来北海。第二天早上便参加评审会。经64位港口专家反复论证，项目被审定通过。4月19—20日，时任国务院副总理邹家华代表国务院在北海市召开大西南和华南部分省区区域规划会议。邹副总理在会上指出，北海对于西南、华南部分省区的经济发展，位置很重要，北海要充分发挥大西南出海口的作用。港务局领导闻讯，马上召开中层以上干部会议，传达邹家华讲话精神，要求各部门全力配合二期工程项目。7月，又组织专家对《石步岭港区二期工程环境影响评估书》进行评审，获得通过。9月4日，北海市委、市政府向全市人民发出《关于力争实现今明两年经济跨越式大发展的决定》，明确提出动工兴建石步岭二期工程两个万吨级泊位，新建北海至铁山港一级公路，加快建设钦北铁路。局领导组织我们学习讨论市委、市政府的决定后，马上请广西交通厅组织有关专家，召开北海港新港区二期工程初步设计审查会。码头平面布置与一期工程相协调，垂直向、偏北向伸出一个突堤，总长423米，宽200米，码头前沿水深-12.5米，可乘潮靠泊3万吨级船舶。设计吞吐能力为109万吨，项目预算为2.5亿元。经专家审查，二期工程项目设计获一致通过。

1992年9月27日，石步岭港区再次张灯结彩。市委、市政府在此举行二期工程暨北铁一级公路动工典礼，掀起了北海市大开放热潮的序幕。此后，党和国家领导人李鹏、乔石、李瑞环、朱镕基、尉健行、邹家华、李岚清、李铁映、钱伟长等，中央国家机关共60多个部委负责人先后视察了北海港。1993年1月5日，时任中共中央政治局常委、国务院副总理朱镕基在视察中指出："你们是西南的出海通道，这就是你们的优势呀！城以港兴，你这个城市将来以这个港口而兴盛起来。"4月9日，时任中共中央政治局常委、全国政协主席李瑞环亲临北海港巡视，他指出，北海离开了为大西南服务，就没有多大意义。希望北海市充分发挥地理位置和自然条件的优势，加速成为西南地区出海的便捷通道。当时，中央领导对北海的讲话精神由局领导传达到基层干部，使大家更加认识到建设港口的重要性，千方百计把石步岭二期工程搞上去。

六

"以港兴市"是北海市"九五"期间的重要发展战略。改革开放后，1985年兴建石步岭港区一期工程，是奠定基础；1992年继续兴建二期工程和进港铁路，是再创辉煌。1993年1月，北海港务局成立"北海港新港二期工程指挥部"，由局长许炳忠任指挥长，副局长刘兴家任副指挥长，下设建港办公室，抽调干部在现场协助施工。当时，建设二期工程最大的困难是缺乏资金。二期工程没法纳入国家计划的"笼子"，只能靠地方和企业自筹资金解决。该项目首先得到市政府的大力支持，市长帅立国拨款6 100万元（企业改股份制后转为地方国家股），同时交通部、广西交通厅补助1 800万元。工程预算余下1.73亿元资金，必须靠企业自己解决。这个千斤重担，毫无疑问地压在港务局全体职工身上。为了建设北海大西南通道，港务局工会召开职工代表大会，决议将二期工程建设列入头等大事，通过筹资方案。其中，向建设银行北海分行贷款9 590万元（其中7 700万元用于码头工程项目，1 890万元用于进港铁路项目），分期本息归还。尽管每年需向银行支付本息1 000多万元，全局职工仍毫无怨言。面对市场经济，我们大胆进行企业改革，根据中共北海市委六届七次会议决定："对现在基础及经济效益、发展前景都较好的国有企业继续进行股份制改造"，将港务局企业部分（生产性资产）改制为"北海新力股份有限公司"（后更名为"北海港股份有限公司"）。当时，局领导叫笔者兼任《北海港报》主编。于是，我用大量版面向职工介绍股份制知识，发表职工对股份制认识和体会的文章，积极宣传"企业转制"的优越性。与此同时，局领导决定在职工中发行1 000万股，筹集建港资金。每股内部价2.2元，每人限购2 000股。对股票这东西，当时职工们感到很陌生，只是响应领导号召，解决港口建设资金，便纷纷购买。1995年11月2日，经中国证监会批准，"北海新力"A股票上市。这是广西第二家、北海第一家上市公司。为此，市政府在深圳举行"北海新力"股票上市新闻发布会，由副市长蒋天辰作介绍宣传。港口企业上市，不但提高了北海港的知名度，而且扩大了港口建设融资渠道，提高港口企业的经济效益。在此基础上，港务局职工把建设二期工程暨进港铁路的重担，大胆地挑起来。

港区铁路专用线是北海港二期工程的一部分，将已于1995年7月1日通车的钦北铁路延伸至石步岭港区。7月28日，港口铁路专用线正式动工。为发挥进港铁路的作用，港务局利用发行股票筹集资金2 110万元，在石步岭港区共铺设铁轨6股，从石步岭港区南面围墙外200米接入，分别将铁轨铺到码头前沿、仓库、堆场，线路共长5 411米，并赶在9月20日前全部完工。

"资金"和"人才"是港口企业发展的两个"轮子"。二期工程投产后，马上急需大批港口管理和机械方面人才。资金解决了，"人才"培养问题又摆上局领导议事日程。1994年年初，局领导将笔者调整为"北海港培训中心"主任。于是，笔者和全体专、兼职老师一起举办班组长（车间主任、仓库长）、港口机械修理高级工，以及现代企业管理十八法等培训班。"九五"期间,共办班67期,2 980人次。其中,经广西劳动厅考核,有76人获高级技工职称。另外,与武汉水运工程学院联办交通运输管理大专岗位证书班;与港监(海事局)、劳动局联办船员轮机、港口司机培训班,为二期工程项目投产提供了人力资源保证。1996年7月1日,市委、市政府在石步岭港区举行二期工程投产和进港铁路通车典礼。火车首次驶进港区,职工们十分激动,当天发列车货往云南。进港铁路的通车,结束了北海港没有铁路的历史。1992年北海港完成吞吐量131万吨出口,1997年便升为234万吨,几乎增长一倍,2011年又升为630万吨。其中,石步岭港区铁路货运量完成375万吨。北海港务局所欠北海建行的贷款和利息1.6亿元,在2001年前全部还清。2001—2011年,北海港股份公司依靠石步岭港区一、二期工程,企业总收入29.69亿元,利润总额1.46亿元,上缴地方税金共1.5亿元。

改革开放40年来,北海港发生了翻天覆地的变化。2003年,港口管理体制改革,成功地实行政企分开。市港务局与北海港股份有限公司实行人、财、权、物、责"五分开",负责全市港口行业管理,组织投资近百亿元,疏浚北海港、钦山港航道,建设钦山港西区、石步岭港区、石头埠、沙田港码头,使北海市港口吞吐能力向亿吨

图1-12 百年海关大楼见证北海通商开埠的历史(韩倩 摄)

大港迈进。在企业改革中,北海港股份有限公司在市场经济的海洋中展翅高飞。2007年,广西北部湾国际港务集团成功地将北海、防城、钦州三港国有资产整合,并在北海市投资近百亿元,现已建成铁山港 10 万吨级泊位 4 个和兴建 15 万吨级泊位两个,并与商家合资兴建诚德镍钢、大豆加工、天然气项目,成功地走出一条"港工结合"路子,成为区域性国际合作新高地。同时,在石步岭港区将一、二期工程 4 个码头进行技术改造,由 1 万—3 万吨级泊位升级为 5 万—7 万吨级泊位,并且建成三期工程和万吨级邮轮泊位共 3 个。2019 年,全市港口共完成货物吞吐量 3 386.78 万吨,比 1984 年的 58.71 万吨,增长 56.69 倍。随着中国改革开放的深化,北海港口企业愈做愈强,由"小船"变成"超级巨轮",成为广西北部湾的"新型航母",它将沿着中国特色社会主义道路的航向,继续奋勇前进!

古代合浦丝绸、陶瓷生产、贸易及移民

周家干　陈祖伟

合浦廉州作为汉代合浦郡的治所，是北部湾沿海的经济、政治和文化中心，海外贸易相当繁荣。《廉州府志》记载："武帝威德远播，薄海从风，外洋各国夷商，无不梯山航海，源源而来，辐辏肩摩，实为海疆第一繁庶之地。"

一、汉代合浦丝绸生产和贸易

中国丝绸在周朝便已得到了发展，到了汉初，中国手工业和农业空前发展，丝绸的质量和产量也相应提高，当时的丝绸薄如蝉翼，柔软细滑。合浦的丝绸生产同样历史悠久。自汉代以合浦港为始发港的海上丝绸之路开辟后，合浦海外贸易的主要商品是丝绸、陶瓷、珍珠和茶叶。合浦的丝绸生产和贸易更是得到空前的发展，合浦不但是丝绸的产地，也是丝绸的集散地。

汉代海上丝绸之路通航后，外国夷商跨洋越海，纷纷来到中国的合浦港登岸，以琥珀、水晶、玛瑙、香料、象牙、犀角等与合浦商人交换丝绸、陶瓷、珍珠和茶叶等商品。中原商人则收集丝绸、陶瓷、茶叶等商品，经秦汉时期的用兵水道，从长安（今陕西省西安市）出发，经沔

图1-13　合浦汉窑出土的制陶工具——木泥槌（范翔宇　摄）

水入长江进洞庭湖，入湘江，经灵渠进漓江、桂江、浔江、北流江，经分水坳（桂门关）入南流江，直达合浦港，与外国夷商进行贸易。

当时合浦北部地区的寨圩、乐民、福旺（今属浦北县），以生产天然树蚕（木蚕）丝绸为主，合浦中部地区的常乐、石康则以生产桑蚕丝绸为主。合浦生产的丝绸，一为交趾商人所购，一为外国夷商所购。"交趾蕃夷皆来市焉，虽赋重困穷，民未到庐室空虚，舟楫之繁遮，胜于他所，此蚕桑之厚利也。"

为适应海外贸易的需求，合浦丝绸生产蓬勃发展。东汉时，常乐、石康的桑蚕丝绸，无论在质量上和数量上都远远超过北部地区的树蚕丝绸。当时常乐、石康一带农民几乎家家种桑、户户养蚕，抽线织布、蔚然成风。

为适应外国商人的需求，合浦的丝绸品种日增，制作工艺日高。常乐丝绸薄如蝉翼、柔软滑润，色泽鲜艳，经久不变。其中以荔枝绸和点梅纱2个品种为最著。荔枝绸是用传统工艺制作，染料以茹良为主，布面为纯黑且有暗花图案，布底为荔枝核色，色泽经久不变。用以制成夏衣能爽汗透风，雨水也不易渗透。点梅纱为银白色，有暗花纹，布质柔软、细滑，色泽艳丽，经久耐用，且有冬暖夏凉的特点。制成夏衣则通风爽汗，冬天穿作衬衣则暖如羊毛，深受海上丝绸之路沿线各国人民的青睐。东南亚各国元首贵妇人也以穿合浦丝绸为荣，并将合浦丝绸、珍珠和茶叶赏赐给皇亲贵胄及有功之臣。是时，合浦丝绸供不应求。

二、汉代合浦陶瓷生产和贸易

中国的陶瓷生产同样历史悠久。在周朝已能生产白瓷、青白瓷、乌金釉陶瓷。到了汉代，中国陶瓷业得到了进一步的发展，无论是造型、彩绘或釉彩等方面都有很大的提高。当时中国被誉为陶瓷之国。在汉代海上丝绸之路没有通航前，中国对外贸易主要以陆上丝绸之路为主。经陆上丝绸之路对外贸易的主要商品是丝绸，其次是陶瓷和茶叶。然而在漫长的陆路运输途中，陶瓷器皿不但笨重，而且在起落中极易打碎。更重要的是当时由于匈奴的骚扰和战争的威胁，陆上丝绸之路被迫中断，寻求另一条安全、便捷的对外贸易路线已刻不容缓，汉代海上丝绸之路应运而生。

汉代海上丝绸之路通航后，合浦的经济、文化得到了极大发展，合浦郡治从徐闻迁到了合浦，岭南的经济、文化中心随之转移到合浦，合浦已成为"海疆一大都会"，是对外"互市口岸"。中原商人收集大量的陶瓷和丝绸，经秦汉时期的用兵水道，从长安出发，经沔水入长江进洞庭湖，入湘江，经灵渠进漓江、桂江、浔江、北流江，经分水坳（桂门关）入南流江，直达合浦港，与外国夷商进行贸易。但从中原将陶瓷器皿运抵合浦，路途遥远增加了成本，且陶瓷器皿在装卸过程中极易损毁，如在合浦烧制陶瓷器与外国夷商进行贸易就能解决运输成本和损毁的问题。故合浦沿海陶瓷业应运而生，发展蓬勃。当时，合浦不但是陶瓷产地，也是陶瓷集散地。外国夷商纷纷到合浦以玛瑙、琥珀、璧琉璃和奇珍异物交换合浦陶瓷、丝绸、珍珠和茶叶。

中华人民共和国成立后，在合浦沿海地区先后发现众多的汉代和宋朝陶瓷窑址和陶瓷文物，全区罕见。相继发现的合浦沿海地区的古陶瓷窑址有：合浦县廉州镇干江老哥渡汉陶瓷窑址 2 处，廉州镇窑上街汉陶瓷窑址群 1 处，山口镇英罗村的汉、宋陶瓷窑址 3 处，银海区福成镇上窑、下窑村的宋代窑址 5 处。这些陶瓷窑址及出土的陶瓷器，便是汉代合浦陶瓷生产和贸易繁荣的实证。

1956 年，在合浦县廉州镇干江老哥渡附近的陶瓷窑址发现汉代大量青白瓷片，其中有 1 件白瓷水盅完好无损，1959 年经广东省博物馆鉴定为东汉时的陶瓷器，后收藏在广东省博物馆。老哥渡汉陶瓷窑址由于靠近南流江支流，被洪水冲刷，一部分堆积层被冲垮，堆积层中的陶瓷片及陶瓷器物露出地面，"大跃进"时期（1958—1960 年）兴修水利时，该汉陶瓷遗址已全部被毁。

1957 年，在合浦县山口镇英罗村的汉陶瓷窑址发掘出汉代青白瓷和乌金釉陶瓷器，在银海区福成镇上窑的陶瓷窑址发现大量青白瓷片。

1982 年，在合浦县廉州窑上街附近发现汉代陶瓷窑址群，该窑址群陶瓷碎片堆积层丰厚，其中有 1 个青白瓷碗完好无损，这是十分难得的汉代陶瓷精品，对研究合浦陶瓷生产、贸易的历史意义重大。

三、汉人南迁及客家移民

合浦县地处江河汇合于海的地方，依山面海、江河纵横、土地肥沃、气候温和、雨量充沛，素以盛产珍珠驰誉于世。合浦港为汉代海上丝绸之路的始发港，历为中国边陲重镇。在夏、商、周三代，合浦被称为传说中的"荆州南境"。春秋时，合浦地处越楚交界。战国时，越王无疆被楚国灭亡，越族后代逃到岭南，割据一方，自称君长，统称岭南为"百越"（亦称"百粤"），合浦地属"百越"中的骆越。公元前 214 年，秦国统一"百越"后，设置南海郡、桂林郡、象郡，合浦属象郡地。秦末汉初，赵佗占据南海郡、桂林郡、象郡称王，号称南越国，合浦地属南越国。西汉元鼎六年（公元前 111 年）十月，灭南越国，划出南海、象郡交界的地方置合浦郡和合浦县，这是合浦地名在中国历史上首次出现，至今已有 2 000 多年的历史。合浦历为郡治、州治、府治和县治，是岭南政治、经济、文化中心。

图1-14 烟雨曲樟乡璋嘉村（许振国 摄）

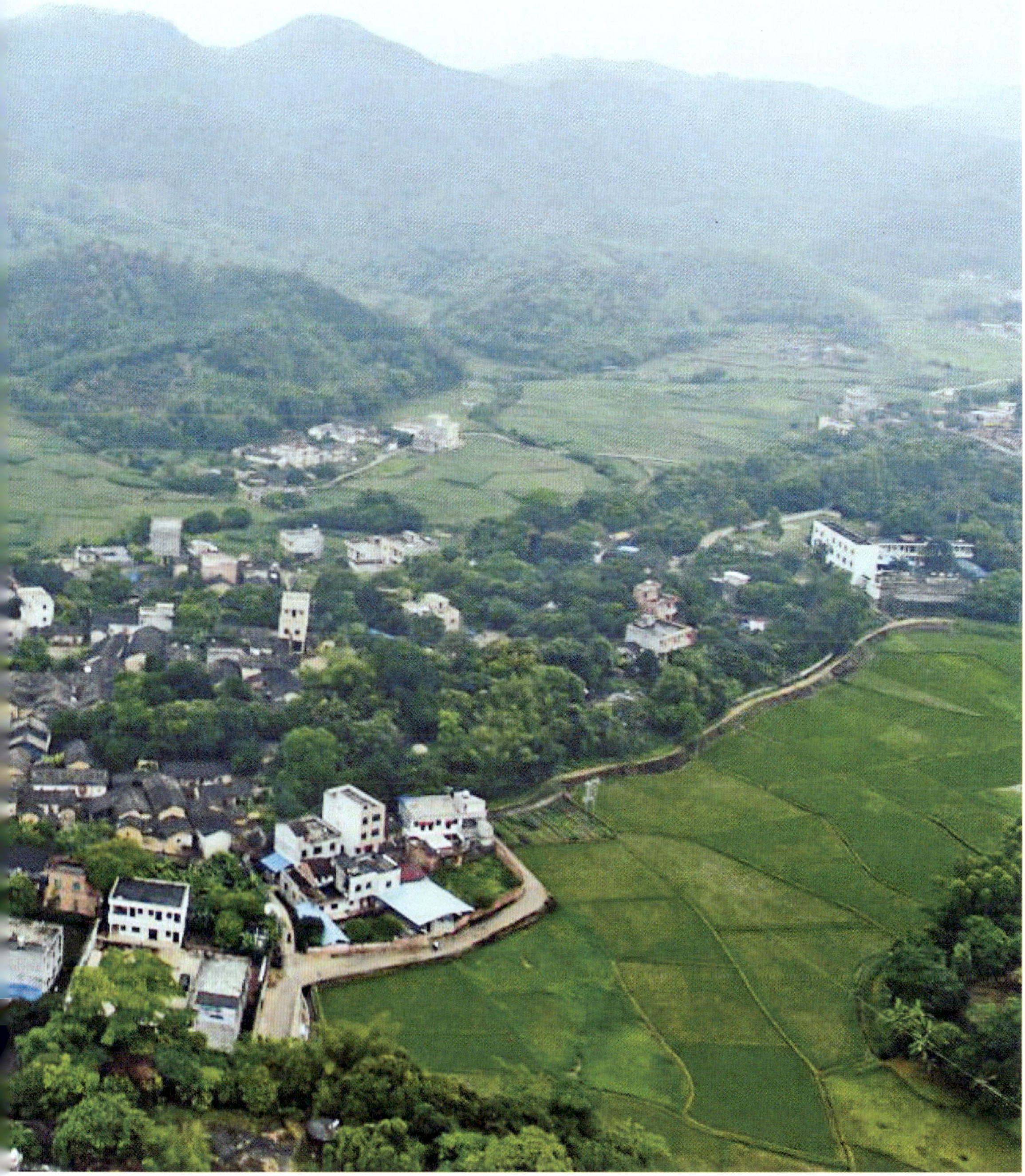

在合浦生息的先民除了汉族土著居民之外，还有汉族的一支民系——客家民系（俗称客家人）。合浦客家人大部分分布在县境公馆、曲樟、白沙、闸口、山口（一部分）等乡镇。客家人在语言、生活习俗上有他们的特点。因为客家人非本地土著人，故称"客家"，其语系称"客家话"；又因客家人是从外地迁来的"新民"，故客家话又称"新民话"。

从合浦客家人的"宗谱""族谱"可知他们的祖先自北南来的足迹。客家人在合浦较大的姓有陈、范、朱、张、彭、周、黄、徐、廖等。陈姓源自颍川郡汉置，在今河南省许昌一带；范姓源自高平郡汉置，在今山东省巨野县南；朱姓源自沛国郡汉置，在今江苏省沛县一带；张姓源自清河郡汉置，在今河北省清河至山东省临清一带；彭姓源自陇西郡秦置，在今甘肃省临洮及陇西一带；周姓源自汝南郡汉置，在今河南省中部偏南地区；黄姓源自江夏郡汉置，在今湖北省云梦县一带；徐姓源自东海郡汉置，在今山东省郯城县一带；廖姓源自汝南郡汉置，在今河南省上蔡县一带。

据史料载，最早一批北方和中原的汉人南迁至合浦是战国时期。当时秦王朝为了开拓疆土、固守边防，经略南越，曾大用兵于江南和岭南。公元前223年，秦命尉屠睢率60万大军灭楚，接着屯兵于湘、桂、赣、粤边，并以数十万之众渡岭击越。屠睢战死后，遂遣任嚣、赵佗统领30万士卒，沿着入粤的3条通道南进，一举平定了"百越"。此后南征的秦兵便留守岭南戍边，定居岭南。这是历史上中原汉人的第一次大规模的南迁。

西汉元鼎五年（公元前112年）四月，南越国宰相吕嘉反汉，杀死汉朝使臣。同年秋，汉武帝遣伏波将军路博德、楼船将军杨仆等，率"楼船十万人"，分水陆两路"会至合浦征西瓯"。平定南越国后，留下大批军队戍边。这是北方和中原汉人的第二次大规模的南迁。

东汉建武年间（25—57年），交趾郡（在今越南北部）征侧、征贰反汉，寇掠岭外60余城。汉光武帝遣伏波将军马援、楼船将军段志率军10万南击交趾。当时，伏波将军马援以合浦作为军事基地，部队沿海岸西进，平定交趾叛乱。平定交趾叛乱后，留下大批军队戍边。这是历史上北方和中原汉人第三次大规模南迁。

南宋偏安及南明王朝南迁时，也有大批北方和中原汉人随南宋皇帝及南明皇帝南迁福建省和广东省。根据史料及合浦客家人的"宗谱"及"族谱"记载，可知合浦这支客家民系，大部分是在南宋偏安时期，从中原辗转迁徙至福建州试街瓦子巷一带定居，明末又随南明王朝从福建省迁徙至广东省梅县和南雄现巷定居的。这些南迁的中原人希望不要走得太远，待战乱平定后，再归故土。可是，此后清兵入关，定都北京，清顺治皇帝挥戈南下，直捣南明王朝。这样战火又烧到了福建省和广东省，他们再次从福建省和广东省梅县、南雄向南越迁徙至合浦。此外，由于战乱或其他政治、经济等原因，北方和中原汉人又多次从中原辗转迁徙到合浦。

北方和中原的汉人，辗转迁徙至合浦后，大部聚居在合浦东北部交通不便的公馆、白沙、闸口的六湖峒、大廉峒等山区地带。六湖峒和大廉峒绵延10多千米，山清水秀，土地肥沃，南迁的北方和中原汉人，在这块土地上开荒种田、纺纱织布、制造皮具、开办学校，促进了合浦经济文化的发展。

北方和中原的汉人在漫长的迁徙、生活过程中，与当地的百越诸民族互相交流、互相影响、互相融合，有的转化为汉族的其他民系或其他民族成员，有的则在交流过程中影响和融合当地的民系和居民。南迁合浦六湖峒、大廉峒的北方和中原汉人，因他们相对集中于交通不便的山区，地广人稀、交通闭塞，其从北方和中原带来的习俗、文化和语言，得以保存和延续，进而以自己的习俗、文化和语言影响直至同化近邻民族或民系的土著居民，久而久之形成了相对稳定的独特的汉族一支民系——客家民系，也铸造了他们特别勤劳、勇敢、节俭、崇文、尚武和开拓、拼搏的精神。现在客家人和当地人民和平共处、友好往来，用自己的双手开拓新的生活。

北海古码头和"高德埠"碑

李裕芳

"布路"和"花阶"是高德李桃栏港两处古码头的通路,后来也指两古码头,布路在东,花阶在西,阶梯式码头之意。花阶也是花岗岩阶石之意。《辞海》词条:"阶"指"台阶,……引申为梯子"。"阶地"指"沿河流两岸、湖滨以及海滨伸展的阶梯状地貌"。"布路"又称"码路头",直接古永兴桥,是外地由陆路与高德港交通的必经之地。残存的布路和花阶是高德古港的标志性遗物。

李桃栏古码头建于何时?明以前已难确切。《廉州府志》:明代"高德墩,府城南三十里高德港口","又自郡城西桥下舟,沿海而东,至永安千户所,所历乾体、高德港、冠头岭……"又乾隆元年(1736年)廉州口海关在高德设立分卡,说明当时海上贸易已非常发达,进出高德港口货物多为陶瓷、土产等。同治年以前,北海的进出口很大部分是由高德进出口。

清同治以来,商船、渔船进出高德港频繁,已经成为北海的主要港口。渔业、海上贸易、造船、木栏的繁荣是高德港口业发达的一个有力佐证。当时高德有造船坊20多间,广东的碣州、乌石、企水、江洪、草潭,海南的临高、儋州、八所、清澜、昌化,广西的沙田、企沙等地的渔船都经常出入这里避风、补给、修船和造船。

约光绪二十四年(1898年),高德人李苑晖在公局局长的任上重修高德港李桃栏码头路,并立了一个碑。在李苑晖的任上,这两处码头路破坏严重,李利用一次海上缉私罚款和商家捐资,重修一遍。此后才称二处为"布路""花阶"。"布路"的得名则是因为修路的经费是由罚没海上走私布匹的款项而来。

布路宽2.2米,长50米左右,红条石(厚0.25米,宽0.35米,长1—1.8米)砌成。两旁路沿石灰混糖、沙筑成。往北形成一个缓坡,直到港湾下面,涨潮时淹没数米。花阶较短,宽2.2米,石灰、糖、沙混合筑成,路中心是1米宽的花岗岩阶级。此阶级码头路现还在。大约明初始，经高德出入的货物都是在这两处码头进行的。

从布路往南130米是古今北海唯一一座真正意义上的古桥——永兴桥，砖石结构拱桥。该桥是过去高德、北海往合浦的必经之地。桥头附近有一"高德埠"石碑，此碑内容大致是：大清某年政通人和、百业兴旺，重修高德埠码头，功德如何如何，后面是捐资者芳名。碑不大，约高0.8米、宽0.5米。

声名显赫的高德造船业

李裕芳

说到北海历史上的渔业及海上贸易，免不了说到造船业。北海的造船业，在1958年以前基本上全部集中在高德。高德造船业从清光咸丰年间至1958年一直长盛不衰。高德造船技术一直名噪两广，连欧洲人也大为惊叹。

光绪年间，本地舢舨、运货船，汉舢舨大多在高德建造和下水。高德是当时北部湾沿海的重要造船基地。

民国二十九至三十八年（1930—1949年），北海开设有新兴、合胜利、缙安、潘新兴、晨宇绥、伍财兴（全青六）、莫振升、益隆号、炎兴、潘业兴、椿记栈、洪元杏、百全栏、铨兴、合兴、广兴隆、志兴、阗庄、秀记、龙成兴、安顺利、新和、和兴利、福兴利、雄记、聚兴等数十家造船坊。绝大部分集中在高德外沙。

清末民初，高德船舶制造技术已达相当水平。高德建造的大大小小的帆船、货船，数目庞大，其中有代表性的一种叫龙骨船，船壳似汤匙，外形美观流畅，当时在北海海关任代理税务司的英国人洛根·勒赛尔评价说，本地所造的商船和渔船，其构思会使任何一位欧美的快艇制造商感到振奋。

最有名的是"万丰"号（中华人民共和国成立后称"北航201、北帆102"），1947年左右由高德外沙船栏建造，是当时的两广木帆船之王，船身长27米，底龙骨长18米，吉船吃水1.5米，重载吃水2.5米，载重200吨；头、二、三桅分别18米、21.5米、11米，能抗7级大风，顺5级风平流行驶速度近9海里。初编船员24人。"万丰"号建成下水，合浦、北海闻声而动，万人空巷，跑到高德观看。

万丰号为航商韦光宇与湛江"农丰"布厂老板庞义光、黄海帆合资，花去棉纱27箱，约折当时5 000多元大银，委托高德造船专家莫宇绥设计建造。

1919年，商办内河航运公司成立，开辟廉州至玉林船埠的南流江航线，营运工具是高德造船工人石达江等建造的木壳内燃机动力的"电船"。外国侨民见了大为惊奇并赞叹。这是高德港 20 世纪初开始与香港交往的结果，是对香港造船技术的一种引进。

20 世纪 50 年代末，由政府主导，高德造船全部搬迁到北海外沙——后来成立区船厂。技术骨干及工人大部分来自高德，木材则搬迁到茶亭海滩。为造船服务的交张蓬、木滑轮、竹麻、油灰、渔需品、缆索、胶水等，都是同一时期从高德外沙、下低沙、李桃栏搬迁到北海外沙、珠海街的。

第二篇

海丝人文·千年荟萃

北海先民生活的习俗

李裕芳

新石器时代两广地区就普遍出现原始人群,这些原始人群聚落的生产、生活状况,因地域的不同互有差异,大致可分为三种不同的类型:第一种是完全过着采集狩猎的生活;第二种是除采集狩猎外,还从事一些原始的种养;第三种是居住在平原沿海,他们过着以种植为主兼养猎的经济生活。这第三种人都是骆越人。他们也分布在东南沿海一带。

两广地区的原始聚落,《史记》中称"南越",《汉书》中称"南粤","越"与"粤"通;《史记·秦始皇本纪》称"扬越",即西周以来文献上的"仓梧""南蛮""南瓯""产里""越骆""雕题""南海"等。虽然历史上各个时期有不同的称谓,但均指五岭以南直至北部湾的两广地区。南越人的特征是:生产工具盛行双肩石器和有段石器;生活用具普遍使用几何形印纹陶器。

北海先人是南越人的分支。秦汉以来,虽然有大量的中原人士迁来,带来中原地区的某些风俗,但北海人仍保持着南越人自己的生活习俗。沿海居民(疍民)习于水性、善于用舟。史载甚详,其中宋、元两代记载最为生动。《辍耕录》载:"广东雷廉采珠之人,悬索于腰,沉入水中,良久得珠。"《岭南代答》载:"雷廉蜒人(蜒:现代称疍家),以舟为室,视水如陆,浮生江海者,蜒也。钦之蜒有三,一为鱼蜒,善举网垂纶。二为蚝蜒,善投海取蚝。三为木蜒"。疍家人夫妇在古代被视为异类,不允许在陆上生活,夫妇以一只有蓬的小艇为家,有很多小孩,一家不下10个孩子。婴孩很小的时候,母亲把他背在背上,荡桨自如。婴孩能匍匐,则以长绳系其腰,绳系于短木上。婴孩忽然堕水,则缘绳把小孩从水中拉出来。到了小孩能行走了,就能在蓬背上走来走去,不怕掉进海中,面对风浪颠簸,一点也不害怕。小孩能行就能游泳。小船泊岸,小孩子们在沙滩上玩耍,从冬天到夏天都光着小屁股一丝不挂。视大海如平地,靠采珠捕鱼取蚝为活是北海先民的一大特色。

至于喜食鱼、蛤、蚬、螺、虾、蟹，甚至吃生鱼片、生蚝、水鱼、沙蟹汁，是北海人的一个千年以继的饮食传统。至今北海人长食海鲜，不可或缺。而鱼翅、鳝肚、沙虫则更是被视为珍品。海食文化异彩纷呈。到了今天，酒楼食肆的宴席上，海产品成为最名贵的菜肴。其中如"银糊琵琶翅""清蒸瓤羔蟹""虎爪拌金龙""柱侯鱼螺串""香酥八宝筒"等菜谱，被收入《中华传统食品大全·广西传统食品》一书（中国食品出版社1988年版）。

由于世代亦耕亦渔，居民一年之中很多时间都在海上作业。过去没有科学的天气预报，遇上飓风袭击，每每舟覆人亡。为了祈求海上平安，自古以来渔民承传着海神崇拜的习俗。过去北海城乡临海处都建有天妃庙、龙母庙（天妃就是妈祖，北海人又称三婆婆）加以祭祀。民国时期民间曾流传天妃显灵，救助海上遇险渔民的传说。从古代到民初，北海地区民间神文化十分浓重，在北海市区除了天妃庙，还有三王庙、文武帝庙、龙王庙、华光庙、普度震宫、高德庙、武圣庙、康王庙；合浦的庙宇更是不可胜数。这些庙宇所供奉的神基本上都是由中原传入。北海民间有正月十五游神的习俗，也是从中原传入。

北海龙舟古今谈

王 戈

端午节，是起源较早、民俗风情绚丽多彩的节令。端午节，民间最有特色的风俗乃是吃粽子和划龙船。

划龙船（又称赛龙舟、扒龙舟），是大型传统民俗，其渊源众说纷纭：有人说，是为了纪念爱国诗人屈原；有人说，是源于越王勾践；也有人说，是为了寻找范蠡、西施；等等。总之，它与中华民族的图腾崇拜是有维系的。其实，赛龙舟早在战国时代就有了。那时，在急鼓声中划着刻成龙形的独木舟，做竞渡游戏，是祭仪中以娱神与乐人的半宗教、半娱乐的节目。

相传在战国时期，为纪念爱国诗人屈原的划龙舟，起源于古代楚国。人们因不舍贤臣屈原投江而去，许多人划着小船追赶拯救。他们争先恐后，追至洞庭湖时却不见踪迹了。之后，每年五月初五，民众便组织划龙舟以纪念之。群众本想借划龙舟，驱散江中之鱼，以免江鱼吃掉屈原的身体。龙舟竞赛之习俗，曾盛行于当时的吴、越、楚等地。后来，由于人口的迁移，各地民俗也相习之。

赛龙舟，除纪念屈原之外，在各地，人们还赋予了不同的寓意。

过去，岁逢端午的龙舟竞渡，锣鼓喧天，旌旗招展，万家空巷，吆喝助威，划桨如翼，竞夺锦标，热闹非凡。以前曾有赛龙舟的诗云：

端午云开阵雨收，万人江上赛龙舟。
心随鼓点声声急，忘却屈原当日愁。

此外还有：

共骇群龙水上游，不知原是木兰舟。

云旗猎猎翻青汉，雷鼓嘈嘈殷碧流。

屈子冤魂终古在，楚乡遗俗至今留。

江亭暇日堪高会，醉讽离骚不解愁。

这些诗句，都是描写人们观看赛龙舟时的真情实景和对屈原的怀念。

过去，在钦廉地区，有人认为扒龙舟可以驱瘟疫。民国期间编的《合浦县志》载："春夏之交，时有瘟疫发生，俗传龙舟可以驱疫，谓每年闻龙船鼓疫势即杀。"

北海的扒龙舟，形成于何时，未见记载。清末著的《北海杂录》曾有一段扒龙舟的记述：农历"五月五日，为端午节。角黍艾酒，风无甚殊，埠上惟广商敛资置一龙舟。届节则铺张旗伞，绕游河内。此外，渔人舟子，或三五为群，各以小艇竞渡为乐。士女往观，类乘一叶扁舟，河上逍遥，往来如织，亦一乐事也"。由此可见，北海最迟在清末，已有龙舟竞渡的活动了。但当时的龙舟竞渡，不应在河内，因北海市区内并没有江河，而应在市区北面的海面上，或外沙的内港中。《北海杂录》说龙舟绕游"河内"，这"河内"，也许是指外沙的内港。内港当时未作深挖疏通，似是一条小江河。

民国期间，北海、合浦每年五月初五的端午节，据说多数年份都举办龙舟赛，其活动经费一般是由民间募捐。在北海，筹办这项活动的，多由北海强北体育会或北海民众剧社这两个民间团体来负责。其中刘德、林锡岗、徐万全、蔡道春等人，便是筹备这项活动的积极分子。

过去参加龙舟赛的，多是外沙、地角、高德、珠海东、沙脚、独树根等处的渔民或居民组织龙舟队来参与。各个龙舟队在赛前都要经过多天的训练。

龙舟赛一般在端午节的下午二三点钟开始进行。比赛线路是从游泳场（旧海关北边海面）至龙皇庙（民权北路），这一段海面约1 000多米的航道上，赛程约有4 000多米。龙舟队必须来回竞渡两次，绕标争夺。

比赛时，海面上彩旗招展，锣鼓喧天，鞭炮齐鸣。数支龙精虎猛的龙舟队奋力拼搏，你追我赶。在海面赛场上，击鼓声、棹船声、吆喝声、鼓劲声，此起彼伏，欢快热烈地交织在一起。正是"棹影瀚波飞万剑，鼓声辟浪闻千雷"。此情此景，动人心魄，催人振奋，令人宠辱皆忘，蔚为壮观。龙舟赛的奖品，一般有金猪、米酒、活鹅、奖旗、西瓜等物。

端午节当天，与龙舟赛一起开展的活动，有时还有放鸭竞夺、闹花艇等有趣活动。

放鸭竞夺，是在龙舟赛前进行，主要是为了营造多一番热闹气氛。龙舟赛前，先将大约几十只活鸭用小艇摇出海面，在离海堤约100米处的海面上将鸭放游，任由各界群众游出海面去争夺。那时，谁捉到鸭就归谁，谁捉到的鸭多就算"竞夺英雄"。

闹花艇，一般是在龙舟赛的前后进行。在端午节的晚上，闹花艇更为热闹。当年，这项活动每年约有三几对的花艇参与。龙舟开赛时，花艇也在赛场不远的海面上。这项活动，也为端午节增加一份热闹的气氛，尤其是在万人涌动的龙舟竞渡大场合上。

闹花艇，主要是由民间社团或私人出资组织的活动。当年。北海的音乐耍家张鸣清、郑德河、辣椒米（姓庞）等人，曾积极参与闹花艇的活动。花艇一般由两只或四只小艇拼成，艇面上铺设木板，并搭扎彩棚和张灯结彩。大的花艇，每艇约有二三十人。在花艇上，有敲锣打鼓的，有吹拉弹唱的，有些花艇还雇请能歌善舞的琵琶妹来演唱。花艇一般在龙皇庙北边的海面上开展活动。在花艇上，绿男红女，笙歌悦耳，海风习习，丝竹悠扬。那时，在辽阔的海面上，有龙舟竞渡，有花艇争闹，鼓声震天，渔帆片片，呈现出一幅如诗似画的热闹胜景。

龙舟赛结束后，花艇晚上还在离海堤不远的海面上漫游，并开展吹拉弹唱等曲艺演唱活动。在这星光点点、渔火闪烁的夜晚，还有不少人在海堤上围观，或雇请小艇跟随花艇漫游欣赏。

北海在中华人民共和国成立初举办过几次龙舟竞渡活动，后中断多年。直到1984年，北海被列为对外开放城市后，龙舟赛在当年的端午节重新恢复举办。参加这次龙舟竞赛的有北海港务局、华侨公社、地角公社、外沙公社等10个单位的龙舟队，香港渔民也参与了竞渡。竞赛结果，华侨公社、地角公社和联合捕捞公司的龙舟队，分别获得此次龙舟赛的前三名。这次龙舟赛，其热闹程度，据说是空前的。在1 000多米的海堤上，挤满了围观人群。在海面上，也有数百艘的大小船只载满了围观的群众。据估计，这次龙舟赛，可说是万家空巷，约有10万人到场观看。

1985年端午节，北海举办了首届屈原杯龙舟赛。参赛的有新港镇（原华侨公社）、地角镇（原地角公社）、外沙渔业公司、虾业发展公司、海洋渔业公司、北海港务局、北海海运公司，以及香港合资渔船8家单位派出的8支龙舟队，约有数万观众到场观看。比赛结果为新港镇、地角镇、海洋渔业公司的龙舟队分别获得比赛的前三名。这次龙舟赛的经费，得到香港合资渔船、南方货运有限公司、北海外贸等59个单位或个人的捐款赞助。比赛的奖品有奖金、米酒、西瓜、烧猪、活鹅、文化衫和锦旗。

1986年端午节，也有7条彩色龙舟参与了龙舟竞渡。这些龙舟龙头高昂，精神奕奕。时值北海市委书记的王庆录，还代表全市人民，为参加比赛的港渔龙合资船队以及外沙渔业公司等7条龙舟，提笔点睛。

开赛时，锣鼓喧天，鞭炮齐鸣。一串串彩色气球，冉冉升空；数百只鸽子，放飞于龙舟竞渡的海面上,鸽子在空中欢快地穿梭飞舞。与此同时,围观的数百艘舰船,顿时汽笛齐鸣,为之壮威。7条彩色龙舟,在数万群众的欢呼声中奋力竞渡,呈现出一片欢腾、热闹的壮观景象。比赛结果为新港镇龙舟队获得第一名,蝉联了自1984—1986年以来的三届龙舟赛的冠军,为旅越归国华侨赢得了荣誉。

企业改制前,北海有钱的企业单位,还能组织得起一支龙舟队;企业改制后,有些企业经营不好,也就没钱组织龙舟队了。北海的龙舟比赛一停就是11年。到1997年,北海及合浦等地,才恢复龙舟比赛。

北海银海区侨港镇(前称新港镇),自1997年起,每年都开展龙舟比赛活动。经费由渔民捐款、镇政府拨款及企业赞助等。1997年,曾开展以"迎香港回归"的龙舟比赛活动。2007年,曾开展"北海天健集团暨家风情杯"龙舟比赛活动。2009年,曾开展"农信杯"龙舟比赛活动;等等。开赛前,队员们习惯于为龙舟的龙头点睛,和在龙舟的龙头前烧纸钱,以保佑旗开得胜。

2007年端午的龙舟赛,由侨港镇党委、镇政府牵头,侨港镇海产品贸易协会及北海市天健集团联合主办,由富华、裕华、建华、盛华、惠华(船厂)等9个渔业公司联合组织,有金龙、银龙、黄龙、青龙、蓝龙共5个队参赛。2008年的端午龙舟赛,有3支龙舟队参加。

2009年5月28日(端午节)下午3点半,为纪念侨港镇建镇30周年,欢乐休渔"农信杯"龙舟赛又火辣登场。龙舟赛由侨港镇党委和政府主办,由侨港镇文化广播电视站、侨南社区居委会、越南海防婆湾岛归侨联谊会承办。市侨联、市侨办等有关部门领导,也参加了龙舟赛的开幕式并颁奖。"农信杯"侨港龙舟赛,有金龙、银龙、青龙3支龙舟,在侨港电建渔港内飞驰,两岸数万观众的欢呼声、鼓劲声响彻渔港。休渔期间,渔船云集,热闹非凡!龙舟比赛分为500米冲刺竞速、500米折返(1 000米)竞速等三项表演。结果,三支龙舟都分别夺得其中一项冠军。龙舟比赛的间隙,还穿插加入"摇凤艇"表演赛,这也赢得观众的阵阵喝彩。凤艇,即平时说的艇。比赛时,每艇有3名疍家妇女,其中2名摇桨,1名掌舵,看谁争先到达终点。这次龙舟赛的奖品有金猪、奖金(冠军1 500元、亚军1 000元、第三名800元)、奖杯、锦旗、粽子、米酒、西瓜等。

2003年7月15—16日,沉寂多年的北海龙舟赛,又在北海外沙海鲜岛的外海举办。2003年4月,北海原拟于6月4日(端午节)举办"北海龙舟争霸赛",并向环北部湾地区、广西各地市及各大中专院校发了邀请,是年因有"非典",故推迟不在端午节举行。后来,"非典"基本得到控制而继办。这次"中国网通杯北海龙舟争霸赛",是由北海市体育局、北海市旅游局、北海实业开发有限公司联合举办。来自南宁、桂林、柳州、梧州及北海市一县三区的12支龙舟队参赛。龙舟赛程700米，4条龙舟由组委会统一提供，每队上场23名运动员，分三组进行淘汰式的争夺。前三名的奖金为：冠军2万元、亚军1.5万元、季军1万元。这是北海有史以来奖金最多的一次龙舟赛。

合浦县城，解放前端午节，在西门江上多有龙舟赛举办。龙舟赛时，万人空巷，热闹非凡，江堤两岸以及几条江桥，都人山人海。1997—2008年，合浦县城每年都举办龙舟赛。这项活动多由民间组织，主要由西门江旧桥的三甲社老年活动中心的老庞等人，自发组成"端午龙舟大赛筹备组"来实施的。经费由企业或民间捐助。往年，一般有6支龙舟队参赛，队员约有100多人。五月初一开始，便有龙舟下水训练，那时，整条西门江就开始沸腾起来了。

此外，地处海边的合浦县沙田镇，每年端午节，大多有龙舟赛在海边举办，以展示渔民积极进取的精神。其举办的历史约有近百年。经费多由村民捐助。2009年，沙田镇端午节龙舟赛，有由沙田、海战两村组成的三支队伍参赛，分别称为龙虾一队、龙虾二队和龙虾三队。每队20人。2009年5月28日（端午节）下午1点半，三队分别身着白、灰、黑色队服的龙舟，狠劲猛划，奋力冲刺。比赛分三次进行，赛程共3 000米，分别获一、二、三等奖的奖金，余额为3 000元、2 000元和1 000元。这次比赛所需的4万元经费，由村民和琦珠集团等单位赞助。参赛的龙舟，长约16米，造艺较精良。在沙田渔业码头，围观的观众达万人之多，场景欢快热闹。

北海的龙舟，与内地的龙舟不大相同。因北海赛龙舟是在海上举办的，海上无风，有时也有三尺浪，所以北海龙舟相对要做大一点、长一点、宽一点、高一点。北海龙舟，有些12人座，有些23人座，有些24人座不等。24人座的龙舟，其中20个是划桨的桨手、1个舵手、1个指挥（包吹哨）、1个鼓手、1个锣手。

内地的龙舟，有些12人座，其中10个是划桨的桨手、1个舵手、1个鼓手。也有30多人座的。例如，广东潮汕的龙舟分为两种：有"真龙"和"假龙"。"真龙"，有龙头、龙颈、龙身、龙尾，龙船全长20多米，宽1.5米，其中：设15对桨30人，打鼓、敲锣、泼水、舵手各1人，共34人。"假龙"，通称辑船，船全长约10米，设5对桨10人，打鼓、敲锣（有的也可不设敲锣）、泼水、舵手各1人，共14人。

北海的龙舟赛，既是对优秀传统文化的传承，也是一项有着广泛群众基础的文化娱乐活动。随着经济发展和社会进步，北海的龙舟赛在发扬光大中，将越来越受民众的喜爱，彰显更强大的生命力！

漫话北海舞狮

王 戈

在北海市民间，百姓通常认为狮子是"祥瑞"之物，舞狮能驱邪除恶，带来吉祥；加上狮子造型夸张、结构灵巧、额高且窄、面颊饱满、口阔带笑，下颚、耳朵及睫毛均可摇动，舞起狮来很逗人喜爱，所以在春节期间或盛大庆典，都有请人舞狮，烧炮助兴及送红包等习俗，为的是讨个吉利和讨个热闹。

清光绪时，曾有人写过一首《舞神狮》诗，其中有云："沸腾海涛呼天风，百兽之长差称雄。神歌神喜狮灵通，拔除不祥有福从。"可知，前人认为舞狮是驱邪迎福的。

1949年前，据老人说北海的舞狮活动在春节期间是比较活跃的，尤其是正月十五的华光游神，以及农历六月廿四的关帝诞，北海的狮龙队几乎一齐出动，显得特别热闹。

《钦廉民国日报》于1946年7月25日，发表了一篇《北海通讯》，报道了关帝诞北海的游神盛况："查农历六月二十四日为关帝诞，本市善长，事前筹备，沿门行捐，建醮游神……成串的神像在前领导……随后有三条长龙，五只雄狮……锣鼓齐鸣，喧呼满道……可算盛极一时。"由此可见，1949年以前的游神活动，舞狮舞龙是少不了的。

以前的狮队，大多是地方武馆搞的。他们除了舞狮外，还有功夫表演。舞狮队在游行时，队伍里也有搬彩旗，有搬刀、枪、剑、戟、盾牌等兵器的。这些舞狮队，表演潇洒自如、刚柔相济，给群众带来丰富的民间艺术享受。

以前，北海较有名气的舞狮队主要有：

（1）国武堂狮队，也叫高州狮队，是北海高州会馆的人搞的。人数比较多，阵容比较大，林庆堂做师傅。高州会馆的人，主要是指在北海谋生的吴川、化州、茂名、廉江、高州、电白等地原属高州府的人，他们组织起来设立了高州会馆。

（2）剑武堂狮队，是由北海珠海东、中山东一带的人组成的，北方人崔华做师傅。

（3）旋义堂狮队，由林殿云做师傅。

（4）同庆堂狮队，由潘廷松（又名打铜十叔）做师傅。

（5）垌尾狮队，最先由"斗鸡东"（别名）、"虾仔"（别名）做师傅，其后是郑仕福、莫秀芬做师傅。再后，由黄炳华、黄炳荣两兄弟做师傅。垌尾，即以前长青路一带的村落。

（6）独树根狮队，由王家章、花三叔做师傅。

（7）地角狮队，由颠伍（别名）做师傅。

（8）白屋狮队，由姓姚的做师傅。

以上这些狮队师傅，除了垌尾狮队外，其他的师傅一般也兼武馆的教头。垌尾狮队只舞狮没有功夫表演。

北海的狮子，若按高矮分，有高脚狮，也有矮脚狮。矮脚狮也叫滚地狮。矮脚狮头上有角，高脚狮头上无角。有角的狮子又叫貔貅，属神灵之兽，传说有镇宅、辟邪、旺财之功能。头长一角的称天禄，头长两角的称辟邪。

国武堂等狮队舞的是高脚狮，垌尾舞的是矮脚狮。若按年龄分，狮子有太狮、壮狮和少狮之分。若按性情分，狮子有文狮和武狮之分。太狮一般由两个人合作扮演一只大狮子，也有三个人一起扮演一只大狮子的。如国武堂狮队，它的太师就分头、中、尾三部分，由三个人协调来操作的。若由一个人扮演一头小狮子，在其中穿插起舞的，叫做少狮。文狮和武狮，可从其表演特点来区分。文狮的表演特点是细腻活泼、神态温驯，有啃球、戏球、搔痒、舔毛、打滚、抖毛、摇头摆尾等动作。武狮的表演特点是勇猛豪放、好斗灵活，有跳跃、腾转、登高、跌扑等动作，以此来刻画狮子的威武性格。总之，文狮和武狮的动作技艺都是比较强的。

此外，还有一个头戴面具，手持蒲扇的"狮子郎"，参与表演一些风趣诙谐的情节。狮子郎，本地人称为大头鬼，每个狮队一般都有一个，但大的狮队也有配两三个的。例如，北海国武堂的狮队，有一人扮雄鹰的，有一人扮狗熊的，还有一人扮大头鬼的。有的狮队则有一人扮大头鬼、一人扮土地公的。同时，每个狮队也配有一名小童，手拿着一只红绸扎成的花球，以导引狮子起舞。

舞狮的舞蹈步法，也是很讲究的。有的舞步融入了武术之马步、弓步、立步、麒麟步、盘龙步、吊丁步、盘探腿等动作。其一举手、一抬足，还隐藏有粤剧台步之功架。

舞狮，也是有套路的。有些狮队按出世、衔青、拜师、下山、除害、归山的套路进行。舞狮的动作，还要与锣鼓、音乐以及鸣炮的节奏和气氛相吻合。在舞狮的锣鼓中，有醒狮锣鼓、踏青锣鼓等套路。在舞狮的过程中，有时鼓点轻缓、节拍松弛，气氛平静；有时锣鼓快重、场面热烈，鞭炮齐鸣。舞狮的打击乐器，一般配有锣、鼓、钹。有些狮队还配有唢呐、号筒、叮叮等乐器。如垌尾狮队，以前是配有唢呐的。大的舞狮队，其锣、鼓、钹也有大小配套的，唢呐、号筒也有配几支的。以前舞狮游行，因时间较长，舞狮队一般由两班人马互相替换。大的舞狮队约有三四十人之多。

1949年后，舞狮的习俗得以延续发展。20世纪50年代，垌尾、龙潭、四中的舞狮队表演不俗。当时大的舞狮活动都是由市体委负责组织。1956年2月，垌尾和龙潭的舞狮队，曾代表北海参加了合浦专区的民间文艺会演，垌尾狮队获得了优秀奖。1958年4月，垌尾和龙潭的舞狮队也一同参加了合浦军分区的民兵会演，受到了广大群众的好评。垌尾狮队，是一个具有100多年历史的舞狮队。黄炳华两兄弟是舞滚地狮的高手，在北海舞狮界中享有较高声誉。1960—1979年，北海的舞狮活动比较少，从1980年起，北海的舞狮舞龙活动又得到恢复，每年春节期间几乎都有舞狮活动。全市性的舞狮活动，一般由市总工会负责组织。

1980年春节，北海市组织了港务局、航运局、建筑公司、搬运公司、手工业联社5个狮队，共100多人参加了全市的舞狮游行。舞狮队以解放路为中心，沿着中山中路一直舞狮游行至四川南路的市电影公司，游行路程长约2千米。途中还分别在4个十字街口，为群众表演醒狮和少林拳等武术。当时，舞狮队舞到哪里，那里就变成了欢乐的海洋，锣鼓声、鞭炮声、欢笑声此起彼伏，汇成了一曲曲欢乐的交响乐。据统计，当时的观众约有2万人。

1982年，市总工会和市文化局组织市建筑公司、地角和高德文化站、港务局、航运局等单位的舞狮武术队，参加了全市的游行和表演，其规模和影响不算小。

1989年4月8—10日，北海市政府选派北海港务局的舞狮队，到桂林参加广西壮族自治区"三月三"的文化艺术节。4月8—9日，港务局舞狮队在桂林七星岩公园进行了四场专场的舞狮表演，并参加了环市大游行。舞狮队所到之处受到群众的夹道欢迎。在七星公园表演时，围观群众水泄不通，每场观众约有数万人之多。舞狮演员的深厚功底、潇洒动作和精湛娴熟的表演技艺，以及动人的舞狮锣鼓，博得了观众的阵阵喝彩和经久不息的掌声，激动的群众几乎到了狂热的程度。狮队的大头鬼、土地公都把桂林人逗乐了。在这次盛会中，港务局舞狮队荣获"优秀节目奖"和"优秀演员奖"，为北海人民赢得了荣誉。在2007年北海第一届"国发海门杯"龙狮比赛中，港务局舞狮队，荣获舞狮一等奖。

北海中华民族文化促进会（简称北海市民促会），自2007年年初成立以来，在帅立国（北海市原市长）、林宝光（北海市原人大主任）等人的领导下，一直重视传承和弘扬民族传统文化，推动和发展民间龙狮文化。该会坚持以思想上引导、精神上鼓励、经济上扶持的理念，进一步激发民间组织的参与热情，大大提高了舞狮舞龙的技艺。在春节前后，举行了轰轰烈烈的"海门杯"龙狮比赛，打造龙狮文化品牌。2007—2009年，已举办了三届"海门杯"龙狮比赛。参加舞狮舞龙的十五六支决赛队伍，来自全市的一县三区。一般春节前几天举行龙狮决赛，评比出名次。春节期间的初一或初二，举行颁奖仪式。龙狮决赛，有时在合浦县城举行，颁奖仪式都在北海北部湾广场举行。

在三届"海门杯"舞狮比赛中，表现最为优秀、最为杰出的，当数合浦县西场镇的洪氏醒狮队，连续三届获得特等奖。洪氏醒狮队，曾派人到广东学习过舞狮技艺。他们有一套高桩舞狮技艺最为精彩、最为动人心魄。你看，在阵阵催人振奋的锣鼓声中，洪氏醒狮队有两头黄、红、绿三色相间的醒狮，一跃而上约2米高的高桩，以勇猛惊险、刚柔相济的动作，表演探桩、上桩、过索、越桩、回桩、下桩、叩拜等狮艺程序。整个表演过程气势不凡，扣人心弦，融入了现代高桩醒狮的扑、转、翻腾等高难度技巧，充分演绎了醒狮豪放粗犷、英武灵动的神韵形态，具有独特的艺术审美和个性特色。在表演过程中，高桩醒狮凌空飞跃的造型动作，险象环生，尤为让人惊叹。这反映他们在舞狮方面的高超技艺和刻苦训练的精神。洪氏醒狮队的技艺，代表了北海市的最高舞狮水平，也足与广西著名的田阳醒狮队、藤县醒狮队相媲美，已形成了广西三狮鼎立的局面。

北海第一届"国发海门杯"龙狮比赛，得到北海国发民族股份有限公司的大力支持，赞助数万元作活动经费。该公司的老总王世全，热心民族文化的弘扬，他也是北海市民促会的副主席。第二届"海门杯"龙狮比赛，得到北海瀚宇房地产公司老总殷海峰的大力支持，赞助数万元作活动经费。第三届"好好佳海门杯"龙狮比赛，得到北海好好佳超市企业公司的大力支持，赞助数万元作活动经费。

"好好佳海门杯"第三届龙狮比武大赛决赛，于2009年元月13日上午在合浦还珠广场开幕，来自全市一县三区的15支龙狮代表队，分别亮相竞技，吸引了上万名群众前来围观。在新春佳节到来之际，为合浦人民献上了一道热闹、祥和的节日文化大餐。此次龙狮大赛，是由北海市委宣传部、北海市文化局、北海市体育局、北海中华民族文化促进会联合举办，由合浦县委宣传部承办。市民促会的领导帅立国、林宝光、蔡文华，以及时任合浦县委书记罗诗汉等领导到场观看。林宝光、罗诗汉分别发表致辞。

比赛现场，锣鼓齐鸣，群龙劲舞，众狮翻腾，热闹非凡。各代表队精神抖擞，奋力竞争，尽情展示着各自的龙狮特色。长龙雄狮在队员们娴熟的舞动下，频频穿梭，时而"虎踞龙盘"、时而"鲤鱼跃龙门"、时而腾跃、时而翻滚，或盘旋、或直立、或摇头、或摆尾，造型各异，随乐起舞，让现场观众大饱眼福，为节日增添喜庆、欢乐的气氛。

在这次大赛的狮队中，银海区电建妇女狮队，全是40多岁的家庭主妇。这一群家庭妇女，成为赛场上一道别具特色的风景线。她们巾帼不让须眉，身手敏捷，动作统一，体现了良好的精神风貌，令人齐声喝彩不绝。

经过两个多小时的激烈角逐，最终评出一等奖2名：海城区三圣狮队、合浦县西场镇高洪妈祖狮队。二等奖2名：海城区外沙鲁班庙狮队、合浦县西场镇木兰狮队。三等奖4名：银海区银滩镇电建妇女狮队、合浦县廉州镇武术狮队、海城区南山狮队、海城区西塘狮队。优秀奖3名：合浦县西场镇窖头老体协狮队、铁山港区港南狮队、合浦县常乐镇李家狮队。

2009年1月26日（大年初一）10点30分，"好好佳海门杯"第三届龙狮大赛颁奖暨点睛仪式，在北海北部湾广场隆重举行。这天虽然下起了绵绵细雨，但在广场依然是人头攒动，锣鼓喧天，热闹非凡，充满了喜庆祥和的节日气氛。时任自治区党委常委、市委书记温卡华，市委常委、宣传部部长、副市长李蔚，市委常委、秘书长廖德全分别为龙狮点睛。点睛后的龙狮顿时活了起来，纷纷起舞。在阵阵鼓声中，一条条金龙上下腾挪，威猛活泼，几头瑞狮摇头摆尾，惹人喜爱，赢得现场观众阵阵喝彩。随后，温卡华代表北海市委、市政府向全市人民拜年，恭祝全市人民新春快乐、家庭幸福、牛年吉祥！

北海市文促会的林宝光、吴志光、邓宏德、黄贺、龙起明等领导，为第三届龙狮大赛获奖队伍颁发奖杯、证书、奖金。接着，进行龙狮表演，许多市民冒雨前来观看，一只只威风凛凛的醒狮，在场上腾挪跳跃，赢得了观众的阵阵掌声。

为以喜庆、热烈的方式来庆祝中华人民共和国六十华诞，2009年10月2日上午，北海市在北海北部湾广场举办了"庆祝新中国成立六十周年龙狮武术、风筝大展演"活动。最吸引现场观众眼球的，应属由合浦西场镇洪氏狮队、西场镇醒狮队和北海三圣狮队，分别带来的精彩舞狮表演。

2009年11月22日，是日本八代市大型民间"妙见祭"的喜庆节日。由北海市侨办组织的侨港镇"北海舞狮团"一行12人，应邀赴日本八代市在"妙见祭"的喜庆节日里，进行3场独具中国南方特色的醒狮表演，增进双方文化交流。北海舞狮团一行抵达八代市时，受到该市市长福岛和敏、教育长吉田浩一以及八代市"妙见祭"振兴会会长滨大八郎等官员的热烈欢迎。北海市武术协会主席张华友还即席表演了行云流水的太极拳和刚柔相济的六合拳，深受日本民众欢迎。

北海游神民俗风

王 戈

1949年以前，有不少人由于对各种自然现象缺乏了解，认为现实世界之外，还存在有支配人们命运的各种鬼神，相信对它们礼拜祭祀，即可获得神佛的庇佑和赐福，因而产生信神、信佛、信命运等宗教迷信思想。

过去在城乡，建了不少寺庙和教堂。在北海计有华光庙、关帝庙、三婆庙、龙王庙、三皇庙、地母庙、龙母庙、鲁班庙、高德庙、康王庙、二圣庙、三圣庙、老爷庙、罗汉庙、镇海庙、神农庙、武帝庙、大王庙、花猫庙、张爷庙、侯爷庙、三清庙、武圣庙、土地庙，等等，把神庙菩萨，当作是地方的保护神。有些地方还受西方宗教的影响，建有天主教和基督教的礼拜堂等场所。因此，有些人常开展求神拜佛、占卦算命、跳鬼还福、建醮游神、木偶迎亲、请神治病、礼拜朝圣等各种宗教迷信活动。

在这些宗教迷信活动中，建醮游神可算是最为壮观的一幕，也是铺张浪费最大的一项迷信活动。建醮游神，是民间为神做诞期所举行的一种隆重的祭拜仪式，它包括请僧道设坛祭神，举行盛大的游神活动等，其目的是为了禳灾除难，保佑平安。据《北海杂录》载，此项活动在清末已有之。始于何时，未见记述。

据一些老人说，民国期间，除日本侵略者洗劫北海的1941年外，北海几乎每年都举办游神活动。其规模最大的为1938年和1939年，其次为1942年，这与抗日战争时期，北海遭日本侵略洗劫造成重大火难有关。当时，北海街上设祭最多时有68个，舞龙队最多时有7队。平时每年约有三四十个祭点，舞龙队约有二三队。游神这项活动，1949年后一两年还有举办，往后就比较少见了。

北海的游神活动，最为热闹的可算是正月十五的华光游神了，其次是关帝和妈祖的游神，再次是康王游神等。三眼华光，传说是主管火烛的神。以往人们由于怕火灾，对它特别崇拜。每年的华光游神，是中华人民共和国成立前北海最盛大的民俗节日。《北海杂录》载:"北海每岁正月望日(望日,即每月十五日),附近各村如独树根等,例奉华光神出游,排列仪仗,遍游北海各街。所至辄恭设香案,民扶老携幼,焚顶烧纸,迎之道旁。是日也,锣鼓喧天,士女踊跃,一年之内,推为极盛!"

每年农历六月二十四日的关帝诞,关帝游神也是较为热闹的。1946年7月25日,《钦廉民国日报》曾以《惊人的北海游神消耗》为题,简要报道了关帝游神的盛况:"(北海通讯)查农历六月二十四日为关帝诞,本市善长,事前筹备,沿街行捐,建醮游神。那天上午八时,各人饱餐,由北海村关帝庙出发,关帝、三婆婆、三皇、龙王、华光,抬着成串的神像在前领导。每至一保,均设祭供奉,市民焚香礼拜。随后有三条长龙、五只雄狮、八辆车色饰仕林祭塔的一幕,锣鼓齐鸣,喧呼满道。最整齐划一的算是东镇的龙狮队。亦有与之媲美,实事求是的码头工友,他们精神趄趄。闻此次游神的消耗,数在千万元以上,可算盛极一时。"

华光庙,位于独树根村的中间,北临北海村。独树根村每年都为华光游神组织三班守侍,每班守侍约有三四十人。几乎每家每户都有人出来做守侍工作。守侍的任务是负责募捐,筹集游神经费,还负责在镇上贴上华光庙油印的一幅字符:"华光游镇,保境平安。"募捐人的名单,在正月十三日至十五日,将先后用红纸抄贴在华光庙四周的墙壁上。募捐最多时约有几万人。

此外,各街坊以及各保甲有社王公的,也派人向本街坊或本保甲的居民募捐,以便筹款购买祭品。游神之后,又将祭品分发给捐款的各家各户。传说经游神祭祀过的食品,人吃后能得到菩萨的保佑。

募捐之后,正月十三日便在华光庙设道场做功德,时间一昼两夜。做功德前,在华光庙前用竹木搭建一个醮棚,犹如演戏的戏台一样。在醮棚两旁,各立有一条幡竹,竹高约有10多米。在独树根村的东西两头,也各立有一条10多米高的幡竹。这4条幡竹,都扎贴有道巫画的长符。在竹竿顶上,还用红绸布扎有长长的符带,让其随风飘拂。

华光庙做功德,从十三日晚上开始,一直做到十四日晚上零时结束。做功德时,约请10多个道士登台诵经,敲大锣大鼓及做道公戏。道士穿着长长的道袍,有喃有唱。独树根村派两班守侍负责跪拜。十四日晚,道场还有八仙贺寿、六国封相等道公戏上演。

正月十五日,这天将举行盛大的华光游神。游神前,华光庙的菩萨先要过火山。从早上七八点钟开始,就在庙的背后用约二三百斤的松柴,搭一个高约两米的番塔,用煤油点火燃烧,柴塔的火焰约有两米高。8点半左右,道士便从华光庙里用菩萨座椅,扛出华光大帝、五谷大帝、三官大帝、坐相、庙祖、千里眼、顺风耳等菩萨,然后由人扛着跳过火堆，是谓过火山。

为何菩萨要过火堆呢？有人说华光菩萨主管火烛，故必须过火；也有人说是为了烘干菩萨的屁股，使菩萨更威灵。其中华光、五谷、三官、坐相这几个大菩萨，每个菩萨均由4个人扛着跳过火堆3次。庙祖以及千里眼、顺风耳这3个小菩萨共置于一张八仙台上，上面还放有香炉，由4个人扛着也跳过火堆3次。菩萨过火堆后剩下的柴头、火炭，当时有很多人抢着拿回去，有的还拿去出卖。有人传说，用此柴头、木炭煲水，人食了没得病，猪狗三鸟食了不发瘟，柴头入屋人丁兴旺。这些传说无非是一种迷信神话罢了。

菩萨过火堆之后，便有礼生喊礼拜祭，然后排好队列出发游神。游神从独树根村开始，由西头村游往东头村。该村约有几个祭点。9点钟左右，游行菩萨进入北海西头街。

1925年年初，北海才开始修筑中山路，约经两年才告竣工。所以，1927年前，北海的游神线路，一般由大西街（今珠海西路）入，经升平街（今珠海西路）、东安街（今珠海西路）、东华街（今珠海中路）、东泰街（今珠海东路），直到海关转上崩沙口（中山东路），再沿着沙脊街（今兴华街、中华街、民建一二街）到北海村，然后再回独树根村的华光庙。1927年后，游神线路大多是从中山西路入，经中山东路折入海关，再沿着珠海路由东往西游回华光庙。

1926年以前，华光游神当天，群众都要洗干净街道，门口还要挂上红彩布。1926年，当时有着进步思想的国民革命军第四军第十师进驻北海，当年，中共北海党小组也成立。那时，北海的革命风气较浓。市总工会曾发动群众，掀起了反对封建迷信的运动，捣毁了市区内一些寺庙的菩萨。从此以后，华光游神就很少有洗街、挂红彩的习惯了。

游神队伍未入街之前，先有成十个道士分为几组沿街做散符。散符，也叫喷火油或喷油火，是道士用煤油和酒，施以喷火的所谓法术，以作驱逐鬼怪、保宅平安的把戏。一般以两个道士为一组，需要做散符的人家，先备有茶酒、香烛或祭品。两个道士进屋后，一个敲叮叮，一个在门口用一把剑划几划或拍一下木台，口中喃喃有词曰："太上老君符龙出：华光大帝，保境平安！"并含一口高度酒，"呸"的一声，向用煤油点燃的火把喷去，霎时，但见火焰猛起。道士喷油火之后，还给主家贴上一幅华光庙油印的符条："辟邪出外，引福入门。"随后，道士收了封包即离去。做散符的时间约为半分钟，封包一般为2个铜钱。

喷油火这种鬼把戏，比较容易引起火烛。1926年道士潘家华，在珠海东路16号蒋大姑家做喷油火时，曾引起了一场火烛。

游神队伍，一般是按这样的先后顺序排列的：纸船、贡香大镬、仪仗、菩萨、关令箭、狮龙队、马色或车色、高脚牌、化妆队等。这个游神队伍，一般年份约有几百人，盛大游行时，有过千人的。

纸船，是用竹木做骨，用纱纸、红纸贴扎而做成的。纸船还做有风帆等模型。纸船最初由两个人扛着走，后来把纸船扎在鸡公车上，一个人拉"船"，一个人推"船"。游神时，各家各户的人都在纸钱上吐口唾沫，并把它丢进纸船里。据说，这是为了消灾去难，把身上的灾难通过唾沫吐出，丢进纸船送出大海去消灾。

跟着纸船的，是由两个守侍扛着的一只大铁镬。这是收纳群众贡香的。各家各户都烧有一大把香烛丢进大镬里，以祈祷菩萨保佑平安。每年游神，北海都烧掉几百斤的香烛。当大镬里的香烛太多时，就将香烛倒在街边或倒在社王公旁边。

仪仗队有灯笼、彩旗、长号、锣鼓和唢呐等器具。大灯笼有两个，守侍每人提着一个。大头锣用一面彩旗扛着，旗上写着"金鼓"两字。继之有5—7对长号，长号约1米多长。此外，还有人扛着"肃静""回避"等仪仗牌在前头开路。

菩萨行列是游神队伍的核心。是什么诞期，就以什么菩萨为主，其他菩萨为辅。当正月十五华光游神时，华光菩萨是走在菩萨行列前头的，接着，是华光庙的五谷、三官、坐相以及庙祖、千里眼、顺风耳等菩萨；后面，还跟着其他庙堂的菩萨，如关帝、妈祖、康王、龙王、地母等神像。

菩萨也有坐轿的。华光等菩萨坐的是武轿（无轿顶），妈祖等菩萨坐的是文轿（有轿顶）。大菩萨顶上还有布制的罗伞遮盖，其后，有一人敲着大锣。小菩萨后面有一人敲着小锣。大菩萨由4名守侍抬扛，小菩萨由两名守侍抬扛。

关令箭的人，跟在菩萨队伍之后面。此菩萨令箭，用铁条做成，有1米多长，大如手指，重约1斤。传说被关令箭的人，菩萨会酬赏他。所以，每年都有三四十岁的人自愿来关令箭。令箭由道士来关，从人的面部右边插进，穿过面部的左边，有时还将令箭扭曲。关令箭的人坐在轿上，手托着令箭的尾端，作闭目养神状，有时也站着，由4个人抬。令箭的另一端有一块姜片，关令箭的人，其面部很少有血水流出。菩萨后面还有八宝掌扇，多面彩旗。彩旗上绣有龙、虎、凤、狮、猴、蛇、鱼等动物的形象；此外，还有刀、枪、剑、戟、盾牌等古代兵器。这些彩旗和兵器，一般由青少年守侍负责举拿。

狮龙，传说为祥瑞之物。在游神过程中，狮龙翻腾，锣鼓喧天，大头鬼和土地公诙谐有趣，每年狮龙队这些出色表演，都为游神增色不少。这些狮龙队，有的来自北海的会堂武馆，有的来自独树根、外沙、红坎、九曲巷、峒尾等处民间组织。一般年份的舞狮龙，约有三四条龙、五六头狮。狮龙队里还配有锣、鼓、铍、唢呐等乐器吹打演奏。此外,还有北海民间的国武堂、剑武堂、旋义堂等处的功夫队的精彩表演。

马色队,后来也叫车色队。这是由数十个戏班佬或青少年守侍,涂脂抹粉化妆成各种戏剧人物,骑在马上或站在黄包车上,作各种人物造型的队伍。他们有扮"八仙闹东海"的,有饰"刘备过江招亲"的,有扮"刘海取金蟾"的,等等。如扮"刘备过江招亲",则饰有刘备、关公、张飞、赵子龙、周瑜及刘备夫人等戏剧人物。车色队是1927年北海开通马路之后才有的。以前都是马色队,化妆人物一般骑在马上作造型。车色队是用坐黄包车代替骑马,车夫也习称为马夫。

踩高脚牌,约有10多人,他们都是北海街上的人踩的。踩高脚牌的人,穿有不同颜色的长服装。高脚牌有1米多高,踩高脚牌的人,用木叉支撑在腋下走动,这种表演有一定的难度,群众也觉得新奇有趣。

随后,有涂花面的化妆队,约有10多人,还有30多穿有同样服装的青少年守侍,也尾随游行。

北海的游神祭点,一般年份也有几十个祭。除了每甲保或有社王公的街坊设有祭点外,有些人家做元宵节时也摆出祭品来设祭。每条街坊的祭点,都燃点香烛,摆有金猪、鸡、鸭、鹅等五牲,以及糕点、米乙等祭品。有些人家,还拿出古玩镜画等物品出来摆祭。游神每到一个祭点,都有礼生出来喊祭礼、读祭文、奠茶酒、烧纸钱爆竹等事宜。礼生宣读祭文时,希望菩萨保佑街坊平安、生意兴隆、风调雨顺。礼生还主持拜祭菩萨仪式,曰:"各就各位,叩首……"当时,街坊也有数十人乃至数百人跪拜菩萨。

当菩萨"食祭"时,狮龙队都停下来了。舞龙队将龙脚(舞龙的杆)插在龙凳上,长龙悬空而摆。此时,有不少小孩和抱着小孩的妇女,在龙底下穿来窜去,以祈小孩消灾去难,精乖听话,长高长大。菩萨"食祭"的时间,视街上祭点的多少而定,一般是10多分钟。总之,当日要赶在下午6点钟左右回到华光庙。菩萨"食祭"后即燃放鞭炮,过后,菩萨又开行到另一个祭点。

整个游神队伍彩旗招展、前呼后拥、锣鼓喧天、鞭炮齐鸣,街道上香烟缭绕,人潮涌涌,热闹非常。写于1952年《北海历史》一文,曾对北海正月十五的华光游神作了一番记述:"元宵节——这是北海最盛大的节日……独树根的华光木偶也抬出来,着了红绿怪服的神棍道巫,喃无喃无的跟着蠢动……还有一长列的舞狮舞龙……街头巷尾还摆设有很多祭品……街上二三万人挤成一堆,拥得真是水泄不通,团团环绕着这一蛇长行列。这一连串,正是旧社会封建色彩的具体表现,是北海一年一度最热闹的日子,估计一下所损失的,恐怕要超过一亿元人民币(旧币)。"

游神队伍游完北海街之后,即前往北海村的三板寮(今海角大道广西区造船厂西侧）海岸边。那时，由道士燃点香烛并念经将盛满市民唾沫的纸船推出大海。此举，是表示送走瘟神，为市民消灾去难。

至此，游行的菩萨将各归各庙。华光庙的菩萨约在下午6时回到庙前。那时，道士又要举行散醮仪式，请菩萨回庙。此时，道士点燃香烛，口中念念有词，以丢校杯的方式，问菩萨可否准许将菩萨抬回庙瑞安座。

校杯又名杯珓，用竹木或牛角制成，其状如剖开的两半鹅蛋，但中空如杯，是旧时占卜吉凶的用具。占卜时，将校杯投空落地，观其或仰或俯，以定吉凶。当道士投校杯若出现圣杯（一仰一俯）、宝杯（两个均俯）、阳杯（两个均仰）时，表示华光庙的菩萨准许回庙，否则道士还得继续投校杯，直到出现这三种杯为止。菩萨请回庙安座后，便拆除庙外醮棚，拔除幡竹，鸣放鞭炮，以示游神平安完满结束。

北海疍家的民风

王 戈

北海疍家人，是中国疍家人的一个分支。北海的疍家人有多少，他们的生活状况又如何呢？民国期间，有学者估计我国疍家人总数约三四十万人以上，梁启超先生估计其超过 100 万人。民国十五年（1926 年），据广州市人口统计，单广州一地，已有疍民 10.2 万人。而 1949 年前合浦县沿海有多少疍民呢？据有关资料载，约有疍民 3.8 万人。1949 年前，合浦县沿海有三种疍民：蚝疍、珠疍、渔疍。蚝疍约 8 000 人，居于西场镇大坡一带沿海，以采蚝捕鱼为生。渔疍约 2 万人，居于北海、党江沿海一带，以捕鱼为生，也有少部分以船艇运输为业。珠疍约 1 万人，居住在北海市东南营盘一带沿海，以采珍珠为业，兼浅海捕捞。

北海市区内的疍家人多以渔业、货运和摆渡为生计，分布于外沙、海关大楼的东西海岸边、高德、地角、白虎头、涠洲等沿海地带。

有些含有"蛋"字的村名，是因有疍家人居住而命名的。如位于南康圩镇东南 12.5 千米的"蛋场"村，和位于白沙圩镇西南 11.9 千米的"蛋地"村，这两处靠近海边的村落，以前均因有疍家人居住而得名。

过去疍民的风俗习惯及信仰，与陆上居民不大相同。

北海疍家民俗风情大致有：

（1）住宿方面。传统疍民认为在陆上用砖块建房子是不吉祥的，不愿上岸居住。一怕得罪先祖，二怕行船不顺，三是无钱购头床、椅等家具。高德镇土改时，曾分些瓦房给疍民，但他们都不愿意搬进去。他们当中，有点钱的疍民有些在海岸边搭建疍家棚居住，其棚楼板浩爱洁净，一日数次刷抹。在疍家棚内，无凳无椅，待客、用餐、坐卧，均在棚楼板上进行，大多蹲着。若在陆地建房子，因迷信，常将旧船板埋藏在新建的宅居地下，以为这样仍是以舟为宅，不得罪神灵，可确保疍家人在陆上居住大吉大利。

（2）饮食方面。疍家人以捕鱼为业，菜色固然以海产品为主。疍家人的糟鱼虾很有特色。其制作方法是，将鲜鱼虾每斤用盐约3两腌至两三天，再放进经酒饼发酵过的糯米甜酒中，糟至两周即可食用。糟鱼虾的味道，异常鲜美可口。疍家人平时虽节衣缩食，但婚宴却很丰盛，鱼翅、鳖胶、海参、带子、虾米之类，为宴席必备之物。烹调的海鲜菜肴，令人垂涎三尺。现在，疍家的美食文化，也得到进一步的继承和弘扬，如北海的"疍家棚酒家"，烹饪的疍家美食，赢得四面八方食客的青睐。2003年前后，"疍家棚酒家"烹饪的"鲜鲍（鱼）美颜羹""金蚕吐丝（大蚝蒸粉丝）""脆皮虾""白龙过海（生沙虫）"等菜肴，均获得广西烹饪协会颁发的金杯、银杯奖，还获得广西壮族自治区政府和北海市政府数十万元的奖励，中国烹饪协会还为之颁发"全国绿色餐饮企业"和"中国餐饮名店"等称号，是广西企业和著名商标。

（3）衣着方面。疍家人穿衣喜欢宽大，上衣是马蹄袖，领袖衣边绣花边，穿着黑衫黑裤较普遍。女人头上大多扎花布一块，中年以下大多留长辫子，以防落水时便于提辫救护。喜欢戴玉石圈或银质的手镯，以及喜欢戴银质的脚镯。喜穿着青蓝色的衣裤，喜欢上下衣不同一种颜色。

（4）娱乐方面。疍民喜欢唱《咸水歌》和《西海歌》，但唱歌不叫"唱"而叫"叹"。叹这些歌来表达身世凄凉，歌词哀怨生动。《咸水歌》有独唱、男女对唱和三人联唱等形式。曲调丰富多彩，有"姑娌妹""叹家姐""叹五更""叹古人""送人歌"等调式。这些曲调旋律悠扬流畅，很多上下句是多次反复扩充，亲切甜美，娓娓动人，两句押韵。唱者才思敏捷，出口成章，你问我答，引人入胜。

（5）婚嫁方面。过去疍民不与岸上人通婚，因岸上女子晕船不习惯，而疍家女又不会种田。他们结婚时婚礼在船上举行，男女双方的船艇相隔不远，男方用小艇将女方接到男方船上，以大罗伞遮阴。结婚时要大请客，少则一两天，多则十几天。婚后，女方要戴一种用花格布做成的"猪嘴式面具"和"珠笠"。过去一直戴到生第一个小孩时才取掉，后来改为最多戴一个月，以表示女方守规矩。

疍家的婚俗，独具特色。以前，婚礼一般举行3天，第一天搭棚装船作各种迎亲准备，第二天送聘礼（又名抽礼），第三天用小艇颠船接亲。

第一天搭棚装船，让迎亲船充满喜庆气氛，并作各种迎亲准备。新娘出嫁前几晚，爱唱《哭嫁歌》，又称《哭家姐》《叹家姐》，实际上是以歌代哭。有的唱《咸水歌》三日三晚，有的连唱10个晚上。内容不外慨叹父母恩深、姐妹情长、难舍难分等惜别之情，以及感谢亲友的关怀和送礼。每当唱《哭家姐》之夜，左邻右舍，远亲近戚的女眷们，都来参与对歌或静听。《哭家姐》既有独唱，也有母女、姑嫂或亲友对唱的。歌中的赠言寄语，惜别伤离，情感真挚，韵律哀怨，催人泪下。有时唱到月落鸡啼，才恋恋不舍地离去。亲友们多为新娘送金戒指、银项链等金银首饰礼品。这些金银首饰，都套在新娘的手指上，或系在胸前，以祈多子多福。新娘出嫁前，大姑大嫂还为新娘梳头打扮（称上头），分两条均匀的辫子并扎上红绸布，以表示成双成对，婚姻美满。在出嫁的黑伞顶上，还系上两条较长的红绸带。他们认为，黑伞辟邪遮阳，红绸带喜庆吉祥。

第二天送聘礼（抽礼）。聘礼用托盘或篮筐装着，由一队疍家女传送，传送的头三名必须是直系亲属。礼品不尽相同，有数十种之多，其中有日用品，也有食品。礼品必须为双数，否则认为不吉利。在礼品中，月饼和茶酒等几样是必备的。月饼寓意夫妻团团圆圆，甜甜蜜蜜。礼品由女家亲属清点，一般在礼品上放一根竹筷子，以竹筷子来计数。收礼后，接着又以一部分礼品回礼男家。回礼也必定是双数。抽礼，这种认真庄重的婚俗仪式，其过程往往要数个小时。

第三天用小艇颠船接亲。接亲的前一夜，新娘先回新郎家拜祖。回新郎家拜祖之前，新娘要跨过火炉，以防邪气。疍家人是以小艇接亲的，接亲途中，在海面上有颠船嬉戏的习俗。在接亲的小艇上，新郎新娘坐在艇中间，由一疍家女打黑伞辟邪遮阳。艇上有一两名疍家女摇艇，另有一疍家女故意双脚用力，令小艇左右摇晃颠簸不停。另外，还有两三条小艇，在新娘新郎小艇的周围纠缠嬉戏，有用水泼上新娘船的，有故意丢石块溅水花到新娘船的，也有强拉新娘的船不让走的，等等。颠船嬉戏，增加不少喜庆气氛，在接亲的海面上，赢得阵阵捧腹欢笑。当颠船嬉戏告一段落之后，新郎家的大船鞭炮齐鸣，锣鼓喧天，喜迎新郎新娘登上大船，并在大船上举行热情奔放、载歌载舞的迎亲娱乐活动，有舞简便的貔貅寻乐的、有风趣蛮歌蛮舞的，也有嬉戏新郎新娘逗乐的，等等。

（6）分娩丧事方面。过去死人后不准埋在岸上，只用一块砖头在海边随便丢，丢在哪里就埋在哪里。他们认为，碰见人死在船上是最不吉利的事。疍家人不准在船上死人或生小孩。如发生此事，须上岸歇工一个月，同时要买公鸡上船挂红。装过死人的小艇他们会毁掉或卖出。女人出嫁时的哭叫"叹"，死人时才叫"哭"。

（7）信仰方面。他们信的神很多，共同信仰的有"三婆婆"，其次还有"华光""北帝""观音"诸神。他们用木头雕刻几代先祖的神像，供奉在疍家棚里或小船上。如果在海上遇到什么不测的事，他们就认为这或许是有神明要他们供奉了，回来后即请道士做"斋"，有的背着木雕神像，光着脚板从火炭堆中走过，是谓"过火山"，从迷信中寻求消灾脱难。

他们的节日很多，神明的生日及先祖的死日，他们都要拜祭。祭祀节日比较重视初二、十六，不重视初一、十五，不喜欢九月重阳节。他们最重视七月十四日中元节，以及三月二十三日的三婆婆诞期。

（8）禁忌方面。疍民禁忌颇多。筷子不能搁在碗上，碗碟等餐具不准覆放，坐姿不能两脚悬空，说话忌讲翻、沉、慢、逆等语。他们认为，这些都是不吉祥的，会导致舟船搁浅、翻沉、不靠岸等恶果。因受社会歧视，过去外沙、高德等地疍民建房子时，不得开天窗，不得装门槛；上街时不准穿鞋。

（9）喜好方面。疍家人喜欢住疍家棚、戴疍家帽。疍家棚，是疍民在海岸边搭建起来的简易小棚楼。一般用几根木头作疍家棚的桩柱，用篱笆或旧船板作棚楼墙，用旧船板铺作棚楼板，用竹瓦或油毛毡盖疍家棚的棚顶。疍家棚的棚底离海面约两三米。在疍家棚前，安有小木梯供人上落。潮涨时，棚底下有海水浸泡，水大时尚可钓鱼。退潮后，水很浅。疍家棚的楼板，有些用油灰或桐油填涂。在疍家棚内，分为饮食会客的正厅和休息的卧室。客人未经允许不能进入卧室。厅、室都很小、都开有小窗，以便通风透亮。有些疍家棚也不分厅室，疍家棚既是疍家人的餐厅、厨房，也是休息的"大木床"。

疍家帽用竹篾竹叶做成，直径约40厘米，帽檐下垂约5厘米，帽顶呈六角形。疍家帽做工精细，编织讲究，外涂光油漆，坚实亮丽。在帽内，编织时可镶嵌镜片或玉照。疍家帽安有四耳帽带，系紧帽带后，任凭风吹雨打，也不易吹落，具有遮阴挡雨和抗风的功能，很适宜渔家人在海边使用。疍家人以前还有互赠疍家帽的习惯，以表示敬意或传情。

（10）性情方面。疍民性情豪爽、热诚浪漫，斗争性强，男的喜饮、喜赌，少积蓄。过去有句俗语："疍家有富无贵，鱼死眼不闭。"

俗话说："五里不同风，十里难同俗。"疍家人的习俗也不是千篇一律的。例如，在居住方面，以前北海的外沙、高德的疍民喜搭疍家棚居住，而地角、白虎头等处的疍民，却又没有这个习惯；在接亲方面，有的地方用小艇颠船接亲，有的地方却喜欢坐花轿接亲。然而，他们亦有很多共同的地方，如崇拜三婆婆、喜欢唱《咸水歌》、喜欢戴疍家帽等。

辛亥革命后，尤其是1949年以后，北海疍家人与其他疍家人一样，渐渐不再受歧视。水上疍家与岸上居民在相互接触中慢慢适应而被汉族居民所同化。疍家风俗在传统文化重组中，既有传承，也有变异。其风俗变异的根本原因是：新风俗比疍家的旧风俗好，更适应于现代生活。

总之，作为汉族分支的疍家人，中华文化是疍家文化的源头。在近2 000年的生存繁衍和发展演变过程中，北海疍家人与其他疍家人一样，是一群自强不息、斗争性强，具有较强抗争能力和生存能力的社会群体。他们在江河沿海，有着广阔的生活天地。这些特殊的水上居民，在中国民俗史上占有一定的地位。

祭祀民俗

范翔宇

一、社　　祭

社祭是我国自古以来土地崇拜的表达方式。古代中国称土地神为"社神"。古人认为，大地孕育万物，为人类提供食物和安身立命之所，因此，民众虔诚地祭祀社神，是为了对土地表示崇敬。合浦社祭的社坊遍布城乡，府、州、县、乡、团、局、村均有社坊。社坊的祭祀有春秋两祭。祭社的祭品有严格规定，以县社为例，祭品有：帛一匹，要黑色，因为黑色属土；猪、羊各一，这是供品；要有祭具。祭具也是有定例的，不能随便摆设。县社的祭具有铏一只，簋、簠各两只，笾豆各4只，这都是青铜制作的。还要有3只白瓷樽。由此可见县社祭祀规格之高。

县社祭祀还有专门的祭词，也称祝文，祝文里是全国统一的。也就是由礼部统一领发到各州县的，其文曰："维神，奠安九土，粒食万邦，分五色以表封圻，育三农而藩稼穑。恭承守土，肃展明禋，时届仲春（秋），敬修祀典，苾苾松柏，巩馨石于无疆，翼翼黍苗，佑神仓于不匮，尚飨。"这段祝文虽然短小，却精悍涵阔，说出了祭社的内容和目的，确实有很强的教化功效。其中，"育三农而藩稼穑"，是以农为本的社会形态的具体表现，"藩"就是繁育繁荣。"恭承守土，肃展明禋"，更是重农思想的表现。

县社祭祀之日，各位官员都必须穿上朝服，由承祭官引导完成各项仪式，三拜九叩地去完成"三献"程序才能离开。由此可见，仪式之隆重。

县社祭祀发展到后来集六祀为一体，即把风云雷雨、山川和城隍诸神都集中在一坊，风云雷雨之神居中，山川之神居左，城隍之神居右。

这种六祀一体的祭祀规格升高了，祭品随之增加，以帛为例，风云雷雨之神帛4匹，山川之神帛2匹，城隍之神帛1匹，都是白色的。

社坊的规格也有明确的规定：坛高2尺2寸，宽2尺5寸；牌高2尺4寸，宽9寸；座高5寸，宽9寸5分。

座坛后面建有祠堂，一般是正房三间两进，正中间供先农神位，东正房是用来放祭器农具的，西正房用来放五谷，社坛祠宇有固定的产田，产田的收入用作祭祀之资。合浦县社坛祠宇的产田是1亩9分。

廉州老街内现在还保存有明、清时期的社坊碑刻多处。可见，当时社祭之盛况。

二、隆重的孔庙祭祀

廉州府学孔庙的岁时祭祀中，最蔚为壮观的就是春秋二祭的祭孔大典。府学孔庙祭孔大典定在每年的二月和八月，祭孔大典集乐、歌、舞、礼为一体，主要包括乐、歌、舞、礼4种形式。

乐、歌、舞都是紧紧围绕礼仪而进行的。因此，祭孔的最重要议程是三献礼。所谓三献，即初献、亚献和终献。

献礼时，主祭人要先整衣冠、洗手后才能到孔子香案前上香鞠躬，鞠躬作揖时，男的要左手在前右手在后，女的要右手在前左手在后。

根据《廉州府志》的记载，廉州府学孔庙祭孔大典时，文武百官都要参加，其仪式过程大致是这样的：首先，要选定承祭官和陪祭官，由承祭官领头，陪祭官们得先到孔庙阶下行一跪三叩礼；然后，由府学的教官将祭品上供，祭品有：一白一色的帛，牛、羊、猪各1只；祭器则有：镫1个、铏2个、磋2只、簠2只、簋10只、豆10只、鐏10只、白瓷爵3只。这些都是为祭孔子而必备的。

除了孔子之外，还要按礼数依次分别为四陪东二位的复圣颜子、述圣子思子；四陪西二位的宗圣曾子、亚圣孟子上供品。四陪的供品中，没有了牛，也少了3种祭器。

接着就是给十二哲上供。这十二哲是：东六位的闵子、冉子雍、端木子赐、仲子由、仆子商、有子若；西六位的冉子耕、宰子予、冉子求、言子偃、颛孙子师、朱子熹。十二哲的供品中，没有了牛、羊，也少了3种祭器。

接下来是东庑的三十九先贤，二十六先儒；西庑的三十八先贤，二十六先儒。这些先贤先儒的供品中，没有了牛羊，也少了5种祭器。

按规格上齐供品祭器之后，负责各个分献的陪祭官就要引导参祭者到专设的洗手间"净手"，然后立于阶下，开始祭孔的第一个仪式"立典"。这时，执事官各司其事，歌舞礼乐齐动，唱诵祭文，献乐作舞，还有文武百官，士吏乡绅的三拜九叩，热闹非常。

"立典"结束之后，就是拜孔圣，首先是承祭引官员们行一跪一叩，进祭礼，诵祭文，又一跪三叩首，上供品，又三叩首退乐，再三次一跪一叩首，依次上供品。接下来是四陪十二哲、东西庑的先贤先儒，当然礼仪和供品就简单多了。在这个仪式过程中，还分有舞蹈相伴和没有舞蹈相伴两种规格。

就这样，经过有舞和无舞的"迎神咸平之章""初献宁平之章""亚献安平之章""三献景平之章"，热热闹闹地完成了初献、亚献和终献整个程序。

在整个祭典中，得配有歌生 6 名、舞生 36 名、乐工 52 名、纠仪官 2 名、礼生 50 名，共 146 名，抵得上一个大型歌舞团了。由此可见，廉州府学孔庙祭孔大典阵势之盛。

到了清代，祭孔大典的仪式又不断修改，增加内容，阵势更大、程序更繁琐。尽管如此，祭孔大典还是人们一年一度期待着的教化盛事。

三、先贤祭祀

为了纪念先贤的道德风范，政绩功勋，珠乡民众多有建祠祭祀。自汉以来，列入名宦记载的合浦（廉州）贤守按时间顺序计有：

一是东汉的费贻。光武帝时征为合浦太守。这是一个很有个性的清官。两汉之际，群雄并起逐鹿中原。公孙述据蜀为王，多次请费贻出来当官辅助其共建霸业。费贻为了避开公孙述的纠缠，干脆用漆树把自己弄得全身生漆红肿，还装起狂来。公孙述不久便失败了，汉光武帝刘秀看到了费贻的骨气和远见，就征任他为合浦太守，费贻果然不负光武帝所望，在合浦创造了名扬千古的廉山传奇。

二是马援。马援征交趾时，三次驻军合浦筹集粮草战船，其中一次是率兵 2.5 万人，大小战船 2 000 艘。为了训练水师，马援在合浦打造铜船以供士兵在湖中操练。人们便把此湖称为"铜船"。马援是东汉时期极其重要的人物，史称其："腾声三辅，遨游二帝。"他三次率军以合浦为基地，组织收复交趾的军事行动。其间，在合浦留下的遗迹、遗址众多，有伏波将军庙、伏波滩、铜柱山。富于传奇色彩的还有铜船湖、合浦珍珠事迹，是极有影响的人文资源。

三是"珠还合浦"的孟尝。在孟尝之前，合浦由于"宰守多贪秽，诡人采求，珠渐徙交趾。于是行旅不至，贫者死饿于道"。孟尝到任后，"革易前弊，求民病利"，使得去珠复还，商贾流通。孟尝因此受到珠乡民众的敬仰，流芳千古。

此外，三国时期吴王朝的薛综于黄龙三年（231 年）任合浦太守，史书称其颇具方略智计，为平定玉林、合浦局势作出贡献；唐代有爱民如子的颜游秦；宋代有名震南天的张夔和拒收聚珠扇危佑；明代有不持一珠的张岳和一肩一仆的徐柏；清代有职在亲民的康基田和护国恤民的李经野。从孟尝祠、还珠亭、海角亭、七贤守到三贤祠，珠乡的大地上承载着千古以来廉洁勤政吏风的期待情怀。他们的高风亮节名列贤祠中受千古祀祭，是为了纪念和弘扬先贤的官德吏风，以警策后来，造福于民。

正如元代宰相伯颜在《海角亭记》中所说："其为政之最者，有七贤守。孟君其先，邦人受慕立祠，岁祀到今不泯。""后人登斯亭者，有能剔垢磨光，扬清激浊，宁悉正以报国，毋顾身以忘民。"元代廉访使范椁的《重建海角亭记》中所说："此固圣王忠厚意也。寓斯土而登新亭者，有能驱去流俗之态，涵养孤忠之气。"为先贤建祠立碑，岁时祭祀，传扬事迹，许多先贤祭祀的事典因此得以留保。今摘元代推官吴礼撰《七贤太守祠记》于下：

七贤太守祠记

郡以廉名，太守所致也。古有廉山廉泉，故自东汉以来，皆选廉士为郡，名实相应，遂改合浦为廉郡焉。府城东偏，立七贤太守祠，列位奉祀，曰孟曰谢曰苏曰颜曰丁曰高曰季，皆前代德泽施于民，相传祀事，而不能忘也。志书毁于兵火，无以考据。惟珠还合浦着载方册者，孟尝也。每遇水旱灾寇，郡人祷之，应如影响。岁久祠宇倾圮而水柱尚存，至正庚寅春，通守龚侯来莅是郡，首谒祠下，念前贤遗泽，惕然于怀，欲兴废而鼎新之。疑六贤不知名谥，旧无绘像，岁时典祀，无以致如。在之咨差久之。余始视事之日，侯以是告余曰：不然，前代立祠褒封，郡人事之久矣，宜神明之佑人也，如星月之在天，风雨晦暝，人莫之见而照临之德，未始不及于人者也，又何待观容光而后瞻拜哉。

昔萧敏中为建阳县令，问邑之先贤，得陈师道、陈仲修、游定夫皆以文学风节称立三贤堂而祀之。去职之后，邑民思萧令之贤，足以配三君子者，遂更其榜为四贤堂。为令侯追慕七贤之遗风，重建祠宇。使郡人得专祀之美，他日必有思侯之德，陈而榜为八贤，报侯之德于无穷也。侯文名殊奴，字仲骅，京师人，廉节易直，无愧于七贤云。

四、忠 烈 祭 祀

合浦古代多有忠烈祠、昭忠祠、名宦祠等，这些都是祭祀保国捐躯、为民殉职的忠臣烈士，如罗仕显、王瀚、罗绅父子等。其中，罗绅父子的事迹最为悲壮感人，民间和官府都为之建罗公祠祭祀。

罗绅是江西宜春人，天顺初年任石康知县，他的死，有一段悲壮的故事。

罗绅任石康知县之时，正是多事之秋。除了倭寇侵扰之外，各种战事不断。为了保境安民，罗绅一方面加紧训练县兵，一方面组织团练，由其子罗鉴统领。天顺六年（1462年），一支外地武装突然围攻石康县。这支外地武装仗着兵多勇壮，攻城甚急，罗绅即命儿子率兵出城迎敌。由于罗鉴率领的县兵、团练平日训练有素，出城接仗便斩杀围城之敌200余人，致使敌方闻风丧胆，溃不成军，仓皇撤兵败退。罗绅父子因此成了这支外地武装的眼中钉，欲除之而后快。一个月后，这支外地武装又卷土重来，罗绅又命罗鉴领兵迎战，战不数回，敌军挡不住罗鉴神勇，很快又败退了。为了把敌军赶出县境，罗鉴率军一直将这股武装追至博白县境，不幸中了敌军的埋伏，罗鉴中箭负伤，回到石康不久便身亡。惧于罗绅父子的威名。此后几年间，敌军不敢轻易侵扰石康县。

成化三年（1467年）十月，这支外地武装得知罗鉴已于5年前中箭负伤不治的消息后，再次纠集兵马围攻石康县。罗绅率军民守城苦战，终因寡不敌众而城破被俘。敌军见掠城所得不多，便将罗绅及城中吏属乡绅及有功名者掳作人质以索赎金。在解押途中，罗绅对敌军首领说，带这么多手无缚鸡之力者随行无益，我一人留下足矣。不如放他们回去多筹赎金来赎我。敌军首领听了觉得可行。于是将其他人等全部放回，限期筹集赎金换回罗绅。谁知石康经此次敌军掠城之后，十室九空，众人回城后虽然多方努力，也只筹集到白银30两。敌军收到赎金后，以赎金太少为由，对罗绅严刑逼索，甚至残忍地将削尖了的木桩烧红后插入罗绅的肛门，最后将罗绅杀害了。

罗绅被害的消息传回石康县城后，城中吏民尽出城迎其遗体，史书记称"家祭巷哭，如丧考妣"。

罗绅父子护境壮烈死难后，石康民众专门为其父子建了一座祠庙以作祭祀，取名为"罗公祠"。廉州知府饶秉鉴为了表彰罗绅父子一门忠孝，特地为之作表立传。到了清乾隆十八年（1753年），合浦知县廖佑龄在石康扩建罗公祠，后世将之称为新庙。罗绅的事迹也代代相传，演化为神，保佑石康平安，流传最广的就是罗绅脚踢日寇飞机炸弹的神话。

说的是抗日战争中，日寇飞机轰炸石康时，有人看见罗绅骑着高头大马，将日寇飞机扔下的炸弹一一踢到江里，使之不能伤害石康民众。为了考证此事，有人在日寇飞机走后专门去罗公祠验证时，发现罗绅的塑像还满头大汗，脚上的皮靴因踢炸弹踢歪了还未穿正。1949年前石康匪患严重，人们又搬罗公显灵来吓唬土匪，使土匪不敢到石康侵扰。崇祯本《廉州府志》把他列入"死节"立传，称："清介公勤。"嘉其"一门忠孝"。

五、客家祭祀

珠乡客家人的崇拜（宗教）文化既保留了中原祖地崇佛道、重儒术、信鬼神的习俗，又融合了本地的崇拜（宗教）文化元素，自成一体，卓然而立。客家人通过岁时祭祀活动，来加强内部的团结协力，以适应不同环境下的生存、发展的需要。

客家人的岁时祭祀有：春节祭祀，除夕日要给祖祠上供，除了香花宝烛之外，各家各户都要把做好的年糕摆上案台与祖先共享，到过了初三行村（拜年）才取回来，带给亲友。有的甚至放到了元宵节。大年初一是各家各户全家拜祖，初二是全族或全房进行祭祖活动。

清明祭祖，这是全宗族的头等大事。清明祭祖得从始祖墓祭起。一个姓氏有姓氏的始祖墓，一个宗支有宗支的始祖墓，一个家族有家族的始祖墓，只有拜祭了始祖墓之后，才可以拜祭各家庭祖墓。祭祀始祖墓的仪式是非常隆重的。必须要由辈分高、有德行的长者担任主祭，这是不可错位的。祭拜时严格按程序进行，跪拜、叩首、奠酒、进馔要遵照次数顺序，年长辈分高者在前，其他人依序列排后。主祭者宣读祭文后，上香、奠酒、叩首、进馔、跪拜、鸣鞭炮、烧纸钱元宝，一切都有规定的套路，不可马虎。

建祠祭祀，客家祠堂是客家人居住地最显著的特征。因为，有客家人居住的地方，必定有祠堂，祠堂越大，客家人就越多。而且，祠堂也是客家人姓氏地望的标志之一。只要一看祠堂门前的对联，这家祠堂的姓氏也就基本明了了，无需多费推敲猜测。客家祠堂的多功能化，由此可见一斑。

客家人敬祖崇宗，宗庙祠堂的建筑也是一种明显的文化特征。这些祠、庙的建筑格局和规格非常分明，不能越轨。宗祠下面是祖庙，祖庙下面是各房的祠堂。里面分别供奉始祖、世祖、房祖的牌位，不得掺杂，这是为了认祖归宗。祠堂里飞檐画梁，诗词楹联，各彰其事。祠堂结构为三进，前面均挖有池塘，大门均雕刻或撰写固定的对联。

此外，二月二祭土地、端午节、中元节、中秋节、重阳节、冬至以及嫁娶和祖先的生、忌日，都要祭告祖先。

六、疍家祭祀

北海合浦的疍家祭祀有着鲜明的地域特征，突显海丝路始发港的影响。一是天妃庙（亦称三婆庙、天后宫）群现象，北海合浦的天妃庙30多家；二是人文特色，北海合浦的疍家有4个结合板块，每个板块之间的祭祀方式虽然大同小异，但有各自内涵。

涠洲三婆庙。涠洲三婆庙的祭祀起源于对海神或图腾的崇拜，最早记载见于晋代刘欣期所著的《交州记》。客家移民进入涠洲，由客家演变成为疍家后，成为疍家祭祀。涠洲岛三婆庙的后殿，正中祀奉有海神三婆婆。三婆婆神像的左右，分别是千里眼和顺风耳两尊小菩萨。后殿的左厢，祀奉三婆婆的哥哥三王爷爷。后殿的右厢，祀奉一方两尺多高的灵位，位上写着："三婆庙始创人黄开广大人位。"至于三婆庙内为什么把黄开广作为始创人来供奉，有各种各样的传说。一是黄开广率兵来涠洲岛征剿海盗时，因见岛上的一座庙成了海盗的巢穴，一怒之下就把该庙烧毁了，许愿将海盗剿除后，再新建一座神庙。后来黄开广真的如愿将海盗剿除，就在涠洲岛重建了这座三婆庙。二是清乾隆三年（1738年），一名黄开广的福建商人在涠洲附近海面遇风暴袭击，幸三婆在南湾显灵，逢凶化吉，后出资修建了此庙，庙里因此把黄开广作为始创人来供奉。

干江天后宫。干江天后宫是北海合浦祭祀的天后庙宇中规模最大的，占地面积超过400平方米，为三进式三开间两廊布局，建筑格局为木梁结构。来到大门，首先见到是门厅上的七幅彩绘壁画。壁画的内容依然清晰可见，都是些平安富贵的美好寓意及寄托。从中寄托着渔者耕夫对渔樵耕读的祈祷。干江天后宫前是菜市场。而在古代，这里是港口码头的祭祀广场。每当疍家出海打鱼之前，或渔获丰收归来之时，疍家都会在这个广场举行祭海仪式，祈祷天后保佑。这里又是干江疍家岁时祭祀、春秋社戏的场所。天后宫廊壁上，保留着三处石板碑刻，详细记录乡人修庙、建庙、征地的捐资名单。从中粗略得知，早在同治三年（1864年）三月，人们就开始维修后宫了。

廉州中学天妃庙。廉州中学天妃庙是清廷"禁海迁界"的见证。清初，清廷下了"禁海"令，对沿海居民强制实施搬迁。廉州理所当然就成了涠洲岛渔民们迁徙择居的第一站。当时的廉州府一带水路直接与大海相通。岛上渔民选择了最靠近大海的西门江码头（即今廉州中学魁星楼码头）修建三婆庙。择址重建的三婆庙完全依照涠洲岛"鼓形石窟"下的三婆庙原状为依据，规模宏大，由门楼、前殿、大殿组成，为三进三间式建筑，规格布局与今涠洲岛的三婆庙基本一致。涠洲的三婆庙也随之迁到廉州府城，今廉州中学海角亭边。不同的是，廉州史志记述中称之为天妃庙。"禁海迁界"结束后，廉州中学天妃庙又迁回涠洲重建。

七、贞烈孝义祭祀

贞节孝义是古代重要的道德标准和社会秩序维系之一。北海合浦贞烈孝义祭祀更具有鲜明的人文色彩。

"双贞亭"是清道光年间发生在合浦的一个烈女的故事。林三姑父亲是合浦贡生，一家三口本来有一个安定的生活环境。但不幸的是林父早逝，剩下林三姑与母亲相依为命过日子。城中有许氏，心肠歹毒，窥林三姑美色，便蓄谋霸占后将其卖入妓院换钱。于是许氏假意托媒向林母说亲，林母不知许氏的险恶用心，答应了这门婚事。后被林三姑识破许氏的诡计，决心投江以死抗婚。是夜，林三姑将全身衣服密密缝牢后，毅然投江自尽。后来，乡人在西门江入海口处发现了林三姑的尸体，身上衣裤整齐，头发一丝不乱。更奇怪的是，林三姑的身旁还躺着一具与之年龄相近的女子尸体。经查实，该女尸也是城郊一名抗婚的女子。乡人感此两女的贞烈，遂把两女葬于文昌塔下，取名为双贞坟，并立碑作记。后来，乡人又为之修亭，亭址选在三界庙东北角方向。亭建成后，取名为双贞亭。

"双英坟"是清朝嘉庆年间发生在廉州府的一个凄怨哀绝的爱情故事：廉州府小吏陈紫英爱上了廉州城名妓云英，两人日久生情私定终身，并准备结婚。但被陈父所不容，俩人决定自杀殉情。自杀之日，两人同穿一条裤，同梳一条辫，并用绳索捆绑在一起，然后服毒自杀。双英之死，在廉州府引起了轩然大波。官府中人认为这是伤风败俗之事，有辱斯文礼教，败坏吏治名声风气，不准在廉州府治之所安葬，要运出30千米之外弃尸荒野，以儆效尤。双英殉情却得到了"卷珠帘"歌妓们的深切同情，她们捐钱为双英特别制了特大的棺材，还疏通了官府，准许为双英购地作墓，将两人同棺同穴而葬于廉城东郊10里外的鸡射岭，并为两人立了墓碑，名曰"双英坟"。珠乡的山歌手们便把此事编成山歌，传唱开来，流传至今。

合浦孝文化的人文史迹始于汉，《百越先贤志》记："丁茂，字仲虑，合浦人，少孤贫，性孝，事母服勤，色养得其欢心。母终，负土治坟，植松柏成行，白鹿游乎左右，驯扰不去。交趾郡邑竞传以为孝感太守，察孝廉，终身衰绖不就，吏民皆敬重之。"《明史·列传》第一百八十五《孝义》篇中记有："郑馥，石康人。父赐，举人，兄䕫，进士。天顺中，母为瑶贼所掠。馥年十六，挺身入贼垒，绐之曰：吾欲丐吾母，岂惜金，第金皆母所瘗，愿代母归取之。"贼遂拘馥而释母，然其家实无金也，馥遂被杀。廉州知府张岳建祠祀之。张岳为之作《孝子祠记》，详述其事迹。孝子祠遗址位于合浦县山口镇中堂西屯村。

八、神灵祭祀

北海合浦的神灵祭祀林林总总，除了佛教、道教诸神之外，还有本土神灵，这些本土神灵都来自民间传说，如普云庵。普云庵位于镇东观音山上，建于明，兴于清，是珠乡知名古刹之一。庵中供奉观音大士、文昌公、三佛三帝各路仙家神圣，当年香火鼎盛时，乡人还在观音山下建一香纸作坛专供普云庵使用。几百年间，普云庵屡有兴废，几经更替。而近百年间仅轮换两任主持，前任主持十姑90岁仙游后，现任主持钟喜英接管庵堂事务。钟喜姑14岁皈依普云庵，至今已80多岁，主持庵堂近70年，是修行有德，珠乡名尼。

三宝岩仙祠。位于曲樟乡三宝岩山脚下，仰头望时，但见三宝岩仙祠有如悬在山崖中间。三宝岩仙祠是为了纪念成仙的吴道全而建。吴道全是曲樟人，未成仙前，经常钻进到三宝岩内与洞中的仙人下棋，每次下棋的时间长则10天半月，短时也有三五天，时间长了，也就修炼成仙。他在三宝岩洞中成仙后，直接从洞里进入大海，渡海游方去了。曲樟的乡亲们为了纪念这位土生土长的仙家，就在三宝岩洞口建了这座仙祠来供奉他，还在祠中为吴道全塑了一尊仙像。

九、石狗公祭祀

在合浦县汉文化博物馆内，摆放着一只硕大的石狗，从其造型来看，头大嘴阔，身短脚长，虽然不是外形漂亮的宠物类，却威武神勇，颇具威慑力。珠乡为什么要给狗雕石像，并把之作为图腾来崇拜呢？说来有一段远古的神话传奇。

原来，合浦古属百越，是乌浒族群居住地。乌浒在《汉书》中又称作"蛮"，合浦属南蛮居地。据《后书·南蛮传》记述："昔高辛氏有犬戎之寇，帝患其侵暴，而征伐不克。乃访募天下，有能得犬戎之将吴将军头者，购黄金千镒，邑万家，又妻以少女。"即是说，高辛氏受到犬戎的侵犯，高辛帝为了能抵御其侵害，贴出榜文称，有能取得犬戎吴将头，平定疆土者，不但可以得到千镒黄金，万户封邑，还可以得到高辛帝的女儿为妻。

榜文贴出后，王公大臣将军们无一作为，却是高辛帝饲养的一头毛色五彩的叫盘瓠的狗奋勇出战，咬下了吴将军的头献给朝廷。高辛帝见状大喜，却又因此为难，认为人狗不能相配，有反悔之意。高辛帝的女儿知道盘瓠立功回来的立即挺身而出，愿与盘瓠践诺，于是瓠背负帝女走进深山石室，共同生活了3年，共生子女12人，男女各6名，并自号蛮夷。这就是蛮夷的祖先。后来蛮夷族人就把狗作为崇拜的图腾，刻石像以祀之，蛮越地区石狗的来历因此而起。现今石狗保存最多的是雷州半岛，还专门建有石狗博物馆。

珠乡合浦的石狗图腾崇拜，虽然没有雷州那样普遍众多。但在沿海一带的渔村，对狗图腾崇拜的风俗依然保存下来，在县城西南郊的干江圩、沙田乡耙棚、营盘镇火禄一带的渔村里，也有狗图腾祭祀。不同的是，这种狗图腾不只是石雕像，而是陶瓷烧制或彩色泥塑，这些狗图腾的造型仿真度很高，乍一眼望去与真狗无异。这种石狗图腾一般都安放在田头、村边路口，定时烧香供奉。据称有保佑风调雨顺、五谷丰登、护一方平安的功用。

狗图腾在珠乡渔村有如此高规格的待遇，则是起因于另一个传说。

据说当地渔村有一渔家，夫妇两人在一次出海捕鱼时，遭遇狂风袭击，渔夫被狂风打落水中后埋没于波涛之中，渔妇幸得饲养的一条狗救了回来，以后就共同生活在一起，渔妇也不再嫁人。为了纪念这条狗的救命之恩，渔家便在村边为狗制作了雕像。笔者前些年曾到过这一带渔村，目睹了这个活灵活现的狗图腾，还被吓了一跳。事过境迁，不知道这个狗图腾是否还能够保存下来？可惜的是，珠乡的石狗图腾或是渔村中的泥狗图腾，都没有引起人们的重视，被废置一边，所以，知道珠乡狗图腾历史的人很少了。

十、祭海祭珠神

在中国沿海地区的民俗文化中，渔家出海前举行祈祷平安和渔获丰收的祭海仪式，有着鲜明的地域特色和特定的祈祷信仰，不同地区的祭海仪式会有不同的图腾崇拜和信奉内涵。近年来通过挖掘复兴，乃至列入各级"非物质文化遗产名录"，如浙江、山东、福建、广东、海南等沿海地区的祭海仪式，或祭海龙王生日，或祭海神娘娘诞辰，或祭天后求福等。长期以来，这些祭海仪式在民间积聚了深厚的文化吸引力，成为海洋文化中的一个标志性符号。

北海祭海仪式及其表现形式、礼仪规制源起何处，更是一个令人关注的问题。但是，由于缺乏史料记述及遗存考证，北海祭海仪式的研究，长期以来处于空白状态。近年来，文史研究者在考证白龙城的历史建制及文化内涵的过程中，在当地人士的帮助下，多次深入白龙城及周边相关的历史遗存点，进行实地考察探访，最终得以初步揭开了北海祭海古俗的源由及形态——祭白龙池。

此外，笔者还通过查阅大量的史料典籍了解到，早在晋代，北海就出现了祭海行为。据晋代刘欣期所著的《交州记》记称："去合浦八十里有涠洲，周回百里。""合浦涠洲有石室，其里一石如鼓形。见榴杖倚着石壁，采珠人常祭之。"从刘欣期所记述的"采珠人常祭之"的情景中，可以了解到两方面信息：一是珠民们在进入珠池（断网珠池）采珠前，经常举行祭海仪式；二是当时珠民们祭祀的是被认作神物的如鼓形的石块和榴杖。遗憾的是，这里只是记述了采珠人祭海的事，没有具体的行为经过。

而在同是晋代的徐衷所著《南方草物状》中，则记述有采珠祭海的行为经过："凡采珠，常三月。用五牲祈祷。若祠祭有失，则风搅海水，或有大鱼在蚌左右。"由此可知，珠民祭海的时间是每年三月，用五牲祭品；若祭祀的礼仪有疏漏，就会遭到海里大鱼的阻碍，无法采珠；珠民在祭海中祭祀的是"大鱼"，这种"大鱼"又是什么呢？

到了宋代，南宋四大家之一的范成大所著的《桂海虞衡志》对此作了颇为详细的记述："珠出合浦，海中有珠池，疍户投水采蚌取之，岁有丰耗，多得谓之珠熟。相传海底有处所，如城郭大，蚌居其中，有怪物守之，不可近。蚌之细碎蔓延于外者，始得而采。""合浦珠池蚌蛤，惟疍能没水探取。榜人以绳系其腰，绳动摆则引而上。先煮毳衲极热，出水急覆之，不然寒栗而死。或遇大鱼、鲛、鼍诸海怪，为髻鬣所触，往往溃腹折肢，人见血一缕浮水面，知疍死矣。"

通过史籍的查找考证，珠民们祭海祀奉的大鱼就是"鲛、鼍诸海怪"。在生产力落后的古代，珠民渔家无法了解及认识在海中作怪、阻碍采珠渔获的现象因何而来，又不知如何应对，就只能以满足海怪的需要而祭祀。在每有神灵信仰之后，就去求助海神了。

到了明代，有中国科技百科全书第一人之称的宋应星，在他的《天工开物》中如下记述："凡廉州池，自乌泥、独揽沙至于青莺，可百八十里。……疍户采珠，每岁必以三月，时牲杀祭海神，极其虔敬。"

明末清初的岭南三大家之一屈大均在《广东新语》中记述："凡采生珠，以二月之望为始，珠户人招集羸夫，割五大牲以祷，稍不虔洁，则大风翻搅海水，或有大鱼在蚌蛤左右，珠不可得。又复望祭于白龙池，以斯池接近交趾，其水深不可得珠，冀珠神移其大珠至于边海也。"

清代李调元的《南越笔记》也对此作了考证复述。

至此，北海祭海仪式及其表现形式、礼仪规制的源起已经呼之欲出了：北海古代祭海行为出现在晋代；在明代形成祭祀形式和礼仪规制，并因此有了特定的内容和固定的时间地点：祭祀海神，祈祷珠神移其大珠至于边海；每年农历二月十五开始至三月间，官方确定的海祭地点是白龙珠池旁的白龙城。

那么，北海祭海仪式又在白龙城的哪个具体地点举行呢？

据明崇祯版的《廉州府志》记载："相传有盘石浮而至，渔人以为神。因祝之，若得鱼符所期，当立祠以报。果如所祝，遂升石至杨梅，绳断即其处立庙，故名。凡水旱疫疠，祷之即应有灵验。洪武二十九年通判夏子辉为采珠重建。"

这里是说，古时有一块浮在海面的大盘石，随风漂到了杨梅岭下的海滩。渔家们见此状况，都认为这是天赐神物。于是都到这块盘石前祈祷许愿，祈祷以后出海都能够风调雨顺，得到好的渔获收成。许愿得到神石的保佑之后，就专门建一座寺庙来供奉神石。果然，经过了祈祷许愿之后，渔家每次出海都得到了好的渔获收成。于是，大家就决定把这块神石抬上杨梅岭建寺供奉。当大家合力扛着这块神石往岭顶上走，行走到一株杨梅树下时，绳子突然断了，神石再也扛不动。渔家们就因此认为这是神石要在这里安座的表示，于是就地建起了一座寺庙。因为是在杨梅岭上的杨梅树下，就取名为"杨梅寺"。据称杨梅寺建好后，不但是对渔家们的祈祷许愿非常灵验，特别每逢水患旱灾、疫病侵害时，更是"祷之即应"。到了明代洪武二十九年（1396年），廉州府通判（明代分掌粮运、水利、屯田、牧马、江海防务等事务的州府副职）夏子辉对杨梅寺进行了扩建。在这次重建中，夏子辉针对珠民到珠池采珠时多遇风险而产生恐惧畏难心理的状况，在寺中着重体现了护佑珠池大有，祈祷珠民平安的祈祷规制，使之规模更胜从前，香火连绵不断。从夏子辉代表官府"为采珠重建"来看，这就是杨梅寺成为官方确定的祭海仪式举办的所在地。

此后，白龙城及周边的渔家在每年的农历二三月，都要在杨梅寺举行一次隆重的集体祭海仪式，以祈祷珠池大有及渔获丰收。至今，杨梅寺虽然已经湮没，但这种祭海仪式每年还在杨梅寺遗址举行。

北海古代的婚嫁礼俗趣话

范翔宇

雍正十年（1732年）三月，朝廷专门给廉州府下了一道禁令，严禁合浦歌圩上进行"互歌婚配"，违禁者将以"伤风化"处理，重者甚至被处以充军流放及至处死。

当年合浦歌圩上"互歌婚配"是什么样的情形，朝廷为什么要如此高调地禁止呢？虽然目前对此没有可视性的图片资料可参考，但从史籍中保存的合浦民间的传情歌谣中，可窥见歌圩的一瞥。让我们来听一听这些"以歌传情"者的心声表白吧！

新买纸扇白又红，一边画凤一边龙。
画龙画凤哥无想，单单想妹好姿容。

歌圩上的青年男子买了一把描凤画龙的纸扇。他在歌圩上寻寻觅觅，就是为了见到日思夜想的情人妹妹，要与情人妹妹"龙凤配"。而情人妹妹"互歌对答"更有意思：

鸭嘴无比鸡嘴尖，妹嘴无比哥嘴甜。
妹想同哥亲只嘴，三年无用买油盐。

一边是"单单想妹好姿容"的急切心情，一边是"妹嘴无比哥嘴甜"的考虑犹豫。活灵活现地表现出歌圩上相恋男女的心态。

歌圩上的情感表达如此的热烈，是这种情感表达最容易点燃青年男女心中的激情火花。因此，歌圩上的"互歌婚配"成功率也不会低。

蜘蛛牵网半边丝，无挂壁根无挂篱。
挂篱挂壁有人见，挂在哥心无人知。

这是女主角犹抱琵琶半遮面的相思诉说。她对歌圩上结识的情郎的万般思念，就像蜘蛛网上的丝（思），千丝万缕缠绕心头，却又怕人知晓。而男主角的表述则是毫无遮拦的了："妹阿姨，阿哥相思你无知。月大思妹三十日，月小思妹了无期。"他直截了当呼唤着与情人相见："妹又回，三朝七日你要来。三朝七日来一趟，莫让大路上青苔。"这是多么急切的期待啊，三天七日的圩期，对这些热恋中的情人来说就是"了无期"的漫长。

在"父母之命，媒妁之言"的婚姻制度下，敢于冲破传统的盲婚哑嫁，是需要多大的勇气！很明显，这种歌圩上自由婚恋的"互配婚姻"，与封建礼教格格不入，难以被当时的社会环境所接受，官府下令禁止也就理所当然了。

通过合浦歌圩上的"互歌婚配"现象，我们可以了解到北海古代婚嫁礼俗的某一个侧面，由此也见证了北海古代婚嫁礼俗的多元化。而这种多元化的婚嫁礼俗的存在，是与廉州"俗有四民"包括珠疍、渔疍、柴疍、蚝疍在内的疍民，从中原迁居而来的客家人，由全国各地来到廉州府城经商、聚居的商人，包括壮、瑶、苗等少数民族在内的生活形态相依存的。这"四民"的婚嫁礼俗在长期的包容兼续中，产生了约定俗成、大同小异的礼制，也各自保留了独具特色的习俗，这就是形成北海古代多元化婚嫁礼俗的社会基础。

根据《廉州府志》及《合浦县志》记载，北海民间婚嫁的礼制主要由以下几方面组成：

（1）定亲旧习由媒妁说合。父母做主，也有亲朋说合者。自由订婚者则极少。议成，取女方年度（即女子的出生年月日）于男家，3日后如男方家中无异兆，议乃定，于是择日行纳彩礼，即所谓"下定"。男方以金银首饰、鸡、鹅、猪肉、烟、茶、饼食及定金送女家作为聘礼。女家酌领后也回送以种种饼果。男方则制备圆形银牌一个，名曰年庚牌，其径大约5寸，周围镌以龙凤花草，中刻男女双方之出生年月日及时辰，送至女家。聘礼送过后，男方另行择定迎亲合卺日，通知女家。

（2）迎亲时由男家备办烧猪饼食、酒、米、爆竹、鸡、鹅等物，并为新娘备四人花轿一乘，为接亲人及送亲人备黑色大轿两乘，另备食格若干为接送嫁妆之用。来往具用高灯、头锣、罗伞、八音，以示热闹。新郎到女家时，须谒祖，拜见岳父、岳母及长辈，女家设宴款待。送嫁人到男家时，男家也设宴款待。新娘未到家前，男家先备婚宴，卺酒，设于祖堂。俟新娘到家停轿于门前，请道上禳之，曰"剪白虎"。然后由妇人之中所谓福命佳者两人，扶新娘下轿并撑阳伞遮护。新娘戴凤冠，着红色百褶裙，十指均套银质指甲，用红帕覆首，以纸扇掩面，下轿足不履地，步步接稻草席，扶至祖堂，偕新郎拜祖。然后将花烛点燃，行合卺礼，俗称"交欢"，于是新郎揭下新娘覆首红帕，跨而过之。

是日大宴宾客，应酬频繁。酒阑客散，新娘捧甜茶敬亲友。

（3）回门 新娘到男家第二天，下厨，捧水给亲属洗面，复敬甜茶，接受者回赠"封包"。是日新娘归宁（回门），新郎须随往。六朝、十二朝、满月新娘均须归宁，朝去暮返，例不越宿，满月后方可小住。婚后第一年，新郎须亲往岳家拜年，并预备"大笼糕"分送岳家亲属。岳家设宴款待，并赠红包，名曰"拜年钱"。

此外，古代的再婚、纳妾、童养媳、入赘等婚嫁旧俗，则不在此礼制之中。

由于存在着"俗有四民"的形态，北海的民间婚嫁礼俗在遵循约定俗成的婚嫁礼制的同时，却也保留着各自不同的精彩。

以客家人的古代婚嫁礼俗为例。客家是一个十分注重恪守传统礼俗的民系，在婚姻大事方面尤其如此。

在旧时，北海客家青年男女之婚事，必秉"父母之命，媒妁之言"。客家俗话讲："天上没云不下雨，地下没媒不成双。"青年男女无父母之允许，不可自行决定婚事，婚前亦不可私自见面。规矩十分严格。

当男子长到谈婚论嫁的年龄，父母向媒人说明婚娶要求，媒人带上男方家所备之礼（有猪肉、阉鸡等，亦有少量现金），至适当之女方家提亲。若女方家愿意，即将女子八字交给媒人。男方家或请算命先生合男女两人八字，合即成；若八字不合，则不成。

订婚之后，男女双方可互派人到对方"看屋"和人。一般是男方去女方家为多。看时可以进屋明看，亦可不让对方发觉，偷偷观察。

一切了解清楚，基本满意，双方父母再见面商谈婚嫁条件，包括礼钱、礼品、宾客规模等事项。男方依约准备，择日将礼钱、礼金诸物送至女方家，称为"过礼"。实即古礼之"纳征"。并请先生选择良辰吉日，报予女方家。是为古礼之"请期"。最后依礼举行迎亲大典，将新娘迎娶进屋。

按北海客家婚姻习俗，在女方，有"哭嫁"之俗。女子出嫁前3日，要与家人尤其是母亲相拥而泣，母亲教女儿"三从四德"诸妇德，做好媳妇；女儿则感激父母的养育之恩，以及与家人姊妹的难舍之情。出嫁当日，需请有福、命好、家里"四眼齐全"夫妻双全、有子有女的妇女帮助新娘梳妆打扮，诸如拈汗毛、扎发髻、插花、戴花冠、盖头巾等。出门前，要由家人陪同，携带三牲祭品到祖公厅祭拜列祖列宗，向之辞行，并祝其保佑一切顺利，婚姻大吉。最后，由8—10位陪嫁女，送至男家。

在男方，要写"迎亲贴"敬请亲友，准备喜宴。择吉日请福命好之人帮助安床，每个床脚垫一个新红火砖（用红纸包）或是放一枚铜钱，床上铺好席子、被子、双枕，挂上蚊帐，床上撒花生、红枣、糖果等。一些地方还会将一箩谷放在床上。铺床时要口诵吉言。

迎亲当日，男方派出接亲队伍，用4人抬的红花大轿，敲锣打鼓，高举伞旗，抬着礼架，到女方家接亲。

迎亲队伍回到家门，先鸣炮恭迎，继而由两位全福人扶新娘下轿，轿前以两席铺地，轮流递进，直至家门，以寓传宗接代之意。

新娘入门之后，即行拜堂之仪。在房屋正堂准备一谷斗，内装大米，上置红枣、榄子、两枚红鸡蛋、两块糖果、一枝呈"丫"状的柏树叶等，插上香。斗旁两支红烛，两盏火油灯。新郎新娘在礼生的引导下，行合婚之仪。然后新人牵手至祠堂祭祖，向列祖列宗报喜（一些地方是新娘到家后，先向祖宗报喜，再行合婚之仪）。然后，两位新人手捧槟榔，拜认男方诸亲人。

而北海疍家的古代婚嫁礼俗却又另有一番景象。

关于古代疍家婚姻的情况，明末清初的著名学者，有岭南三大家之称的屈大均，在其所著的《广东新语》是这样描述的："诸蛋以艇为家，是曰疍家。其有男未聘，则置盆草于梢，女未受聘，则置盆花于梢，以致媒妁。婚时以蛮歌相迎，男歌胜则夺女过舟。"这即是说，疍家男女青年在相亲时，并不是以媒介为主，而是以船头的信物为介。未婚男子会在船尾摆放一盘草，而未婚的女子则在船尾摆放一盘花。疍家青年到了谈婚论嫁的年龄，就会以花草的摆放位置为标志去确定对象。确定了对象之后，才去请媒人为之说合。但是，在很多时候，疍家男女双方的相亲，是借助对歌来进行的，婚时以蛮歌相迎，男歌胜则夺女过舟。这里显然有更多的婚姻自主的色彩了，而在封建礼制之下，则往往被当作有伤风化之举。这就是为什么会出现本文开头所提及的朝廷专门行文廉州府禁止歌圩婚配的原因。

在老一辈疍家人的口述中，疍家结婚的时候，男方是划着篷船来迎亲的。疍家婚礼主要由以下几部分组成：一是求聘；二是过礼；三是哭嫁；四是迎亲；五是唱婚；六是拜堂；七是婚宴；八是洞房。

尽管北海古代的婚嫁礼俗各有所异，但哭嫁这一环节是必需的。是为了表达女儿对父母、家庭的感恩依恋，因此《哭嫁歌》也就成了出嫁女儿的一项必修婚嫁礼仪。而"俗有四民"中的《哭嫁歌》也各有特色。今列两种如下，以飨读者。

北海客家人古代婚嫁礼俗中流传的《十二哭嫁歌》：

> 第一辞堂辞祖上，祖宗安位在厅堂。第二辞堂辞祖婆，祖婆抱挨系女样。
> 第三辞堂辞挨爷，挨爷辛苦几凄凉，第四辞堂辞挨母，挨母功劳系相当。
> 第五辞堂辞挨哥，挨哥情义长又长。第六辞堂辞挨嫂，一条家务还你当。
> 第七辞堂辞挨弟，挨弟读书进学堂。第八辞堂辞挨妹，挨妹生来像挨样。

第九辞堂辞挨婶,从细娇揽好心肠。第十辞堂辞六亲,六亲百客各回乡。
第十一辞堂辞祖地,辞开祖地过别方。第十二辞堂随身去,过了别处长长久。
过年过节挨归转,探望父母好应当。人家生男防身老,挨母生女过别乡。
万望爷娘寿千岁,抱孙揽细在家堂。

在廉州民间古代婚嫁礼俗中流传的《新人辞祖歌》(节选):

叹爷娘

爷娘生温(我)有拱(这么)大,生是女命在世间。
怎得生温(我)是男命,同哥共弟在家堂。
若是生温(我)同哥样,传香接祖点神灯。
十月怀胎娘辛苦,三年喂养几艰难。
涅(小)时搬尿又抱屎,搬尿又抱屎几糠脏。
十二月天洗屎布,冷得爷娘十指雪。
有天又放日来晒,落雨又发火来烘。
我睡干床娘睡湿,几多功劳在一番。
爷娘抚育温(我)拱(这么)大,深情义重如泰山。
温(我)无推闲共躲懒,缸中无水快去担。
等温(我)收头共拾尾,朝间夜晚无时闲。
今日分别回家去,爷娘情分记心间。
双手近前来作礼,辞别父母回家堂。
"叹弟弟":第九辞来我弟弟,辞别弟弟做人妻。
希望弟弟听娘讲,莫把学业来荒废。
学好本事敬爷娘,忠孝做人耀门第。
"叹妹妹":第九辞来我妹妹,妹妹今日又分开。
希望妹妹听教训,规规矩矩莫雷堆(不懂规矩)。
雷雷堆堆(不懂规矩)被人笑,父母伤心无人爱。
千言万语讲无尽,坐过花艇跟哥回。

北海古代婚嫁礼俗中流传的《哭嫁歌》,反映了民间婚嫁的礼俗和道德观念。歌调是平淡的,感情是真挚的,是对亲情最真切的自然流露。《哭嫁歌》唱的不仅是一个出嫁女的心声,而且是珠乡百姓的家庭道德观念和婚俗礼仪,展示千秋古礼中的乡音乡情乡韵。

合浦民间技艺

范翔宇

合浦俗有四民，民风习俗各异，在长期的生活创造中，形成了丰富多彩的社会风情，也因此积累了精湛的民间技艺。一批能工巧匠掌握着这些技艺，为人们的生活增添了无限的情趣。由于这些民间技艺都各自有着开山祖师爷和传人，因此，也为后世留下了许多精彩的传奇故事。

一、塔架烟花

在廉州老一辈的原住居民中，流传着这样一句歇后语："老乌二的烟火，一截到一截。"说的就是廉州大型组合塔架烟花。

据《合浦县志》记载："上元夕城内之关帝庙、万灵寺有放火焰之举。其制法为用绸制人物串演戏剧场面数种，次第燃放，火起炮响，人物受火焰推动，变换场面……观者拥挤。"上元夕即是正月十五的晚上。由此可见，合浦县城古时正月十五闹元宵，除了花灯之外，还有一个重头戏，那就是"放焰火之举"。这种焰火就是廉州一绝的塔架烟花。廉州塔架烟花早在明代就有记载，其中最著名、工艺传承时间最长的就是唐氏塔架烟花。

塔架烟花是传统大型的烟花组合。塔架烟火综合了建筑造型，扎架工艺、雕刻美术、布艺泥塑、化工烟火等多门工艺技巧。因此，燃放起来尽显鬼斧神工，蔚为壮观。

塔架烟花的制作，内架全用竹篾扎成，需要很高的扎架技巧。因为每一支的塔架内，都设计有不同节目内容和人物造型，这些人物造型全是靠引线设置的机关牵引着，点燃引线后，随着引线的燃烧，架内的场景和人物就会依次脱落展现，稍有疏忽，就会造成光放烟花不见情景的现象。塔架内每一层还安放有蜡烛，随着场景的转换，蜡烛起到照明的作用。

塔架烟花高约 3 米，宽约 2 米，如有特殊要求也可根据需要订制，节目内容和人物造型也视需要而定。传统的塔架烟花一般是以《三国演义》《水浒》《西游记》中的情节为题材和人物造型，也有来自民间传说。一套塔架烟花可连续燃放 1—2 个小时，一边观赏灿烂的烟花，一边观看各种各样的场景和栩栩如生的人像造型，确是一件赏心悦目的乐事。

1949 年后，塔架烟花得到了改良，节目内容作了更新，制作工艺也有了改进，如绸制的人物造型逐步采用泥塑替代，题材方面也与时俱进，加进了斗地主分田地的土改场景和抗美援朝的英雄故事等。廉州城内最后一次燃放人物造型的塔架烟花，是在国庆十五周年庆祝晚会上，节目内容是活捉美蒋空降特务、欢庆国庆，地点是在合浦人工湖边（今还珠广场）。那五六米高座烟花塔，燃放之间，在烟花喷射中，一串串活捉美蒋空降特务，民众欢度国庆的人物造型和场景，不断地脱落变换，引来观众的惊叹声和欢呼声、鼓掌声，至今仍历历在目。

唐氏塔架烟花 20 世纪 70 年代还曾应邀出国展演，至今还有制作工艺传人。但由于种种原因，市场上已找不到塔架烟花的踪影了。

二、廉州花灯

廉州古代府衙门中，有一个闹街的习俗，即每逢元旦除夕之时，廉州城内每 5 户就扎一个花灯棚，灯棚上挂有匾额，或曰"兴贤"或"聚宝"，花灯上贴有各种各样的剪纸图案，还有舞狮队在衙门前表演，谓之"闹街门"。每年斯时，廉州城内花灯耀眼，热闹非常。而刚过门的新媳妇们还要到灯会祈求生子，并选定合意的一盏花灯带回家放在闺房内，如当年生了儿子，明年元宵就会双倍酬灯。可见，当时灯会之盛。

廉州花灯的制作，工艺精良、用料讲究、形象美观。廉州花灯的制作分为两大部分。

一是灯笼架的制作。由于花灯要求转动灵活，在制作过程中选料是第一位的，其次是破篾。选料要轻，除了常用的单竹之外，讲究者还要选用一种特别的茅竹来加工，因为这种茅竹空心，体积轻、有韧劲，用之制作的灯笼轻巧灵活。选定的材料之后，就要削成一条条细片，这就是称之为"破篾"。破篾的工艺十分讲究，不但要把篾片削成面条般大小，还要大小长短均匀，这是最讲技术的。因为只有把篾片削好了，织出的灯笼架才工整美观，也为下一道装裱工序打了下基础。

二是装裱。灯笼架织好了，接下来就是能工巧匠施展身手的时候。灯笼的装裱有两个讲究：一为灯笼架穿新衣；二为绘画。装裱灯笼能否平整洁净，影响到形体的完整美观，这是一道很精细的手艺，得非常用心去制作，稍不留神，就会形成皱痕，而且还要影响绘画的质量。灯笼上画的都是些吉祥的图案，或画龙描凤，或观音送子，或八仙过海。廉州扎灯笼架的工艺以谢氏家族为最；灯笼装裱的工艺以花氏家族为最。遗憾的是，他们的后人都未能完整地传承这些工艺。

三、廉州花山屐

清末民初，廉州兴起一种时髦用品，那就是花山屐。山屐是廉州方言对木屐的俗称。据史料记称，木屐早在春秋战国时期就已出现，缘于晋文公请介子推的故事。晋文公多次请隐居于绵山上的功臣介子推来辅政，但介子推躲进深山不愿出仕，晋文公便企图使用焚山燎木之法迫他出来。不料，介子推却抱住一棵大树并被烧死。晋文公很悲痛，就用那株树的木料制成一双木屐，吧嗒吧嗒作响的木屐之声激励着重耳励精图治，不重蹈覆辙，终成春秋五霸之一。木屐因此流传了下来。

清代李调元在《南越笔记·粤中多尚屐》中记："粤中婢媵，多着红皮木屐，士大夫亦皆尚屐。沐浴乘凉时，散足着之，名之曰散屐。散屐以潮州所制拖皮为雅。或以抱木为之。抱木附水松根而生，香而柔韧，可作履，曰抱香履。潮人刳之为屐，轻薄而软，是曰潮屐。或以黄桑苦楝亦良。香山土地卑湿，尤宜屐。其良贱至异，其制以别之。新会尚朱漆屐，东莞尚花绣屐，以轻者为贵。广州男子轻薄者，多长裙散屐，人皆呼为'裙屐少年'以贱之。"可见，花山屐之流行。

廉州山屐的底部有凹，形状像桥拱，翻过来像两座山，因而以"山屐"称之，以别于其他地方的平底木屐。花山屐即是在山屐的上面用手工漆花描绘花鸟虫蝶、人物风景等图案，底色一般有红、绿、黄几种。日常用的廉州花山屐的选料，一般都是苦楝木，有钱人家会选用质地好的木料，有的甚至选用黄花梨。由于花山屐制工精细，用料讲究，价格就比普通山屐高出许多，因此，不是一般平民百姓所常用，通常是有钱人家的太太、小姐所用。有时，也会用作嫁妆，或定情的信物，一对花山屐，往往就是一个女孩子一生的记忆珍藏。20世纪50年代初，花山屐还有散见于民间的，至今是无可觅踪，知之者也不多了。

四、过年的"咯咯鸡"

少年时代，每逢过春节的时候，最能满足童心奢望的玩具，就是泥捏的"咯咯鸡"。"咯咯鸡"是珠城民间艺人的杰作。这种泥捏的"咯咯鸡"的制作看似简单，却内藏机巧，公鸡有公鸡的叫声，母鸡有母鸡的打鸣，全在乎制作过程中设计的哨孔。如果设计不得当，别说是公鸡啼笼，母鸡生蛋的叫声不像，甚至连声音也没有，成了"发瘟鸡"。

"咯咯鸡"是用白泥先捏成鸡的形状。鸡身和鸡尾是分开来捏制的。捏好之后就挖出哨孔，这是最讲技巧的工序，"咯咯鸡"的声音是否逼真，关键在此。挖好哨孔后，就放进特别的火炉中焙烧。焙烧成形后，再用颜料在鸡身和鸡尾上画出公鸡或母鸡的形状。接着就用旧纸币压成百叶状后卷成圆筒，两头分别将鸡身和鸡尾黏接起来，晾干后，用手捏着鸡身和鸡尾往中一推，"咯咯鸡"就会发出类似公鸡或母鸡的啼叫声来。取其声音而名，这就是"咯咯鸡"。

"咯咯鸡"的另一个特色，就是采用当时废弃不用的大量的国民政府时期的金圆券。这些金圆券有代表不同面值的红色、蓝色和绿色。由于这些废旧币的纸质好、有韧性，用来压成百叶状后黏成气囊耐用，因此做成后的"咯咯鸡"，花花绿绿的煞是好看。

那时候，"咯咯鸡"在除夕之后才能上市，小贩们就用簸箕装着五颜六色的"咯咯鸡"，或在街头巷尾路口处摆摊，或一边捏着"咯咯鸡"沿街叫卖。公鸡的声音长而缓"咯—咯—"的啼鸣着，母鸡的声音短而响"咯咯咯—咯咯咯—"地叫喊着。一时间，整个街市都在"咯咯鸡"此起彼伏的声音笼罩之中。

最高兴的就是拿到了"封包钱"的小孩子们，大家捏着一两角钱"封包"，跟着卖"鸡"的小贩到处走，转来转去地挑选着心中喜欢的"鸡"。选中了，就递给小贩3分钱或5分钱，便可提"鸡"在手，双手捏着不停地往中间推，"咯咯鸡"就响亮地叫了起来。这时，大家又玩起了斗"鸡"的游戏，看谁的"鸡"叫得大声，谁的"鸡"颜色好看，谁的"鸡"能评上"鸡王"。三五成群的小伙伴们，相互追逐着在人流中钻来钻去，"咯咯"的"鸡"叫声通街通巷地传送着，给街市增添了欢乐和喜庆。

在得意忘形的狂欢中，一不小心把"咯咯鸡"打烂了，于是含着满满的一泡眼泪，摸着口袋里剩下的三五分钱，再去买一只回来，小心翼翼地放在床头边，在睡梦中也记挂着"咯咯鸡"，无论如何也不会再拿到街上去"斗鸡"了。要保存到开学的时候，放在书包里带去学校，向同学们展示炫耀自己春节的收获。过年没有"咯咯鸡"那是很没面子的事呢！那年月，"咯咯鸡"就是孩子们最珍爱的玩具！

北海客家的天妃信仰

范翔宇

北海客家人的崇拜（宗教）文化既保留了中原祖地重儒术、崇佛道的习俗，又融合了本地的崇拜（宗教）文化元素，自成一体。

北海客家人的宗教信仰中，有自己的本土神灵，如曲樟三宝岩仙祠的吴道全，闸口观音山的红娘子和老鸦洲的仙姑（后演变与天妃一体）等，也有外来的宗教，如涠洲的天主教堂、闸口的天主教堂、常乐的天主教堂等，由此构成了北海客家独有的多元化的宗教文化元素。在北海客家的多元化崇拜（宗教）文化中，民间的天妃信仰是

图 2-1 重建的涠洲天后宫（范翔宇 摄）

最具特色的，而且这一天妃信仰的传承并不是来自中原。

据相关的传记资料记述，天妃的前身是福建莆田滨海湄州人，为林姓女儿，因其在家中排行第三，故后世又称之为"三婆"。

据传此林姓女小时候就能预言人的祸福，11 岁便能歌舞乐神，长大后誓不嫁人。死后经常在家乡显灵，在风涛中救护船只。因此，家乡的人将她奉为神灵祭祀。到了北宋宣和五年（1123 年），朝廷派去高丽（朝鲜）的特使路允迪在海上遭遇大风，多得林姓女子显灵相救才脱险。路允迪完成使命回朝向宋徽宗赵佶报告此事，宋徽宗封妈祖为"南海女神"，传旨建庙，并御赐"顺济"庙额一块，林姓女子自此荣登神位。宋高宗赵构封之为"灵惠夫人"，宋光宗封之为"灵惠妃"，元世祖忽必烈封之为"护国明著灵惠协正善庆显济天妃"，明太祖朱元璋封之为"孝顺纯天孚济感应圣妃"，康熙皇帝封之为"护国庇民照灵显应仁慈天后"，乾隆皇帝又在天后的封号前加"福佑群生""诚感咸孚"等，天妃的封号由此达到了最鼎盛时期。

由于天妃是本土诞生，主要是守护海上及江河民众安全的神灵，于是，凡港口、码头处，大都建有天妃庙（或称天后宫、三婆庙）。

北海合浦是汉代海上丝绸之路始发港所在地，又是穿越合浦全境的南流江入海河段的流域地区，而南流江又是客家迁移北海合浦，乃至广西、海南的主要水路通道，因此，北海客家的天妃崇拜是区域信仰文化的重要组成部分。

首先，在有代表性的历史建筑方面。北海客家天妃崇拜的代表性建筑有涠洲三婆庙、合浦廉州中学天妃庙、廉州定海路的天妃庙、闸口的天妃庙等。而合浦廉中天妃庙，则是由涠洲岛三婆庙派生的，不但具有神奇的传说，还与清初"禁海"事件紧密相关，是清朝"迁海令"的重要见证。

据清《廉州府志》涠洲碑文记载，涠洲"内有八村，山多田少，洲人以捕鱼为业"。但从顺治十八年（1661 年）起，清政府为了断绝郑成功与内地的联系，下达"迁海令"，令沿海居民向内地迁移 30 里；康熙时又将迁移范围扩大至 50 里。涠洲岛处大海之上，更为迁徙之重。被清政府采用烧毁渔船，强行驱逐的方法强迁。廉州因地缘关系，成为涠洲渔民徙居的主要地点。岛上渔民选择了最靠近大海的西门江码头（即今廉州中学魁星楼码头）修建三婆庙。重建的三婆庙完全仿照涠洲岛"鼓形石窟"下的三婆庙原貌，由门楼、前殿、大殿组成，为三进三间式建筑，规格布局与今涠洲岛的三婆庙基本一致，规模宏大。不同的是，《廉州史志》记述中称之为天妃庙。

其次，传奇典故方面。北海客家天妃信仰除了对天妃本义的传承之外，更多地包含了本土的元素，如：廉州定海路的天妃庙，据传是因为涠洲三婆庙里的神像漂海而来而就地择址建之；而闸口天妃庙的建立，是因为当地的传说中，明清之交，倭寇多次侵入大廉港，闸口民众奋起反抗，曾得到天妃显灵帮助，乡民因此为之建庙立祀；老鸦洲墩天后宫的建立，就与闸口的民间传说有关。相传明末清初之际。倭寇屡次沿铁山港湾乘潮而上，到沿海客家乡村掠抢。时有一客家女子名珍娘，善骑射、精刀剑，率领众人抗击倭寇。在一次战斗中珍娘不幸被倭寇射中跌入海中失踪，乡民们沿海找了3天3夜，只见大廉港中突然现一小岛，岛上空乌鸦云集，岛中有一小屋，珍娘正端坐在屋中，乡民们进屋探视，珍娘已牺牲。小岛却是乌鸦们筑成的，后人便称此岛为老鸦洲，还在岛中筑庙祀奉珍娘。珍娘后来又演变成了天后。老鸦洲有一神奇之处，不论海水如何涨落，海岸线始终不变。即海岛会随海水涨落而升降。至今仍无法解释这一现象。因此也增加了老鸦洲墩天后宫的神秘。

北海客家天妃信仰十分普遍，几乎所有的客家乡镇都建有天妃庙，即使是在公馆、曲樟的山区乡村里也不例外。

汉代海上丝绸之路与合浦汉墓出土文物

周家干　陈祖伟

自秦始皇挥戈南越，开凿灵渠和桂门关分水坳，沟通了湘江水系、漓江水系、珠江水系和北部湾水系，打通了中原地区通达合浦的水道。这条以秦国军事行动（也就是运军粮和士兵）为目的"黄金水道"诞生了，也为以合浦为始发港的汉代海上丝绸之路的形成奠定了基础。这条"黄金水道"从秦汉时期的长安（今陕西省西安市）出发，经沔水入长江进洞庭湖，入湘江，经灵渠进漓江、桂江、浔江、北流江，经分水坳（桂门关）入南流江，直达合浦港。

东汉著名史学家、文学家班固所撰的《汉书·地理志》中记载有一条以合浦为始发港的通往印度洋的航路（汉代海上丝绸之路）："自日南障塞，徐闻、合浦船行可五月，有都元国；又船行可四月，有邑卢没国；又船行可二十余日，有谌离国；步行可十余日，有夫甘都卢国。自夫甘都卢国船行可二月余，有黄支国，民俗略与珠崖相类。其州广大，户口多，多异物，自武帝以来皆献见。有译长，属黄门，与应募者俱入海，市明珠、壁流离、奇石异物，赍黄金杂缯而往。所至国皆禀食为耦，蛮夷贾船，转致送之。亦利交易，剽杀人。又苦逢风波溺死，不者数年来还。大珠至围二寸以下。平帝元始中，王莽辅政，欲耀威德，厚遗黄支王，令遣使献生犀牛。自黄支船行可八月，到皮宗；船行可二月，到日南、象林界云。黄支之南，有已程不国，汉之译使自此还矣。"此后，汉代海上丝绸之路继续往西延伸到波斯湾、红海、非洲东海岸等地。

自汉代海上丝绸之路通航后，一方面，外国夷商跨洋越海，纷纷来到中国的合浦港登岸，以琥珀、水晶、玛瑙、香料、象牙、犀角等交换丝绸、陶瓷、珍珠和茶叶等商品；部分外夷商人则溯江而上，直抵汉都长安及中原地区进行贸易；当时的民间贸易是以货物平等交换为主。另一方面，外国使团以"贡献"的名义，将土特产"贡献"给汉朝皇帝，博得汉朝皇帝的"赏赐"。两汉时期，海上丝绸之路沿岸诸国向汉王朝的"贡献"有记载的达10次。据《汉书卷十二·平帝纪第十二》记载："（西汉）元始二年（2年）春，黄支国献犀牛。"《后汉书·南蛮列传》记载："（东汉）建武十三年（37年），南越徼外蛮夷献白雉、白菟。"《后汉书·南蛮西南夷列传》记载："（东汉）肃宗元和元年（84年），日南徼外蛮夷究不事人邑豪献生犀、白雉。"《后汉书·西域传》记载："（东汉）章帝章和元年（87年）安息国遣使进献狮子、符拔。"《后汉书·西域传》记载："（东汉）和帝永元十三年（101年），安息王满屈复献狮子及条支大鸟，时谓之安息雀。"《后汉书卷五·孝安帝纪第五》记载："（东汉）延光元年（122年）春二月，夫余王遣子将兵救玄菟，击高句骊、马韩、秽貊，破之，遂遣使贡献。"《后汉书·南蛮列传》记载："（东汉）顺帝永建六年（131年），日南徼外叶调王便遣使来贡献。（顺）帝赐调便金印紫绶。"《后汉书·西域传》记载："（东汉）桓帝延熹九年（166年），大秦（古罗马）王安敦遣使自日南徼外献象牙、犀角、玳瑁，始乃一通焉。"《后汉书卷八·孝灵帝纪第八》记载："（东汉灵帝）熹平二年（173年）冬十二月，日南徼外国重译贡献。"《后汉书·南蛮西南夷列传》："（东汉光和）六年（183年），日南徼外国复来贡献。"汉朝皇帝"厚遗"这些国家，也即是将丝绸、陶瓷、珍珠、茶叶、黄金等赏赐给他们，并为这些使臣"设酒池肉林，以飨四夷之客"。

中国的丝绸、陶瓷、珍珠、茶叶等商品通过古代海上丝绸之路外传，将当时古印度、古希腊、古波斯、古罗马和中国等文明古国连接起来，最初只是作商品交换，实现经济上的互通有无，后来突破了经济范畴，发展成为各国政治、外交、文化、艺术乃至人民生活联系密切的纽带，丰富了东西方的经济、文化，对各国经济、文化的发展带来深远的影响。通过古代海上丝绸之路，中国古代的四大发明（指南针、火药、造纸术、活字印刷术）和医学、中草药等传送到世界各国；同时也把外国的宝石、象牙、犀角、璧琉璃、琥珀、玛瑙、香料和玻璃器皿等特产和珍奇动植物等传入中国，丰富了中国的物产和文化，促进了中国经济、文化的发展。

今广西合浦县廉州镇清水江——禁山一带的汉墓群，面积约68平方千米，长约13千米，宽约5千米，是国家重点文物保护单位。据勘探调查，该汉墓群保护区内约有汉墓近万座。1949年后，文物部门清理发掘的合浦汉墓约1 000多座，出土的珍贵文物逾万件，其中有：青铜器、玉器、金银器、陶瓷器、古钱币等；还有舶来品：香料、玻璃器皿、璧琉璃、玛瑙、水晶、琥珀等物品和外国风格的黄金饰物。

从合浦汉墓的结构及随葬品来看，不少汉墓的墓主是相当于郡守一级官吏或富商大贾。合浦的汉墓墓葬文物丰富，文化积淀深厚。"有译长，属黄门，与应募者俱入海，市明珠、璧流离、奇石异物，赉黄金杂缯而往。"（《汉书·地理志》）。中国应招者和翻译人员一起登船航海，买卖明珠、璧玉、琉璃、奇石异物，一般带着黄金、各色丝绸前往。"杂缯"为丝织品的总称，"缯"古音读"丝"。"明珠"并非珍珠。《通典》一书中的"黄支"条，于明珠之下加一"玉"字，乃玉类也。"璧琉璃"《梵书》作吠琉璃，《一切经音义》言稠利夜，亦言稠梨或云毗琉璃；以山为名，头梨山出之宝石之类，即青色的宝石，也即绿宝石和青金石。"奇石"也属于宝石之类。

在合浦发掘的每座汉墓都有璧琉璃、水晶、琥珀、玛瑙、奇石等外国饰物、器物的随葬品。

20世纪50年代，合浦汉墓出土一批珠、管、耳、鼻塞、环、璧、杯、盘、碗等玻璃饰物的随葬品。经鉴定属高温烧制的钠钡玻璃，属舶来品。

1975年，合浦汉墓出土有用琥珀雕成的狮子、青蛙、扇坠等工艺品。狮子不产于我国，合浦汉墓出土的琥珀狮子是从大秦（古罗马）输入我国。关于玛瑙，《三国志·魏志》《唐书·拂麻传》等史籍有记载："大秦（古罗马）多产玛瑙。"合浦汉墓出土玛瑙饰物最多，从出土玛瑙饰物的雕刻风格看，属舶来品无疑。

1975年，合浦堂排3号汉墓出土玻璃珠1.08万颗，有透明的和半透明的，颜色有青、淡青、绿、墨绿、淡蓝、天蓝、湖水蓝、黑白、粉红、紫褐10种。形状以扁圆最多，还有椭圆、菱形、橄榄形、网坠形的，中心均穿孔。经鉴定属高温烧制的钠钡玻璃，属舶来品。

1984年，合浦环城凸鬼岭7号汉墓出土2件加圆环形、深蓝色、半透明的玻璃饰物。经鉴定属高温烧制的钠钡玻璃，属舶来品。

1985年，廉州爆竹厂1号西汉墓出土椭圆形玻璃饰物。经鉴定属高温烧制的钠钡玻璃，属舶来品。

1987年，合浦文昌塔70号汉墓出土1件属钾硅系统的玻璃杯。经鉴定其造型与纹饰属外国风格，属舶来品。

1988年10月，合浦环城母猪岭1号西汉墓出土1件半透明、天蓝色的玻璃盘；合浦堂排3号墓出土1件玻璃碗，均属钾硅系统。经鉴定其造型和纹饰属外国风格，均属舶来品。

1988年11月，合浦环城红头岭11号西汉墓出土1件玻璃杯；1990年6月，合浦环城红泥岗1号新莽时代的墓葬出土1件湖蓝色、半透明的玻璃杯，均属钾硅系统。经鉴定其造型属外国风格，均属舶来品。

公元前2700年，西亚和地中海沿岸国家已能够生产玻璃，应是世界上最早生产玻璃的国家。中国生产玻璃是在公元前1100年。汉代的玻璃进口有两条路径：一是通过陆上丝绸之路，二是通过海上丝绸之路。合浦汉墓出土的玻璃器皿，应是通过海上丝绸之路从西亚和地中海沿岸的国家进口。据《宋书》记载："大秦（古罗马）国曾遣使呈文帝五色玻璃。"还有一位玻璃制造的工匠来到中国，能变火石为水晶，并把他的技术秘密传授给他的徒弟。是时，中国开始烧制钠钡玻璃。晋代葛洪在《抱朴子·论仙》一书中记载："外国作水晶碗，实是合五种灰以作之，今交广多有得其法而铸作之者。"这里说的"水晶碗"，即玻璃碗，"交广"即今广东、广西及越南北部地区。即是说晋代以前，两广地区的人民已掌握烧制玻璃技术。又据《南州异物》记载："玻璃本质是石，欲作器，以自然灰冶之。"由此可以推断，通过海上丝绸之路的经贸往来，两广地区特别是合浦先民，早在汉代便向西方学习到了烧制高温钠钡玻璃的技术，从而克服了中国传统的铅钡玻璃不耐高温的缺陷。

近代在马来西亚半岛及新加坡（古属揉佛国）出土有中国汉代印纹夹砂陶和印纹硬陶；在印度尼西亚的加里曼丹岛的沙捞越河口发现五珠钱；在越南中部（汉日南郡地）出土有秦代青铜剑和秦代三刃山字形青铜剑及汉代青铜刀鞘；在苏门答腊、爪哇和婆罗洲的墓葬中，也出土了大量的中国汉代印纹硬陶、青白瓷和白瓷。所有这些出土的陶瓷器，与合浦汉墓及合浦汉代陶瓷窑遗址出土的陶瓷器物，在造型和彩釉、花纹上是一致的。这证实汉代合浦生产的陶瓷器物，早在汉代已通过海上丝绸之路输送到东南亚各国了。

汉武帝与北海合浦海丝路的情缘

连冬梅

北海合浦是古代中国与东南亚、西亚和欧洲距离最近的海上丝绸之路始发港。自秦始皇开凿灵渠,沟通湘漓二水之后,中原和长江流域,就可通过北海合浦与南洋交通,贸易往来,首先开创了中国和南洋国家距离最短的古代海上丝绸之路。

其实,这条海上丝绸之路可能老早就已开通,《逸周书·王会解》说:殷商时,朝廷就要求岭南骆越人以象齿、文犀、玳瑁、珠玑、翠羽"为献"。这些奇珍异宝不全是中国岭南所产,有的可能是骆越人通过海上贸易获得。而这种海上贸易可能就是最早在北海合浦港完成的。

现代考古发现也证明,在汉武帝之前,北海合浦已经在开发海洋、开拓海上丝绸之路方面有非常悠久的历史。

1959年,在合浦县沙田镇对达村大坡岭发现的石器和陶片说明了距今5 000—4 000年前,这些地方已广有人居住。1959年,在北海咸田白虎头村北约500米的高墩采集到夹砂陶片,是一处新石器时代沙丘遗址;还在福成白龙村牛屎环塘沙丘遗址发现过几何印纹硬陶。

1972年,在合浦龙门江遗址出土石戈一件,在清水江遗址发现大石铲与残铜器共存。这些发现说明,距今5 000—3 500年前生活在北海合浦海滨地区的人群已经开始步入较高级的文明社会。《水经注》引《交州外域记》载:"交趾昔未有郡县之时,土地有雒田,其从潮水上下,民皆食其田,因名雒民。设雒王、雒侯主宰郡县。县多为雒将,雒将铜印青绶。"《广州记》也载:"交趾有雒田,仰潮水上下,人食其田,名为骆人,有骆王、骆侯,诸县自名为骆将,铜印青绶,即今之令。"这里的"雒"与"骆"同。当时的交趾包括北海合浦在内。这也说明当时骆越人在秦汉之前已能种植水稻,发展农业。

秦始皇进兵岭南的目的之一就是"利越之犀角、象齿、翡翠、珠玑"。虽然象齿、珠玑可能是岭南地区所产，但犀角、象齿、翡翠等一定会有一部分是从海外经过北海合浦输入岭南的。

秦始皇统一岭南以后，就拿这块有开发空间的地区来流放罪人。从《史记·秦始皇本纪》中可以看到，秦始皇至少有3次徙人来岭南。一是秦始皇三十三年（公元前214年）"发诸尝逋亡人、赘婿、贾人，略取陆梁地，为桂林、象郡、南海，以适遣戍"。当时北海合浦属象郡。二是秦始皇三十四年（公元前213年）"适治狱吏不直者，筑长城及南越地"。三是秦末南海尉赵佗使人上书"求女无夫家者三万人，以为（戍守岭南的）士卒衣补，秦皇帝可其万五千人"。秦始皇用这些人来充实新开辟的岭南边地，他们从中原地区带来先进的生产技术和文化，和当地骆越人一起，加速了整个岭南地区的开发，为后来赵佗建立汉越杂处、半独立状态的南越国奠定了基础。

因此，汉武帝在北海合浦设郡之前，这里已是海上交通枢纽和民间主要贸易口岸，而且这里还出产著名的南珠，所以早已成为一个商贾云集的经济中心。汉武帝选择这里设郡也是因为有此基础。当时，汉武帝正是看中了北海合浦港这样的出海条件，又正值当时陆上丝绸之路受到安息国、大月氏的阻挠，所以，当时的合浦郡就成了汉武帝拓展海上丝绸之路的最早基地。设郡之后，合浦郡又成了北部湾沿海的政治中心，反过来又促进了当地经济社会的进一步发展，古代海上丝绸之路最早始发港地位也得以凸显。

合浦郡所在多为台地和平原，河道纵横，多独流入海。主干流南流江发源于今北流市境内大容山南坡，向南流经玉林、博白、浦北而进入合浦，注入廉州湾。南流江水量丰沛，可以行船，20世纪50年代以前，40吨重的盐船仍可从合浦通航到玉林福绵船埠。南流江下游形成冲积平原和三角洲平原，地势平坦、土地肥沃、光热充足、灌溉便利，盛产稻谷和蚕桑，是高产稳产的农业基地。南流江出海口港湾水深无礁，东有雷州半岛、南有海南岛及北海冠头岭阻挡，风平浪静，是独一无二的古代天然良港。

北海合浦位于北部湾的中心位置，又是南流江出海口，可进行江海陆联运。溯南流江而上，过桂门关（鬼门关），进入北流江，下浔江，溯桂江，上灵渠，通过湘江进入长江水系，可北进中原。另外还有两条水路，一是通过郁江、右江而进入云南；二是溯西江而上，通过浔江、黔江而达贵州，或者顺西江东下，从广州（番禺）出海。

而北海合浦的海上交通，可缘海岸驶向东南亚，进而延伸到西亚，与欧非各国往来。在汉代，北海合浦是我国往来东南亚（南洋）最便捷的海上通道门户，也是海上丝绸之路最理想的始发港。正如清人顾祖禹在《读史方舆纪要》中评述合浦地势时所说：廉州府"南滨大海，西距交趾，固两粤之藩篱，控蛮獠之襟要。珠官之富，盐池之饶，雄于南服"。因此，合浦郡的地理环境、区位优势造就了中国古代海上丝绸之路最早的始发港。

合浦郡是汉武帝元鼎六年（公元前111年）平定南越后，在岭南地区重新调整郡县时所设的九郡之一，是新开辟的郡。据《汉书·地理志》载："合浦郡，武帝元鼎六年开。莽曰桓合，属交州。"合浦郡下辖五县：徐闻、高凉、合浦、临允、朱卢。根据谭其骧主编的《中国历史地图集》，秦汉岭南部分标示，合浦郡东北与郁林、南海二郡为邻，西北邻日南郡，西南接交趾郡，东南临海。徐闻相当于今广东海康县；高凉相当于今广东茂名、电白一带；合浦相当于今广西钦州、北海及玉林市南部；临允相当于今广东新兴县；朱卢相当于今海南琼山县。西汉末，儋耳、珠崖两郡相继撤销，设珠崖县，"遥领"原儋耳、珠崖两郡事，也隶属合浦郡。因此，汉末的合浦郡相当今之广西东南部、广东西南部及海南，西起中越边境的北仑河口，东到广东开平，北抵广西容县，南括雷州半岛和海南岛的广阔地带。当时北海合浦的农业不很发达，"郡不产谷实，而海出珠宝，与交趾比境，常通商贩，贸籴粮食"（《后汉书·孟尝传》）。

从《汉书》和《后汉书》等文献记载中可以看到，自西汉后期起，"徙合浦"的事件更是屡见不鲜。仅从汉成帝阳朔元年（公元前24年）到汉平帝元始五年（4年）的近30年间，因罪"徙合浦"者就有10余起。被"徙"的罪人大都是高官贵族、皇亲国戚及其家属，如孔乡侯傅晏、方阳侯孙宠、关内侯张由、南郡太守毋将隆、泰山太守丁玄、河内太守赵昌、颍川都尉右师谭、郎中令冷褒、黄门郎段犹、中太仆史立等等。他们都是曾在朝廷掌实权的人物，有的曾显赫一时，势倾朝野，但在统治集团内部的倾轧中，一夜之间成了阶下囚，或冤死狱中，或流徙远域。其中，也有人因此反而发大财的。西汉成帝阳朔元年（公元前24年）京兆尹王章得罪大将军王凤，遭陷冤死，其妻子被流放到合浦，"以采珠为业"发了大财，七八年间，"致产数万"（《汉书·王章传》）。

而关于汉代海上丝绸之路的最早记载见于《汉书·地理志》，其文曰：

> 自日南障塞，徐闻、合浦船行可五月，有都元国；又船行可四月有邑卢没国；又船行可二十八日有谌离国；步行可十余日有夫甘都卢国；自夫甘都卢国船行可二月余，有黄支国。民俗略与珠崖相类，其洲广大，户口多，多异物，自武帝以来皆献见。有译长，属黄门，与应募者俱入海市明珠、璧琉璃、奇石异物，赍黄金杂缯而往。所至国皆禀食为耦，蛮夷贾船，转送至之。亦利交易，剽杀

人。又苦逢风波溺死；不者，数年来还。大珠至围二寸以下。平帝元始中，王莽辅政，欲耀德威，厚遗黄支王，令遣使献犀牛。自黄支船行可八月到皮宗；船行可二月到日南、象林界云。黄支之南有已程不国，汉之译使自此还矣。

特别要说明的是，合浦郡刚刚设立时，郡治在徐闻，所以才说从徐闻开始，实质是以合浦港为始发港。后来合浦郡治就改在合浦。

现代考古发现证实，中国古代商人的足迹已遍及南洋各国。

在印度尼西亚的加里曼丹岛沙胜越河口曾经发现一批汉代五铢钱，而且在苏门答腊、爪哇、加里曼丹等岛屿发现了中国汉代陶器。特别珍贵的是，在苏门答腊出土的一件陶鼎的底部还有西汉元帝初元四年（公元前45年）的纪年铭文。而在加里曼丹岛出土的1世纪薄绿釉陶魁，与合浦望牛岭汉墓出土的陶魁极为相似。由此可见，当时中国同印度尼西亚等国有了经济、文化联系，而且很可能有一部分中国人与当地的居民通过海丝路移居到了这些海岛上。

在西汉末年至东汉中叶，中国从西域去西方的陆上丝绸之路经常受阻，大批陆运商人被迫转向南方海路，以合浦为始发港的海外贸易更为频繁，并进一步延伸到了罗马帝国。罗马帝国就是《后汉书》中提到的"大秦"，它是以今意大利为中心，包括北非、西亚和欧洲南部的大帝国。《后汉书·西域传》记载："大秦国一名犁靬，以在海西，亦云海西国。地方数千里，有四百余城……宫室皆以水精为柱，食器亦然……土多有金银奇宝，有夜光璧、明月珠、骇鸡犀、珊瑚、虎魄、琉璃、琅开、朱丹、青碧……与安息、天竺交市于海中，利有十倍……其王常欲通使于汉，而安息欲以汉缯彩与之交市，故遮阂不得自达。至桓帝延熹九年，大秦王安敦遣使自日南徼外献象牙、犀角、瑇瑁，始乃一通焉。"由此可见，罗马帝国与汉王朝的海上丝绸贸易，以前是间接贸易，受到安息国官府和商人的从中盘剥，到延熹九年（166年）罗马帝国国王安敦所派使者从日南徼外（陆地边界）到达中国。从此两大帝国才恢复了直接的贸易。东汉时代的罗马作家大普林尼的《博物志》，希腊作家托勒米的《地理志》、波尼金亚斯的《希腊指南》等书，都有关于中国同南洋各国海上交通的记载，不少外国使节也从古代海上丝绸之路经过北海合浦到达长安和洛阳。

当时远洋航行的船只主要是木帆船，航海技术差，抗风浪能力有限，还没有懂得利用指南针指示方向，只能缘海岸而行。北部湾是季风气候区，冬季多行东北风，夏季多行西南风。因此，冬季顺风扬帆，出海比较方便。而且，缘海岸而行也容易取得粮食和淡水的补给。

东汉初，马援征交趾，"将楼船大小二千余艘，战士二万余人"，就是从合浦出发,缘海岸而行的。西晋时交趾采访使石崇出使安南,走的也是这条路。博白县城西南,南流江畔的绿珠镇有一座绿珠庙,这里曾流传着石崇途经博白,花三斛南珠购买美女绿珠的故事。

直到南北朝时,中国航海技术发展到可以由海南岛的东边漂洋过海后,广州的扶胥港才完全取代了北海合浦港的始发港地位。

汉代船队航行到异国他乡,往往人生地疏,需要请当地的人帮忙,"蛮夷贾船,转送致之",有时还会遇到"剽杀人"的情况,"又苦逢风波溺死",困难重重。但是中国人冲破了重重风浪,前仆后继,开辟了这条沟通中国与东南亚、西亚乃至联通北非和欧洲的万里航线——古代海上丝绸之路,为中外文化交流史写下了浓墨重彩的一笔。

汉武帝之后,海外各国纷纷经由古代海上丝绸之路向中国朝贡。《后汉书》等古籍对此有许多记载。如《南蛮西南夷列传》载:元始二年(2年),日南之南黄支国来献犀牛;《后汉书·西域传》:九真、日南以外的南海诸国和部落首领与汉朝政府往来,和汉朝使节往返一样,仍以合浦、徐闻海港登岸。

每次海外的贡献,汉朝政府都有回赠,而回赠最多的是"彩缯"。这种贡赠关系实际上是以南洋诸国的"珍宝"换取中国的"丝绸"的一种变相的官方贸易。

东汉时期,佛教从陆路传入中国。由于海上交通的发展和繁荣,往返于中国、印度之间的高僧同时使用海路,古代海上丝绸之路也成了佛教南传之路。在广西贵港出土过三国吴黄龙元年(229年)铭文的神兽纹铜镜,镜背内区主纹有高浮雕的佛像。《三国志·吴书·士燮传》载:汉末董督岭南七郡的士燮兄弟"出入鸣钟磬,各具威仪,笳箫鼓吹,车骑满道,胡人夹毂焚烧香者常有数十"。这些焚烧香的"胡人"应当包括东南亚来的佛教徒。中国最早的佛教著作《理惑论》,其作者牟子是广西苍梧的儒生,携母由合浦海道入交趾(今越南河内附近)读经书,攻佛学,再回到苍梧写书。苏东坡《菩萨泉铭并序》写道,晋人陶侃在任广州刺史时,在海上得到阿育王铸造的有款识的文殊师利像,后来转送到武昌寒溪寺了。《南齐书·祥瑞志》载,永明七年(489年),越州(今属合浦)人采到一颗像思维佛像的白珠献给皇帝,齐武帝为此盖了一座禅灵寺把它作为佛像供奉。据唐僧义净撰《大唐西域求法高僧传》记载,唐初的道宏、贞固、智弘等高僧都曾到过广西桂林,并由桂林前往印度。智弘是"济湘川,跨衡岭,入桂林而托想,遁幽泉而息心",后与无行禅师为伴"至合浦升舶,长泛沧溟"。(以上部分内容来自蒋廷瑜的《海上丝绸之路的历史文化》)

综上,始发自北海合浦的古代海上丝绸之路,开创了一条中外经济交易、政治交通、文化交流、社会交往的海上新通道,充分体现了中国人勇于开拓进取、开放包容、勇于冒险、敢于创新,为争取幸福而不懈努力奋斗的丝路精神!

海上丝绸之路对南珠文化积累的影响

范翔宇

汉代海上丝绸之路的开辟及其应用，在对沿线地区的经济开发产生了巨大推动作用的同时，也为当地的文化积累开拓了新的领域，南珠文化现象就是其中最具标志性的反映。

南珠文化与汉代海上丝绸之路（简称"海上丝路"）是一种共生的社会现象，其内涵的伸展与包容当然也随着社会的发展而发展。纵观海上丝路的形成、发展、演变及其转移的历史过程，就会发现，在不同的历史时期内，南珠文化的表现形态各有不同，除了折射出一定历史时期的社会形态之外，更重要的是为后世保留了大量的、珍贵的史实事典，为后人的研究考证提供了可靠的依据。本章就海上丝路的发展过程中，南珠文化的诸种形态及其成因作一略述。

一、家国形态

家国是一切文化现象的载体。南珠文化中的家国形态，是催生南珠文化的第一要素。合浦古属百越乌浒族群居住地区之一，虽然早在商汤时期就纳入了进贡属地的范围，但也只是定期地将地方特产的珠玑翠羽等"为献"罢了，在行政管理上几乎没有发生什么关系。合浦古越先民们也因此乐得"仰潮上下，取翠羽、采珠为生"，处于自生自灭状态。春秋战国时期，楚国"南平百越"，也只是象征性地"抚有蛮夷"。所以，当秦始皇派遣50万大军，挥师南下，攻取陆梁地以为岭南三郡的时候，包括合浦在百越先民们"皆入丛薄中……莫肯为秦虏"，依据险恶的地形与秦兵开展了6年的浴血对抗。由此可见，在海上丝路未开辟通航之前，南珠文化的表现形态是自然的、自生自灭、没有任何社会属性的,只有秦始皇设置了岭南三郡,置东南一尉以治理;同时,又"适治狱吏不直者,筑长城及南越",还派出15 000名中原未婚女子到岭南"以为士卒作衣补",实际给士兵们组成家庭之后,南珠文化的积累才有了一个固定的载体,那就是家国形态的出现。

后来,南越王赵佗奉行"越汉和亲"的政策,促进了百越民族的汉化,也加快了百越族群进入奴隶社会的进程,国家的法律制度规范了人们的社会道德行为、家庭的人伦观念。在这样一种社会制度之下,南珠文化的积累具有了社会属性,这就是家国形态。因为,从这时起,南珠文化的积累就要建立在国家与家庭的基础上面,要服从于国家意识形态及家庭道德观念的需要。

最初以军事作用为目的而开通的海上丝路,因此也推动了百越族群的历史进程和社会发展,古越族群不再是"仰潮上下",自生自灭,游离于国家政体以外的群体,而是要承担责任与义务的臣民,这就是"家国形态"在南珠文化积累中的重要意义和规范作用。此后产生的衣、食、行、住文化,四时节气中的民俗行为,无一不是在家国形态规范中存续发展。合浦境内有南越王朝时期的糠头山、南越王行宫等历史遗址,就是南珠文化的物质积累中的家国形态之一,对后世产生深远的影响。

二、吏治形态

在南珠文化积累中,影响最大的就是吏治形态,这也是南珠文化最辉煌的篇章,因此而影响了几千年,老百姓对吏治政绩的期待,"合浦珠还"就是其中的一个经典。吏治形态最初的代表人物是东汉光武帝时的费贻、汉桓帝时的孟尝。费贻因其为官清廉正直,勤政爱民,有所作为而得珠乡百姓的爱戴,郡民以其廉洁政风而作地名,故有廉山、廉垌、廉州、廉江、廉泉。孟尝因其治郡有方而得珠还之名,为千秋后世敬仰。以还珠作名的事典物迹在珠乡比比皆是,深切地寄托了老百姓对清官政治的期待和祈求。此后,因此产生的吏治形态群体有:芒鞋不踏名利场的苏轼,为民请命的李逊,拒收珍珠扇的危佑,历行清正的张夑、不持一珠的张岳,为官要与是邦名符、一肩一仆来去的徐柏,吏民挽辕相送的康基田,等等,成为南珠文化积累中的主流。吏治形态几乎渗透到了各个历史时期的社会生活层面,如:文艺方面的《珠还合浦》,政治方面的《乞罢采珠疏》《乞罢内臣疏》;经济方面的《采珠行》《珠池叹》及至当代的采珠节、国际珍珠节;军事方面的"媚川都";等等,都是特色鲜明、感情强烈的寄情托意。正如《越南志》中所寄托的:"国步清,合浦珠生,此实国家宝瑞。"可以肯定地说,作为一种文化象征的表现形态,以珍珠为载体、合浦为名,包容了海上丝路多种元素的吏治形态，其生命力所具有的影响力和凝聚力，自古到今都是独一无二的。

三、珠市形态

海上丝路的对外贸易功能，为南珠文化的积累提供了多元化，全方位的吸纳环境和条件。《汉书》记述，合浦不产谷实，海出珍珠；朴实的珠民不懂得商贸交易，被外来奸商欺诈，经常是升酒斗米易珠。随着海上丝路的开通，中原的货物与人流来到合浦，不只是简单的货物交换，更重要的是改变了合浦的特产结构和社会生产力结构。

珠市因此应运而生，形成了固定的商贸机制。这就是成为广东古代四市（广州花市、东莞香市、廉州珠市、罗浮药市）中的珠市。而东南亚乃至波斯湾的商人为了与中国扩大商贸往来，也通过海上丝路始发港作为货物中转站，珠市的交易形式和选择品种也得到了扩展。珍珠不再只是"贸籴粮食"，而是在交换农具、布匹、陶瓷等日用品中起到了硬货币的作用，也可以与东南亚商人交换玛瑙、水晶、琥珀等舶来品。随着贸易种类的增加，珠市的功能也随之扩展，逐渐成为信息汇集的中心。唐代项斯在《蛮家诗》中描绘珠市的盛况："领得卖珠钱，还归铜柱边。看儿调小象，打鼓试新船。醉后眠神树，耕时语瘴烟，不逢寒便老，相问莫知年。"这时的珠市景况无异于一幅珠乡风情画，卖了珍珠的珠民，来到铜柱边，这里有耍把戏的（调小象）、有新船下水庆典的、有祭社的、有朋友聚会的，这里当然就是珠市。卖珠老汉于是也加入这个聚会中，唱醉了倚树而眠。这里展示出来的珠乡的民俗风情，正是海上丝路注入南珠文化中的闪亮元素。

四、迁徙形态

在海上丝路注入南珠文化的所有元素中，最奇特的就是迁徙形态。可以这样说，迁徙形态是随着海上丝路的开通而派生的。据史料记载，在王莽专权的25年间（1—25年），通过海上丝路迁徙到合浦的朝廷高官，自王太后、国丈以下至太守以上者，有姓名记录者20多名。此后，合浦似乎也就成了迁徙安置朝廷官员的"特区"，由此也引出了许多轶事传奇，如：京兆尹王章妻子在合浦做珍珠生意致产数百万，董恭死葬合浦，中山王太后隐居合浦；到了宋代，大学士、礼部尚书苏东坡获赦从海南渡海北上来到合浦小住；等等。其间有多少悲欢离合，浮沉荣辱，几多辛酸忧患，由此浇育出南珠文化园地中的苦涩青果，点缀着海上丝路的千古幽思，万世烟云，为南珠文化的丰富多彩留下了苍凉的特色。

五、墓葬形态

以海上丝路始发港干江为分布扩散点，分布面积达67万平方千米，数量超过1万座的汉墓葬群，是海上丝路的又一杰作，也是一个千古之谜。据《后汉书》记载，当时合浦郡的总人口为86 617人，这是时辖5城（5县）的人口总数，合浦县的人口大约也在4万左右。从汉墓群的密集程度和近年考古发掘发现的墓葬规格来看，这些墓群肯定不是因土著居民而产生的。已发掘的墓葬表明，墓主人的身份大多是太守级以上的官员，墓中的陪葬品也不是普通百姓家所能拥有的。从墓葬中出土的大量水晶、琉璃、玛瑙、琥珀等物品，大多是通过海上丝路从外国传入的，直接反映中国与东南亚各国文化上的异同，同时也折射出对外政策的变化及引发的社会变动，如：汉初，吕后专权时，禁止向南越王国一带进行农具等金石铁器的交易，因此，使得南越相吕嘉有借口造反；魏晋时期，朝廷禁止珠民与交趾进行珠市贸易，以防"珠迁交趾"的事件重演。

这些历史事件除了记载在史籍之中外，相当一部分是从汉墓中发掘出来的铁器、陶器等通过考古查证获得的。此外，从合浦汉墓中还发掘出稻谷的种子、忍冬花、荔枝等物证，又见证了合浦早在汉代就能利用中草药治病，印证了合浦荔枝作为贡品的史实，可见稻谷在当时是珍贵品。合浦汉代墓葬形态所反映出的多种社会元素，生动而又确切地印证了海上丝路所具有的军事、经济、文化、政治多元化功能。正是这些多元化功能的社会效应，为南珠文化深厚而又丰富的积累，提供了时代条件和社会基础，从而形成了合浦汉墓葬群中，有谪臣苦旅、有铁马金戈、有楼船帆影、有佛教通道之说，而被专家称为"岭南汉文化第一品牌"。

六、民俗形态

以合浦"俗有四民"为主体的民俗风情，是海上丝路为南珠文化积累增添的亮丽色彩。明代王士性《广志绎》记述："廉州中国穷处，其俗有四民：一曰客户，居城郭，解汉音，业商贾；二曰东人，杂处乡村，解闽语，业耕种；三曰俚人，深居远村，不解汉语，惟耕垦为活；四曰疍户，舟居穴处，仅同水族，亦解汉音，以采海为生。郡少耕稼，所资珠玑，以亥日聚市，黎、疍壮稚以荷叶包饭而往，谓之'趁墟'。"在

"俗有四民"中，除了"疍"民之外，其他三类都是沿海上丝路进入合浦的移民：东民是客家人；客民是做生意的商人；俚民是少数民族。四民的居住环境不同、职业不同、方言不同，民俗礼仪也不同，这就形成了南珠文化中多元化的民俗形态。

客家人迁徙到岭南及合浦一带的，最早可以追溯到两晋时期，大规模迁徙则是从明清间进入合浦。客家人的迁徙已经证实，迁徙路线完全是依照海上丝路航线行进的。客家人来到合浦，不但带来了中原农耕种技术、农产物种、生活方式，也带来了独具特色的民居——客家土围楼，带来了客家山歌、客家山塘、客家祠堂、客家村场、客家谱牒，这些客家特色风物，随着"东民居东廓"而保留在合浦东部地区，随着时代的发展，合浦客家民系也融入当地社会主流，并以其卓行独立的客家精神，影响、推动着当地社会经济、文化事业的发展。

"客民居城郭"是出于生意上需要，这些客民大部分来自中原，因此"懂国语、业商贾"。由于客民流动性比较大，南去北往间，也带来了许多新的事物，自身的生活方式与习俗也成了一个大杂烩。比如："居城郭"中的客民们，没有祖祠之类的宇宙，每有年节祭祖拜精神，都是各家各户，当天对地的秉烛焚香烧纸钱。斯时，满街案台，通天神佛，蔚为大观。这种习俗保留至今天，吸纳了其他民系的风俗习惯，但变化不大。特别是语言方面，最有趣的就是"马留话"。在客家方言中，将居住在廉州及周边的居民称为"马留人"，这些居民所说的方言即谓"马留话"。这与史书称马援征交趾，班师回朝时，在交趾、合浦一带留下部属帮助当地"蛮夷"发展生产，这些人就被称为"马留人"，与他们所说的语言被称为"马留话"是一致的。"四民"中的俚民不懂国语，住在深山野岭、洞穴而居，应属少数人，对合浦社会生活发展影响不大。这部人后来融入了其他"三民"之中，没有留下很明显的文化特色。

作为土著居民的"疍民"，虽然在经济上、政治上没有什么地位，但对当地的文化影响是深远的，"疍家棚""疍家人""疍家风情"至今仍成为一种民俗热点。特别是疍家人对天后娘娘的崇拜，使得凡有港口、码头甚至可停船之处都有"天后宫""天妃庙""三婆庙"。随之而生的是与崇拜天后娘娘有关的民间行为，如游神、开春等。廉州民间歌舞"老杨公""何仙姑"等，在很大程度上吸收了天后崇拜中的表现形式。合浦"俗有四民"的风情民俗，是南珠文化中绚丽的画卷，也是海上丝路上最具兼容性的文化现象。

七、人 文 形 态

南珠文化中的人文形态，除了记诸于正史的文臣武将、王公贵族，如费贻、孟尝、马援、高骈、苏轼、伯颜、范梈等之外，还有许多精彩的历史片断未被张扬，这些精彩的片段大都定格在民间文化之中，在民众生活中广为流传，更能体现出海上丝路对社会各层面生活的渗透和影响。

其中包括："任香初和亲"，说的是廉州府官宦子弟任香初，因寻找在云南当官的父亲，而被少数民族女酋长招亲，最后成为一家人，为安定边境、维护国家统一做出贡献；东汉的姚文式以博学多才，确定了南越王宫故城所在，促使广州城建在南越王宫故地；张重不因自己的身材矮小而敢与汉明帝辩论，因此名声震于朝廷，深得汉明帝的重用；仁义忠勇的尹牙为伸张正义而不惜以身犯险，弃官司不做，化妆成奴仆潜伏奸臣府中多年，最后杀死奸臣，为民除害，因此得到皇帝的赞许，赦免死罪；以孝廉出名的李祖仁，长期服侍母亲，品德高尚，郡人将他居住附近的江称为慈廉江。此外，还有怨哀绝的"双英坟"中，廉州府小吏陈紫英与廉州府名妓为追求爱情而殉情；坚贞不屈的"双贞亭"中，林家二女为争取婚姻自由而以死相抗。这些都是见诸史籍，在民间广为流传的人文形态，最直接、最生动地传递出人民群众对于社会生活中道德观念方面鲜明的褒贬好恶，舍取信息。这些人文形态都是在海上丝路的环境中产生、交流，在南珠文化积累中沉淀传世的。

八、地 域 形 态

地域形态是南珠文化中的一个很独特的现象，而且，这种地域形态现象是随着海上丝路的变化而变化的。因这种地域形态现象而产生的专用词语，至今还有着其固定的经济属性、区域属性和文化属性，如"钦廉四属""八属""合浦郡地""珠池""珠乡"等。这些专属词语是合浦海丝路特有的。"钦廉四属"是指今天的合浦、钦州、灵山、防城，汉代同属合浦县地。"八属"则指今天的钦州、廉州、高州、雷州、罗定、阳江、琼州、崖州（海南），汉同属合浦郡地。而这些专用地名都有一个共同的经济特征，那就是"珠池"。明代弘治年间的大采珠，就是动用以上各州的船只库银来做后勤支援的。

珍珠是南珠文化中最主要的物质形态，珠乡也就成了汉合浦郡代称。珠乡的称谓沿用至今，不再是一个产地，而是一种地域文化现象。这种地域文化现象不会因为合浦获得了南珠原产地而固定；相反，在地域经济特征越来越明显（即特色经济、区域经济）的今天，这种地域形态的内涵（包括文化、经济等）也就会越来越丰富，其所具有的价值也越来越为人们重视。近年来，海上丝路始发港之争，"珠池"所在地之争，"珠乡"名称之争越来越明显，各种论文、专集、专题会议彼此呼应，成为一个热点现象。南珠文化中地域形态的地位、作用，始终是随着海丝路的伸展、转移而变换。地域形态因此成为海上丝路及南珠文化中最活跃的元素。

九、采珠形态

南珠文化积累中，最具政治特征的莫过于采珠形态。采珠作为珠乡社会生活中的一种生活方式，由于海上丝路对珠市贸易的影响，从而成了一个政治晴雨表。从诗人描写的"白龙城外暮云行，珠母海南秋月明。明月渐圆珠渐好，如听船外疍歌声"中，"一舟才过一舟呼"的欢快景象，变成了"哀哀呼天天不闻，十万壮丁半生死""以人易珠珠不见，烟水茫茫寒一片"的惊心动魄的惨景。采珠也就成了古往今来，最令人叹息的行为。几乎历朝历代的典籍史稿，都为海上丝路上的采珠行为留下浓墨重彩的一笔，更是文艺园地中一朵长艳不谢的花朵。除《二十五史》的记录之外，范成大的《桂海虞衡志》、周去非的《岭外代答》、宋应星的《天工开物》、屈大均的《广东新语》、李调元的《南越笔记》等名著，都有专门的篇章来详述采珠的过程。在朝廷决策方面，开采或禁采也就成了一个涉及民生的政策分界线。在一定意义上说，是因为海上丝路的贸易需求及交通便利条件，刺激了合浦珍珠消费的剧增，缩短了珍珠捕采的周期。据史料记载，魏晋之前，朝廷对合浦珍珠的管理大多是在珍珠销售流通环节上防止民间"私散好珠"。到了唐代，朝廷也只是下令廉州珠池开放，一任商民交易。但是随着海上丝路航线向沿海扩展，贸易量急剧增加，特别是合浦始发港至江苏（明代郑和下西洋始发港）一带港口群海丝航线的形成，合浦珍珠市场通过沿海港口迅速向内陆城市扩张，朝廷不再是袖手旁观，待民间采珠然后监管，而是直接派军队去监采，甚至直接介入采珠。始作俑者就是南汉后主刘鋹，设媚川都置军队采珠。此后，由朝廷诏令采珠成了惯例，由原先的20年或15年一采，到明朝已经是3年两采。清代顺治四年，清军刚攻下廉州城，就派户部官员到廉州珠池采珠。结果，钦差大臣前脚到廉州，不到20天，廉州城又被南明军队攻占了。由此可见，采珠已经成了朝廷的"规定动作"。监采是造成合浦珍珠资源枯竭的直接原因。当初因珠市引来海上丝路，因海上丝路促进珠市的发展，结果却因海上丝路导致了珠市的终结，也导致了采珠形态浸泡着斑斑血泪，成为南珠历史中最辛酸悲苦的记忆。

十、农耕形态

合浦农耕形态的发展及变动，与海上丝路的关系最为密切。汉代以前的合浦，几乎没有农耕。如前所述,"仰潮下下也好,唯以采珠为生"也好,都是完全依赖自然条件。随着海上丝路的开通、扩展及功能的增强,沿海上丝路进入合浦的除了军队、商人及流放官员之外,还有大量的移民,如三国时,士燮四兄弟雄踞交州、士壹在合浦当太守。

时中原战乱,士大夫为避战乱投靠士燮兄弟的"往依辟难者以百数",老百姓逃亡避难来合浦、交州的数以万计。这些老百姓到来后,当然要自食其力为生,最主要的手段当然是农耕了。因此,在极大程度上促进了合浦农耕的发展,改善了合浦农耕形态结构。汉墓出土文物中有猪栏、粮仓、稻谷种子、荔枝、忍冬叶,说明当时已开始有种植、饲养业的发展。此后,唐代的丝织业、宋代的陶瓷业、明代的烟草业,也先后沿着海上丝路进入合浦。

明末清初,红薯、甘蔗、木薯等品种也引入合浦广泛种植,因此又有了制糖业的发展。农耕形态的改善,在很大程度上提高了农民的生活质量,中原传过来的许多民俗活动也得到推广。农村的春秋祭事、四时社祀,也成定例;婚嫁迎娶,自成礼俗,渐成体系。于是,客家风情、疍家风情各领风骚,《公馆木鱼》《老杨公》《何仙姑》《鸭屎正》《西海歌》《大堂歌》《叹家姐》《海边歌》等客家山歌、疍家山歌、廉州山歌等娱乐形式也就成了农民庆祝丰收、祈祷风调雨顺的表述行为。虽然这些娱乐形式往往带有宗教和迷信的色彩,但是,作为农耕形式的文化现象,直接而又真实地反映了合浦农耕形态在海边路多种功能推动下,由单一走向多元,由自然状态转向社会化生产,为南珠文化的积累提供了更广泛的社会基础。

十一、宗教形态

海上丝路对南珠文化积累的另一个显著特征,即是海上丝路作为佛教传入中国的主要通道之一,在始发港合浦留下了佛教传入中国的大量的重要物证,并且使合浦成为佛教传入中原地区的重要中转站。在佛教未传入合浦之前,作为宗教形态存在的物证就有建于魏晋间的灵觉寺。灵觉寺是在南越王赵佗行宫故址上建立起来的。宋重建时,以禅宗东山法门为宗,取名为东山寺。这是距佛教传入合浦之后700多年后的事了。最早记录佛教在合浦活动的是在东晋简文帝咸安元年(371年),时有合浦人董宗下海采珠时,在海底找到了佛光焰。

董宗把这块佛光焰送到官府,官府层层上送,送到了丹阳一佛寺中,与一佛像相对,竟然是这座佛像身上的配件。而这座佛像则是东晋咸和年间(326—334年)在丹阳的河底拾得的,前后时隔三四十年,佛像失散的配件竟然能够重合。由此可见，佛教从海上丝路来到合浦然后再传入中原，合浦是中转站。在这一时期内，从印度通过海上丝路来合浦然后取道到中原、广州去传教的佛教徒有智弘、无行等。除了佛教之外，合浦海上丝路始发港周边广泛存在的天后宫（天妃庙），则是疍家对海神的信仰。宋代是各种宗教形态通过海上丝路进入合浦的旺盛时期，除了重建东山寺之外，还有慈云寺（清代改名为保子庵）、接龙庵、准提庵，这些都是广西最早的佛寺。

到了明清之际，合浦各类寺庙观堂有"四寺十三庵七十二庙"之说，可见是盛况空前。到了清后期，从海上丝路传入合浦的宗教形态又增加了天主教、基督教，并且渗透到农村、海岛。据不完全统计，通过海上丝路传入合浦、北海的天主教、基督教组织庞大，机构众多，教堂及附属机构有16处之多，教徒三四千人，使本土的道公佬、问花婆之类的占卦算命之流相形见绌。多元化的宗教形态，必然产生多元化的宗教文化，这是南珠文化积累中异军突起的重要组成部分。

十二、婚姻形态

海上丝路对合浦地区的婚姻形态造成的冲击力是巨大的、革命性的。从秦始皇派遣15 000未婚中原女子来到岭南"为士兵作衣补"开始，合浦地区的婚姻形态就产生革命性的变革；接着是贬徙合浦的官员，他们之中能回中原者，有记录者只有2人，一是王章的妻子，一是吕宽。前者是平反荣归，后者则投靠了当时专权的王莽。这些贬徙合浦的官员，包括国舅爷在内，总得在合浦传宗接代，生儿育女。后来，又有伏波将军马援留下的部属，也就是"马留人"。据合浦民间传说，合浦廉州方言区的马姓人士就是马援部属的后人。因为马援与留下的部属约定，凡留在当地的兵将，都可以沿用马姓，作为马援的后人。马援在东汉时的地位很高，又是皇帝的岳父，官拜新息侯，能够成为国丈爷的后人，是一件很荣耀的事，足以耀祖光宗。随着海上丝路功能的完善和扩展，沿海上丝路来到合浦的人士越来越多，据《廉州府志》记述，到了唐宋间，合浦姓氏成倍增加，到了明代增加至60多姓，因此，婚姻形态也就愈益丰富多彩。其间也出现了"涉外婚姻"，朝廷为此专门向廉州府下达了公文，严禁廉州商人取安南女子为妻。除了中原地区婚姻形态的冲击外，海上丝路沿线地区少数民族的婚姻形态也对合浦本土的婚姻形态产生冲击。少数民族中常见的歌圩互婚，也在廉州府流行起来。由于歌圩互婚被朝廷视作"有伤风化"，朝廷为此又下了一个专项文件，严禁合浦歌圩互婚。如此多彩纷呈的婚姻形态，为南珠文化积累注入了最浪漫的色彩。

综上，南珠文化的积累过程，在某种意义上说，也是海上丝路以合浦为始发港开通后，由单一功能（军事目的）向多元化功能转型发展的过程，海上丝路的转变型发展，在很大程度上影响着合浦地区及至海上丝路沿线地区的社会经济形态，推动着合浦及这些地区社会经济的转型发展。南珠文化在这两个转型发展中，吸纳了多元的社会发展要素，形成了独具特色的，以南珠为物质象征、以海上丝路为发展线索、以汉文化为依托背景、以合浦为特定区域的文化现象。

疍家文化　千秋焕彩

范翔宇

疍民，是对在沿海港湾和内河上从事渔业及水上运输，并以船为家的水上居民的称呼。古代疍民主要分布在长江和东南沿海一带，今集中在两广和福建沿海。"疍"之得名，因其居以为家的舟楫外形酷似蛋壳而称。北海疍家是其中最具特色的一部分。北海疍家的独特之处，就在于其组成体系是由5个不同的群体板块构成的：一是具有广西唯一的有纯疍家群体的建制镇；二是具有由客家人为主体的疍家群体；三是有史籍记载中最古老的疍家群体；四是有既保存疍家风俗，又兼容合浦俗有"四民风俗"的疍家群体；五是具有专业化的疍家群体。这就是千秋焕彩的北海疍家。

一、千秋岁月北海疍家

在关于疍家的一般论述中，提出疍家一词的源起，大多认为是在唐宋之间。论者所引的资料，多以范成大所著的《桂海虞衡志》《志虫鱼》篇中的记述："蜑（蜑通疍，下同——笔者注），海上水居蛮也。以舟楫为家，采海物为生，且生食之。入水能视，合浦珠池蚌蛤，惟蜑能没水探取。榜人以绳系其腰，绳动摇，则引而上。先煮毳衲极热，出水急覆之，不然寒栗而死。或遇大鱼蛟鼍诸海怪，为髻鬣所触，往往溃腹，折支，人见血一缕浮水面，知蜑死矣。"

又见《宋史·食货志》记："绍兴二十六年，罢廉州贡珠，散蜑（蜑通疍，下同——笔者注）丁。盖珠池之在廉州凡十余，按交趾者水深百尺，而大珠生焉。蜑往采之，多为交人所取，又为大鱼所害。至是，罢之。"

由此可见，在唐宋之间，疍家已成为一个众所认同的民系。但是，在史料记载中，疍家在合浦北海活动的时间要比以上记载更早七八百年。

三国时期，吴政权的丹阳太守万震所著的《南州异物志》中有这样一段记述：

"合浦民善游,采珠儿年十余岁,便教入水,官禁民采珠,巧盗者,蹲水底,刮蚌得好珠,吞而出。"

这是迄今为止见到最早的关于合浦珠民采珠的记录。这里所说的采珠儿,即是疍家中采珠为生的群体。如《桂海虞衡志校补》中所记述的:"珠,出合浦,海中有珠池,疍户投水采蚌取之,岁有丰耗,多得谓之珠熟。相传海底有处所,如城郭大,蚌居其中,有怪物守之,不可近。蚌之细碎蔓延于外者,始得而采。"

晋代刘欣期所著的《交州记》中又记称:"合浦涠洲有石室,其里一石如鼓形。见榴杖倚着石壁,采珠人常祭之。"这里所说的"采珠人常祭之",应是采珠疍家的一种祭祀活动。这个"石室"应是就洞穴而建的祠庙,这与今涠洲岛三婆庙的建筑格局是相同的。由此可知,早在三国两晋时期,合浦北海的疍家除了采海为生之外,还有了固定的社会民俗活动:图腾和祭海。

唐代广州司马刘恂所著的《岭表录异》也记有合浦北海疍家采珠的状况:"廉州边海中有洲岛,岛上有大池,谓之珠池。每年刺史修贡,自监珠户入池采,以充贡赋。耆旧传云,太守贪则珠远去。皆采老蚌,剖而取珠。池在海上,疑其底与海通,又池水极深,莫测也。珠如豌豆大,常珠也,如弹丸者,亦时有得。径寸照室之珠,但有其说,不可遇也。又取小蚌肉,贯之以篾,曝干,谓之珠母。容桂率将脯烧之,以荐酒也。肉中有细珠,如粱粟,乃知珠池之蚌,随其大小,悉胎中有珠矣。"由此可见,唐代合浦北海的疍家不但能够深入珠池采珠,而且还能够用蚌肉制作成肉脯,销售外地了。

范成大所著《桂海虞衡志》一书对合浦北海疍家采珠的状况记载甚详:"珠,出合浦,海中有珠池,疍户投水采蚌取之,岁有丰耗,多得谓之珠熟。相传海底有处所,如城郭大,蚌居其中,有怪物守之,不可近。蚌之细碎蔓延于外者,始得而采。""珠,有池在合浦海中孤岛下,名望断池。去岸数千里,望岛如一拳。池深可十丈,四周如城郭,纤细零溢生城郭外者,乃可采。岁有丰耗,多得谓之珠熟。"

宋司马炎的《资治通鉴》也记述:"刘鋹于海门镇募兵能采珠者二千人,号'媚川都'。凡采珠,必系石于足,腰絙而没焉,深或至五百尺,溺死者甚众。"

周去非在《岭外代答》"蜑蛮"篇中记:"以舟为室,视水如陆,浮生江海者,蜑也。钦之蜑有三:一为鱼蜑,善举网垂纶;二为蚝蜑,善没海取蚝;三为木蜑,善伐山取材。凡蜑极贫,衣皆鹑结。得掬米,妻子共之。夫妇居短篷之下,生子乃猥多,一舟不下十子。儿自能孩,其母以软帛束之背上,荡桨自如。儿能匍匐,则以长绳系其腰,于绳末系短木焉,儿忽堕水,则缘绳汲出之。儿学行,往来篷脊,殊不惊也。能行,则已能浮没。蜑舟泊岸,群儿聚戏沙中,冬夏身无一缕,真类獭然。蜑之浮生,似若浩荡莫能驯者,然亦各有统属,各有界分,各有役于官,以是知无逃乎天地之间。广州有蜑一种，名曰卢停，善水战。"

到了明清时期，史籍中关于合浦北海疍家采珠的记述日多，更显详备精彩。

明代宋应星《天工开物》载："凡廉州池，自乌泥、独揽沙至于青莺，可百八十里。……疍户采珠，每岁必以三月，时牲杀祭海神，极其虔敬，疍户生啖海腥，入水能视水色，知蛟龙所在，则不敢侵犯。

凡采珠舶，其制视他舟横阔而圆，多载草荐于上。经过水漩，则掷荐投之，舟乃无恙。舟中以长绳系没人腰，携篮投水。

凡没人，以锡造湾〔弯〕环空管，其本缺处，对淹没人口鼻，令舒透呼于中，别以熟皮包络耳项之际。

极深者至四五百尺，拾蚌篮中。气逼则撼绳，其上急提引上。无命者或葬鱼腹。凡没人出水，煮热毲急覆之，缓则寒栗死。

宋朝李招讨设法以铁为耙，最后木柱扳口，两角坠石，用麻绳作兜如囊状，绳系舶两旁，乘风扬帆而兜取之。然亦有漂溺之患。今疍户两法并用之。"

明代王士性《广志绎》载："珍珠舍合浦不生他处，其生犹兔之育，惟视中秋之月，月明则下种多，昏暗则少，海中每遇万里无云、老蚌晒珠之夕，海天半壁闪如霞，咸珠光所照也。旧时蛋人采珠之法，每以长绳系腰，携竹篮入水，拾蚌置篮内则振绳，令舟人汲上之，不幸遇恶鱼，一线之血浮水上，则已葬鱼腹矣。蚌极老大者，张两翅亦能接人而坏之，后多用网以取，则利多害少。珠池之盗，鸣锣击鼓、数百十人荷戈以逞，有司不敢近，然彼以劫掠无赖为生，白手挈蛋人而窃之，多少所不论，皆其利也。若官司开采则得不偿失，万金之珠，非万金之费无以致之。世宗朝尝试采之，当时藩司所用与内库所入，其数具存，可镜矣。盗珠者虽名曰禁，实阴与之，与封矿同。不则，此辈行掠海上无宁居，然亦非有司之法所能也。"

明清之际，为南珠立名的屈大均在《广东新语》中记述："采珠之法，以黄藤丝棕及人发纽合为榄，大径三四寸，以铁为琶，以二铁轮绞之，缆之收放，以数十人司之，每船琶二，缆二，轮二，帆五六。其缆系船两旁以垂筐，筐中置珠媒引珠，乘风帆张，筐重则船不动，乃落帆收琶而上。

养珠者，以大蚌浸水盆中，而以蚌质车作圆珠，俟大蚌口开而投之，频易清水，乘夜置月中。大蚌采玩月华，数月即成真珠（珍珠），是谓养珠。养成与生珠如一，蚌不知其出于人也。蚌之精神，盖月之精神也。"

清代李调元《南越笔记》载："凡采生珠，以二月之望为始。珠户人召集赢夫，割五大牲以祷。稍不虔洁，则大风翻搅海水，或有大鱼在蚌蛤左右，珠不可得。又复望祭于白龙池。以斯池接近交趾，其水深不可得珠，冀珠神移其文珠至于边海也。

采之之法，以黄藤丝棕及人发纽合为缆，大径三四寸，以铁为耙，以二铁轮绞之。缆之收放，以数十人司之。每船耙二、缆二、轮二、帆五六。其缆系船两旁以垂筐。筐中置珠媒引珠，乘风帆张。筐重则船不动，乃落帆收耙而上，剖蚌出珠。"

综上可见，合浦北海的疍家不但有千年的采珠史述，创造了机械采珠方法，并且起码在明代也已能够人工养珠了。

北海的疍家文化，就这样千秋焕彩，传扬世间。

二、流徙春秋涠洲疍家

说起涠洲疍家，不能不提起一个人，就是晋代的刘欣期，其是最早记述涠洲疍家的人。正是因为有了他在《交州记》中对涠洲的记述，才为后人保留了涠洲疍家的千古风采。

《交州记》记："去合浦八十里有涠洲，周回百里。""合浦涠洲有石室，其里一石如鼓形。见榴杖倚着石壁，采珠人常祭之。"

由此可知，在晋代，涠洲岛上就有采珠人聚居谋生了。从"采珠人常祭之"的情形来看，涠洲岛上的采珠人的祭祀活动在当时已是经常性的了。从"其里一石如鼓形。见榴杖倚着石壁"的祭祀情形来看，祭祀的不是鬼神仙佛，应该是一种图腾崇拜，这与北海沿海渔村疍家古代的图腾崇拜是相一致的。这里的采珠人，可认定是涠洲岛上最早的本土疍家。这与唐代刘恂在《岭表述异》的《廉州珠》篇中记述的"廉州边海中有洲岛，岛上有大池。每年太守修贡，自监珠户入池"里的珠户，是涠洲岛上最早的本土疍家相一致的。

到了宋代，曾任钦州教授的周去非在《岭外代答》中的记述尤为明确："合浦产珠之地，名曰断望池，在海中孤岛下，去岸数十里，池深不十丈。蜑人没而得蚌，剖而得珠。取蚌，以长绳系竹篮，携之以没。既拾蚌于篮，则振绳令舟人汲取之，没者亟浮就舟。不幸遇恶鱼，一缕之血浮于水面，舟人恸哭，知其已葬鱼腹也。亦有望恶鱼而急浮，至伤股断臂者。海中恶鱼，莫如刺纱，谓之鱼虎，蜑所甚忌也。蜑家自云：'海上珠池，若城郭然，其中光怪，不可向迩。常有怪物，哆口吐焰，固神灵之所护持。其中珠蚌，终古不可得者。蚌溢生于城郭之外，故可采耳。'所谓珠熟之年者，蚌溢生之多也。然珠生熟年，百不一二，耗年皆是也。珠熟之年，蜑家不善为价，冒死得之，尽为黠民以升酒斗粟，一易数两。既入其手，即分为品等铢两而卖之城中。又经数手乃至都下，其价递相倍蓰，至于不赀。"

《岭外代答》中所记的"断望池"，又称"望断池"，是合浦古珠池之一。从中可以了解到宋代涠洲疍家采珠及珍珠交易的状况："珠熟之年，蜑家不善为价，冒死得之，尽为黠民以升酒斗粟，一易数两。"

《岭外代答》还记："卢循昔据广州，既败，余党奔入海岛，野居，惟食蚝蛎，垒壳为墙壁。"这是一条很重要的信息。卢循是东晋末农民起义领袖，出身于范阳大族卢氏，（今河北涿州市）人士族出身，曾受朝廷所封征虏将军、广州刺史、平越中郎将官号。卢循虽接受朝廷官号并遣使献贡，但又派人到大庾岭一带伐木，秘密准备北伐船只。义熙六年（410年）二月，卢循乘刘裕北伐南燕，东晋后方空虚之际，起兵北上，大败官兵，直逼建康。起义军战士发展至10余万，舳舻千计，楼船高达12丈，舟车百里不绝。朝廷急令刘裕赶回应战。卢循多疑少决，贻误战机，使刘裕得以集中兵力，周密部署，致使义军与官兵在此后相继展开的死战中，损失惨重，南退番禺。但此时番禺已被官兵抢先占领。义熙七年（411年）三月，卢循久攻番禺不下，转而攻占合浦，后向交州发起进攻，但被官兵击败。卢循见大势已去，以酒毒死妻子，再杀死不愿殉死的美妾，投水自杀。因此，就有了周去非在《岭外代答》中记："卢循昔据广州，既败，余党奔入海岛，野居，惟食蚝蛎，垒壳为墙壁。"从中可以得到两条信息：一是卢循"余党奔入海岛，野居"。这里的海岛就是涠洲岛，这些奔入海岛的余党就是涠洲岛最早的移民；二是"惟食蚝蛎，垒壳为墙壁"。这就是说，今天涠洲岛上用贝壳垒成墙体的工艺方式，起码是在东晋末期就形成了。

南宋四大名臣之一的范成大在其《桂海虞衡志》《志虫鱼》篇中也记述："珠出合浦，海中有珠池，疍户投水采蚌取之，岁有丰耗，多得谓之珠熟。相传海底有处所，如城郭大，蚌居其中，有怪物守之，不可近。蚌之细碎蔓延于外者，始得而采。"这是对珠池形状的描写。《桂海虞衡志》出自《四库全书》存本。由于种种原因，《四库全书》存本的《桂海虞衡志》只是该书的第一卷，而《桂海虞衡志》共三卷。与范成大同时代的黄震所著的《黄氏日钞》中，摘录有另一版本的《志虫鱼》篇，其中记载甚详："珠，有池在合浦海中孤岛下，名望断池。去岸数十里，望岛如一拳。池深可十丈，四周如城郭，纤细零溢生城郭外者，乃可采。岁有丰耗，多得谓之珠熟。"这段描述与范成大的描述大同小异，只是指明了珠池的名称和位置。由此得知，起码在宋代，涠洲岛上已有疍家在珠池采珠了。

明崇祯十年本《廉州府志》卷六《备倭》篇中记："涠洲在珠母海中，当冠头岭之南约二百里，每天将阴雨，辄望见之，晴霁则否。周围七十里，昔为寇穴，万历六年，移雷州民耕住其地。"万历六年即1578年，这是涠洲岛的又一批移民。

据《廉州府志》《涠洲》碑文篇中记："内有八村，山多田少，洲人以捕鱼为业。"

《明史·地理志》记："涠洲巡检司，治海岛中博里村，后迁蚕村。"

清人《涠洲说》记："唐制，椹川有巡司，在椹川村遥领涠洲，宋元因之。明初置涠洲巡检在洲，嗣因海警设涠洲游击，名为防海兼守珠池。分左右二部击牙山营大小兵船均隶涠洲营，近百数。洲有游击署，乾隆时遗址尚存。""寄椗八村跪列，面面皆山，山麓大小，水坑三十一，引其泉灌田，可开水田旱田近百顷。山多田少，余夫以采海为生或类珠户。"

乾隆五十四年（1789年）八月，两广总督福安康制定缉捕海盗章程，将涠洲、斜阳两岛居住之无籍贫民逐回原籍，所居草寮概行烧毁。

乾隆五十五年（1790年），乾隆皇帝又谕："广东总督奏称，撤毁雷、廉交界海面之涠洲及迤东之斜阳地方寮房，递回原籍，免与洋盗串通滋事，并毁校椅湾等三十二处寮房共百六十二户，另行抚恤安插。"

嘉庆十二年（1807年），两广总督百龄江涠洲岛上内的居民徙入雷廉，居室田亩全部烧毁。还在嘉庆十五年（1810年）勒碑封禁。

《清史稿·食货志》《户口田制》篇中有记："棚民之称，起于江西、浙江、福建三省。各山县内，向有民人搭棚居住，艺麻种箐，开炉煽铁，造纸制菇为业。而广东穷民入山搭寮，取香木舂粉、析薪烧炭为业者，谓之寮民。雍正四年，定例照保甲法一体编查。乾隆二十八年，定各省棚民单身赁垦者，令于原籍州县领给印票，并有亲族保领，方准租种安插。倘有来历不明，责重保人纠察报究。五十五年（乾隆五十五年——编者注），谕：'广东总督奏称，撤毁雷、廉交界海面之涠洲及迤东之斜阳地方寮房，递回原籍，免与洋盗串通滋事，并毁校椅湾等三十二处寮房共百六十二户，另行抚恤安插。沿海各省所属岛屿，多有内地民人安居乐业。若遽饬令迁移，使数十万生民流离失所，于心何忍。且恐办理不善，转使良民变而为匪。所有各省海岛，除例应封禁者外，馀均仍旧居住。至零星散处，皆系贫民，尤不可独令向隅。而渔户出洋探捕，暂在海岛搭寮栖止，亦不可概行禁绝。且人民既少，稽察无难，惟在各督抚严饬文武员弁编立保甲。如有盗匪混入，及窝藏为匪者，一经查出，将所居寮房概行烧毁，俾知儆惧。其渔船出入口岸，务期取结给照，登记姓名。倘进口时藏有货物，形迹可疑，严行盘诘，自不难立时擎获也。'"

这里记载的涠洲在清代的开发和禁海史实资料，使人们对涠洲的社会生活有了更进一步的认识。

从"涠洲"碑和《涠洲说》的记载中可知，涠洲的居民是经过历朝历代的移民形成的。不管他们移民来到涠洲前是什么职业，但进入涠洲后因山多田少，"余夫以采海为生或类珠户"，都同化为疍家了。

因此，涠洲疍家的流徙春秋有着悲壮的色彩。其间，经历过明清两代的"海禁"，因土客械斗事件而引起的清廷强制迁移，2万多客家人和太平天国后人安置雷廉，其中约6 000人被强制迁入涠洲。

在清廷借土客械斗事件大肆强迁客家人的同时，法国天主教乘机在客家人中宣传基督教的"博大宏恩"。同治六年（1867年），1 500多名客家人中的信徒从雷州租船来到涠洲岛定居，法国天主教神父错士也随船来到涠洲岛。后错士利用神父的身份逼信徒们为他强占大片土地，盖起了一间小教堂；之后，又以防备海盗进犯为借口，到处圈地，致使大半个涠洲岛都变成了天主教的领地。涠洲岛的教徒达1 917人。随即又派出由法国人白那为司令官率领舰队武装强占涠洲岛，大肆屠杀岛上居民，将抢来的越南妇女强制性与岛上的教徒通婚。又以防御为名，运来了1 000多支三响钩枪发给教徒，对涠洲岛实行"自卫"。实际上，是把涠洲岛变成天主教的领地。

涠洲疍家的流徙春秋，就是在清廷的"海禁"和西方殖民主义者的双重压迫中艰难地延续着，形成了涠洲独特的客疍合一的民系结构。也组成了至今涠洲岛约1.5万常住人口中，世居者姓氏超过90个的"百家姓"现象。

三、古韵流彩干江疍家

在北海的疍家文化中，海上丝绸之路始发港的干江疍家，无疑是其中最多彩灿烂的篇章。

干江疍家也是由中原移民而成的。

据干江居民中的姓氏族谱记载，苏姓是干江最早的居民。早在唐宋之交，中原苏氏的一支便由陕西、河南向南迁移，其中一支到海上丝绸之路始发港谋生，之后再向桂西、黔、川伸移。由于中原苏氏来自不同的县、镇，为了记住祖宗故地，于是就将其中地名开头有"干"和"体"字的合起来，组成"干体"为地名，这就是今天的干体。在《后汉书》《晋书》的记载中，古代合浦"郡不产谷实""民唯以采珠为业"。来到干体的中原移民，自然也要入乡随俗，耕海为生，因此开拓了北海合浦疍家的绚丽篇章。

关于干江疍家的耕海生涯，有明末清初的"岭南三大家"盛名的屈大均在其《广东新语》《干体插箔》篇中这样记述："廉阳自永安至干体一带，种谷之地无几，濒海居民，非插箔无以为生。然有箔无船，箔又何利。近者关权印烙海船，蛋人率舍舟楫，致插箔日少。有司者宜于插箔船免其征收，不与诸船纳税同科，庶泽国谋生有藉。然有箔而无船，犹无箔也，有鱼而无盐，犹无鱼也。宜令沿海诸箔，请于阜引，按箔之多寡，以纳盐课之多寡。大约岁中每箔一所，课银五六钱许，俾鱼盐交资其益而不相害，则箔户殷盈，而国课亦因以裕矣。"

由上可知，干江疍家在明末清初因海禁的影响，不能到外海作业，"蛋人率舍舟楫"，于是就以"插箔"为主要产业。这一产业得到了官府的允许并推广之，"宜令沿海诸箔，请于阜引"。

干江著名的地情文史学者、北海圣三一中学和合浦干江中学的创办人之一苏立桯先生在《干江述古》中记述："干江向以渔业为主，其他工商业区，都是小资本个体经营，一般靠勤俭积累起家，故无大富。至所谓富甲一乡者，个别氏常泛舟贩运，贸迁内地，适时趋利，绝无仅有。然视廉城与他乡富余，仍有逊色。个体工商业，大致以碾米酿酒为多。碾米户每天五更时候，便把碾好的米，肩挑运销高德、北海，每天不下百余担。他们晨间交易完了，便赶回干江另碾新谷。既磨既筛既捣，一天完成，都是手工操作没有机器利用，是属于重体力劳动。此外也有趁渡船运销北海地角的，那是数量较多，一个人肩挑不尽。酿户约有三十余间，也以北海地角为销售对象。

干体渔业，过去有鱼塘十口，淡水养殖收入颇大，但更主要的是海上捕捞。深海捕捞最远不超过北部湾海面，此外较近北部湾的有网门组合。网门为干体十五户人家组办。十五户人当元、明之际，便在北海殖海，至乾隆二年再报经清政府核定竖碑立案。十五户人报垦的海疆，北到漏江（即倒流江），南至冠头岭石龟头，垦殖海域内，普遍设立箔地。现在其中一总价有名称可考的有五十六所，鱼课米30石8斗。但按现有资料排列推算，估计原有箔地在二百所以上。这些箔地，有如'竹根儿''大树根''崩沙口'等已上升为陆地。故乾隆二年时，因海疆长期变化，有些箔地荒废，乃改为网门共22筏。各筏有优有劣，因而是拈阄使用。每年农历二月初十，集中在干体十五户祠拈阄。其余仍属箔地的，则在每年农历九月十五日仍在十五户祠标批。因为作业关系，干江居民一部迁居海滨，开拓地角。"

从《干江述古》的记述中，又可以了解到，当时干江的箔地已达200所以上，并且"因为作业关系，干江居民一部迁居海滨，开拓地角"。

说起干江疍家，不能不提及他们在北海合浦疍家民系中的独特地位和作用。

干江的天后宫和祭祀广场的遗址，是北海合浦疍家千秋古韵的完整物证。

在中国沿海的民俗文化中，有一个现象：凡是有航海港口的地方，都会建有天后宫或天妃庙。而且，天后宫的规模往往与港口的规模相对应。因为，天后宫是沿海疍家出海前举行祭祀仪式，祈祷平安和渔获丰收的场所，在疍家的心目中，天后宫的规格仅次于观音庙。天后的正式尊号是天上圣母。闽台地区称为"妈祖"，专门建"妈祖庙"来供奉；北部湾沿海则称天后或天妃，民间俗语也称为"三婆"，供奉天后的庙宇也就叫天后宫、天妃庙或三婆庙。

从干江古港口到古廉州府治的入海江流河段约4千米长，就是在这4千米河段旁边，同时建有3座天后宫，即海角亭天妃庙、九头岭天妃庙（九头庙）、干江港口的天后宫，其中规模最大的是干江天后宫。

干江天后宫占地面积超400平方米，为三进式三开间两廊布局，建筑格局为木梁结构。来到大门，首先见到的是门厅上的七幅彩绘壁画。壁画的内容依然清晰可见，都是平安富贵的美好寓意及寄托，从中寄托着渔者耕夫对渔樵耕读的祈祷。举目搜寻，大门架梁虽然已是腐迹斑斑，但古朴大方的造型还在，木柱上的如意莲花状雀替稳托着斗拱雕梁，依然纹丝紧扣一体。

走进大门只见两条合抱石柱卓然挺立，支撑起整进屋架，石柱由鼓形柱础垫起，柱础的棱角已被磨得圆滑残缺，一看便知是岁月久远的留痕。石上柱的牵梁架木早已毁损，只留下空洞的柱洞，使得这两条石柱更加孤家卓立，给人一种复名的深幽虚缈之感。好在厅堂隔墙还保存着一大幅木雕镂空窗格，透过窗格洒进的斑斓光亮，使人得以看清宫内的陈迹遗痕：在第二进的右廊壁上，保留着三处石板碑刻，详细地记录着乡人修庙、建庙、征地的捐资名单。从中粗略得知，早在同治三年三月，人们就开始维修开后宫了。同治三年是1864年，由此算起，干江天后宫最少也150岁了。

布局豪华是干江天后宫的特征之一。三进三开间之外，不但有廊房配套，而且，几乎所有的建筑物都有雕刻工艺装饰。虽然年代久远，岁月风雨的洗刷和人为的破坏，宫内的设施已损毁无存。但是，走进宫内，仍然可以透过石柱雕梁、窗格饰砖、彩瓷和壁画，感受到这座宫宇当年的气势恢宏，以及香火旺盛的景况。

干江天后宫前面是菜市场。而在古代，这里是港口码头的祭祀广场。每当疍家出海打鱼之前，或渔获丰收归来之时，疍家都会在这个广场举行祭海仪式，祈祷天后保佑。这里又是干江疍家岁时祭祀、春秋社戏的场所。如今，虽然听不到海浪拍岸的涛声和祭祀的锣鼓，看不见归帆渐近的掠影和社戏的灯光，但这里仅存的天后宫和祭祀广场的遗址，是北海合浦疍家千秋古韵的完整物证。

干江疍家的"勤礼婆"是北海合浦疍家最鲜明的人文特征。"勤礼婆"是对干体妇女的讹称。由于各种方言发音的差异，"干体"往往被读作"勤礼"，年长月久也就有了"勤礼婆"的称谓。这里含有赞许干体妇女勤劳耐苦、大方泼辣的含义。

四、"勤礼婆"斗番鬼

干体妇女不独是家庭主体，也是社会活动中的中心人物。因此，古往今来，"勤礼婆"在廉北地区有许多传奇佳话，接龙桥勤礼婆斗番鬼就是其中之一。

接龙桥是北海老街城区中（约今珠海东至双水井路段）的一条石拱桥，这一带街路上有"三婆庙"(即天妃庙),又有鱼尾街、卖鱼街等专卖海产品的市场,因此,也就成了勤礼婆经常往来的地方。

有一天,以"测量"北海港为名来到北海的英国佬皮特像往常一样,趾高气扬地从后街的"番鬼区"(后街东段的兴华街当时是外国人集中居住地段,常年居住的外国人超过300多人,因此北海人称之为"番鬼区")走出来,一边吹着口哨,一边晃荡着向沙脊街走去。由于鸦片的毒素,接龙桥上不时地聚有三几个没精打采的烟鬼,懒洋洋地晒太阳或吸食鸦片。皮特见状,仗着自己熟悉中国话,就走过去恶意取笑:"为什么你们北海人见了我们总是点头哈腰(指鸦片烟佬的样子),挺不起脊梁呢?东亚病夫就是这样的吗。"

这时,刚好勤礼婆二娘卖完海鲜,挑着一对空鱼篓走上接龙桥,见皮特一脸奸笑的样子,知道他又在不怀好意地侮辱北海人,于是挺身而出,大声说:"温(方言:我们)北海人见了你不是点头哈腰,而是被你的丑样惊吓,你们这些红毛怪的样子太丑了,看见了屈突(方言:令人作呕),不想和你们打照面!"

皮特见是个满身鱼腥的妇女在顶撞自己,其优越感一下子膨胀起来,指着勤礼婆哇哇叫道:"如果不是这里的男人都是只懂抽鸦片的东亚病夫,没有力气干得了什么,为什么要依靠你们这些女人抛头露面来维持生活了。"

二娘吸了,哈哈一笑,朗声反驳:"听说你们英国的皇帝也是个女人来当,如果不是你们那里的男人什么都不懂,为什么要依靠一个女人来当家呢?"

皮特说:"你们国家不也是一个老女人当政吗。"

二娘答说:"是啊,但温都只是把她看成是帮小皇帝看家,做小皇帝保姆的呀,温从来没有人叫她做女皇呀。"

皮特于是另出一招,指着接龙桥头那几个烟客说:"中国有句古话,手无缚鸡之力,就是指你们这里的男人。"

二娘立即回答:"温北海有句老话很衬你:山猪学吃溮,犸骝学放炮(鞭炮)!"

皮特这下子可听不懂二娘的讽刺了,于是自我解嘲地说:"好男不和女斗。"边说边悻悻地离开了接龙桥。回到"番鬼街",皮特又提起"山猪学吃溮,犸骝学放炮"时,有人告诉他,这是勤礼婆在骂他是野猪、猴子学人样呢。皮特听了别人的解释之后,连声说:"北海的女人厉害!"

五、干江疍家"勤礼婆"的两次罢市

说起干江疍家的"勤礼婆",还有过动人心魄的巾帼壮举。那是1925年,八属军阀邓本殷部已被击溃消灭，但邓铸下流行在市面的八属毫银，还充斥市场，市场将这种八属毫银贬之为"啰嗦把"，即指它已失去了货币价值，当时市场上市民拒用。可是有些市民，尤其是有些官府人员、警察县兵购买鱼虾，总是强迫干江妇女使用八属毫银，造成渔妇很大的亏损，因此干江妇女一致罢市，不挑运鱼虾海鲜到廉城买卖，以致廉城人民日食无鲜，一连素食3天。官府迫于"勤礼婆"齐心协力的抵制以及群众的压力，不得不就范，以铜圆交易，市场才行恢复。民国末年，国民党滥发纸币，金融崩溃，民间叫那些纸币为"湿柴"，不肯使用，市场交易曾一度以米作物交换。为抵制滥发纸币造成的民生人祸，以干江疍家的"勤礼婆"为主体的民众又举行罢市，达11天。由此可见，干江妇女的社会地位及作用。

六、"勤礼婆"赶海鲜

文昌塔周边有许多景观和传说，洗鱼河便是其中之一。而洗鱼河则是由"勤礼婆"赶海鲜得名的。

洗鱼河是西门江入海的一条支流。这段支流从廉州府城内的内河码头分流后，绕了一个弯冲开了另外一个河道入海，形成了一条河流，河水不深，河面也不宽阔，海水涨时可撑排筏渡河，海水退时则可涉水而过。而当时从廉州府城进入干体军营的唯一官道——廉干大道就经由此过。因此，廉州府城运往干体营的军需粮饷，或干体港运往廉州府的海鲜都是走此官道，这个渡口也就成了交通最繁忙的"必经之路"。

却说干体港离廉州府城虽然只有一铺路（廉州方言，一铺路即10华里），但当时运输全靠人力肩扛人抬，而且还要撑渡过河，也算是很麻烦的事，特别是运送海鲜，讲究的是"赶鲜水"，正是这么一个"赶"字，赶出了这条洗鱼河。

当年，廉州府城的海鲜主要是由干体港的渔业供应，每当涨潮之时，就是渔船回港之际。斯时，干江港天后宫前的码头广场便人声鼎沸，各地的鱼贩子都集中到这里来挑选海鲜，鱼贩子们选好了海鲜之后，当即就雇请人一口气地赶回廉州府城抢"头流水"做生意，这就叫"赶海鲜"。

由于男人都去捕海了，"赶海鲜"的任务大多由干江妇女承担。"赶海鲜"是非常讲究时效性的，因此劳动量很大。干江妇女接到"赶海鲜"任务后，就要以最快的行动一口气把鱼货送到廉州府城。为了抢生意，挑夫们的行动准则只有一个字"快"。为了斗快，三步并作两步走已经不在话下，10里路程得一路小跑。因为你跑得慢了，鱼贩子就不会请你。由此可见"赶海鲜"的劳作艰辛，一般男子也不容易办到。她们却不怕苦累，日日如此。她们用的扁担是呈蛾眉形的向上翘起，在跑步时利用担杆弹力,一步一弹,很有节奏,既省力又有韵律。但使用这样的担杆是要经过长期训练的,否则便很难把这样的两头翘起的担杆平衡地安放在你的肩上,更不用说能运用其弹力利索奔跑。在行进中为了不耽误宝贵的分秒时间,在飞快驰骋时,总是先声夺人,一面奔跑,一面吆喝,使路上行人远远地听见吆喝,无不赫然震慑,赶快纷纷让路。

为了保持海鲜在运输过程中的鲜活,装海鲜的工具都是竹织的鱼篓,这种鱼篓底和周边都留有一定的空隙,以保证通风透气。鱼贩子买了海鲜之后,装进鱼篓里,上层再用树枝洒上水盖住篓口,就这样一路小跑往廉州府城赶。由于赶路急,脚步带起道路上的泥尘飞扬,难免沾在海鲜上面。这时赶到了这个渡口旁,马上就要进入廉州府城了,就要在这里擦一把汗,洗一把脸,更重要的是要把沾在海鲜上面的泥尘洗干净,以恢复海鲜原来的鲜亮色泽,然后才进城。这也是十里路程挑担竞走中唯一一次歇脚,洗净海鲜。久而久之,这段河流便被称作"洗鱼河"。在千古岁月中为"勤礼婆"赶海鲜作证。

七、魅力独具的沙田疍家

天之涯,海之角,水之洲,沙之岸,这就是沙田。珠乡的掌上明珠,广西唯一的纯疍家的建制镇。

沙田很小,在珠乡的版图上只有那么一点儿,是珠乡最小的乡镇。从地图上看,沙田就像是北部湾的一只耳朵,日夜倾听着大海的信息和心声。北部湾宠爱着沙田这个玲珑可爱的掌上明珠,给她送来丰富珍奇的物产,其中,使沙田闻名天下的就是令人向往不已、可遇不可求的美人鱼。沙田的美人鱼景观,更胜于安徒生童话中的美人鱼传说。因为,安徒生笔下的美人鱼再优美,如今只是哥本哈根海岸边的一尊守海相望的雕像;沙田的美人鱼却是活生生的,带人进入梦幻境界的天生珍物,大海的宠爱,使小小的沙田成为藏珍纳宝的富饶之地。除了美人鱼之外,沙田一带海域还盛产海马、中国鲎、沙虫等珍贵物种。这些物种犹如一个个闪光的钻石耳环,嵌挂在这只北部湾的耳朵上,使她显得雍容富贵。

沙田地处铁山港与英罗港之间,海滩平阔,沙柔水暖;加上有殿洲沙等沙洲作为屏障,挡住了海潮的急流,沙洲与海岸之间,也就成了鱼虾蟹鲎及各种贝类海产栖息的最好港湾。这里也是古代七大珠池的海域之一。沙田海域面积达 9 000 亩,是目前全国最大的海草场。海草红树林和珊瑚礁,被称为三大典型海洋生态系统,能改善水的透明度,调节水质,是许多海洋生物的直接食物来源。因此,沙田又是渔家浅海作业的优良渔场。

小小的沙田,还有令人难以忘怀的五月大潮的浪花,殿洲沙上耙螺的欢声笑语,海天一色处灿如河汉的渔火,沙田庙里那香火烛影中的祈祷,以及那高高灯塔下的木麻黄防护林带中,渔家兄弟姐妹们曾经居住过的疍家木屋……

沙田疍家的历史,起码要从 5 000 年前说起。

1959 年在沙田对达村大坡岭发现的石器和陶片,经考古学家考究鉴定,那是新石器时代晚期的器皿。由此表明,距今 5 000—4 000 年前的新石器时代晚期今沙田镇区域就已经有人居住,开始步入文明社会,于是,珠乡大地上便有了史籍记载里的"水行而山处,以船为车,以楫为马,往若飘风,去则难从""习于水斗,便于用舟""仰潮上下""割蚌求珠"耕海为生的群体。这个群体就是最早开发沙田的疍家先民。

千秋岁月,朝代更迭中,珠乡的人口结构也发生了根本变化。由"仰潮上下""割蚌求珠"耕海为生的单一族群,发展成为"俗有四民:一曰客户,居城郭,解汉音,业商贾;二曰东人,杂处乡村,解闽语,业耕种;三曰俚人,深居远村,不解汉语,惟耕垦为活;四曰疍户,舟居穴处,仅同水族,亦解汉音,以采海为生"(明代王士性《广志绎》)。沙田疍家以其独立卓行的生命力,成为最完整地保留了本土疍家民俗风情的合浦四大民系之一,由此确立了沙田作为广西唯一的纯疍家建制镇的特殊魅力。

来到沙田,除了感受到原生态海岸风光之外,还有那原汁原味的疍家风情最是教人铭心莫忘。

(1)疍家妇女服饰。海滩边,穿着阔袖大口、宽短裤脚的黑布斜襟衫,戴着东坡笠的沙田疍家妇女,或正在三五成群地织网;海滩上肩扛铁锄竹篓结伴而行去挖沙虫。沙田疍家妇女喜爱留长发,把头发结成不容易散开的五绞辫,发梢上缀红绒,未结婚的就让长辫摇晃着垂于腰间;结了婚的妇女把长辫在头顶上盘成髻。劳作时,把一方一块方格花纹的夹层方布包在头上,方巾的左右两角交结于下颊,"犹抱琵琶半遮脸"。这种装束打扮是为了有利于在海上作业时遮风避雨,便于步滩涉水中的劳作。正是这样一种为劳作而设计的装饰,成就了沙田疍家女人的古韵遗风。今天,这种许多人只能在影视镜头中看到的古韵遗风,在沙田却能完整地保留着,延续中……

(2)煮薯莨布染布浆渔网。在沙田,渔获松闲的时候,常见疍家男子汉在海岸边搭起锅灶,这是在煮薯莨布染布和浆渔网。疍家人常年在海上劳作,风吹雨打太阳晒,海水和汗水经常泡着身上的衣服。用薯莨熬成的浆液染布再制作的衣服,不但适宜四季穿着,更重要的是耐酸碱耐磨损,是疍家人喜爱的布料。染布之后的浆液,再用作浆渔网。在没有化纤胶丝之前，都是用麻棉线织网，用薯莨浆网。这一工艺的应用非常重要，能在最大程度上加强网丝的隔水性，增强渔网的韧性。这种沙田疍家特有的染制布料和服装，是沙田疍家在劳动中的创造，也是中华民族服饰中的一个品系。

（3）装捕章鱼和墨鱼。沙田疍家有着许多独特的捕鱼方式，这是他们劳动创造的成果，装捕章鱼和墨鱼就是其中最有趣的方式。在沙田，每当退潮之际，便见许多疍家男子汉挑着堆得不见人影的竹笼或大箩筐装着的特制瓷杯出海，这就是去装捕墨鱼和章鱼的。装墨鱼笼呈长扁方形，约长1米左右、高20厘米见方，在一侧开有一个倒喇叭形的口，墨鱼从这个倒喇叭形的口钻进去之后，就无法再出来，因此就成了疍家的渔获。用于装捕章鱼的特制瓷杯约有拳头大小，肚大口小，章鱼喜欢钻进去寄居。沙田疍家采取这样的方式去装捕章鱼和墨鱼，可以说是最生态环保的。而且，用这种方式去装捕章鱼和墨鱼都会有很好的收获，窍门何在呢？笔者曾就此向沙田的老渔民请教，得到的答复非常简单：就是要懂得什么地方的章鱼和墨鱼肯钻笼子。这也许又是沙田疍家的捕鱼一绝吧。

（4）沙洲耙螺。沙田疍家的渔获方式很多，耙螺又是其中之一。每当海潮将退，便是渔家出海之时。渔家乘着竹排小艇，借潮水退落之势，渡海来到沙洲之上，海湾之间，寻找捞虾捕鱼捉蟹耙螺的好时机。耙螺的工具很简单，一把特制的木耙，一只竹篓就可以了。耙螺的时候，把竹篓缚在腰间，人在前面走，双手用力压住木耙拖在后面走，就这样往返来回中，各种各样的贝类都会被耙齿拉出来，只要走一段就回头捡一次就行了。由于沙洲上有大大小小的水窝，总会有一些来不及随潮水撤退的鱼虾蟹滞留在里面，因此，耙螺作业中时常有令人惊喜的收获。每当耙螺的时候，大家聚集在相邻的沙洲上，得到意外惊喜的收获时，就会相互呼唤。斯时，空旷的海空上飘起了欢声笑语，别有一番景致。由于耙螺作业是在近海，往返需时不多，如果加以挖掘利用，予以科学的经营和管理这将是一个很有特色的原生态的疍家体验项目。

（5）奇妙的沙田渔家踩鲨。七八月间，正是踩鲨的好季节。每当海潮涨到最高潮位之际，潮水不再是一浪接一浪的扑向海岸，而是一起一伏的涌上涌下，海面也相对平静起来。这时，就是踩鲨的好时机。

沙田渔家踩鲨，并不是要捕食卖钱，而是训练看海的眼力。在茫茫大海上，千顷波涛中，看海是渔家一种至关重要的"看家"本事。不但要在观察海水变幻中了解天气变化，海潮流向，还要在海水变幻中看到鱼群所在，因此，训练看海的眼力是每一个出色渔家必需的"课程"。踩鲨之所以与训练看海眼力有关，完全是由鲨的生活习性引起的。这也是沙田渔家在向大海谋生中积聚的经验。

原来，鲨喜欢成双成对地栖息在一起，而且都公母成对，各有所配。鲨随着海潮的上涨而来到浪脚，在浪底的沙滩上爬行觅食，这时，公鲎就爬在母鲎的背上，由母鲎背着爬行。鲎在爬行的时候，腹部的软肋也随之摆动，形成了一圈又一圈的水晕泛出海面。有经验的渔家就根据水晕的大小、出现的频率来判断鲎的大小多少。然后就跳进海里，扎进浪底，把鲎托出海面，验证之后，又把鲎扔进海里；如果判断不是十分准确的话，就要跳进海中之后，沿着浪脚踩水而行，追寻着水晕前进，直至踩到鲎为止，这就是踩鲎了。有经验的老渔民，很少到浪脚中去踩鲎，他们只是沿着海岸浪脚看水晕，看准了就叫后生跳下去踩捕，一般都是八九不离十的概率。

初学踩鲎者，并不像渔家们那般讲究技巧章法，只是凭脚下感觉，踩着了带刺的半圆状物体就可能是踩着鲎了，就得赶快沉下身去捉起来。在这个过程中，稍有技巧性的秘诀就是捉鲎要生提下面的母鲎。这样，上面的公鲎就会死命地抓住母鲎，死不放手，同归于尽。如果只抓住了上面的公鲎，下面的母鲎就会溜之大吉，置公鲎于险地而不顾。因此，渔家把公鲎视作为情献身的痴情种，把母鲎看作是薄义寡情之辈，即使捉到了鲎，也是将公鲎放生，对母鲎"杀无赦"。

（6）祭海和图腾崇拜。沙田疍家除信奉海神天后、龙皇、龙母和观世音菩萨之外，还有海大王。疍民出海前后有备三牲祭祀海神的习俗。渔船在海上遇到风浪险情，船家即焚香在握，匍匐跪拜祈祷，边叫边向空中撒米，传说经此一举便可平息风浪。20世纪80年代，沙田曾经受过一次惨重的台风灾难，沙田疍家自发举办过一次祭海，那种情景着实令人震撼。沙田疍家祭海是疍家民俗文化的一个组成部分，是为了国泰民安、风调雨顺的期待，不能简单以"迷信"论之。

沙田庙旧址在沙田街边的小斜坡下，处于渔家出海的必经之路旁，是一座三间式的庙堂。渔家们为祈求渔获丰盛，出入平安，便在此建了这座沙田庙，用以祭祀海神娘娘。先前，庙里有专门的庙祝打理，庙里除了海神娘娘金身安座的庙堂之外，还有斋室和伙房。沙田庙寄托着渔家的祈祷和虔信，因此一年四季倒也香火旺盛，在地处偏僻的沙田乡镇，也算是一处"名胜古迹"了。同时，历史上沙田疍家也曾有过图腾崇拜。

据《后汉书·南蛮传》记述："昔高辛氏有犬戎之寇，帝患其侵暴，而征伐不克。乃访募天下，有能得犬戎之将吴将军头者，购黄金千镒，邑万家，又妻以少女。"即是说，高辛氏受到犬戎的侵犯，高辛帝为了能抵御其侵害，贴出榜文称，有能取得犬戎吴将头、平定疆土者，不但可以得到千镒黄金，万户封邑，还可以得到高辛帝的女儿为妻。榜文贴出后，王公大臣将军们无一作为，却是高辛帝饲养的一头毛色五彩的叫盘瓠的狗奋勇出战，咬下了吴将军的头献给朝廷。高辛帝见状大喜，却又因此为难，认为人狗不能相配，有反悔之意。高辛帝的女儿知道盘瓠立功回来立即挺身而出，愿与盘瓠践诺。于是盘瓠背负帝女走进深山石室，共同生活了3年，共生子女

12人，男女各6名，并自号蛮夷，这就是蛮夷的祖先。后来蛮夷族人就把狗作为崇拜的图腾，刻石像以祀之，蛮越地区石狗的来历因此而起。

合浦古属蛮夷之地，也以狗作为图腾崇拜，沿海一带的渔村，对狗图腾崇拜的风俗依然保存下来，在沙田乡耙棚、营盘镇火禄一带的渔村里，也有狗图腾祭祀。不同的是，这种狗图腾不只是石雕像，而是陶瓷烧制或彩色泥塑，造型仿真度很高，一般都安放在村边的竹根围路边，定时烧香供奉。

（7）沙田疍家方言。沙田疍家的方言在北海疍家方言体系中独具一格，既不像涠洲疍家那样，由迁徙客家转变而以客家话为主体；也不像干江疍家那样，由于历史上作为廉州府城的一部分，受府城方言的影响，以廉州话为主；更不像地角疍家，作为干江疍家的传承外延，又得北海港近代对外开放的影响之先而具有多种语言的兼容性（本土白话、廉州话、客家话），沙田疍家方言的独特性就在于以海边官话为主，而这种海边官话又带有黎话的色彩。因此，沙田疍家方言不但一直以来未能融入涠洲疍家、干江疍家、地角疍家方言体系之中，就是在沙田疍家方言内部，也有不同的发音群体，分别是沙田（街）、海战、对达（含山寮、上新、淡水）。以"吃饭"发音为例，沙田（街）、海战（街）群体的发音是"沙挪"（shā, nuó）；而对达群体的发音是"嗨挪"（hé nuó）。在一些方言的发音上，海战则又介乎与沙田与对达之间"沙本"（shā běn），这正是沙田疍家方言的独特之处。沙田疍家方言之所以出现这种状态，除了与沙田疍家的历史传承有关之外，也与长期采海为生，与海南、广东疍家的语言交流有关，是一个值得关注的民俗文化现象。

（10）沙田疍家的风味美食。沙田疍家的风味美食也是独具特色。年节的美食点心以糖条糕点居多。这种糕点是用糯米粉和黄糖搅和后，制成条状，用一种叶子包裹起来后放进大锅里熬熟。每当年节到来之时，沙田疍家家家户户都会架起大锅，连夜熬制这种糖条糕点，袅袅炊烟，芳香飘绕，另有一番风情。

在沙田，每当一次远洋渔获回来之后，熬鱼露又成为疍家人的一种作业。因为，每次远洋渔获回来卸完鱼产品之后，船舱里都会积留有大量的鱼汁水，而这些鱼汁就是最好的副产品。沙田疍家在卸完渔获之后，就把这些鱼汁水调回家中，放进锅里，加进八角、肉桂、茴香、陈皮之类，慢火熬，自到把鱼汁水熬成金黄透明的液体，这就是鱼露了。由于沙田鱼露是直接用新鲜的鱼汁水熬制的，色、香、味及营养成分极佳，是非常有名的调味佳品。

此外，沙田疍家的沙蟹汁也是极为美味的调味品。

（11）醉人的沙田渔火。在沙田，每当夜幕降临，海湾中，沙洲上，便有各种各样的渔火亮了起来。宽阔无垠的浪脚边，星星点点、飘飘忽忽、浮浮沉沉，辉映在波峰浪花之中，沙田港就像是戴上了一串串夜明珠项链般，方圆几十里的海滩，流光溢彩，好一幅灿烂精妙的渔火图。

那星星点点跳跃着的，是渔家小孩照沙蟹的电筒光；那时起时伏闪耀着的，是渔家女挖沙虫的小镜灯，那飘悠悠地晃动着的，是渔家小伙钓腊鱼的马灯；还有如小太阳般白灿灿的光辉，是拖网船的灯光作业。各种各样的渔火，在茫茫的大海中争辉，在浩渺的波涛中灿烂，犹如九天银河落海湾，又似都市霓虹流光溢彩。沙田渔火的精妙之处，不止于它构成了光彩辉映的景观，还在于蕴含着创造的价值和收获的努力。

沉沉夜海，茫茫港湾，千百年来，有谁真正见过珠还合浦的光辉照临渔家，又有谁见过夜明珠普救渔家的恩泽？珠还合浦只不过是渔家对美好生活的千年寄托，百世期盼。只有今天，这些由沙田渔家亲手点燃的渔火，才是辉煌灿烂的希望之光，才是象征着沙田渔家辛勤创造、勇敢拼搏的智慧火花。其光辉和灿烂，更胜于夜明珠千百倍。传说是神秘的、虚渺的，只有渔家的创造才是真实的、永恒的。

如果说，沙田海湾的渔火犹如沙田港颈上的项链。那么，沙田码头的渔火，便是沙田港的一顶皇冠，别有一番壮观辉煌。

浪涌涛生之际，蓦然间，空阔的海空中，响起了一阵阵竹梆声和呜呜的海螺声。顿时间，渔火开始窜涌起来，急速飞流的是装了马达的竹筏和小舟，在呼应会合；翻滚炫目的是拖网船起网的辉煌；还有那涌动起落的隐约星光，那此起彼伏的呼唤声，都在向人们提示，又一个丰收的夜晚开始了。

随着涨潮的波声归来的船只艇筏不断靠岸，沙田的码头之夜又是火树银花不夜天，满载着鱼货的船只齐集码头，等候着卸鱼补给，整个码头都沸腾了起来。灯光与波光交相辉映，笑声与浪声彼此传递，机声隆隆，潮声哗哗，互相呼应。起鱼的喧哗，扛鱼的吆喝，压过了波涛的喝彩。有巨浪涌过，渔船随波起伏，但见渔火在波光中浮涌，浪花在渔火中腾飞。一时间，沙田码头金蛇狂舞，火龙穿波。

这就是沙田渔火。

沙田渔火给人的印象是永恒的辉煌。因为，点亮沙田渔火那一种灿烂、那一种光彩的，是沙田疍家人定胜天的智慧和信心。期待着有一天，沙田渔火也会像珠还合浦的珍珠公主那样，像栖息在沙田港湾中的美人鱼那样，成为北海的又一道亮丽的景观。

八、涛声依旧的角疍家

关于北海的形成，在老一辈人中间流传着这样的说法，先有干江后有地角，有了地角后有北海村，而地角的原住户则是干江人搬过去的。正如《干江述古》中记述：

"因为作业关系，干江居民一部迁居海滨，开拓地角"。因此民间有云，地角是勤礼婆担鱼担出来的。如今地角仍然保留着廉州方言中的干江口音，仍然保留着与干江圩大致相同的生活习俗，仍然保留着妇女当家作主的惯例，就是最好的诠释。

地角的史籍记录最早可追溯到宋代。宋代曾公亮在《武经总要》中有这样一段记述：

> 唐置廉州。地控海口，有瘴江，置二寨守之。东至白州百二十里，西至钦州三十里，南至大海六十里，北至钦州界百四十里，东南西南皆大海，东北白州二百六十里。今为廉州府合浦县。
>
> 寨二：
> 鹿井寨，在州西南，控象鼻沙大水口入海通交州水路。
> 叁村寨，在州东南，控宝蛤湾至海口水路，东南转海至雷州递角场。

以上所记的"鹿井寨"，包括今地角在内。

明代《廉州府志》中记述："古里寨，近冠头岭，至青婴池二十里，守军十一名。"明代海北兵巡参议张经国为抗倭事，曾向朝廷建议，在冠头岭下增设军事营地，但朝廷认为冠头岭下已有墩台海寨，并派有兵员驻守而不同意增设新的军事营地。《廉州府志》对设在廉州府的海寨作了特别说明："此营垒类也，当入经武志，乃附于此者，为珠池设也。"由此可知，冠头岭下的古里寨地望相当于今地角一带，古里寨的设置是因为地角海域有珠池，珠池的名称叫青婴池。由此又可知，由于珠池的存在，起码在宋明之间，地角不但是军事防守要地，也是疍家采珠捕海谋生之地。

清代乾隆、嘉庆年间曾任天津知县，开州知州的廉州人士李符清，写了首《登冠头岭呈李幼文总戎》：

> 中原南徼尽廉州，南到冠头更尽头。
> 明月五池疑贝阙，青天一发是涠洲。
> 渔人网晒高沙树，卤户家划判港舟。
> 万里氛氛波浪静，始初边帅是权谋。

由此可知，登上冠头岭，可以看见 5 个古珠池在这一带海域相映连璧，天清气朗之际，又能遥望"青天一发"处的涠洲岛。冠头岭下，远海渔获归来地角疍家正在把渔网晾晒到树上，而晒盐的工人们忙着划舟收盐。诗中虽然是以冠头岭入景，描述的却是地角疍家的社会生活状态。

清代梁鸿勋在《北海杂录》里写道："北海埠地濒大海，后以积沙而成，相传此地原名'古里寨'，其为商场也，访诸长老，犹由能道其事者。大概先有南溨一埠，迨南溨埠散，而北海市始成。""埠之西有红坎村，计六七十家，七八百人，有地角村，计二百余家，约千人……"随后还记有21个村场名称，但每个村场的人数都在200人上下，外沙列棚而居的疍家"计二百余间，约六七百人"，"以地角村人口最密"。可知，北海埠成之后的居民组成中，地角疍家及其外延的外沙疍家还是主体原住民。

地角疍家在开发地角的过程中，逐步向海城区的外沙、白虎头一带伸移。随着岁月时代的更替变迁，外沙、白虎头一带的疍家或多或少的都与新的移民群体相融，如外沙疍家受老街广府移民和对外贸易的影响，多了些外来的商业文化因素。而白虎头至今侨港一带的疍家则因区域变化、城际间的经济文化交流、产业结构布局等因素的影响，如"海禁"迁海、侨港镇的设置等，受到外来因素的冲击较大，本土疍家民俗已在相互兼容中淡化，原有的特色与岭南疍家文化大家族同化，只有地角疍家能保持独立卓行的本土元素延续至今，保留着原生态的疍家民俗风情。

地角疍家的民俗活动有：三婆庙的春秋二祭，祈福还福；冬月建醮，祈祷平安；正月望日的华光神出游，农历九月廿八日华光诞；农历二月十九日的观音生日，六月十九日的观音成道之日，九月十九日的观音涅槃日；农历三月二十三的三婆诞。每逢三婆诞这一天，人们到三婆庙迎三婆，杀鸡宰鸭祭拜，然后全村人一起聚餐；农历五月初一至初八的龙母生辰诞期、得道诞期，正月初四的龙母开金印、正月二十二龙母开金库、五月初一至初八龙母生辰诞、八月初一至初八龙母得道诞、十二月十五龙母水灯节；农历三月十二至十六日真君诞；等等。此时，地角疍都会举行盛大的祭祀纪念活动来祈福、还愿，祈祷崇拜的神灵保佑自己顺景如愿。这些民俗活动对北海民俗文化的积累和形成影响很大。现在北海的所有民俗活动中，几乎都有地角疍家民俗活动的影子。

随着岁月流逝，时代变革，文化交流的不断扩展，许多民俗的本土特征也在不断地受到冲击和移异，疍家民俗在所难免。就如以上列举的地角疍家民俗，在北海其他地方的存在形态也各有差异，甚至变异。所幸的是，由于有了地角这一片本土疍家的原生态家园，才将北海疍家本土民俗比较完整地保存下来，我们才有可能观赏到古朴精彩的疍家婚礼。

在老一辈疍家的口述中，疍家结婚的时候，男方划着篷船来迎亲；女方梳着滑髻，穿着绣有五彩垂线的黑裙。新娘被扶上岸的时候，本家的一个女人打着伞边走边撒米，这打伞撒米与传说中的桃花女与鬼谷子斗法有关。疍家的婚礼离不开一个唱字，姑娘出嫁前要在众姐妹的陪伴下"叹家姐"，迎亲的时候众姐妹也要轮番唱歌，表达祝愿、劝世和别情等。新娘在众女伴的簇拥下登艇，一路歌声四起，鞭炮齐鸣。新娘子到了夫家后，在一定的天数内是不能下地的。

关于古代疍家婚姻的情况，明末清初著名学者屈大均在《广东新语》是这样描述的："诸疍以艇为家，是曰疍家。其有男未聘，则置盆草于梢，女未受聘，则置盆花于梢，以致媒妁。婚时以蛮歌相迎，男歌胜则夺女过舟。"

地角疍家婚礼主要由以下几部分组成：一是求聘、二是过礼、三是哭嫁、四是迎亲、五是唱婚、六是拜堂、七是婚宴、八是洞房。

求聘是疍家男女未订婚的船上，男家则置一盘草于船尾，女家则放置一盘花于船尾，以此作为标记，表明各自的身份和意愿，以此聘媒为之撮合婚事。男方选择以草为记，是表示勤劳勇敢，能经得起风浪。

过礼是经媒婆撮合后，双方的家长把子女的生辰八字互换，确认无相冲相克"合八字"之后，选个好日子去"过礼"，一般是男方主动。疍家"过礼"没有岸上人家的许多烦琐规例。男方到女家过礼后，女家要回礼。男女两家都要设宴待客，谓之"礼酒"。

哭嫁是疍家女儿出阁的"保留节目"。疍家女儿出阁前要剃脸上头，此前10天内一般都不许外出抛头露面。出阁的前一天晚上，有一个"拜饭"仪式，这是要祷告祖宗之意。哭嫁俗称"叹家姐"，有母女对叹，有姐妹（陪嫁姐妹）对叹，由于这种"叹"的内容都是表达女儿对父母的谢恩依恋，声调婉转高低，与哭腔相似，约定俗成，就成了"哭嫁"。到了后世，经文人的整理，还有了专门的"哭嫁调"。如廉州山歌中的"新人辞祖"，其中就吸取了疍家哭嫁中内容。

迎亲、唱婚、拜堂、婚宴是连为一体的。疍家婚礼在船上举行，新娘出阁，男家择定良辰，由伴郎划着装扮喜庆的小艇前来迎亲。新娘由喜娘背着，伴娘张伞护拥登上迎亲艇，一路喜炮鼓乐，在波声涛语相随，前往夫家。

到了男家，新娘仍由人撑伞背入，拜堂合卺，张筵款客。洞房花烛。当晚例行"伴郎"活动，内容与女家拜饭同，参加的全是男性。疍家酒席歇后语"全是鱼"，寓夫妻婚后捕鱼丰收，生活幸福之意。

疍家婚俗中最精彩的"唱婚"，是疍家传统婚俗"婚时以蛮歌相迎"的遗韵。是疍家人对亲情最真切的自然流露，是整个疍家婚俗中最为动人的情景。遗憾的是，今天见到的疍家婚礼，少了几分古朴的浪漫写意，多了许多人为的表演元素，只见热闹喧哗，冲淡了千秋古礼中的乡音乡情乡韵。期待着地角的疍家婚礼在传承弘扬中，保持返璞归真的那一份古意神韵。

北海廉政文化

林少海

北海，是一座历史悠久、底蕴深厚的国家历史文化名城。作为一座享誉中外的历史文化名城，北海具有海纳百川、开拓创新的胸怀，尤其北海合浦又是举世公认的"海上丝绸之路"始发港之一，在中外文化、商贸等交流中发挥着重要的作用，融中原文化、客家文化、西洋文化、海洋文化于一体，从而创造出了独具特色的北海"海丝文化"，其中，北海的廉政文化就是其中重要的组成部分。

中国古代廉政文化历史悠久，影响深远。春秋时期的齐国贤相晏子说过："廉者，政之本也。"把"廉"当做从政的根本。根据《晏子春秋》一书的记载，晏子曾与齐景公专门讨论过"廉政"问题。有一次，齐景公问晏子："廉政而长久，其行何也？"晏子回复说："其行水也。美哉水乎清清，其浊无不雩途，其清无不洒除，是以长久也。"意思就是为政者要官清如水，坚守清廉。同样，在春秋战国时期的思想家管子，便认为国有四维，即礼、义、廉、耻，主张为政者要以身作则，他指出："欲民之有廉，则小廉不可不修也。小廉不修于国，而求百姓之行大廉，不可得也。"古往今来，中国历代爱国爱民的士大夫与学人始终将廉洁从政奉为圭臬。广西北海深受中华优秀传统文化熏陶，历来人文荟萃、名人辈出，廉洁从政、仁义爱民的思想精髓早已深深地浸透在北海世代从政者与各族人民群众的血液中，所以，北海也有着源远流长的廉政文化。

在北海，"珠还合浦"的历史故事一直为世世代代的人民群众所称颂，"珠还合浦"的"珠"指的就是南珠。北海合浦是南珠的原产地，素有"南珠之乡"之美誉。据史籍记载，早在西汉时期，合浦的采珠业便已渐成规模，相当兴盛，迄今已有2 000多年的历史。当时，合浦很多的老百姓都靠采珠为生，而采珠业也促进了合浦经济社会的发展，合浦一度商贸繁荣，社会稳定，在汉代，合浦港便是中国对外贸易的重要港口之一，中国的瓷器、丝织品、南珠由此出口到国外，加强了与国外的经济文化联系。但是，来合浦任官的一些官吏，并没有真心地为老百姓谋福祉，而是为了攫取更多的财富，满足一己之私，遂不加节制地滥加各种名目的捐税盘剥珠民，而且不顾珠蚌的生长规律，强迫珠民下海滥采珍珠，导致了极其严重的后果，不但很多珠民生活得不到保障，而且南珠资源遭到了严重的破坏，合浦沿海的珠苗濒临灭绝，珍珠贝类等都迁徙到交趾郡界。正当合浦"于是行旅不至，人物无资，贫者饿死于道"之时，一位官员风尘仆仆地赶赴合浦，这位官员名叫孟尝，刚刚被任命为合浦郡新太守。孟尝是位关心民瘼、爱民如子的官员，他到合浦之后，刚刚履新，不顾劳累，看到合浦民不聊生的现状非常痛心，于是有针对性地展开了实地调研，分析民生疾苦的原因以及当地的生态环境，同时救济灾民，严格整顿吏治，革除弊政，严禁各级官吏中饱私囊，采取有力的措施帮助老百姓恢复生产。经过一系列强有力的整顿，合浦的经济社会发展又渐渐地走上了正轨。合浦当地的老百姓偶然在合浦的海域中发现了许久不见的珍珠，越发的晶莹美丽。很多合浦的老百姓为此欢呼雀跃，争先奔走相告，因为珍珠又回到了它的故乡合浦了！孟尝来合浦不到一年，就做了很多功德无量的好事，值得千古传颂。《后汉书·孟尝传》对此记载："曾未逾岁，去珠复还，百姓皆反其业，商货流通，称为神明。"孟尝本人两袖清风，敢于担当，为官清正廉明，深得民心。在他离任之日，珠乡的老百姓们依依不舍，齐来送行，甚至攀车拦道，不愿意孟尝离开。孟尝只好在深夜乘坐乡民的小船悄悄离开。为了纪念孟尝的功德，后人在合浦建有孟尝太守祠、还珠亭、流芳坊、海角亭等。由于种种原因，现今只有海角亭留存下来，因此显得弥足珍贵。

孟尝是北海古代时期许多清官的一个典型。据《廉州府志》记载，北海合浦历史上曾经涌现出100余位清官廉吏，他们都在各自的任职期间为北海的经济社会文化等方面的发展作出了独特的贡献。比如东汉时期的合浦太守费贻，在到任合浦之后，针对当地的情况，因地制宜制定对策，改变了合浦当地产业过于单一的发展现状，大力推广水稻种植，鼓励当地乡民开垦荒地，种植五谷杂粮和瓜果蔬菜，并引进中原先进的生产方式与生产工具，修建山塘、陂坝等水利工程等。费贻在任上为官清正廉洁，执法公正，为老百姓做了很多大好事，因而得到老百姓的拥戴。后人为了纪念费贻的无量功德，特地将今合浦公馆六湖至南山一带山脉的主峰望海峰、梅嶂等山脉命名为廉山，将穿越北海合浦的南流江称为廉江，合浦城中的水井称为廉泉井等。北海合浦因此在历史上享有"六廉"之美誉，这"六廉"即廉山、廉峒、廉江、廉港、廉泉、廉州。

再如宋代廉州知府危祐，常常以无愧"廉州"州名为自己的座右铭。在当时，有某些官吏为了巴结朝中有权有势的大官，以索取珍珠作为贿赂的手段。危祐到任廉州之后，迅速采取措施制止这种做法，及时刹住了这股歪风。有一位下属特地买了一把镶有珍珠的扇子献给危佑。但是，危佑拒绝接受这把扇子，并语重心长地告诫下属："我是廉州知府，如果我收了这把扇子，不是愧对廉州这个州名吗？"北海合浦的老百姓为了纪念危佑这位清廉爱民的好官，在廉州三贤祠立像，时时祭祀。

由此可见，北海有着极为丰富与宝贵的廉政文化，这是一份值得好好珍惜、传承与弘扬的精神文化资源。党的十九大报告指出："只有以反腐败永远在路上的坚韧和执着，深化标本兼治，保证干部清正、政府清廉、政治清明，才能跳出历史周期律，确保党和国家长治久安。"2018年3月，习近平总书记在参加十三届全国人大一次会议重庆代表团审议时强调，我们的领导干部要"做到心中高悬法纪明镜、手中紧握法纪戒尺，知晓为官做事尺度"。北海市委、市政府开展各种形式的建设廉政文化工作，取得了显著成效。2018年，《北部湾城市群发展规划广西实施方案》公布，北海城市定位为"建设成高新技术与海洋经济示范区生态宜居滨海城市、海上丝绸之路旅游文化名城"。北海迎来了前所未有的新的发展机遇，在新的征途中必将焕发出璀璨夺目的新成就与新光辉！在这个建设过程中，提倡、传承与弘扬北海历史上的廉政文化，将其与新时代的社会主义核心价值观相结合，从而创造出具有时代特色的廉政文化，这对推动北海的经济社会文化健康有序发展不无裨益。

合浦人在汉代吃什么

刘忠焕

自汉武帝于元鼎六年（公元前 111 年）设置合浦郡始，古郡已经延续了 2 000 余年的历史，那道深邃的光阴，神秘而奇异。究竟，合浦古郡的人们，日常吃的啥呢？我想，走进合浦汉代文化博物馆，或许能探究到其中一二。

合浦汉代文化博物馆，馆藏丰富，有相当数量的饪食器和酒水器，很好地反映了汉代合浦人的饮食风尚、生活习俗和经济状况。像青铜器里的鼎、簋、釜、锅、盒、魁、甑、案、碗、勺、镳、壶、钫、盆、盘、匜、盉、卮、樽、杯等，陶器里的瓮、罐、瓿、匏壶、提桶、联罐等，琳琅满目。

一座干栏式双层陶屋里，楼下有人正在杵米，十分生动的劳动场景。从那些杵臼、碓、磨等工具来看，他们的主食应该是稻米。在汉代，稻、黍、稷、麦、菽已经普遍种植，中原以黍、稷、麦为主，岭南地区则以稻米为主。菽是豆类作物的统称，穷人吃得多点，富裕人家不爱吃。豆类基本上是不用杵的，只有稻谷才需要脱壳。在堂排村发掘的 2 号夫妻汉墓里，出土了保存完好的稻谷，直接证明了稻米是当时的主食。

再说肉食。汉朝人皆嗜烤肉。西汉人桓宽著有《盐铁论》，记载了当时社会上能够吃到的肉食品，诸如烤羊羔、烤乳猪、酱狗肉、红烧马鞭、酱鸡、酱肚、熘鱼片、红烧鹿肉、煎鱼子酱、炖甲鱼等。受地域和物产分布的限制，合浦人吃不全上述的肉食，但也差不离。从馆藏的陶猪、陶狗、陶羊、陶鸡、陶鸭、铜牛、铜马等文物来看，这些畜禽估计是家养的，大部分还都是食用性的。

在发掘合浦草鞋村汉窑址时，考古人员还发现了象骨和狗骨。大象和牛马一样，是役用的，不会宰杀食肉；狗是看家护院的，但不排除杀掉"撮一顿"的可能；猪羊鸡鸭则肯定是养大后宰杀的，作祭祀仪式用，或者是下酒菜。除此之外，"野味"也有可能列入他们的食谱，如鹿、野猪、黄猄、兔子、鸟雀，甚至豹子、老虎都不在话下。

合浦有江河汇集出海之称谓，沿江靠海，正所谓"靠山吃山，靠水吃水"，吃江鱼、吃海鲜是必然的，获取还很方便。在他们的菜谱里，水产的比重不会低。依顺口溜"第一芒、第二鲳、第三第四马鲛郎"，给海鱼的鲜美度排了次序，可见吃海文化的深厚。对了，还有花蟹、梭子蟹、青蟹，好吃得不行，沙蟹就算了，不值一提。说不定第一个吃螃蟹的人，就出自合浦。

吃肉食，特别是吃海鲜，少不了调料。在汉代的饮食中，很重视酱料调味品。《吕氏春秋·本味篇》曰："调合之事，必以甘、酸、苦、辛、咸。先后多少，其齐甚微，皆有自起。"在馆藏文物中，有几个很别致的二联罐、三联罐和五联罐。这些就是盛装酱料的。其中五联罐，在出土的时候，里面还有酸梅果核。众所周知，吃海鲜得沾点醋吃，以抵消海鲜的寒性，不然会闹肚子。那时候或许已经用上了醋，但酸梅也能起到杀菌和调口味的作用。人们还爱吃生鱼生肉，把活鱼、鲜肉切成薄片，蘸上调料直接吃，这种吃法叫"脍"；若是把鱼和肉烤熟了吃，则叫做"炙"，这两种吃法合起来即是成语"脍炙人口"。

吃了肉，还得烧酒助兴啊。考古学家普遍认为，汉代时，还延续着分餐制，一人一案，案上摆着酒菜，甚是惬意。兴之所至，相邀敬酒，氛围热闹。馆藏文物里有几件装酒的青铜器，其中的铜提梁壶，密封着的，里面还有液体，考古专家推断是酒。精巧的酒器让人脑洞大开，开宴时，都手捧金樽，品尝甘洌，相谈甚欢，直至酒酣耳热，豪气干云。

汉朝时的蔬菜，最常见的是所谓的"五菜"，即葵菜（苋菜）、韭菜、薤菜（藠头）、大葱和大豆苗，还有莲藕、芹菜、芦笋、荸荠等。那时候还没发明炒菜用的锅，对蔬菜的加工很简单，直接加水蒸或者煮熟即吃。一些有香味的蔬菜，还用来做酱菜。

为了应付冬天吃不上蔬菜的难题，他们发明了腌菜。那时的腌菜又叫菹（葅）。东汉刘熙在《释名·释饮食》里说："葅，阻也，生酿之，遂使阻之于寒温之间，不得烂也。"腌菜的方法有两种：一种是菹，将整棵蔬菜直接腌渍；一种是切碎蔬菜后腌渍，叫齑，食用方便些，口感也好。现在的市场上，还有这两种酸菜售卖。在馆藏文物中，有一系列的陶瓮、陶罐，《急就篇》颜师古注曰："瓮谓盛酒、浆、水、粟之瓮也。"依笔者看，那些个头不大的陶瓮、陶罐，口小腹大，用来腌菜最合适。

在水果方面，荔枝、龙眼、柑橘应季会有。同样是在堂排村发掘的2号夫妻汉墓里，出土了荔枝的果壳和果核，证实了这种岭南佳果，在合浦有悠久的种植史。

彼时没有冰箱保鲜，蔬菜可以做腌菜，那些吃不完的鱼肉、水果又该怎么办呢？

其实，古人很聪明，他们发明了几种保存鱼肉的方法：修、脯、腊、鲊、鲞。修，是将肉条抹盐、葱、姜等调料后阴干；脯，是给肉抹盐即阴干；腊，是将肉块腌后再用烟熏干；鲊，是将小鱼用盐腌一段时间后，直接食用，现在海边人吃的"水鱼"就是这种；鲞呢，便是将鱼加盐腌后，晒成鱼干，即咸鱼。水果的保存，照脯的方法制作成果脯。

西汉辞赋家枚乘写有赋作《七发》，里面有介绍南方地区的几款菜肴，有人还翻译成了白话文，现在"拿来"一用："鲜嫩的小牛腩肉，配菜是竹笋和香蒲，肥狗肉蘸着石耳吃，楚苗山区的糯米，河边采来的茭白，蒸成香饭团，拿到手里黏得散不开，但是入口即化。然后让伊尹负责烹饪，让易牙调和味道。烂熟的熊掌，要蘸着芍药腌成的酱吃。还有那细细切薄的烤里脊以及新鲜的生鱼片。秋后的紫苏，白露浸过的蔬菜特别爽口。饭后再来一点醇厚香烈的兰花酒漱漱口，这可是天下的极品美味啊！"

尽管，那样的宴飨场面现在看不到了，但通过枚乘的赋文和合浦汉代文化博物馆馆藏的饪食器皿，我们还是可以想象到，当年合浦人的生活腔调。

南珠甲天下

伍稻洋

图 2-2　南珠甲天下（邓超斌　摄）

世界上出产珍珠的地方不少，但论品相、药用价值，为世人所称道的南珠（合浦珍珠）均为上乘。唐代马总《意林》载："必须南国之珠而后珍。"明代博物学家屈大均《广东新语》载："东（日本海域）珠不如西珠，西（大西洋地区）珠不如南（合浦郡海域）珠。"

有关南珠的传说很多。有一个神话故事，说玉皇大帝的小公主私自下凡，与海生相爱生子，玉皇大帝知道后强行召回，小公主别离情郎爱子，泪洒北部湾海，被蚌螺吸收，孕育成珍珠。最大一只蚌螺育出一颗硕大无比的珍珠，夜里可以放光，世称夜明珠。

传说夜明珠过不了合浦地界——梅岭，有商人非要把夜明珠带离合浦换好价钱（或说太监要把夜明珠带回宫献给皇上），把大腿肉割开，将夜明珠塞进去，再用线缝合。但到了梅岭，夜明珠还是破腿肉而出，飞回合浦。夜明珠夜里照亮海面，让合浦珠民摸珠螺。这是神话版的"珠还合浦"，也叫"梅岭飞珠"。

神话是人们对自然现象无法解释的解释。事实上，古合浦海域产珍珠、产好珍珠，完全是地理方面的原因，"一方水土一方物""橘生淮南为橘，橘生淮北为枳"也。

合浦历史上是流放朝廷罪犯的地方。合浦刚建郡时，民俗还原始，语言杂乱，

"长幼无别"、纹身刺青、"项髻徒跣、以布贯头而着之",不知婚姻制度。境内甚至还有以食人为俗的部族"乌浒人"存在。东汉时期,随着中原流放人员(其中不乏原王公贵族)不断迁入,对当地汉化产生影响,土著人"渐见礼化",但农业生产还很落后,仍过着渔猎山伐的生活。海边人常用珍珠与外地商人换取粮食。

合浦珍珠的发现和扬名,应该有个过程。笔者在历史小说《还珠谣》中写了这样一个情节:有一天,渔民出海带回一种蚌螺,椭圆而扁平,螺壳上长着粗糙的小牡蛎。渔民把蚌螺煮熟吃,肉咯着牙齿,以为是沙子,吐出来一看,原来是一颗黄得闪亮而浑圆的东西。村里人以为这种蚌螺天生有骨头,就称为骨头螺。此后,大家摸回骨头螺,既吃肉又喝汤。有人闲来无事,就拣个大状圆的螺骨头钻孔,用线穿起来给小孩戴在手上、脚上或者脖子上。

外地商人光顾这个海边村落,开始是用稻米、高粱等粮食换取鱼虾蟹,后来看见孩子们身上戴的螺骨头链,也要拿粮食换,一串螺骨头链就象征性给一点稻米什么的。村民私下里都笑商贩傻,居然拿能吃的粮食换那些对他们来说根本没有用处的螺骨头。再后来,一位被流放的官员来到村里,看到孩子们手上脚上戴着的螺骨头链,惊讶得张阔了嘴巴:你们了不得啊,皇宫里的妃子都没几个有珍珠项链,你们孩子的手上脚上都戴!于是,螺骨头改称珍珠,骨头螺也就成为珍珠螺了。

南珠是大海赏赐给人类的尤物,历代王宫贵族、富豪商贾无不向往。有资料显示,中国商代就把合浦珍珠列为贡品。汉成帝刘骜为讨赵飞燕姊妹欢心,请能工巧匠在特大的合浦珍珠上雕刻纹饰,做成精美的珠珥(合浦圆珠珥)相送。

汉代以来,官府为了珍珠,强逼珠民下海采珠,不少珠民命葬海湾。古合浦珍珠的历史,其实是珠民的血泪史。唐代诗人李白诗云:"相逢问疾苦,泪尽曰南珠。"近代戏剧家田汉诗云:"南来初看还珠记,当日珠民重可悲。"(《访合浦白龙珍珠城旧址二首》)

《后汉书·循吏列传》载:"(合浦)郡不产谷实,而海出珠宝,与交趾比境,常通商贩,贸籴粮食。先时宰守并多贪秽,诡人采求,不知纪极,珠逐渐徙于交趾郡界。于是行旅不至,人物无资,贫者饿死于道。(孟)尝到官,革易前弊,求民病利。曾未逾岁,去珠复还,百姓皆反其业,商货流通,称为神明。"这是史实版的"珠还合浦"。

合浦珍珠能够去而复还,是孟尝廉洁和智慧的结果。

孟尝生活在顺帝至桓帝年代。桓帝前期,大将军梁冀的姐梁妠(顺帝皇后)为皇太后,妹梁莹为皇后,梁冀权倾天下。梁冀不但贪婪、凶狠,还小心眼。7岁的质帝看不惯他,说一句"此乃跋扈将军也",即被毒杀;百官迁召,都要先去拜谢梁冀,然后才敢到尚书处受命赴任。辽东太守侯猛上任前没有去谒见梁冀，梁冀就捏造罪名把他杀了。孟尝在顺帝后期出任合浦太守，桓帝前期离职。史书上没有看到孟尝怎么应付梁冀，也没有看到梁冀如何为难孟尝，但孟尝能够在合浦郡守这个位置上有所作为，而且是名垂青史的大作为，一方面要应对朝廷权贵，一方面要摆平地方势力（东汉政治动荡，合浦时有与官府对抗的"盗贼"），没有大能耐肯定不行。所以说，"珠还合浦"，既体现孟尝的"廉"，又体现孟尝的"能"。

孟尝的曾祖父、祖父、父亲都是好官，给孟尝树立了榜样。"其先三世为郡吏，并伏节死难"（《后汉书·循吏列传》）。孟尝不但有德，而且有才。孟尝做郡户曹吏时，上虞有寡妇"至孝养姑（婆婆）。姑年老寿终，夫女娣诬妇厌苦供养，加鸩其母，列讼县庭。尝先知枉状，备言之于太守，太守不为理。尝哀泣外门，因谢病去，妇竟冤死。自是郡中连旱二年，祷请无所获。后太守殷丹到官，访问其故，尝诣府具陈寡妇冤诬之事。因曰：昔东海孝妇，感天致旱，于公一言，甘泽时降。宜戮讼者，以谢冤魂，庶幽枉获申，时雨可期。丹从之，即刑讼女而祭妇墓，天应澍雨，谷稼以登。尝后策孝廉，举茂才，拜徐令。州郡表其能，迁合浦太守"（《后汉书·循吏列传》）。

当然，德才兼备的孟尝，最后还是无奈地离开了合浦。史书上说孟尝是因病请辞。笔者以为他是无可奈何托病离去（孟尝做郡户曹吏时因为寡妇的"冤状"曾"因谢病去"）。孟尝归故里后还能耕种，而且享年70。这个年龄当时算高寿了，说明他并没有什么大病。如果心情舒畅，小病他应该不会离合浦而去。孟尝闲居乡野期间，尚书杨乔7次上书向桓帝推荐，希望他能复出，但桓帝置之不理。首先，那段时间，桓帝整天考虑的是怎么对付梁冀，哪有心情理会杨乔的荐书？其次，推荐人杨乔拒绝娶公主为妻，桓帝不高兴，怎么会安排他推荐的人？再次，孟尝既不向桓帝示好，也不巴结梁冀，谁让他复出？王勃在其骈文名篇《滕王阁序》中称"孟尝高洁，空怀报国之情"。

史学家范晔为孟尝立传也为合浦珍珠立传，使合浦珍珠与孟尝同留青史，可谓珠以人传，人以珠传也。孟尝所开创的"珠还合浦"时期，承载着独特的历史文化。"珠还合浦"，作为成语故事，妇幼皆知。千百年来，多少人怀有深切的"还珠"情结！唐贞元七年（627年），科举考试曾以《珠还合浦赋》为题。历代文人寄情合浦珍珠及"珠还合浦"典故的诗文很多。南北朝诗人沈约《少年新婚为之咏》："盈尺青铜镜，径寸合浦珠。"唐代进士独孤绶《投珠于泉》："不是灵蛇吐，非缘合浦还。"唐代诗人李峤《珠》："昆池明月满，合浦夜光回。"宋苏轼《廉州龙眼质味殊绝可敌荔枝》："坐疑星陨空，又恐珠还浦"；《题冯通直明月湖诗后》："闻道胖江空抱珥，年来合浦自还珠。"元右榜状元笃列图《伯夷颂》："月照明珠还合浦，春风长共义庄田。"

当代陈毅元帅《满江红·雷州半岛》："看今朝合浦果珠还，真无价。"神话粤剧《珠还合浦》自 20 世纪 50 年代创作上演后，多次修改排演，作为全国少数民族优秀保留剧目，深受国内外观众喜爱。

南珠的发现、生产、加工、销售、使用，以及与南珠有关的历史、地理、风土人情、价值观念、文艺创作表演等已经形成一个文化体系，凝聚成一种特定的地域文化现象。这种文化现象就是南珠文化。在北部湾海洋文化中，南珠文化是不可缺少的重要组成部分。

南珠文化的基础是"珠还合浦"，核心也是"珠还合浦"。"珠还合浦"是廉洁、正直、智慧的象征；"珠还合浦"是南珠文化的精髓，是南珠文化之魂；"珠还合浦"是南珠文化的里程碑。

南珠是合浦人的骄傲，北海人的骄傲，北部湾人乃至中国人的骄傲。

世界上没有第二种珍珠能让人如此神往，没有第二种珍珠能承载如此厚重的历史文化，更没有第二种珍珠对后世影响如此深远。

南珠甲天下！

公馆人的酒席

刘忠焕

　　公馆人对办喜宴的称呼，就俩字——做酒，言简意赅。但公馆人做的酒，却又是丰富多样，满桌子的菜，惊讶得很。

　　在笔者还是童年的时候，就没少跟着大人去吃酒席，对那些个场面，印象颇深。在那个物资匮乏的年代，就算是乡下，也还是有人要做酒的。而每一场酒席，全村男女老少都会来帮忙或者凑热闹，还有陆陆续续的亲戚朋友挑担携礼前来贺喜，熙熙攘攘，喜气洋洋，像城里新商城开业一样。久未谋面的故人难得坐在一起，自然是拉着手说个没完。而孩子们则跟过年似的，可以饱餐一顿平时吃不到的美食，心里可美了。

　　乡下人做酒，一般不请外面的大厨，都是本村的厨师来操持。乡下的厨师，一般被叫做厨倌。厨倌一代代相传，人才辈出。做一场酒，从开菜单、采购、弄灶具、搬台凳到宰鸡鸭、洗菜、炒菜、刀工、走通，都是本村人搞掂（定）。谁家要办喜事了，主人家上门来说一声，大家就会到场分工，各司其职，把事情办得风风火火、妥妥当当。这些参与者，是不讲酬劳的，到了别人家办喜事，你去帮忙就是了，显示了客家人团结、共进的精气神儿。

　　公馆酒席曾有过一些独特的礼仪，手写体的请柬很讲究格式和规矩，但现在跟别的地方基本没有差异了，就简单的电脑打印。还有"坐台"也是，以前用八仙桌来摆酒席，8人一桌，小孩子仅仅是做"台楔"的，也就是通常说的加位。后来八仙桌越来越少，就改用圆桌，上坐的宾客也由8位增加到10位，小孩子可以不用做"台楔"了，正正当当地"坐台"。

　　公馆酒席，讲究一个"满"字。大碗装菜，满满打尖，不像大饭店里的拼盘，摆个花样好看，量则不多。上菜时，是一流水儿地端上来，摆得满桌子都是，摆不下了就架在上面，层层叠叠。没有这么多的碗碟，算不上好客。我留意过那些碗碟，一般都会有 22 道菜（包括汤），节俭一点的也有 20 道菜。

客家人的酒菜，口感上还是偏重于"肥、咸、热"。但也有一个好处，就算是冬天，也能吃个味津津、热乎乎。虽说是乡下厨师，但多少代人传下来的制作手法，已经有了博大精深的韵味。一桌子热菜出台，是"绝、炫、精、技、叹"，神采飞扬。绝，就是名扬四方；炫，就是食材天然；精，就是味道绝妙；技，就是做工精巧；叹，就是回味无穷。

公馆酒席的主打菜，一般会有扣肉、圆蹄、白斩鸡、糯米炖鸡、大炒粉丝、小炒粉丝、清蒸全鱼等，当然还有银耳甜羹，别处是没有的。尤其是那两道炒粉丝，被称为"公馆大小炒"而登上了不少星级饭店的大雅之堂，声名远播。

公馆人做酒为何不吝啬，大盘大碗地上桌？或许跟以前缺肉少油的日子有关。那时，大家肚子里缺少油水，好不容易才遇上一场酒席，赴宴的人当然美了，可家里还有小孩和老人，大家想到了打包一些酒席菜，也让家里人打打牙祭，解解馋。于是，主人家都会嘱咐厨倌大碗上菜，吃不完就打包，一来二去便有了 20 余道菜、盘大碗满的宴席了。

那时还没有食品袋，拿什么来打包呢？宽大的芭蕉叶最好不过。没有芭蕉叶的，就摘荷叶或者芋头叶，同样好使。每当酒席要散场时，那些芭蕉、芋头可就遭了殃了。直到食品袋的出现，才取而代之，还能连菜汁也带走。

到了现在，不单打包餐桌上的菜品，主人家还会为每位客人准备一碗不上桌的公馆扣肉，散筵后让他们带走。笔者在快班上就曾听到过一位外地大妈不吝对这碗扣肉的溢美之词——"来公馆吃酒席最好玩了，还有一碗扣肉带回家，好客、大方！"

按照当下流行的说法，日子好过了，公馆酒席还是这么丰盛，又多以荤菜为主，是不太符合养生潮流的。不过，从大家都高高兴兴，还能满载而归的情形来看，也就不算事儿了。甚至于，得到远方来客的赞誉，笔者还真为家乡的酒席感到自豪呢。

客家人做的"籺"

刘忠焕

客家人有个值得骄傲的传统，逢年过节时，都要"做籺"（用糯米加工而成的食品，客家人都叫籺）来庆贺一番。不同的节日，还会按节令做不同的籺，既顺应了天时，又达到纪念与欢度节日的目的，可谓是热闹与饱口福兼得。

细细回想，还真是如此！客家人的籺，随着季节的不同而"推出"应季的籺。而那些不同的籺，它们都有一个共同点，那就是留在舌尖上的感觉都是既软又暖！吃在口里，得到的是一种夹缠不清的满足感。

端午佳节，处处都有包粽子的习惯，客家人也不例外。但客家人的粽子是有独到之处的，名字就叫做粽籺。在"制作"上，客家人没有盲目跟风，而是独辟蹊径，用一种叫萝古（学名露兜树）的叶子来包粽，结实的萝古叶让粽肉挤压敦实而不是任其膨胀松垮，口感特别好；在馅料的选用上，就地取材，采摘一种叫猪嘛蒌（有些地方又叫蛤蒌）的叶子包着五花腩作内料，会得到一种浓郁而质朴的香味。10多个小时熬制后，粽籺由里而外会泗出滑滑的油和幽幽的香。看着那些棱角分明的粽籺，一只只如铁骨铮铮似的，挺有性格，待解开绳子剥开萝古叶，一口咬下去时，才发现是满口的结实软熟、温热清香。

或许是客家人心中有佛，观音诞的到来总要诚心诚意去拜祭。观音诞还不止1个，是3个，分别是农历的二月十九、六月十九和九月十九。拜祭观音的诞辰，客家人做些白糍籺上供就行，简简单单的。祠堂里，观音像前，两支蜡烛，三炷香，一碟几只白糍籺，香烧完后，那些白糍籺就可以大快朵颐了。白糍籺看似精巧，荔枝肉一样的白，茶杯口径大的个，做起来其实并不复杂。糯米粉加水煮，搅成籺团，手捏成凹皮，将炒熟后捣碎的黑芝麻与白糖混合成粉后，舀进凹皮，捏合即成。一只白糍籺拿着，吃起来又会是糯软香甜。白糍籺最怕的是进冰箱，糯米籺皮受冷后会变硬，再吃会有"嚼蜡"的口感，原先的糯软全没了。白糍籺示人的无非就是一种原则，气质上谦和，心底里慈善，一旦变了脸，便是"恶有恶报"了。不知是巧合还是有意，客家人拿白糍粑去拜祭观音，竟有如此的佛家境界。

腊月底，客家乡村家家户户会搅上一大镬的大笼粑。大笼粑搅成后，用垫了芭蕉叶的薯篮安放，让其成形，好大的一个！怪不得叫做大笼粑。恰到好处的大笼粑，是软而温热的。毕竟是大冷天里做出的，大笼粑一出锅，很快就冷却而变硬。与白糍粑不同的是，大笼粑不怕硬，切片后放油锅里一煎，会更好吃，原本没有的香味也出来了，是甜里带出来的香味。别看切成片的大笼粑一身筋肉，硬朗风骨，热锅之内，吸聚了油的香溢，涨足了火的淋漓，反倒懦弱起来，变成了气若游丝的好好先生。不过，大笼粑也是有优劣的，差劲的大笼粑，一见火，便现了本相，黏成一团，一脸的糊涂样；而好的大笼粑，煎成锅巴样也还是一块一块。筷子夹着吃，口齿拈香，一杯香茶相佐，那就是一个美！一桌子人围着吃这样的大笼粑，在赞魂叹骨之余，也会怜惜着大笼粑的软、甜、香、糯。

到了正月，又会是三大姑六大姨"去村"（走亲戚）的好机会。一些人家会做上另一种佳品——饭心粑，初几头，就带着饭心粑"去村"了。那是一种用糯米粉粑皮包着糯米饭，再裹上叶子蒸熟的美食。糯米饭里必定要加入海味，如蟹肉、虾仁、沙虫之类的提鲜；包粑的叶子，可以是粽叶、芭蕉叶，也可以是其他大一点的树叶，能出风味。这是一种咸味的粑，吃起来也是软熟回香，满口溢油。最好玩的是在软中找到蟹肉的嚼劲，糯米饭的香加上海味的香再加上叶子的香，得到了香的叠加，让饭心粑香得丝丝入扣，软得流光溢玉。每个绵软温热的饭心粑，内里总能嚼到四五粒的蟹肉，就算没有生脆弹牙的口感，也会是软中寻香的点睛之笔。

真正要体会到滑滑腻腻的软，还数七月十四节的"盖粑"，那是另一种温润的味觉。这种盖粑，别的地方也有，叫"水粑"，清汤寡水一样，但客家人的盖粑在粑面上是添上一层馅料的。虽做法大体相同，但风味完全不一样。一般是用1尺5寸左右直径的簸箕，也就是客家人说的"盖"，架在镬头里蒸，舀上米浆薄薄一层的蒸熟，再舀上一层蒸，直到第六层时，加入预先剁碎的酸笋、木耳、猪肉、沙虫等佐料一起蒸。出锅后，再涂上酱油、蒜蓉，香气更盛，还四处侵扰。用小刀解成菱形状的块块，装碗里吃，软泽顺滑、香溢浓厚。这样的口感，如同寻觅到了一种柔肠百转的回香。

八月十五中秋节，因月饼的大行其道，客家人乐于"拿来主义"，不再在粑上动心思，不过，不少人家还是会煮上一锅香喷喷的芋头饭来凑热闹。可惜，近年来可供吃的花样品种多了，芋头饭也省去了。

冬至，在别处地方是个节气，而在客家人的日程上却是一个节日。大概是进入了隆冬时节，找点乐子应对寒冷的缘故吧，于是，在冬至这天，家家户户都要包"菜粄"。说白了，客家人的菜粄就是一种放大了的饺子，只不过"面皮"用的不是面粉，而是糯米粉而已。糯米粉搓成皮面，内馅以时鲜的萝卜、芹菜、猪肉为主，加点海味，捏合而成，然后，或蒸或煮皆可。用老人的话来说，冬至菜粄一定要掺点"鱼腥"进去，才够味！寒冷的天时，关在家里的人，心心念念的就是软软的口感、暖暖的胃，而冬至菜粄正是踏破铁鞋无觅处的最佳答案。

　　客家人的粄，既可以是小吃，又可以当正餐，体现了客家人的精明与实用。而那些粄，基本上都是或蒸或煮或熬，极少主张油炸与烘烤，笔者找不出其中的原因，只知道，客家人喜欢舌尖上的软与暖，就像心底里最柔软的那部分。

第三篇

海丝交融·名人轶事

伏波将军马援与合浦

周 謇

在烽烟四起的秦朝末年，交趾、九真、日南等地区相继划入中国版图。在汉朝政权建立后，继承秦朝的制度实行郡县制，在今越南北部置交趾郡、九真郡，在今越南中部置日南郡。汉初，合浦"海上丝绸之路"第一个始发港，便在日南郡。东南亚等国的使节和商人，远赴重洋，在日南港登岸，踏上汉朝领土。

在汉初，交趾、九真、日南的经济、文化远远落后于其他郡县，这些地方仍处于刀耕火种的原始状态，不少地方还以狩猎为主。"无礼仪，无婚嫁之法，各因淫（淫）好、无适对正、不识父子之性，夫妇之道"。当时还实行"贡物"制，农民劳动所得几乎全部被贵族无偿占有。当时交趾、九真地区实际处于奴隶制时代。

汉朝政权建立后，实行郡县制，郡守大多由汉人充任，颁布了汉朝的政策、法令；废除贵族的"贡物"制；废除婚姻陋习，农民婚嫁，要请媒人、下聘礼；奖励农民开荒种田，修筑山塘蓄水灌田，并将中原先进农耕技术和先进中原文化在交趾、九真推广，促进了交趾、九真的经济、文化发展。这些措施也促进了奴隶制的瓦解和封建制度的建立，但是汉朝政权的这些封建制度和措施，难免触犯贵族——雒王、雒将（"雒"通"骆"，指古代骆越族）的权益，引起他们的反抗。交趾郡征侧、征贰两姐妹叛汉，就是在这样的背景下爆发的。

征侧与征贰为交趾雒冷县雒将的女儿，她们与一般雒将一样，生性好勇斗狠，蔑视东汉政权的一切政策、法令。征侧由于闹事，曾受到交趾太守苏定的惩罚。征侧受罚后，便起杀心。她和丈夫朱鸢人（今河内东南）诗索，煽动雒民围攻太守衙署。太守苏定立即把征侧的丈夫诗索抓起来斩首。征侧为报夫仇，和其妹征贰煽动各县雒将起兵反汉。这些雒将早就对汉朝政权的政策、措施不满，征侧、征贰一发难，各县雒将便一哄而起，攻城夺邑，赶走了交趾太守苏定。征侧、征贰占据交趾后，废除了汉朝的郡县制，并向外扩张，九真、日南、"合浦俚蛮皆响应"。征侧、征贰攻陷岭南

60余座城邑，自立为王，与汉朝政权对抗，其气焰甚嚣。目睹事态迅速扩大，汉光武帝刘秀决定用武力平息叛乱，玺书拜马援为伏波将军，以扶乐侯为副将，率楼船将军段志等南征交趾。

马援，字文渊，扶风茂陵人。他的祖先是战国名将赵奢，赵奢号马服君，于是赵氏后代便以"马"为姓氏。马援慷慨，有武略，辅助光武帝中兴，为虎贲中郎将。建武十七年（41年），交趾郡征侧、征贰叛汉，率军平叛的将领人选，刘秀自然选择马援将军。汉军分水陆两路大军并进。汉军多为中原人，到了岭南，进入"瘴烟蛮雨"之地，多有水土不服而生病。汉军到达合浦后，楼船将军段志，竟然"出师未捷身先死"，马援只好把指挥水军的担子也挑了起来。

伏波将军马援的军队到达合浦后，以合浦作为军事基地，除了在合浦征集粮草外，也从福建等地征集军粮运至合浦。当时从合浦运军粮至交趾经西场大风江时，由于河道浅，不利行船，马援命令部队将河道挖深以利行舟，这条运粮道称"天威遥"。马援在合浦修造船舶、训练水军外，还积极治疗因水土不服而生病的官兵。马援访求当地老人，得知当地产的薏苡仁（俗称薏米）能治暑湿之病，于是派人大量收购薏苡仁，每天煮水给官兵饮服，于是汉军暑湿之病稍解。汉军乘内河平底船而来，现在要从海道向交趾进军，必须在合浦修造船舰进击交趾，且汉军多不熟海战，必须在合浦训练水军，才能进击交趾。《廉州府志》载："合浦九头岭下，有战国时造船厂遗址。"据《广东历史地质资料》云："汉初合浦海岸线在今廉州古城附近约两千米处……"民国时期农民在九头岭下，挖土筑堤时曾挖掘出土古木船板，20米长的造船的龙骨及铜制船钉等。

伏波将军马援率军从合浦出发，乘大小战船2 000多艘，沿海西进，登陆后随山勘道千余里。建武十九年（43年）春，伏波将军马援挥军至浪泊（今越南河内市西北）与"二征"叛军展开决战，二征的叛军虽然人多势众，而且有天时地利，但未经军事训练，且人心不齐，首战便被消灭2 000余人，被俘2万多人。首战告捷，马援乘胜追击，在禁谷一带又打了几个胜仗，把二征的雏兵打得落花流水。二征带着残兵败将躲避于深山。建武十九年正月，马援终于在交趾与九真交界处一战，斩杀征侧、征贰，将其首级送往洛阳报捷。

征侧、征贰战败被杀后，其残部纷纷向九真败退。伏波将军马援又继续挥军水陆并进，直捣九真。这年十月，马援率军从无风县打到居风县，杀死和俘获了都羊的兵将5 000人，二征叛乱彻底平息。马援在交趾、九真、日南废除雒将制度，恢复了郡县制，重新颁布了汉朝法律，扫除各种奴隶制的陈规，同时注重发展生产，兴修水利，使"城廓穿渠、通道灌溉，以利真民"。

伏波将军马援平定征侧、征贰叛乱后，在合浦、交趾、九真、日南等地，均留下一些士兵戍边。戍兵在当地垦荒种田，与当地雒民通婚，促进了当地农业和手工业的发展。

为了纪念伏波将军马援，当地人立祠立庙祀之。合浦古城内有七贤祠，内祀费贻、孟尝、马援等7位贤人。合浦党江西山旧有伏波庙，总江有马援庙，廉州古城东有马侯庙，古城西门外有马援庙，西场大风江乌雷岛上也有马援庙。可见伏波将军马援在合浦影响之深远。

北海人物传之费贻

张效龙

北海，地处我国广西壮族自治区南端，北部湾东北岸，是古代"海上丝绸之路"的重要始发港。国家历史文化名城，有着悠久的历史文化底蕴。

其实，北海之称来自其间一渔民村"北海村"，此地最早居住的人都是疍家渔民，他们长年集中居住在靠近避风港的村落，而该避风港面向北面海域，因此得名"北海村"。

"朝苍梧而夕北海"，此句出自唐代名人吕岩所作的《吕洞宾三渡城南柳》。可见北海一词很早就有了。甚至可以追溯至元代乃至还要早的魏晋南北朝时期。而北海地名的形成，真正定位是在康熙元年，也就是1662年，清政府设"北海镇标"，作为"北海"地名的称谓。

在西汉末年，北海被称为廉州，原因是此地出了许多清廉的官吏，所以百姓称此地为廉州。而最为出名的一位便是费贻。

《后汉书》卷八十一《独行列传》第七十一载："时，有犍为费贻，不肯仕述，乃漆身为厉，阳狂以避之。退藏山薮十馀年。述破后，仕至合浦太守。"

西汉末年，王莽专权，天下大乱，群雄割据。公孙述占据四川为王，为了借重名人志士的声望来巩固自己的地位，所以请费贻出山相助，但费贻不肯为割据势力卖力，于是跑到深山隐居。公孙述派人跟踪邀请，费贻就把漆树汁涂抹在身上，使皮肤过敏感染成癞疥状，还披发佯狂而逃避。

光武帝刘秀光复汉室后，派特使多次相邀费贻入朝相助，之后费贻出任合浦太守。他大力推行政清刑简，即政治清明，减少刑罚，减少苛捐杂税，他把中原的农耕技术带到合浦，亲自教合浦民众耕种，修渠筑坝蓄水，并和老百姓在一起耕田建屋，同吃同住，得到了民众的爱戴和拥护。费贻离任赴京之日，合浦士民不忍让其离去，扶辕百里相送至一山下，才依依不舍泣别分手。费贻真正做到了为官一任，造福一方。

《华阳国志》中记载,费贻随特使朝见光武帝时,光武帝曰:"寡人思卿久矣,未能得见,今幸至,喜跃胜。"

费贻答曰:"臣恨无才佐事陛下,即蒙恩诏,敢自违乎?"

光武帝大喜,遂封费贻为合浦太守。于是成悦,莫不归心。可见,费贻在当时有很大的影响力!

近代以来,一代又一代的名人志士在北海这个人杰地灵的地方脱颖而出,如林翼中、香翰屏、梅艳芳、杨丞琳、檀健次、萧会等,数之不尽。

历史的长河奔流不止,延续至今,北海人民继承了祖辈们的优良传统,百姓民风淳朴、善良,以一种最饱满的热情迎接着海内外的来宾,向全世界人民展示着我中华民族泱泱大国的精神风貌。北海人民正以最坚实的步伐迈在祖国的最前沿,相信在北海人民的努力下,她将走得更高,走得更远!

话说东汉名臣孟尝

史济荣

孟尝（102—171年），字伯周，东汉上虞人。在合浦太守任上，革除前弊，为民求利，去珠复还，被称为古代的廉政楷模。典故"珠还合浦、孟守还珠"即源于孟尝。

孟尝更是上虞古代的杰出贤达，在老家留下了不少有关孟尝的遗迹和故事，还有大量吟诵孟尝的诗篇。笔者就像合浦先民从大海中捞起"南珠"那样，从浩瀚的典籍中搜寻相关史料，意欲把孟尝的传奇故事完整地呈现出来。

一、孟尝生于怎样的家庭

中国古代的《二十四史》中，把奉职守法、清廉贤能的人物称为"循吏"，也就是民间所称的"清官"，以致演变为戏曲中的"青天大老爷"。《后汉书》中的《循吏列传》所载第七位就是孟尝：

"孟尝字伯周，会稽上虞人也……"因为有孟尝等名士，使上虞很早就扬名于正史，这是上虞的骄傲。

接下去一句话耐人寻味："其先三世为郡吏，并伏节死难。"这句话导出了孟尝的家史。孟尝不是出生于普通的农家，而是官吏之家，世代为官，为国效力，且又前仆后继，悲壮赴死，其情可歌可泣，其义堪咏堪叹。

孟尝的前三世，指的是其曾祖父、祖父、父亲这三代。

他的曾祖父在史籍中有名有姓，叫孟英。《三国志·吴书》中记载："决曹掾上虞孟英，三世死义。"光绪《上虞县志校续》（以下简称《光绪志》）中专门有一篇孟英的传记。

孟英，字公房，东汉上虞人。他是会稽郡的"郡掾史"，就是《三国志》所说的"决曹掾"。用现在的话说，相当于法院的审判员，但最后的判决权在审判长手上。

当时，会稽郡发生了一个案件：有个叫王凭的人，因受别的案子牵连获罪，被抓进监狱，不过他的罪行较轻，不至于判死刑。但时任会稽太守没有详加审讯，盛怒之下，判了个斩立决，王凭顿时人头落地。

王凭的家人不是老实巴交的乡下人，而是有一定背景和势力，眼见亲人被冤杀，立即进京告御状，到处呼冤叫屈。此事终于惊动了皇帝，下诏让州官查究。

汉代时的会稽郡隶属于扬州。扬州刺史奉皇帝诏令，马上派出审讯官来会稽郡彻查案件。翻看此案的"卷宗"，发现里面的文书材料都是孟英所写，署名也是孟英，孟英脱不了干系；但孟英和同僚都知道，真正判决案件的是太守。

怎么办？孟英决定揽下所有罪责，以使太守免罪。

审讯官认为背后肯定有人指使，定要一查到底，便对孟英施以种种刑罚，要他交代受何人指使。孟英身受酷刑，仍持原来的供词不变，一心为太守开脱。他这样说："太守因身体患病，许多案件没能亲自审理，这事从头到尾都是我一个人在操作。"审讯官是内行人，追问说："你说太守不知情，那文书上怎么会有太守的官印？"孟英继续编故事为太守免罪，他说："冬至那天，他借探望太守病情之名，偷偷进入太守的私室，窃得官印加盖在文书上，然后下达判决书杀了王凭，太守真不知情。"

口供似乎编得天衣无缝，但审讯官仍不信，没判他的罪，而是将其系于大牢，等待他翻供。从冬到夏，孟英身上的皮肤都腐烂了，但仍坚不吐实。为了永远地闭嘴，他竟绝食而死。

如果用现在的眼光来看，孟英的行为似乎并不可取，但我们不能脱离当时的世俗环境，孟英侠肝义胆，牺牲自己，保全他人，是古代"舍身取义"的典范，与那些为了自己能苟延残喘或为了自己的功名利禄，置道义于不顾、出卖朋友的行为，有天壤之别。

孟英的儿子，也就是孟尝的爷爷，名叫孟章，所任的官职是会稽郡"郡功曹"，是给郡长官担任助理、秘书等辅助职能的官员。上虞另一位东汉时期的乡贤王充，所处的时代与孟章比较接近。他所著《论衡·齐世编》中说完孟英的事迹后，又有这样一段话："章后复为郡功曹，从役攻贼，兵卒北败，为贼所射，以身代将，卒死不去。"意思是说：孟章后来也当了郡功曹，在一场战斗中，与郡将一起攻击贼人，不料军队战败溃退，贼人紧追不舍，用弓箭不断射击，孟章用身体挡住箭矢，掩护郡将撤退，一直到死也不离开。可知，孟章也是舍身掩护上司，代人而死。

孟尝的父亲名字失考，也是一位郡吏，同样公而忘私，重义守节，以身殉职。故史称孟尝"其先三世为郡吏，并伏节死难"。

孟尝就生长在这样一个郡吏之家，从小耳濡目染各种节义事迹，从先辈的言传身教中深受教益，故而能立大志，明大义，重节操，轻生死。以致为郡吏时，不顾自己的前途，仗义为包娥申冤；为官后，能清廉自守，造福一方，终于成为一代名宦，万世楷模，名满青史。

二、孟尝的老家在哪里

孟尝老家在哪里？宋代诗人华镇曾有诗曰："溪上还珠太守家，小桥斜跨碧流沙。"这已大致为我们描绘了一幅孟尝老家的景物图，小桥、溪畔、碧水、流沙，充满了江南风光。

如果说诗歌太过抽象，那么史籍上的记载就更明确了。明朝万历《新修上虞县志》（简称《上虞县志》）载："今县东南有孟宅，其故居也"。又载："河之南，曰孟闸桥，又曰还珠桥。"《光绪志》中，"孟宅桥"这一条目里这样说："在县东南一里三十步，运河南。汉孟尝居也。亦曰孟闸桥，还曰还珠桥。"

上面的记载似乎非常明白，甚至精确到了"三十步"，但事实上，细心的研究者发现，县志上的记载也有错误。首先，如今仍保存下来的"孟闸桥"或者"还珠桥"有两座（闸），一在今丰惠南岸路的东端，东西向；一在此桥之南，接近还珠村处，南北向。很多史料都把两者混淆了。孟宅究竟在哪一座桥附近？其次，县志上所记的"孟宅闸"始建的年代也有疑问。

《上虞县志》在"孟宅闸"条目下记载："在县城东，泄运河之水于江。清水闸圮，嘉泰元年（1201年），尉钱绩修。后圮尤甚，县以白府，府檄筑海塘府史王永修……"

由此可知，清水闸（建在别处）倒塌后，南宋年间始建孟宅闸。然后，早在北宋时，诗人华镇就写下了《孟闸桥》诗。

孟尝生活的年代距离南宋时已过去1000多年，已发生了沧海桑田的变化，孟尝家到底在哪里早已说不清了。

如今笔者来到上述两座桥头，照地貌来看，这两处都不可能！为什么？因为地势太过低洼，不用说古代各种水利设施还没有建成前，就算现在，也时常有受水淹的可能。

笔者觉得，孟尝老家在县（今丰惠）东南不会错，就其具体位置，不应该在河边的低洼处，有两种可能，一是桥头附近本来有高墩或小山，孟宅建于其上；二是在南边的塔山（车郎山）山脚下。

《上虞县志》又载：孟尝墓在县东南两里，即如今还珠村的西南。孟尝墓据说到如今仍有遗迹可寻。据笔者推断，孟尝宅与其墓地不远，墓的位置更高一点而已。

通明一带以前曾被称为"孟尝乡",现在,还珠村与车畈村合并成了"孟尝村",将这一带视作孟尝的故居是合乎情理的。

不过,《上虞县志》又记:"曰孟村。汉孟尝所居。至此与会稽、剡县接界,名三界。"这里所说的孟尝旧居在上虞的边缘,靠近三界。这在《光绪志》中说得更具体:"孟村,汉孟尝所居,与会稽、剡县接界。在县西南六十里,俗呼孟家冈。"

怎么会有两处孟尝老家呢?这该如何解释?

其实这事《后汉书》就有记载:"隐处穷泽,身自耕佣……"即孟尝自合浦太守位上卸任后,不张扬自己的功德,收藏才华,保持清高的气节,于是离开家乡,远离世俗的纷繁,来到荒无人烟的地方,躬耕僻壤,甘于清贫,过上隐士般的生活,走到离世后才归葬故土。

三、孟尝是如何为包娥申冤的

孟尝长大后走上仕途,与他的祖先一样,在会稽郡里谋得一职,当了一名户曹吏,主管会稽郡内的赋役征收、户籍登记等事务。他勤恳能干,忠于职守,显示出比较强的行政能力,为同僚所赞。

那时,上虞县有个叫包娥的人,嫁到如今的驿亭孝闻岭脚下的一户人家,夫妻恩爱,勤劳持家,孝敬尊长。不料,没多久,她丈夫竟得病而亡。可怜的包娥年轻守寡,没有子女,与婆婆相依为命。包娥是个非常孝顺的媳妇,她精心侍奉婆婆,砍柴种地,里外操劳,年复一年赡养着婆婆,直到婆婆年老,寿终正寝。

包娥有个小姑子,早已出嫁。因婆婆常夸媳妇的好而责怪女儿的不孝,小姑子一直对包娥心怀怨恨。其母死后,为发泄私愤,借故诬陷包娥,以"厌苦供养,加鸩其母"的罪名,把包娥诉讼到了县衙。县令草菅人命,听信诬告,断定包娥因厌倦供养,下毒害死了婆婆,包娥百口莫辩,竟屈打成招,被打入死牢。案子上报到会稽郡,郡守亦不加辨察,草率定案,判了包娥死罪。

孟尝虽未曾见过包娥,但包娥的孝心早有耳闻。听说包娥下毒害死了婆婆,感到事出蹊跷。人命关天马虎不得,他急忙回到上虞老家,到处走访,细细查问,很快查明包娥的冤情,立即回到府衙,据实向太守禀报。然而太守竟责怪孟尝多事,对他的话根本不予理会。孟尝再三泣告,替包娥申辩,竟毫无效果,便愤而以辞职相抗拒,表示决不同流合污。

秋后问斩,包娥含冤而死。乡亲们把她埋葬在村后的山坡上。也许真的是冤气冲天,以致人怨天怒,此后两年中,全郡大旱,滴雨不下,不管太守如何对天祷请,烧香祈求，仍然求不到一滴雨。百姓遭受旱灾，只好四处逃荒，流离失所。太守被逼丢职离去。

新任太守名叫殷丹，到任后马上四处探访，询问其中的缘故。这两年中，孟尝赋闲在家，但始终没有忘记包娥的冤案，听说新太守上任，立即到府衙陈述包娥被冤枉错杀的事因。

如何能打动新太守呢？孟尝想到需借用天灾的警示，切中要害，才能替包娥申冤。他说的一段话在《后汉书》中有载："昔东海孝妇，感天致旱，于公一言，甘泽时降。宜戮讼者，以谢冤魂，庶幽枉获申，时雨可期。"意思是说：以前东海郡有个孝妇，蒙冤而死，致使老天震怒，连续大旱。如果能得到一句公道话，才能使甘霖应时而降。如今包氏这个案子，应该杀掉那个诬告的人，以此向冤魂致歉，使之得以申冤，大雨才能按照期待而降。

殷丹听了觉得有理，就按照他的建议，重新审理包娥的沉案，终于冤情大白，诬告者受到了应有的惩罚。太守亲自来到包娥墓前，焚香祭扫，为其平反昭雪。上天也应时降下甘霖，旱灾解除，庄稼重获丰收。

后来包娥墓所在的山被称作"包姑山"，山下的那条山岭，因为包娥的大孝而闻名，故而称作"孝闻岭"。岭边的"包娥祠"至今还在，香火旺盛。

四、孟尝的才能得到了谁的赏识

"世有伯乐，然后有千里马。千里马常有，而伯乐不常有。"孟尝能成为一代名臣，少不得有赏识其才能的伯乐。

第一个伯乐，就是上文提到的会稽太守殷丹。殷丹为包娥平反后，礼请孟尝重回郡衙，恢复原职。这之后，殷丹对孟尝的话总是言听计从，允许他放手大干。孟尝也充分展示了其治世的才能，建议太守积极推行利民之策。在这两人的配合下，会稽郡得到治理，逐渐恢复为丰穰之地。

中国古代选拔官吏，最早是"世袭制"，唯血统论；隋唐之后是"科举制"，考试中的获胜者方有做官资格。而汉代则是另一种制度："举察制"。郡一级举荐的人才称作"孝廉"，孝廉是"孝顺亲长、廉能正直"的意思。州一级举荐的人才叫"茂才"，即为优异之才。被举为孝廉或茂才者，都有当官的资格。

在会稽郡举荐孝廉时，毫无疑问，孟尝已是众望所归的不二人选。后通过策对，孟尝又被扬州刺史举为茂才，正式从"吏"上升为"官"。

孟尝先被任命为徐县县令。徐县在今江苏省泗洪县南部，他上任后，积极推行利民政策，轻赋税，薄徭役，兴水利，重教化。几年下来，生产发展，物阜民丰，百姓得以安居乐业，盛赞孟尝的善政，郡、州也皆上书推荐孟尝的才能。

这时，孟尝遇到了第二个伯乐，他也是上虞人，复姓綦毋，单名一个俊字。

东汉时的上虞，人才济济，如群星璀璨。除了孟氏一门四代，官宦有魏朗、陈业、度尚；文有王充；武有太尉朱儁；孝有曹娥、包娥、孟淑、杨威；节义有戴就、樊正；丹道有魏伯阳、淳于斟；等等，而另一个不能被遗忘的人就是綦毋俊。

綦毋俊，东汉上虞人，少涉儒学、通经史，研读左氏《春秋》颇有见地。永元初年，被举为孝廉，官拜左校令，成为一个中级军官。

后来，合浦蛮夷叛乱，皇帝派遣御史任逴，督促州、郡所属的军队前往讨伐，綦毋俊也率领兵卒赶赴苍梧参战。他先前对这一带地形多有考察，在制订作战计划时，积极向任逴建言，说苍梧离合浦较远，叛军如若迂回游击，仓促间难以回军救护苍梧，宜步步为营，稳扎稳打。任逴听后深以为然，下令一切遵照綦毋俊说的做，先保障苍梧安全，后围攻合浦。

清剿战斗打响后，綦毋俊率领所属兵马，冲锋在前，猛攻猛打，异常勇敢。他一路攻营拔寨，所向披靡，屡建奇功，兵锋直抵叛军老巢。

叛乱很快平定，论功行赏，綦毋俊功劳最大，应当受爵士之封。可是他上书称，贼寇不义，理当受诛，平乱的功劳都是主将任逴的，自己不要受封。他推辞了封爵，但仍被越级提拔为交趾刺史。所以三国时的虞翻在《三国志·吴书》中说："交趾刺史上虞綦毋俊，拔济一郡，让爵土之封。"

交趾在今广西南部、广东南部、越南北部一带，合浦是交趾属下的一个郡。綦毋俊任交趾刺史后，认为蛮夷之叛，问题出在郡守的贪婪和无能上。要治理交趾，必先整饬吏治，任用一批廉洁而又能干的官员。

症结找到了，请谁来当合浦太守好呢？他早就耳闻孟尝的事迹，认为孟尝是最合适的人选，于是就向朝廷推荐孟尝。

之后，孟尝没有辜负綦毋俊的期望，终使去珠复还，留下美谈。后人将廉正的孟尝比喻为"南珠"，綦毋俊则被誉为"玉蚌"。

五、孟尝是如何实现"珠还合浦"的

合浦地属"蛮夷"，是壮族先民的聚居之所，沿海土地贫瘠，没有农田，不产谷实，而海出珠宝。因与交趾毗邻，常通过商贩的流动，卖出珍珠，换来粮食，以此谋生。

合浦出产的珍珠，又称南珠、廉珠和白龙珍珠，素有"掌握之内，价盈兼金"之说。它以细腻器重、玉润浑圆、粒大凝重、瑰丽多彩、晶莹圆润、皎洁艳丽、光泽经久不变等优点而成为国之瑰宝，常作为进贡皇宫的贡品。享有"东珠不如西珠，西珠不如南珠"之美誉。

先前的合浦郡守，多为贪婪污秽之辈，为了向上司进贡和行贿或贪为己有，肆无忌惮地对百姓横征暴敛，不断逼迫珠农下海捕捉珠蚌，采来的珍珠大多得上交官府，还和奸商相互勾结，狼狈为奸，大肆盘剥。

在连年滥采滥捕之下，合浦的珍珠资源逐渐枯竭，珠蚌逐渐往交趾方向迁徙，就便是"珠逃交趾"，能采到的珍珠既少品质又差。于是合浦的财源断了，变成"夜海无光，行旅不至，人物无资，贫者饿死于道"的黑暗衰败之地，客商不来了，百姓换不到粮食，以致激起民变，酿成战乱。

孟尝到任伊始，立即深入民众，通过察访调查，很快发现了弊病之所在，于是马上大刀阔斧地革除前任弊政，积极施行新政。

孟尝刚上任时，府衙中的官吏按照先前的惯例，集体把搜刮来的最好的珍珠呈献上来，以作为给新太守的见面礼。孟尝见状大惊，大声叱责官吏的腐败，把呈上来的珍珠全部充公，换来粮食以赈济贫民，同时颁布禁令，官府不得向珠农索要珍珠，如有发现，严惩不贷。

向上司进贡或贿赂，是加重珠农负担的重要因素，孟尝坚决杜绝。他的顶头上司即为交趾刺史綦毋俊，他照样粒珠不送。他自己更廉洁无瑕，不接受任何珍珠，一心只为民求利，富民安邦。

堵塞了这些漏洞后，孟尝发布告示，禁止大规模下海捕捉珠蚌，由衙役巡视海滩，劝告和阻止珠农私自下海采珠，只有在官府批准时，才能有节制地少量采集。

没有了珍珠交易，百姓怎么生活呢？孟尝改变唯以采珠为业的格局，发展多种经营，动员和教导珠农下海捕鱼，以海鲜换取粮食，又令采掘山上的草药，以药材用于交易。

合浦有了新的产品，交趾一带的商人又被吸引过来，商贸有所活跃。百姓用别的产品也能换取粮食，生活得到了维持。

通过近一年的海禁，海中的珠蚌获得了安宁，不断繁衍生息，数量有所增加。同时由于生态的改善，以前迁徙到交趾的珠蚌又慢慢地迁徙回来，去珠复还，合浦的珍珠资源慢慢得到了恢复。

如此一来，各路商人又带着粮食和布匹纷至沓来，交易兴隆，合浦重新出现了富庶繁荣的景象，百姓的衣食得到了保障。

由于孟尝的种种德政，合浦郡被治理得风清气正，安宁祥和，秩序井然。孟尝被合浦百姓奉为神明，人人感恩戴德。典故"珠还合浦""孟守还珠"即来自此。

合浦地处瘴疠之地，湿热多疾，疫病流行，一个生长于江南温润之乡的人很难适应，加之孟尝四处为民奔波，劳累疲乏，约在任两年时，他病倒了，苦苦支撑一些时光后未见好转，只得因病请辞。朝廷诏令他入京述职，于是孟尝离开了合浦。

孟尝离任时，除了几件换洗衣服和几本书外，不带半颗珍珠，轻装简从，悄然动身。然而他要离去的消息还是被吏民知道了，百姓们挽住车辕，跪于道旁，苦苦相留，不让他离开。

孟尝感谢乡亲的盛情，但去意已决，捱到晚上，乘坐乡民小船，连夜离去。

六、谁为孟尝鸣不平

《后汉书·循吏传》孟尝篇载："隐处穷泽，身自耕佣。邻县士民慕其德，就居止者百余家。"意思是说，孟尝回到上虞后，离开老家，隐居于僻野的水边，亲自耕田做工。邻县的百姓，仰慕孟尝的高尚品格，纷纷搬来和他一起居住，很快聚集了100多家，成为一个村落，即孟家岗村。

孟尝清廉高洁，理政有方，深得同僚赞赏。很多人认为，像孟尝这样德才兼备的官员，应当得到重用，令其治国安邦，大展宏图。然而，孟尝自合浦太守任上卸职后，似乎被皇帝遗忘，一直僻居乡野，做了一个农夫，没有继续施展才华的机会，就像珍珠蒙尘，遗落草丛，这让很多人感到可惜和不解。

好几年过去，皇权更迭，冲帝、质帝都在位不长，转眼到了桓帝执政时期。

同郡（会稽郡）乌伤县，有个叫杨乔的人，他禀赋聪颖，博学广识，精研儒家经典和诸子百家，又德行卓异，很受乡民的敬重。受县、郡的逐级荐举，杨乔奉召进京，桓帝亲自对他考核，杨乔对答如流，很合皇帝的心意。桓帝觉得杨乔意趣高远，才华卓殊，任命他为尚书郎，协助处理日常政务。杨乔治事干练，不久升为尚书郎中，再升尚书左丞，直至官拜尚书。

还有一件趣事见之于历史，桓帝见杨乔才学出众，而且人也长得高大帅气，有心要把女儿嫁给他。谁知杨乔放着皇家的乘龙快婿不做，竟拒绝了这门亲事。

杨乔为人正直，忘身忧国，敢说敢为。他数次上言政事，特别是对孟尝不受重用的事，深感不平，连续上书7次，替孟尝抱不平。

他的第七次上书，《后汉书》上有载。翻译成白话文如下：

臣先后7次上书推荐原合浦太守孟尝，但人微言轻，始终没得到采纳。臣剖心相示，仍什么作用也不起。孟尝心存仁爱，弘扬道义，醉心于道德，行为高洁脱俗，才干出类拔萃。以前做太守时，更弦易辙，改革弊政，使失去的珍珠又重新回来，饥饿的百姓赖以存活。而且南海珍宝很多，财产容易积蓄，他手中掌管的珍宝，价值超过万金，但孟尝只身因病引退，亲自在田间耕作，隐藏起自己的踪迹，不显露自己的才华。他实在是作为羽翼用的大才，而不是腹下背上的绒毛。然而他埋没在荒野之中，好的官爵没他的份，致使国家宝器，被抛弃在沟渠中。再说年岁有限，他已近暮年，而他忠贞的节操，却在圣明的时代长期凋零，臣心里实在伤痛，私下为此流泪。物以难得而珍，才因稀缺而贵。如今朽木腐才能够得到天子的征用，这是左右谋士的欺蒙所致。天子任用士人，应当选拔大家都推重的人。臣以短浅的资质，在天子身边奔走驱使，想着建树微薄的节操，并不敢与同乡暗徇私情，就像春秋时的大夫禽息一样，冒死推举有才德的人才。

然后，杨乔的谏言呈上后，再次如石沉大海，没被桓帝采纳。杨乔一气之下，以死净谏，绝食而亡。

灵帝建宁四年（171年），孟尝病逝，享年约70岁。归葬老家。

孟尝自合浦回来后，不张扬自己的功德，而是隐匿自己，收藏才华，躬耕僻壤，甘于清贫，故而历来被誉为高洁的典范。

到唐朝初年，大才子王勃在他的名篇《滕王阁序》中高声感叹："孟尝高洁，空怀报国之情！"这也是为孟尝鸣不平。

七、合浦是如何纪念孟尝的

孟尝离开了合浦，但其清廉高洁的品质却永远留了下来，名垂青史，众口交赞，"合浦还珠"的故事，千百年来在合浦家喻户晓，盛传不衰。

缘于千古清官孟尝，合浦曾改名为"廉州"，即寓"孟尝清廉"之意，现在仍保留着廉州镇的地名。合浦还有许多与孟尝相关的古迹，如海角亭、孟太守祠、还珠亭等，成为百姓追思凭吊孟尝之所。

海角亭，位于合浦县廉州镇西南面，北宋景德年间（1004—1007年），为纪念汉代合浦太守孟尝而建。亭以海角为名，是因此地当年濒临大海，在南海之角。

海角亭分两进，第一进为门楼。门楼正中是大圆拱门，两旁是耳门。正门上方嵌着"海天胜境"四字，耳门上还分别雕有"漱月""澈云"字样。第二进是亭的主体建筑，朱红墙壁，琉璃碧瓦，雕梁画栋。亭成正方形，前后门相通，左右门窗对称，四周有回廊，刻有各种动植物图案和历史故事人物。

宋代大文豪苏东坡命运多舛，当年被贬谪到海南岛，返回时曾在合浦逗留。他看到官府逼迫珠民到百丈深海中采珠，大批珠民葬身巨鲨腹中，百姓怨声四起，他怜悯珠民的苦楚，写道："曾驱万民入渊底，怎奈孟尝去不还？"

海角亭上悬有一块古老的匾额，上书"万里瞻天"四个大字，笔力遒劲，字迹飘逸，乃是苏东坡的手迹。亭前柱联云："海角虽偏，山辉川媚；亭名可久，汉孟宋苏。"汉孟宋苏，自然指汉代的孟尝和宋代的苏东坡。

还珠亭，位于合浦县城东北的还珠岭上，亭之名更直接与"合浦还珠"的典故相关。亭上镌刻对联之一：

太守昔称廉，千载还珠传盛事；
使君重起废，一亭流水喻澄怀。

对联之二是一问一答：

孟尝何处去了？
珍珠几时回来！

这两副对联寄托了合浦百姓对为官清廉、造福一方的孟尝太守的无限敬仰与怀念，同时也对孟尝卸任后不再被重用，以及后来的合浦官吏故态复萌，珠民仍然受到欺压的感叹。

"孟太守祠"更是直接祭祀孟尝的地方。内塑孟尝坐像。孟尝目含慈光，深情注视着这块神奇的土地，保护着合浦百姓的安宁；他的手中捧着一只海蚌，蚌壳半开，里面硕大的珍珠，晶莹璀璨，珠光闪烁，象征着给合浦百姓带来了无穷的财富。孟太守祠原先香火旺盛，春秋致祭，可惜已湮灭于历史长河之中。

一个地方官吏，在任时得到治下百姓的敬仰与爱戴，离任后又为百姓所深切怀念，并不是一件容易的事情。被治下百姓奉为神明，千百年来一直怀念、祭祀，就更是难上加难了。而孟尝就是这样一位清官，永远名垂青史。

1 800多年时光悄然流逝，这三处古建筑屡遭兵火，几经倾圮，又几经重建，如今"海角亭"成了合浦县的名胜古迹和重点文物保护单位，承载着合浦人民千百年来对孟尝的怀念。风和日丽之时，到海角亭游览凭吊者络绎不绝。但还珠亭等古迹恰如昨日黄鹤，杳无踪影，只在历史的典籍中和人们的记忆里留下些许余馨，令人扼腕叹息。

如今的合浦，老百姓仍然喜欢用孟尝的典故来命名街道、宾馆等，"还珠"两字更是地名中的高频词，如还珠大道、还珠桥、还珠宾馆、还珠戏院、还珠广场、还珠新村等，多种商品不约而同地以"还珠"为注册商标，这些都寄托了百姓对孟尝的怀念和美好生活的向往。

八、历代文人是如何称颂孟尝的

孟尝"少修操守，砥砺名节"，在合浦太守任上，与民生息、促进贸易、惩治贪腐，治绩赫赫，而其过人之处更在于树清正之本、扬廉洁之风；一郡之守，身居珠市，颗粒未取，一尘不染；告退还乡，隐居山泽，躬耕陇上，甘于清贫。这样的高风亮节一直为世人所称颂。

《后汉书》由南朝宋时的史学家范晔所撰，是我国古代"二十四史"之一，有很强的史料性和权威性，成书时间在445年，该书较早、较全面地记录了孟尝的事迹，一直被后人引用。

唐朝初年，初唐四杰之首的王勃，在其名篇《滕王阁序》中有"孟尝高洁，空怀报国之情"句，为一代名臣作荡气回肠的千年一叹，这是对孟尝极好的赞赏和后来没被重用的惋惜。《滕王阁序》是骈体名作，必读的文学名篇，影响力巨大，孟尝之名随之广泛传播。

南宋诗人徐钧，曾作一首《孟尝》诗：

> 人心物意两相关，
> 合浦明珠去尚还。
> 为国不知贤是宝，
> 却令遁迹老空山。

所表达的意境，与王勃的"孟尝高洁，空怀报国之情"有异曲同工之妙。

大文豪苏东坡曾被贬谪到合浦，他看到官府逼迫珠民到百丈深水中采珠，非常同情珠民的苦楚，满怀感慨地写下：

> 曾驱万民入渊底，
> 怎奈孟尝去不还！

对贪官恶吏的暴行作了深刻的挞伐，对孟尝这样清廉之士寄予深情的盼望。

合浦曾建有"孟太守祠堂"和"还珠亭"等，用以祭祀孟尝，历代的文人墨客常登临瞻拜，留下许多诗词歌赋，咏叹孟尝的丰功伟绩。

北宋诗人陶弼的《题廉州孟太守祠堂》诗云：

> 昔时孟太守，
> 忠信行海隅。
> 不贼蚌蛤胎，
> 水底多还珠。

明代诗人甘泽，也作《题孟太守祠》：

> 为官合浦去珠还，
> 万古流芳天地间。
> 富贵心轻犹敝屣，
> 贞廉名重并高山。
> 来时岭外神明惧，
> 去时辕前父老攀。
> 自是仁民恩到骨，
> 至今祠屋祀天南。

其中"来时岭外神明惧，去时辕前父老攀"句，是对孟尝雷厉风行地革易前弊和积极推行为民求利之策的最好写照。正因为于民有恩，孟尝才能"万古流芳天地间""至今祠屋祀天南"。

北宋诗人陶弼又作《合浦还珠亭》，诗曰：

> 合浦还珠旧有亭，
> 使君方似古人清。
> 沙中蚌蛤胎常满，
> 潭底蛟龙睡不惊。

这首诗是对还珠亭的追忆和对孟尝的缅怀。

到明代时，诗人林锦也到还珠亭前，此时的还珠亭已移地重建。世间万物也在变

化中,而不变的是对清廉高洁之士的崇敬。他同样写下一首《还珠亭》诗:

> 合浦还珠世所称,
> 危亭移建事更新。
> 若将物理论孚感,
> 一代恩波一代人。

林兆珂是福建莆田人,万历二年(1574年)中进士,先担任刑部郎中,后外放,曾任廉州知府。他同情百姓,痛恨苛政,期待能像孟尝一样,能为百姓解除痛苦。他的《还珠亭》诗云:

> 以人易珠人不见,
> 烟水茫茫寒一片。
> 若教今日孟尝来,
> 珠去无还翻所愿。

在家乡上虞,也有许多文人骚客,曾徘徊在孟尝故宅,写下题咏孟尝的诗句。其中最著名的当数宋代诗人华镇的《孟闸桥》诗:

> 溪上还珠太守家,
> 小桥斜跨碧流沙。
> 清风不共门墙改,
> 长与寒泉起浪花。

诗的前两句描写传说中孟尝故宅的景色,后两句是对历史的慨叹:古老的宅院会在岁月中消失,坚固的墙壁也有倒塌的时候,只有孟尝的清廉高洁之风,一直在故乡上空飘荡,溪上的浪花世代涌动,吟咏着一代名臣的功德。

明代的上虞人葛焜,也善写诗,有不少吟咏家乡山水的诗篇,其《咏孟宅》诗云:

> 合浦传遗事,
> 循良汉史书。

> 东郊青草合,
> 谁识孟尝庐。

葛焜熟悉合浦还珠的典故,敬仰孟尝的高洁,特地来到东郊寻觅孟宅,凭吊古迹,但早已旧貌不再,没人能告诉他孟尝家在哪里,看到的只是青草四合,光影流逝。

清代上虞梁湖人王振纲也是一位诗人,也作《孟尝宅》诗曰:

> 偶过孟尝宅,
> 断碑今已芜;
> 青天冤妇雨,
> 碧水旧官珠。
> 当道曾推荐,
> 耕田亦大夫;
> 高风余古庙,
> 瞻拜一嗟吁。

"青天冤妇雨,碧水旧官珠"句,对孟尝一生功绩作了高度的概括。"当道曾推荐,耕田亦大夫"句,是对他躬耕陇上安于清贫的赞扬。作者进入还珠庙瞻拜,心中涌起无限感慨。

如今,历史又翻开新的一页,在全力开展社会主义建设的今天,孟尝精神仍不过时,永远是国人的一笔巨大财富。特别是如今党中央反腐倡廉的大背景下,孟尝的清廉、高洁,更加值得纪念和效仿。

三国时期北海的乡贤

李裕芳

汉朝三国时期，合浦出了几个很有名气的人物，如张重、姚文式、尹牙、李祖仁、丁茂等人，名冠乡里，朝廷也闻其贤，有的还受到皇帝的召见。

汉朝张重：字仲笃，才思敏捷，非常好学，工词说，远近闻名。日南郡刺史选派他为代表到京城献计议事，在洛阳，皇帝很惊讶他长得矮小，对他说："你是哪个地方的小官吏？"张重很不高兴，应声回答说："陛下你是想得到一个人的才华呢，还是称他的皮肉？"皇帝很喜欢他的机敏。早晨，群臣大会，皇帝问道："日南郡是向北面朝日的吗？"张重回答说："云中金城，不必皆有其实，日南郡的太阳也是从东方升起的，在风和日丽的日子，太阳的影子普照大地，官、民起居活动随情自如，早晚前后东西南北时有不同，只不过因此有日南之说罢了。"皇帝听了更加喜爱张重了，奖赐金帛给他，自此以后，每次张重到朝迁上计召对，都得到皇帝的奖赏，他最后官至通显一职。

姚文式，雅号诗书，博通今古，东汉建安年间，举茂才，任交州治中。时步骘为刺史，初到南海，观察土地形势，赞叹说，这真是临海膏腴之地，可以建为郡都，便询问当年南越王赵佗建都之处，竟没有一个人知道。独姚文式回答说："赵佗的旧治，当与番禺县相接，今大城东南偏有水坑，陵城倚其上，县人谓之番山，县名番禺，所谓番山之禺也，佗行南海郡事，拒关设守，番禺其所都，后归汉，筑朝台在州城东北三十里，则佗宫近是矣。"步骘因之找到了赵佗的旧处，于是建城郭作为郡府的驻地。史说："绥和百越，式之功也。"

另一位有传奇色彩的人物是汉代的尹牙，据《广通志》载，尹牙字猛德，为合浦郡的主簿。他发现新任郡守终宠"三年不笑，忧见颜色"。为了解郡守的心事，尹牙伺机去拜见终宠，故意亲近至膝下，获得终宠的信任。原来终宠"父为太尉（张周）所害，重仇未报，是以长恨"。于是尹牙自扮佣仆到洛阳，为太尉张周养马，出入3

年，才有机会设法醉倒太尉的卫兵，并在晚上把太尉府马厩里的马都松了绳，马惊骇乱闯，张周果然出问其故，尹牙即手刃张首而返合浦。

为报郡守私仇戕杀朝廷大臣，这是法所不容的刺客之流，按当时的刑法也是不能赦免的。并且正统的志书都不记载这类事情，但东汉时却有侠义的风尚："事闻天子，奇其才，赦不问"。故志书载而不删，得以流传。

此外，李祖仁、丁茂都是以慈孝廉让传名。李祖仁因事迹感人，他家附近的北江后名为慈廉江；而丁茂因慈孝先母，列植松柏坟前，竟感动"白鹿游其下，驯扰不去"。

陶璜与合浦归晋

李裕芳

三国末期交州合浦由汉入吴，最终由吴归晋。在由吴归晋的过程中有一个举足轻重的人物，即是陶璜。

交州入吴后，合浦就是吴国属地了。魏灭蜀后司马氏拜蜀故将霍弋为南中都督，伺机从南中进攻和夺取交州。恰巧吴国的特派员邓荀来交趾，要调用孔雀三千，并要求火速送往吴国都城建业，引发民怨，交趾郡吏吕兴借机于263年发动政变，并"使使如魏，请太守及兵"（派使者到魏投诚，请派人来管理和镇守），通过南中的霍弋上表自效。自此交州合浦又陷入战乱。

吕兴等叛吴附晋，九真、日南响应，为司马氏夺取交州提供了良机。司马氏以霍弋遥领交州刺史，拜吕兴为安南将军、交趾太守，但吕兴即后便为部属所杀。不久，司马氏派其他将领入交州，占领了交州南部。蜀亡和交州南部的陷落，使孙吴"国内震惧"。264年，吴"复分交州置广州"，以保全交州北部。268年，孙吴派兵夺取交趾，结果战败，吴军撤回合浦郡城，等待援军。

269年夏历11月，吴帝孙皓遣虞汜（监军）、薛珝（威南将军兼大都督）、陶璜（苍梧太守）由荆州进军；李勖、徐存从建安海道进军，水、陆两道，约定会师合浦，共同进击交趾等三郡。这一时期，由于司马炎刚刚代魏建晋，又值镇守南中的霍弋去世，南中与交州间毕竟山高水险，晋军未能及时增援。吴军反而具有后援充足和本土作战的优势。

在这一次战争中，陶璜是吴国军队的将领之一，通过这场交州战，他的军政才能得到了充分的显露。

军队到合浦后，陶璜积极请战。陶璜与晋将杨稷，分别驻扎在分水（河名）两岸，夹水而战。陶璜初战告败，损两将，吴军再次退保合浦郡城。薛珝对陶璜大动肝火，并立即要求撤军罢战。陶璜从容指出问题所在：当时陶璜、薛珝、李勖、徐存分领军队，又有监军虞汜掣肘，军令不一，令难行、禁难止，削弱了战斗力。为挽回士气，陶璜当晚亲率数百精兵，由海道袭击九真太守董元成功，获得大量物资，满载而归。薛珝这才佩服陶璜的才干，向其表示歉意，以其领交州刺史职，任前军都督。陶璜获得了前线指挥权。

陶璜不但是一位军事家，还是一位战略家，善于从政治上、经济上去打垮敌人。在战场上，行动出其不意，或利用反间计；或布疑兵，分化瓦解敌人。需特别指出的是，他对当地人的笼络，使吴军得到当地人的协助，"以前所得宝船上锦物数千匹遗严贼帅梁奇，奇将万余人助璜"，最后陶璜与薛珝攻破晋军，克服交趾，擒获晋廷所置守将，九真、日南两郡亦降吴，吴帝孙皓于是委用陶璜为交州刺史。

但到了280年，西晋南下攻吴，吴帝孙皓归降，吴至此灭亡。孙皓亲自写信，劝璜归顺。陶璜流涕数日，才派员到晋朝首都洛阳表示投降。晋武帝继续任命他为交州刺史，并加封"宛陵侯""冠军将军"。

东吴时期，各地的商人往来合浦做珍珠生意，他们用米同合浦人换珍珠。但东吴朝廷却下了一道对开采珍珠非常严厉的禁令，为防止老百姓将上等的好珍珠卖给商人（拿珍珠与商人换米），东吴下令地方政府禁绝珍珠交易，老百姓无法谋生，常常因此挨饿。

入晋初，陶璜上书晋武帝说，只要朝廷颁布命令，在采珠的旺季，上等好珠征收2/3，次等的征收1/3，粗下的蠲免不收。此外，自十月至下一年二月淡季期间，可听任商贩往来交易。否则，老百姓没有了生计，朝廷也会失去珍珠的来源的（见《晋书·陶璜传》）。

史载陶璜死后，合浦"举州号哭，如丧慈亲"。

苏东坡量移廉州

周家干　陈祖伟

合浦历史悠久，素有"南珠故郡、海角名区"之美誉，东汉"合浦还珠"神话般的典故早已风靡于世。北宋元符三年（公元1100年），大文豪苏东坡量移廉州（今广西合浦县廉州），为合浦又留下一段佳话。

琼州海峡天水相连，海风习习。一艘木帆船在海面上急急驶向雷州半岛，船舱内一灯如豆，一个头戴方巾、身穿微服，年约60多岁的老人，危坐灯下，一手捋着胡子，一手翻看着一部手稿。老人身旁的一个青年，倦睡如泥，时而发出阵阵鼾声。舱外睡着一条乌嘴黄狗。老人将书稿翻到最后一页，凝神沉思了一忽，在书稿最后一页上写着：元符三年庚辰夏六月修订。这个老人便是唐宋八大家之一的北宋翰林学士苏轼——东坡居士，旁边倦睡的少年便是一直伴随着他远谪儋州的三儿子苏过。

苏东坡感到有点困倦，他掩卷走出舱外，举目远望，大海茫茫，四周黑洞洞的，海浪拍打着船身、海水飞溅舱面，东坡的衣服都被打湿了，但他仍然一动不动地朝雷州半岛方向望去，无限感慨。这时走来一个船家，关切地对他说："先生你还没睡么？"东坡摇了摇头："舱里闷得慌。这儿正好凉快凉快！""外面风大，当心着凉呢！""多谢船家的关心。"东坡向船家拱了拱手说："辛苦你熬夜了！"船家答道："我们海上人家，熬夜、颠簸惯了……"

苏东坡喟然长叹："我在宦途几经颠簸也习惯了。"说完莞尔一笑，走进了船舱。苏过仍在酣睡，东坡斜倚着舱板，思绪万千。他20多岁便以惊人的才华进入北宋官场，可是他年轻气锐，对王安石的变法抱持不同意见，时常在诗文中"托事以讽"，引起了变法派官僚的嫉恨，他们便罗织罪名，深文周纳，东坡被投入监狱，差点送了性命。几经折磨后，东坡谪贬黄州（今湖北省黄冈市）。北宋元祐时期（1086—1093年），高皇太后听政，旧派上台，王安石病死，东坡才被调回京师任翰林侍读，此时他又认为新法行之有效，"不可尽改"，因此又遭旧党的排挤，不见容于朝，先后被派至杭州、颖州。

在高皇太后当政时，旧派依附后党，不以年轻的哲宗为意。高皇太后死后，哲宗亲政，政局发生了很大变化，后党同帝党之间的矛盾日趋尖锐。一些官僚乘机打起"绍述新法"的旗号，倾陷异己，苏东坡又被当作打击的对象，一贬再贬，由黄州、惠州（今广东省惠州市）一直贬到荒远的儋州（今海南省儋州市）。元符三年（1100年）一月（农历，下同），哲宗崩，徽宗立，五月下令大赦。苏东坡被赦调廉州安置。东坡从儋州启程量移廉州，坎坷的宦途毕竟走尽了，垂暮之年始得北归。六月二十日夜渡琼州海峡，东坡兴奋之余，写了一首《六月二十日夜渡海》诗：

参横斗转欲三更，苦雨终风也解晴。
云散月明谁点缀？天容海色本澄清。
空余鲁叟乘桴意，粗识轩辕奏乐声。
九死南荒吾不恨，兹游奇绝冠平生。

全诗充满了兴奋之情，似乎真"参横斗转""云散月明""天海澄清"了，"道不行，乘桴浮于海"的生活结束了，"苦雨终风"的日子总算过去了。

苏东坡夜渡琼州海峡到了徐闻，住在兴廉村净行院时大雨滂沱，诗人又写了一首《雨夜宿净行院》诗：

芒鞋不踏利名场，一叶轻舟寄渺茫。
林下对床听夜雨，静无灯火照凄凉。

诗人的立场是"芒鞋不踏利名场"，虽然几经谪贬，身在蛮荒，仍不改旧志，人格是何等的高尚！苏东坡这话并非一时感情冲动，而是一辈子坚持以终、身体力行的。以前他在登州（今山东省蓬莱市）时说过："虽死生不变乎已，况用舍岂累其怀"（《登州谢宣诏赴阙表》），决不"俯身从众，卑论趋时"（《登州谢上表》）；在杭州时他说过："用之朝廷，则逆耳之奏形于言；施之郡县，则疾恶之心见于政"（《杭州谢放罪表》之一）；等等。这都是掷地作金石声的铮铮之言。对床听雨、灯火照夜，都没有凄凉孤独之感，这是因为诗的开头就定下了豪壮的基调。苏东坡的诗在艺术上也反映了作者豪迈、坦荡、奔放的特色。

苏东坡谪儋州时当地农民送给他一狗名乌嘴，这狗一直跟随东坡渡海到合浦，东坡十分喜爱它，并为它做诗："……昼驯识宾客，夜悍为门户，知我当北还，掉尾喜欲舞……"《予来儋耳得吠狗曰乌觜甚猛而驯随予迁合浦过》这狗不但白天认识来往宾客，夜间还能看守门户，而且还懂得主人的心情，当它知道主人获赦北归时，便摇摆着尾巴，喜欢得跳来跳去。

苏东坡从兴廉村净行院坐小船经官寨（今广东廉江县）到白石山（今广西合浦县山口镇、白沙镇交界）上岸已是六月三十日。其间屡经水患，东坡在《书合浦舟行》中发出"吾何数乘此险也！"的感慨。

苏东坡接着西行到了廉州，太守张左藏及士人刘几仲、邓拟等人热情招待了他。风景优美的邓拟园林中的清乐轩便是东坡居住之处，宾主相得甚欢。清乐轩在城内东北碧波湖的一个小洲之上，四周翠柳成阴、百鸟啭鸣，湖上芰荷亭亭、菱茨满湖。

一天，主人捧出合浦特产龙眼招待苏东坡。东坡尝了几颗便赞不绝口："佳品，佳品，质味特绝，可与荔枝匹敌。"原来，东坡在绍圣二年（1095年）谪贬惠州时尝到号称岭南佳果的荔枝，曾写了三首咏荔枝的诗，其中《荔枝叹》诗曰："十里一置飞尘灰，五里一堠兵火催。颠坑仆谷相枕藉，知是荔枝龙眼来。飞车跨山鹘横海，风枝露叶如新采。宫中美人一破颜，惊尘溅血流千载。"封建统治者十里五里遍设驿站，快马疾驰，尘土飞扬，催征荔枝，急于星火。往往弄得人倒马毙，抛尸荒野。车马跨山越岭，就像猛鹘横海一样，为的是要火速把荔枝运到京城，以使荔枝枝叶风露犹存，好像刚从树上摘下来一样。为了博得杨贵妃的欢心，不知摧残了多少人的性命。东坡由惠州的名产荔枝，联想到汉唐两代上贡荔枝的弊害，进而斥责了当代贵族官僚贡茶、贡花争新买宠的可耻行径，批判了封建统治者为了个人享乐或邀宠而不顾人民死活的罪行，这在当时很有现实意义。现在东坡尝到了与荔枝相匹敌的龙眼，联想起岭南佳果荔枝，便写下了《廉州龙眼质味殊绝可敌荔枝》诗一首，抒发了己情。其中："蛮荒非汝辱，幸免妃子污。"两句便是这首诗的精髓。诗人指出龙眼虽然生长蛮荒，但这倒是好事，不需要五里一单堠，十里一双堠地被拼命传送京城，为能幸免于这些贵妃、公主们的玷污而欣喜。

一天，阳光和煦，苏东坡和张左藏、刘几仲、邓拟等人同游三廉古刹东山寺。东山寺原为南粤王赵佗行宫，先后改名大云寺和灵觉寺，唐贞观十二年（638年）始改为东山寺。该寺建筑宏伟，佛像高大。东坡在禅堂壁上看见主持僧愈上人的题壁诗句："闲伴孤云自在飞。"愈上人是很有诗才的，可他云游南岳去了，留下这句诗在壁上，苏东坡没有见到他，很感惆怅，便题诗于壁上和之：

孤云出岫岂求伴，锡杖凌空自要飞。
为问庭松尚西指，不知老奘几时归。

苏东坡等人走出东山寺，穿过孟尝流芳坊，便登上了与东山寺相比连的还珠亭。还珠亭为砖木构筑，四柱重檐，轿顶式结构，飞檐翘角，葫芦盖顶，周有回廊，前后石级上迭。亭中央有《还珠亭碑记》一方。亭外两侧有历代骚人墨客题吟碑刻。东坡读完亭中碑记，感慨万端："孟尝高洁，施政廉明，去珠复还，无怪乎千古誉为盛事。"邓拟在一旁说："而今频年滥采，民不堪命矣！"是的，《还珠亭碑记》确是一篇珠民血泪史。东坡在亭柱题一联云："孟尝何处去了，珍珠几时飞回？"落款"元符三年秋月，苏轼书"。东坡放下笔，一面走下台阶一面愤慨地吟哦："曾驱万民沉渊底，怎奈孟尝去不还？"

苏东坡在合浦的日子里，他的老友石康县令欧阳晦夫（广西贺县人）探访他。欧阳晦夫看到宦途坎坷的老友获赦北归，万分高兴，因为当时罹遭贬逐的人，大多已登鬼录。在与老友重逢的日子里，东坡偕欧阳晦夫、张左藏、刘几仲、邓拟等人游了著名的海角亭。海角亭紧傍廉江，面临浩瀚大海。东坡等人在那里临流赋诗，听海角潮声，远眺茫茫大海，想到自己离亲万里，贬谪边郡，而今获赦北归，不久即将和家人团聚，兴起无限感慨，他挥毫写了"万里瞻天"四个大字，抒发他对家国的深切怀念。后人将"万里瞻天"四字砌石纪念，为古亭增辉不少。其间，欧阳晦夫的妻子为东坡缝头巾，儿子为他送琴枕。东坡写了《欧阳晦夫惠琴枕》等三首诗，充分表达了他们之间的深厚情谊。欧阳晦夫还拿出自己的诗稿请教东坡，并请求为他撰写《天庆观乳泉赋》，东坡都满足了他。

八月，朝廷授苏东坡舒州团练副使、永州安置。东坡决定在合浦过中秋节后再启程上任。临行前夕，东坡写了一首诗《留别廉州张左藏》：

> 编苇以苴猪，谨涂以涂之。
> 小饼如嚼月，中有酥与饴。
> 悬知合浦人，长诵东坡诗。
> 好在真一酒，为我醉宗资。

八月二十八日，秋高气爽，碧波湖中，秋荷摇曳，分外多姿。张左藏、刘几仲、邓拟等人饯别苏东坡于清乐轩。宾主举觞无限惆怅，席间忽闻远处传来笙箫之声，袅袅动人，座客惊叹，这笙箫之声似自云间传来，抑扬往返，谛听之，知是鉼笙。东坡于是即席赋《鉼笙》诗记之：

> 孤松吟风细泠泠，独茧长缫女娲笙。

陋哉石鼎逢弥明，蚯蚓窍作苍蝇声。

瓶中宫商自相赓，昭文无亏亦无成。

东坡醉熟呼不醒，但云作劳吾耳鸣。

八月二十九日，苏东坡离开合浦取道白州（今广西博白县）北上。当天，张左藏、刘几仲、邓拟等人，在滔滔南去的南流江畔送别苏东坡。

真是"黯然销魂者，唯别而已矣"。

苏东坡在合浦居住了约两个月，写下了许多掷地有金石声、闪闪发光的诗篇，这对千百年来合浦文化艺术的发展，有着非常深远的影响。至今，在合浦还保留有东坡亭、东坡井、东坡湖、东坡笠、东坡肉等苏东坡量移廉州的遗迹，表达了合浦人民对苏东坡深深的崇敬和缅怀之情。

李逊：监守不阿，白龙记功

刘忠焕

历史上的合浦郡，水运发达，内联荆楚，外接诸番，区位优势突出，竟先于番禺（广州）成为我国通往东南亚的海上丝绸之路始发港。只不过，辖内农桑不兴，是为短处。《后汉书·孟尝传》云："郡不出谷实，而海出珠宝，与交趾比境，常通商贩，贸籴粮食。"又有《晋书·陶璜传》曰："合浦郡土地磽确，无有田农，百姓惟以采珠为业，商贾去来以珠货米。"可知，在汉代的合浦郡，不产粮食，但出产举世闻名的珍珠。珍珠的贸易成了经济支柱，百姓靠以珠易米生活。

到了明朝，名声在外的珍珠，剥敛益甚，采珠行为变得不可思议，因过度采捞，珍珠资源遭到了最严重的破坏。自朱元璋始，明代历朝都从未停止过对珍珠的诏贡，还派珠池太监来监管采珠。几乎连年采珠，未得休养。年采珠最多的是嘉靖年间，某年的大规模采珠竟达7次。至弘治年间，又实行了囊括式的大采捞，致使"珠蚌夜飞迁交趾界"。明代科学家宋应星一针见血地指出："所谓'珠徙珠还'此煞定死谱，非真有清官感召也。"明代诗人赵瑶也作《还珠亭》，诗云：

瑞采含辉水一湾，天生老蚌济民艰。
曾驱万命沉渊底，争似当年去不还。

采珠状况混乱不堪，十分惨烈。而主管采珠业的廉州府官员，要么畏珠池太监如虎狼，对珠池太监的"倚势为奸，专权滋事"和"公私科敛，敲骨吸髓"视而不见，充耳不闻，以图自保；要么，与珠池太监沆瀣一气，一同压榨珠民，借征收珠税中饱私囊，把一个拥有珍珠渔盐之利的岭南富庶之乡蹂躏得乌烟瘴气，民不聊生。

到了景泰年间，廉州府终于迎来了一位刚直不阿、敢于与珠池太监作斗争的知府，这个人就是李逊。

李逊（1405 年—　　）字时敏，江西建昌府南丰县人。湖广乡试第七名，正统四年（1439 年），参加己未科会试，得贡生第 29 名；殿试登进士第三甲第 46 名。父亲李应祖，曾任国子监助教，家世渊源颇深。

李逊考取进士后，立马得到了朝廷的重用。正统五年（1440 年），出任浙江嘉善县知县，直至景泰三年（1452 年）。李逊在嘉善县知县的任上，为人正直，机智有才，操履清白，以施政仁慈、宽厚和蔼、爱民如子著称。譬如，当时审案时，惩罚犯人都施以"褫衣杖责"之刑，也就是剥光了衣服打屁股，这是一种侮辱人格的惩罚。到李逊审案时，轻易不对犯人用刑，遇到犯人狡诈多端、拒不认罪，非杖责不可时，也是从来不"褫衣"，不因为犯人的狡诈而侮辱其人格。李逊在位 13 年，治下的嘉善县政通人和，百姓安居乐业，深得民意。

景泰五年（1454 年），李逊因有功于嘉善县，成绩突出，治理有方，朝廷予以提拔任用。当时的廉州府，虽被誉为"海疆一大都会"，但在珠池太监和贪官污吏的蹂躏下，已到了凋敝破败、民不聊生的境地，派操履无玷的李逊去廉州府任知府，可"全拔萃之业"。

应该说，明朝时实施的珠池太监政策，是不明智的。就算是以励精图治、吏治严格著称的朱元璋，也出了昏招。仅仅为了满足宫内奢华的生活，婪取珍珠，立马将珍珠采捞权收归朝廷，并下令在廉州府珠母海边的白龙村修筑了一座珍珠城，从宫中派出心腹太监，不远万里来到白龙珍珠城，对珍珠施行垄断采收。来到白龙珍珠城的太监，被称为珠池太监，又称珠官、中官、内官，身份显赫，大多趾高气扬，假公济私，甚至无恶不作，成了廉州府地方的祸害。有人作诗《珠池叹》控诉之：

往时中官莅合浦，巧征横索如豺虎。
中官肆虐去复来，谁诉边荒无限苦？

李逊到任时，任珠池太监的叫谭记，是一个生性贪婪、无恶不作的家伙。谭纪擅自将官府与珠民的珠税比由"官四民六"改为"官六民四"，从中渔利。有不从者，轻则抓进大狱，重则当庭杖责，不少珠民惨死于其杖下。在谭记贪婪成性的鼓动下，廉州府的官员与之沆瀣一气，吏治极端败坏。

面对这种情况，李逊从"肃贪律弊"入手，整顿吏治，对顽固抗拒的官员，李逊查出实据后，上奏朝廷，予以严惩。李逊又上奏朝廷，改珠税回归"官四民六"，并允许珠民自由采珠，好珠上贡，中次珠留置，以拯救珠民于水火。李逊的奏折入情入理，得到代宗皇帝批准，消息传回，珠乡一片欢腾。

然而，李逊此举断了谭记的财路。谭记恼羞成怒，便向代宗皇帝密奏一本，诬陷李逊私放盗贼，纵民盗珠，贪赃枉法，杖杀无辜。代宗莫辨真假，派"锦衣卫"逮捕了李逊，押解进京问罪。李逊在狱中又写了一封奏折，历数谭记罪责，同时为自己辩冤。代宗一时不知孰是孰非，便下令将谭记递解进京，与李逊当面对质，以明是非。

对质时，李逊慷慨陈词，历数谭记在白龙珍珠城犯下的种种罪行，并出示了被害珠民的血衣为证。谭记百般狡辩，终理屈词穷，败下阵来。代宗龙颜大怒，下令将谭记拉下去法办，而对李逊则好言安抚一番，嘱咐快快回廉州府复职。

此事有《四库全书·广东通志》卷四十一（158）记载为凭："李逊，南丰人，景泰五年知廉州守。珠池内官谭记，暴虐百姓，逊禁之不得肆，乃诬奏逊纵部民窃珠，逮逊锦衣卫狱。逊悉，发记杖人致死及强入民家夺财物诸状。帝逮记面质，具服，遂锢记，而复逊官。逊多美政，民怀其惠。"

李逊主政廉州府期间，还重建了"还珠亭"和兴建了"孟太守祠"，以纪念清正廉明的孟尝，让珠还合浦的故事继续传唱。接替李逊出任廉州府知府的林锦，作了一首《还珠亭》诗，以褒扬李逊之善举：

珠还合浦世所称，危亭移建事更新。
若将物理论孚感，一代恩波一代人。

在李逊数年的悉心治理下，廉州府政通人和，珠市繁荣，百姓又得以安居乐业。李逊任满离开廉州后，珠民感念其不畏强权、为民请愿、造福珠乡的功德，在白龙珍珠城为他立了一块碑，以示标榜和纪念。

罗绅：父子英烈，建祠奉祭

刘忠焕

有关罗绅的史料记载并不多见。几经查阅，查找到以下凤毛麟角的几个小节：

《广东通志》（清同治三年版）："罗绅，宜春人。天顺初，知廉州石康县，清介公勤。后西寇流劫入县治，绅苦战力不能支，为贼所系，奋骂曰：朝廷命我守封疆，今日城陷有死已。尔贼何为！遂遇害。民闻之，迎其丧，家祭巷哭如丧考妣。先是其子鉴，从（罗）绅会兵于博白，遇贼于途，亦苦战被害。知府饶秉鉴嘉其一门忠孝，为作传焉。"

《中国历代人名大辞典》："罗绅（　—1467年），明江西宜春人。天顺初官廉州石康知县。成化三年，守城拒农民军黄公汉等部，城破，被杀。"

《万姓统谱》卷三十五："罗绅，宜春人，天顺初，知廉州石康县，清介公勤。时寇流劫入县治，绅苦战力不能支，为贼所系，奋骂曰：朝廷命我封疆，今日城防有死而已。遂遇害，子鉴从父防兵于野，亦苦战被害。"

《中国历史记事》："成化三年（1467年）冬，广西人黄公汉率思恩、浔州二府农民起义，提督两广军务左副都御史韩雍命按察佥事陶鲁与参将夏鉴等前往镇压。黄公汉率义军退至石康（今广西合浦），逮知县罗绅，劫其县印。后被陶、夏败之于石康邻境六菊山。"

话说明代中期以后，岭南地区狼烟四起，百姓不得安宁。据史载，从永乐皇帝始，广西贼流屡劫广东廉州府各地，到崇祯十七年"山贼劫石康圩"，百年不得安生。其中尤以成化朝匪情最严重，致使廉州府石康、合浦二县地域数百里无人烟。是时广西大藤峡瑶族、八寨僮人反叛，破廉州、陷石康、犯灵山，一时间祸害四起、百民哀号。

就在此时，罗绅上任石康县令。罗绅，字尚训，明代江西宜春人。宣德末年贡生。历官四川盐亭知县、广东石康（治今广西合浦县东北石康）知县。

罗绅在石康做知县时，勤政爱民，很受民众拥戴。成化三年（1467年）冬，黄公汉率瑶兵进攻石康县城，罗氏父子三人组织兵民抵抗，因瑶兵势大，寡不敌众，县城被攻陷，两个儿子皆战死。瑶兵抓获知县罗绅及士绅民众百多人押至郊外，强迫交纳重金赎命。罗绅为拯救他人，主动出来对瑶族首领说，愿留下自己做人质，让其他人回去取赎金。瑶兵于是把其他人都放走，只留下知县罗绅做人质等领赎金。谁知被放走的人们逃脱后，却没有再回来，最后只筹到白银30两，瑶兵收到赎金后，以为30两白银换一个知县的命，赎金太少，不但不把罗绅放回，反而严刑逼索，甚至残忍地将削尖了的木桩烧红后打入罗绅的肛门，最后将罗绅杀害。罗绅被害的消息传回石康县城后，城中吏民尽出城迎其遗体，史书记称"家祭巷哭，如丧考妣"。

至今，老一辈的石康人在教导下一辈时，还保留着一句忌语："劈柴砍木时，不要把一头削尖了，罗公就是为了我们石康百姓而被贼佬（强盗）用尖头木害死的！"即是指此事，可见罗绅深得民心。

罗绅被害后，石康县民立祠庙长祀。天启年初，廉州府建顺塔于石康，显然与罗绅之死有关。后来，廉州知府刘恒临危受命，与高雷联军，一举驱逐多股盗贼。尽管日后略有余匪犯境，但匪情已不足为患。时人议论道："冥顽昔为饥寒迫，礼义今由富足生。"到了成化七年（1471年），京师裁撤石康县并入合浦县，广东布政司榜召闽客入廉，重建秩序，复兴经济。

罗绅父子护境死难后，石康民众专门为其父子建了一座祠庙以作祭祀，取名为"罗公祠"。廉州知府饶秉鉴为了表彰罗绅父子一门忠孝，特地为之作表立传。罗公祠中安放罗绅父子的神像，世代香火延绵。到了清乾隆十八年（1753年），合浦知县廖佑龄在石康扩建罗公祠，后世将之称为新庙，罗绅的事迹也代代相传，演化为神，屡屡显灵，保佑石康平安。

显灵例子一：流传最广的就是罗绅脚踢日寇飞机炸弹的神话。说的是抗日战争中，日寇飞机轰炸石康时，有人看见罗绅骑着高头大马，将日寇飞机扔下的炸弹一一踢到江里，使之不能伤害石康民众。为了考证此事，有人在日寇飞机走后专门去罗公祠验证时，发现罗绅的塑像还满头大汗，脚上的皮靴因踢炸弹踢歪了还未穿正。

显灵例子二：中华人民共和国成立前石康匪患严重，人们又搬出罗公显灵之事来吓唬土匪，致使土匪不敢到石康侵扰。

传说虽奇，足见民心之所在。崇祯本《廉州府志》把罗绅列入"死节"立传，称"清介公勤"。嘉其"一门忠孝"。

如今，在石康仍保存有罗公祠，里面供奉着罗绅父子三人的神位。千百年来，罗公祠香火不断，罗绅在当地享有无比崇高的地位。石康的居民有时教训吵嚷的小孩时，仍会说：不要惊扰罗公大人。有恩于人民的人，人们始终不会忘记。

历经多少沧桑，一切热闹终究归于平静。南流江水仍在滔滔南下，明朝时代的石康古镇已湮没在历史的长河中。唯有那默默屹立的古建顺塔，尽管形容枯槁，却始终如一地守望在那里，见证着世事之变迁。

徐柏：一肩来去，阜市荣昌

刘忠焕

清初《广东省志·廉州纪事》记载："左瀚海，右梧郁，福处日南，大海涌其前，山平土沃，农桑鱼盐之利，甲于他郡，唐宋以来，夙称繁富，前永明期间，甲科尤盛。"由此可见，唐宋以来，合浦都是一个人文兴盛、商业繁忙的地方。

历史上一些相对比较开明的皇帝，在委派合浦官员时，都是经过朝廷遴选，目的就是希望这个官员在合浦的施政能与廉州的名相符合，以振兴合浦社会的政治、经济与文化。宋代宋真宗敕文说："眷合浦之名邦，有还珠之遗训；将令剖竹之臣，复效还珠之守。"明代吴廷举有《大廉山》诗说："行李纷纷游宦子，几人不愧大廉山？"廉政与否和合浦的兴衰有着很大的关系。

在合浦，有"一肩一仆而来"的故事传扬已久。它说的便是廉州府知府徐柏的廉政故事。

徐柏，字守卿，福建浦城县人，生卒年月不详。明嘉靖四十一年（1562年）进士。《浦城徐氏第三部分（之四）——溪东徐氏所出的进士和举人》记载："徐柏：嘉靖四十一年壬戌科申时行榜进士。初授户部贵州司主事，转本部山西司员外郎，迁陕西司郎中。升广东廉州府知府。湖广按察使，司分巡荆南道副使、本省布政使司分守湖北道右参政。"

徐柏中了进士后，授户部贵州司主事，管通、德二州仓。当时米价正涨，徐柏下令交粮人先纳钱，等价平后再买米充仓，利官利民。后调任户部山西司员外郎，不久升为郎中。徐州的沛河决口，工部尚书朱衡知道他的能力，选用他赞襄疏导河水达6年之久。后守广东廉州（今属广西）。

徐柏上任廉州知府时，出了一件有趣的事。按照人们的想象或者惯例，新知府上任，必定是前呼后拥，一大群人骑着高头大马，风风光光，浩浩荡荡而来。廉州府衙内的官员知道新知府来上任，掐准了日期，早早就来到城外的邮亭迎候。但是，等到太阳快下山了，还不见大队的人马过来。饥渴难耐之际，忽有丁兵飞马来报，说徐知府已经进城，请大家速回拜见。

原来，徐柏骑着瘦马，仅仅带了一个牵马的小童，还有一个上了年纪的挑夫，一担两头挑着陈旧的藤箱，与过往的商客旅人无异，早已从迎候官员的面前走过去了。

徐柏到任后，深入民间开展社会调查。经调查，发现了不少问题，如：廉州府所辖海域的珠池，因珍珠禁采过严，珠民生活困窘；珠民手上几乎没有珍珠，阜市不兴；百姓依靠采珠为活的思想严重，不重视农业生产，致使农田荒芜，水利不兴，粮食短缺；沿海常有倭寇侵扰，但海防薄弱，社会生活难以稳定；廉州府官员贪污腐败盛行，欺压民众；等等。这些，都影响到了民生，社会经济凋敝。

徐柏掌握了一手资料后，着手进行整治和寻求解决的办法。他深入沿海一带布置防务，率领民众构筑工事，防止倭寇以及海盗侵扰，使沿岸百姓得以安居乐业；施行政清刑简之治，宽刑爱民；参照内地经验，在廉州大力兴办书院，提倡文章教化；开珠禁，让珠民自由采珠，解决珠民最基本的生活来源；大力鼓励农耕为本，奖励开荒垦田，发展农业生产，提高自给自足比例；招商引资，促进廉州的各项商贸活动，开设商户珠市。一系列措施的出台，使得廉州府出现了："阜市东来接海崖，市中烟火起楼台，几家竣宇相高下，无数征商处去来"的繁荣景象。

在这些政策措施的激励下，几年后，廉州府便出现了百姓安居、商贾往来的兴盛局面，徐柏也因此深得民众的爱戴。

当徐柏离任的时候，下属官吏用珍珠编结而成的扇子送给他作为纪念，他当即婉言拒绝："吾一肩来也，一肩去也，别无余物，来守是邦，应与廉州名相符也。"后人将徐柏称为"一肩一仆太守"，以传诵他的高洁品行。

徐柏离开廉州府后，赴任湖广按察司副使，分巡上荆南道。当时宰相张居正柄国，其子弟倚势掠夺民产引起诉讼，徐柏判定偿给半价。张居正的子弟又要求取得仓场官地，徐柏不给。徐柏不畏张居正的威势，表现得很有骨气。

后来，徐柏任湖广布政司右参政。不到一月，又调任四川泸州副使时，但这时受到了张居正的打压，因不满强权的挤压，徐柏拂衣归乡。

徐柏退居家乡后，还能保持不亢不卑的风骨，在20余年的时间里，从不麻烦当地长官，监司行部经过浦城，他也很少去拜访，但有关乡里利弊，则力陈当事人。徐柏年80而卒。

徐柏的故事讲完了吗？还没有。

"富贵心轻如敝屣，贞节名重并高山。"到了今天，像徐柏这样的清官廉吏，已经成了合浦一个永远传扬的话题。

在合浦县廉州广场的东部，有两幅扇面的文化墙，是宣传社会主义核心价值观的图画，在浮雕的画卷中，有很多吏臣廉洁爱民的故事。他们为官为人的正直清廉受到群众的尊敬，如：出现过百姓挽辕百里送费贻（汉代）的故事，有"珠还合浦"与郡太守孟尝（汉代）廉政的佳话。继费贻、孟尝之后，还有爱民如子的颜游秦（唐代）；芒鞋不踏名利场的苏东坡（宋代）；名与州符的危佑（宋代）；守悉心以报国、毋顾身以忘民的伯颜（元代）；民感其德为他立生祠的张岳（明代）；不避权贵、为民请命的李逊（明代）；一肩一仆来去的徐柏（明代）；职在亲民、殚力究心的康基田（清代）等廉吏良臣，记在史册者达130多名。

一个以廉命名又与廉有关的行政区域，为华夏大地独有；一个地方在历代造就如此多的清官廉吏，在华夏大地也属少有。这就构成了合浦丰富的廉政文化教育资源。

2015年，合浦县粤剧团原团长陈家信，着力推出新作品——六场粤剧《珍珠扇》。《珍珠扇》就是以徐柏的清廉勤政事迹为题材而创作的。徐柏在赴任廉州知府时，"一肩一仆而来"，被广泛传诵。在创作粤剧《珍珠扇》时，为了集中提炼徐柏"一肩一仆而来，一肩一仆而去"的清廉勤政风范，陈家信先后六易其稿，《珍珠扇》演出得到了广泛赞誉。

王鉴：宦海登岸，终成大家

刘忠焕

王鉴（1598—1677年），字符照，一字圆照，号湘碧，又号香庵主，江南太仓人，明末清初画家，"四王"之一。

明万历二十六年（1598年）出生，崇祯六年（1633年），36岁时中举人，38岁以祖荫任左府都事，崇祯十二年（1639年），王鉴出任廉州知府，治所在今广西合浦县。时任两广总督为张镜心，张镜心与工部尚书刘荣嗣是至戚，王鉴与刘荣嗣有忘年之交，遂因刘荣嗣的关照，得到张镜心的破格提携，且不以属下之礼相加。

廉州僻处海隅，每多公暇，王鉴得以在公余从事笔墨。王鉴工画，早年由董其昌亲自传授。董其昌向王鉴表示"学画唯多仿古人"，"时从董宗伯、王奉常游，得见宋元诸名公墨迹"，与同族王时敏齐名。王时敏曾题王鉴画云："廉州画出入宋元，士气作家俱备，一时鲜有敌手。"

在明末，社会已经很动荡，盗寇四起。王鉴到任后，目睹百姓苦于苛税、兵燹匪患，民不聊生，他所做的第一件事便是减免赋税、赈济灾民，资助逃亡异乡的农民返乡种田，发给种子，鼓励农民发展生产。

是时，廉州府学宫、县学宫以及海天书院和吟梅书院等均遭破坏。为了发展廉州府的文化事业，王鉴捐俸银修复府县学宫和被毁的书院，并从江浙地区选聘两位资深望重、学养深厚的举人，来廉州府任山长和教授。王鉴每月十五都会到各书院巡视，检查考核生员制艺等。每月初一，他都会到海天书院和吟梅书院给生员讲一次课，寒暑不断，此举为生员称道。因此，王鉴被称为"王廉州"。

任职廉州期间，王鉴最大的政绩是罢粤中开采。合浦自古以产珍珠闻名，《后汉书》卷七十六《循吏传·孟尝》有"合浦珠还"的典故。晋葛洪《抱朴子·祛惑》曰："凡探明珠，不于合浦之渊，不得骊龙之夜光也。"这些记载，都可见合浦产珠有深厚的历史渊源。王鉴到任，"是时粤中盛开采"，于是他"力请上台，得罢"。王鉴看到了对珍珠的无度征敛已经给当地百姓带来沉重的负担，因此王鉴坚持陈请，要去除这一弊政。对于他力罢采珠的善政，友人王曾武后来有诗相赞："金谷此时忘宴集，珠崖昔日罢征求。画推北苑仍宗伯，家寄东陵是故侯。"（《直隶太仓州志》卷三十五）这样的善政，历来也是很受修史者重视的史料，因此被记载进了《镇洋县志》和《直隶太仓州志》中。

王鉴以刚正态度力罢开矿恶政之事，却险招致牢狱杀身之祸，得两广总督张镜心的护佑而幸免。随后，王鉴罢职归故里，时年才40岁，仕宦生活已告终止。王鉴罢官归太仓时，箱囊里只有30两俸银。清兵入关后，他也坚持不再入仕途。清顺治十七年，他筑室于山之侧。他在画跋中说："余庚之夏，筑室二楹于山之兆，仅可容膝，窗外悉栽花竹，聊以盘礴。此后心无旁骛，专心绘事。"

早在崇祯九年（1636年），王鉴就结识了董其昌，得以见到元赵孟頫《鹊华秋色图卷》、吴镇《关山秋霁图轴》等名迹，虽然董其昌不久即去世，但其绘画理论和创作实践对王鉴产生了深刻影响。其时，王鉴还与杨文驰、程嘉燧、张学曾、卞文瑜、邵弥、李流芳等文人画家来往，吴伟业曾作"画中九友歌"以赞诸人之交谊和画艺。40岁以后，王鉴即专心于绘事，"尽力画苑"，成为专业的文人画家。罢官归里不久，画名已远布四方，如崇祯十年（1637年）夏所作《秋山图轴》（上海博物馆藏），王时敏题跋即云："玄照画道独步海内，展作纷纷，不无鱼目混珠之叹。"

崇祯十一年（1638年）所作《仿黄公望山水轴》（日本东京国立博物馆藏），王时敏又题曰："玄照此图，丘壑位置深得梅道人三昧，而级法出入董、巨。……当今画家不得不推为第一。展现不觉下拜，遂欲焚砚矣。"王时敏在董公谢世后已成为画坛领袖，他却对王鉴赞赏有加，誉为"独步海内""当今画家不得不推为第一"，并有"遂欲焚砚矣"之叹，可见王鉴当时的盛誉。

事实上，王鉴归里后40年内，由于主客观条件的不同，确实较之王时敏在画艺上更加专志潜心和勤奋刻苦，在艺术功力上亦更胜一筹。王时敏因家务烦冗，生有8子数女，婚嫁负担沉重，故无暇朝夕作一间；而王鉴妻子早逝，也未续娶，可能亦无儿女，虽晚景孤寂，却能全身心投入艺事，这无疑是很不相同的两种客观环境和条件。

明亡后，两王都选择了明哲保身、退隐林下的道路，既不当抗清复明的志士，也不属入仕新朝的贰臣，而成为以画自遣的遗民画家。但是，王时敏入清有"出城迎降"之举，内心常自嘲自责："偷生称隐逸，惭愧北山灵。"王鉴则无此明显失节行为，呈正常的遗民心态，如吴伟业赠诗所曰："布衣懒自入侯门，手迹流传姓氏存。闻道相公谈翰墨，向人欲仿赵王孙。"

王鉴出身于书香门第，为明代著名文人王世贞曾孙，家藏古今名迹甚富，丰富的家藏，为王鉴学习临摹历代名画真迹提供了良好的条件。摹古功力很深，笔法非凡，擅长山水。与王时敏、王翚、王原祁、恽寿平、吴历齐名，并称四王吴恽或清初六家，成为画坛正宗。为"清初六家"之一。

王鉴与王时敏、袁枢一样，早年曾经得到过董其昌的亲自传授，他一生的画业即是沿着董其昌注重摹古的方向发展，继续揣摩董源、巨然、吴镇、黄公望等诸多前辈大家的笔意，仿古吸收并转化古人的笔墨结构，形成了自己丰富的山水画语言。

王鉴画的坡石取法黄公望，点苔学吴镇，用墨学倪瓒。尤其是他的青绿设色山水画，缜密秀润，妩媚明朗，综合了沈周、文徵明清润明洁的画风，清雅的书卷气跃然纸上，历来为后人所称道。擅长山水，远法董（源）、巨（然），近宗王蒙、黄公望。运笔出锋，用墨浓润，树木丛郁，后壑深邃，皴法爽朗空灵，匠心渲染，有沉雄古逸之长。其作品大多摹古，信效名家，缺乏独创，并具有浓厚的复古思想和形式主义画风。

在晚明的乱世中，既然不能"兼济天下"，就只好"独善其身"。即使在数年后多铎率清军攻破常州、无锡、苏州等城之后，他也没有迎降清军，出仕新朝，而是守住清白，继续绘事。他的绘画却因此受益，身为明朝遗老，无处宣泄的亡国之恨令他在故纸堆里寻找寄托，而大量临摹古画，不仅夯实了他的传统功夫，也暗合了明朝遗老的民族情结。所以，他"从董巨入手广泛吸收北宋范宽、江贯道以至五代荆浩、关同等，南宗北宗，无所不学，打下深厚的基础，进而优游于元四家倪云林、黄子久、王叔明、吴仲圭之间？"（蔡星仪《王鉴艺术论》）他的多数"仿""摹""橅""拟"作品就是这一时期留下的，他也因此与王时敏一起并列清"四王吴恽"之首，在美术史上是一位不可忽略的人物。

王鉴的艺术天赋极高，又是性情中文人，自然是丹青一派。如其自述所言"余生平无所嗜好，惟于丹青不能忘情"。

康熙十六年（1677年），王鉴无疾而卒。

北海最早引入南丁格尔护理技术与观念

刘喜松

现代护理技术始于英国。南丁格尔1860年6月在伦敦圣托马斯医院开办了第一所护士学校，对学生进行系统的现代护理教育；1862年协助创建了利物浦第一所乡村护士学校；1881年又创建了军队护士学校。南丁格尔学校，在其初始即对护理工作的发展产生了影响。在此后的几年中，整个英国和爱尔兰成立了许多训练学校。在20世纪头10年中，护士学校开始训练护士为麻醉师。公共卫生护理的另一重要部分，为19世纪末起源于英国的护士站。英国的护理事业得到非凡发展，护理成为一种新的医疗技术，护理技术和护理观念由此系统诞生。

与中国医学护理有不解之缘的是位女性，她叫波顿（Sister A. Smith），1861年出生于英国中部的拉格比市，当她长大后，到位于伦敦北部的纽因顿斯托克求学，在那里接受了当时南丁格尔创立的现代化的护理专业培训和南丁格尔强调的奉献精神的熏陶，她立志像南丁格尔那样献身崇高的护理事业。波顿在纽因顿斯托克学习护理期间，麻醉学和外科学、产科学、公共卫生学等专科护理技术已被接纳成为护理教育的一部分。她以优异的成绩完成学业，成为一名掌握护理专业知识及麻醉、手术等专科医疗护理技能的专业护士。

波顿护士个人信仰同南丁格尔一样为了事业不结婚。当时，南丁格尔过分强调护士的奉献精神，那个时期，许多医院的护士不许结婚，如要结婚，首先须辞职。

波顿护士是一名献身事业的志愿者，在英国日渐浓厚的科学气氛的影响下，1897年的一天突然冒出要到东亚古国工作的念头。36岁的她报名应聘C. M. S.海外医学传教士，7月20日，她被聘用，旋即被派往中国。当时的中国，在英国人看来，是一个极其遥远的国度，若女性远涉重洋，到那里去，被视为冒险之举。波顿护士下决心放弃英国热门工作，前来中国贫穷落后的地方做志愿服务。这时，她在 C. M. S. 的安排下，与同时成为大英传教会传教士的英国剑桥市人、32 岁的华丝小姐结伴从英国启程前往中国。波顿护士和华丝小姐在香港接受 3 个月短期训练之后，1897 年 11 月 8 日抵达中国北海。

刚踏上北海这片土地，波顿护士立刻感觉到现实与理想之间的巨大差距。虽然来北海之前，看了许多有关中国的书籍和报道，在香港也接受了短期培训。但是北海这个地方和香港有天壤之别。首先，当地话属粤语系列，听起来有很大差异，一时要听懂相当困难，当地有许多习俗也同香港不一样，与自己的国家更是截然不同。其次，19 世纪末，在中国人的传统观念里，"男女授受不亲"是严格遵循的祖传训诫。人们无法理解，一个姑娘能在公共场合照顾患者，尤其是居然走进男人的病房，做为男人打针、换药、清洗之类的护理服务，被认为有辱斯文。

因此，在北海英国医院（又称普仁医院，由英籍柯达医师（Dr. Edward George Horder）1886 年创立，波顿护士看到门诊和病房有许多患者需要护士帮助，但患者对她却是拒之千里，甚至惧怕她。这让波顿护士十分失落，甚至对自己的选择产生了怀疑："这是我放弃优越的环境要来的地方吗？这里这么多患者，而我个人所能做的是多么有限，那么我的工作究竟有什么意义？"在意志薄弱和信心摇摆的时候，护士学校所经历的一切在回忆和怀想中变得那么贴近，那么温暖。她像突然点亮了心灯，透过南丁格尔那盏小马灯，她获得了力量，平静下来想，"不能退却"。波顿护士坚定地相信自己的选择是正确的，她开始制订计划，每周利用一个下午时间走出医院到城镇居民中探访……

于是，她开始，也是开创、开拓了北海护理学的新天地。

初始，北海民众对西方护理工作不了解，对长着一头黄金卷发、有着一双碧眼、身材高大的"洋护士"深怀恐惧，很少有病人愿意接受波顿护士的护理。有心中信仰支撑，波顿护士并不灰心。她深入了解北海当地的风俗民情，学习当地语言，广交朋友。每周她抽出时间同女传教士华丝小姐与当地女传道人一道走城镇、进乡村去探访。

那时北海城镇有 2 万人口，城市紧靠海边，沿着海岸有三四条街道平行走向和几条横街，房屋几乎都是竹篱和竹瓦的建材，市镇的两条街道没有铺砌，在坏天气时常常难以通行。

在 19 世纪末闭塞的中国边陲小镇狭小的街道上突然冒出两位头戴蕾丝花边"洋帽"，身穿羊腿袖子上衣和喇叭状波浪长裙，金发、高鼻、深目、高大的"洋女郎"，那是一幅什么样的画面？这两个不知从何而来，更不知为何而来的白人女性，除了让当地居民感到好奇外，更让他们感到疑惑和恐惧。

翻开史册，从中抽出华丝小姐和波顿护士的工作报告中的几段话让大家深入了解一下。华丝小姐写道："我们才进了城镇，男人、女人和小孩跟了我们一小段路，然后快步走到前面去，回头看看外国人的脸，有时候他们的表情带着微笑，有时候他们的表情带着恐惧。""有人认出来我们是医院的工作人员，邀请我们来做客，刚坐下来，一下子围拢了30多人。中国人真的是非常有趣的人，他们再也不能压抑好奇心，问了我的年龄，然后问我吃什么喝什么，还有人问我的帽子是用什么材料来做的。他们坚信有时我肯定是扣紧带子的。突然有人问道：'你结婚了吗？'当他们听见我说没有的时候，这个答案胜过了一切。为什么呢？（这是一个很尴尬的问题），然后他们的好奇心得到了满足。"

波顿护士与华丝小姐一行对当时的处境毫不在意。她们前行，来到一条满是垃圾的肮脏小巷子，看到了"大概有两三英尺高、四平方英尺宽的茅草屋。一位男人正在火堆旁边垂首独坐，他身上只穿很少的衣服，辫子很蓬乱，脚和腿长满了褥疮，痛苦表情刻画在他脸上的每一条皱纹上，他是一个乞丐。"这样的画面直冲华丝小姐和波顿护士的眼球，带给这两位"洋女郎"心灵的震动。

波顿护士将她沉重的心情写在"护士日记"里，记入工作报告内。她写道："我一周有一个下午是到城镇去的。我们带着信念往前走，不知道我们会走进哪一间房子。第一天我有一些紧张，我们后面跟了很多人，包括很多男人，如果没有向导会感到非常无助，因为现在我的语言能力还不是很好。然而，我们很快被邀请到一户人家做客，中国人很热情友好。我想，要是他们能见到更多一些外国人，他们就不会这么好奇了。"

我们去拜访的人多数都是穷人，天哪，他们居住的房子真的很肮脏，真的很难形容。他们请我坐，就是坐在床上！这个床就是一块板放在两个脚手架上！有一次去访问，我们被女主人邀请上楼，进入阁楼才发现，女主人已经准备好一桌丰盛的食品。我想要马上离开，但是又怕伤害了女主人的感情，所以我拿起黑黑的筷子和一块糕点。当然，我被迫吃了更多的食物。当女主人用她使用过的筷子夹食物给我时，我感觉必须得接受。那些糕点的外面是糖，里面是猪肉、葱和其他一些切碎混合的东西。我必须让你们自己去想象它的滋味是怎么样的。喝茶总是少不了的，看来茶是他们的国饮。没有糖或牛奶，但是在那个时候我爱它，中国茶没有想象中的那么刺激我的神经。

在波顿护士看来，她接受的不仅仅是当地人的食物，更难能可贵的是那份纯朴与友好的情感。

初来乍到，波顿护士克服种种困难，坚持每周一次访问当地民众。身临其境的感受是完全不同的，穷人悲苦的目光、市民包容之心、北海纯朴的民风，等等，这一切使波顿护士的心被深深地震撼了，她把这种震撼化为行动，尽心去帮助受疾苦的人。或许是波顿护士融入了当地人的感情，融入了当地社会。可肯定的或许是波顿护士融入了当地人的感情，融入了当地社会；可肯定的是她的庄重大方的仪表、饱满热情的精神面貌、谦和礼貌的语言修养、严谨认真的职业风范和救死扶伤的高尚医德，赢得了患者和家属的信任，使得北海人在19世纪末就领略了"护士"这一崭新职业的崇高风采，南丁格尔护理学被北海民众逐渐接受。

波顿护士来北海普仁医院工作当年，医院已经发展有195张床位（含麻风病床位）的规模，年门诊量1.5万人次，年住院病人六七百人次。可想而知，这位首位专业护士工作是多么的繁重。

当波顿护士在北海开始护理工作时，这项工作在中国为数极少。她在北海从事护理工作的过程充满了艰辛与风险，尤其是初来到北海的几个月。

前来北海普仁医院求医的患者，除了每天大量的婴儿、妇女、年轻人、老人、盲人和麻风病人外，甚至海盗也时常光顾。《中国海关北海关十年报告（1892—1901年）》有这样的描述："北海是这个国家的边远地区，它的文明程度是比较低的，抢劫已成了遗传。统观这几年内的情况，见到的是令人讨厌的海盗抢劫。这个区域的三合会纯属土匪组织，他们是靠暴力为本钱敲诈勒索为生计的。在北海镇的居民中有匪盗，下层居民抢劫成性。"波顿护士来到北海的第二个月（1898年年初）就遇上了海盗受伤被人送来普仁医院急救的事情。当年一位叫郗来医生（Dr. Leopold G. Hill）的工作报告写了此事："一位男子被诊断为颅骨骨折，头骨已经被揭开，肘关节断裂。波顿护士使用氯仿（三氯甲烷）麻醉技术为该男子实施麻醉，配合郗来医生给这位伤者做手术。术后波顿护士又给其人道的护理，指导他做康复训练，使他的身体得以康复，甚至肘关节的功能也恢复得非常好。后来听说，我们救治的这位男子竟然是一名海盗，他是在海上偷盗时被人打伤的。"

"1898年有一天，又有一个男人也是因偷盗受伤，来医院住院治疗，偷盗者的胸部被子弹射穿，情况非常严重。郗来医生和波顿护士配合，施行紧急抢救手术治疗这位伤者。然而当他康复出院前的那天，偷走了医院病房里能用的值钱东西逃跑了。"

波顿护士没有想到她在北海普仁医院里既当麻醉师又当手术室护士，救治的伤者竟然是海盗。但是她保持了护理伦理道德操守的出发点，她认为人的生命最为宝贵，每一条生命都是珍贵的。她坚持救死扶伤，把对人、对生命高度的仁爱和神圣落到护理工作每一个细处，展示南丁格尔式护士的仁爱。

波顿护士以一种超越种族、超越国界、超越个人情感的大爱去爱着来北海普仁医院里的每一个生命。

护理学作为医学的有机组成部分，是直接为人类健康服务的。南丁格尔对护理职业性质作过精辟论述，她讲道："护理就是给病人最良好的恢复条件"，"为使所有患者的生命力的消耗减少到最低限度的劳动。"她从护理工作对象的特征出发，强调了职业的重要性。"护士的工作对象不是冷冰的石块、木头和纸片，而是有热血和生命的人类。护理工作是精细艺术中最精细者。其中有一个原因就是护士必须有一颗同情心和一双愿意工作的手。"南丁格尔在《护理手记》中还提出了护士的标准及要求："一个护士不说别人闲话，不与病人争吵，除非在特别的情况下或有医师的允许。不与病人谈论关于病况的问题。同时不用置否，一个护士必须十分清醒，绝对忠诚，有适度信仰，有奉献自己的心愿，有敏锐的观察力和充分的同情心。她需要绝对尊重自己的职业，因为信任，才会把一个人的生命交付在她的手上。"

那些来自南丁格尔家乡的护士姐妹们，她们在北海普仁医院所做的护理工作遵循南丁格尔的教诲。波顿是最早在北海普仁医院从事护理工作的护士，在她身上体现出护理的内涵：照顾病人，人道，为各种需求的人提供服务，帮助病人。1904年她在报告中写道："有时候药师去巡回传教了，我帮忙配药。有一天早上，在药房发生了有趣的事情。我拿到了一张卡，找到了患者的药方，告诉他需要一个瓶子，跟他说了很多次之后他才明白过来，去拿来了一个瓶子。轮到第二个人，他的药方显示需要药膏，但他却拿出一个瓶子来，当我告诉他药膏不能装在那个瓶子里的时候，他显得非常惊讶，我劝说了很久他才把瓶子拿走。可是过了一会儿他又返回来了，手上拿着一个在街上捡来的贝壳，问我是否可以装药膏。当时我已经继续为其他的患者服务了。病人有些需要用药粉、混合剂或者洗剂治病。在发药的过程中我对每个人都一次又一次地交代用药方法。告诉病人眼药水要滴进眼睛里，外用的药膏不能内服。有一位患脓肿的病人做手术切开引流，我告诉他每天来医院换药，不需要吃药。可能是他没有理解我说的话，于是再次把卡片递交给我，我同样又告诉他一遍。他的卡片给了我四五次，最终我还是让他听明白了我说的话。第二天他再来医院时，我看见他，他很高兴，最后这个男人康复了。"她还写道："护理工作需要耐心。有一天一个女病人样子很紧张，希望我马上去看她，她以前是医院病房里的一名清洁工，比其他的妇女明智一些。她告诉我她生病了，我问她病了多久，并祝她早日康复。我拿了她的卡，帮她取了药，有药粉和混合剂。我发现生病的并不是她，而是她邻居的小孩，后经了解，那个患儿看了医生之后，其母亲便把他带回家了，留下这个女人帮忙取药。我问她'为什么没生病来取药'，她回答'姑娘，不用害怕'。我不怕，但是我问了她，是不是认为她喝了药会对那个生病的孩子好，这引得她发笑。去告诉她用药的注意事项和注意休息。还有一个妇女对我说，她的宝宝吃了医生开的药不见效怎么办，我详细询问具体情况，发现那个可怜的孩子吃了含有硼酸用于治疗褥疮的外用药膏。我告诉她外用药膏不能内服。当然我没有感到惊讶，她们真的非常愚钝，我们要有耐心和同情心去帮助她们，展示博爱。"

另一位叫史密斯的护士（Sister A. Smith，澳大利亚籍）负责住院女病人住院时和出院后的护理工作。她在报告中写道："女病房是我工作的地方，我在这里3年没有休假。护理患者像皮病手术治疗和患白内障手术治疗的女病人。经过治疗，病人得到了康复，我对每一个新的住院病人都投入爱和耐心。培训一名女护士和一名男清洁工，他们热爱工作，病房里呈现的都是明亮的光芒，我的心里对这两个人充满感激。"

护理是医疗工作不可缺少的一部分，北海普仁医院第二任英籍院长李惠来医生（Dr. Neville Bradley）在工作报告中写道："有一个小女孩被她的家人从约十四英里外的阆宁镇带到了医院，她被严重烧伤。我们几乎对拯救她的生命感到了绝望，但由于我们的护士持续不断地悉心看护，小女孩有了一个良好的恢复，她的父母也很开心。"

从这些报告叙述的几个片段中，北海普仁医院的外籍护士用心服务、用情呵护中国患者的仁慈形象鲜活生动，她们的心血和汗水有如滴滴甘露，滋润着患者的心。

为一切患者服务，绿色通道向所有病患开放。1907年2月，距北海不远的钦州那丽、那彭、那思三乡人民武装抗捐，称"三那乱党"暴乱。北海镇总兵何长清、新军第二标统带赵声以及步兵统带郭人漳奉命经北海前往镇压，起义军解体。同年3月，廉州饥民暴乱抢米，英、德两国在廉州所办学校被冲击。北海市民误传"三那乱党"将侵扰北海，人心浮动。对此，北海海关历年贸易资料记载："光绪三十三年（1907年）四月时，廉州闹乱，缘富户储谷无米济用……初谓钦州乱党将至北海，于是本处洋人皆备自卫，妇孺先是在船寄宿，男子留守，幸变故未几即息。"

北海普仁医院波顿护士长在《病房工作报告》内也有记载，她写道："有人担心叛军（指起义军）会来北海……局势变得紧张，英国领事不得不下令所有的妇女和儿童离开港口（北海）。我很不愿意离开麻风妇女和病人，但不得不这样做，我很感激地说女麻风病人没有离开医院，只有一个或两个住院病人因恐惧而离开医院。两位医生（李惠来、谭信）都在北海，医院并没有关闭，六个星期后，我们从香港返回北海，事情已经安定下来，每天都有一定数量的患者来求医……""5月初，有两名妇女从一百多英里外，一个叫'南宁'的地方来求医，其中一个妇女显得非常痛苦。她已病了多年并已看过许多医生，不仅没治好，病情反而变得更糟糕，几乎花完了所有的钱……患者在医院治疗期间，陪同她来的朋友也生病了，经过治疗她们很快都康复了。"

"有一名来自五六英里外一个村子的女患者，长了一个巨大的卵巢肿瘤，医生安排手术治疗。……手术前一天，她儿子安慰她说：'没有必要担心，我会烧香保佑你的。'我跟她儿子说：'伟大的医生会治愈她的。'手术后患者康复了，以后经常带着她村里的人来医院看病。"

"一位患有严重骨骼病的病人，来自离北海有2天或3天路程远的钦州。患者很瘦弱，有一条腿坏了几年，不能站立行走。她儿子陪同她乘船来到北海，然后，她儿子又从船上把她背着送往医院。医生检查后告诉他们要进行截肢治疗，开始他们难以接受。我做了工作，说如果他希望他的母亲好，就按医生的治疗方案办，最后她儿子还是同意让他母亲做了截肢。该患者的儿子就住在北海，每天都来医院看望他的母亲。有一天，她儿子在来医院的途中，突然被一个士兵叫住，士兵盘问他是从那里来的，他回复说是从钦州来的，士兵听后马上警觉，怀疑这位年轻人是钦州来的乱党分子，立刻就揪住这位年轻人脑后的辫子把他拖到衙门口，在衙门里年轻人向官员申辩道：他是陪同母亲一起来北海的，他母亲现在就在外国人办的医院里住院治病。士兵这才放过了他。

士兵虽释放了他，但这位年轻人仍然害怕，我将他带到李惠来院长那里。李惠来院长给了年轻人一张中文探视卡片，并派医院的一名工作人员陪同年轻人去找衙门的官员，之后他在北海逗留的时间里，再没有遇到麻烦与困境。起初，我还担心年轻人母亲的病能否治愈，后来该患者康复了，年轻人还买了一条男麻风医院制作的假肢帮她安装。她用一根拐杖就可以走路了。"

1907年，波顿护士工作报告描述了在复杂的社会环境中，护理行为不是单纯的行为，而必须置身开放性的系统，审慎处理与病人、病人家属、本院工作人员、北海衙门士兵或在社会的人际交往，唯此才能真正完成护理工作。

南丁格尔在《护理札记》中写道："我们没有更好的语言来表示护理这一词语。"这本《护理札记》，后来成为护士必读的经典之作，被医疗卫生界认为是"头等重要的著作"和划时代的稀有著作。波顿护士、史密斯护士等在中国北海的护理实践使南丁格尔的护理理念得到了最大程度的传播，也使北海成为中国最早引进西方护理技术与观念的城市，至今这些技术和观念仍在北海医疗卫生系统中被采纳、被使用。

创立北海普仁医院的奠基人

——昔日华南教区主教包尔腾其人其事

周德叶

清光绪十二年（1886年），一所由大英传教会在北海创立的西医医院建成开业。医院大门的门匾上用中文刻着两位创建者的名字，其中第一位名叫包尔腾（Joknshaw Burdon），是一位传教士。由于他曾到北海传教，在他的决策和支持下，普仁医院得以顺利建成，这在北海的医疗卫生史上是一件大事。但以往人们对包尔腾在北海的经历知之甚少。近日，"北海圣美"副总肖仁立先生给笔者一份由他读大学的儿子肖义涵翻译的、题为《包尔腾主教的信件》的史料——这是"北海圣美"于2011年2月派人到英国伯明翰总图书馆找到原件复印回来的。从此"信件"中可了解这位高级神职传教士——维多利亚主教于19世纪末在北海传教的足迹。

1826年，包尔腾生于苏格兰拉斯哥。23岁进入圣公会传教学院，毕业后成为一位科班出身的传教士。1853年，被派往中国上海传教，次年被按立为牧师。1862年调往北京，其间在英国驻华使馆内建一个小教堂。

1874年回英国，在兰柏被祝圣为华南教区主教，年末前往香港圣约翰座堂就任。也许主教府就设在香港维多利亚港区的缘故，所以被称为维多利亚（第三任）主教。1876—1878年，包尔腾巡视福建省，该省是华南教区最发达的部分。就在这3年期间，包尔腾深入粤西的北海（当时北海为广东辖地）巡回布道（指基督教宣讲教义），标志着基督教新教在北海的传入。

包尔腾任华南教区主教后，似乎把传教的重点放在珠江三角洲地区的江门、大良、鹤山、罗定、恩平、香山、黄埔以及北海。1877年4—8月，他和他的助手在北海约住了5个月。他在"信件"中写道："北海是一个去年（指1876年）为外商新开的通商口岸"，"而这里是广东最西面辖区的中心，北海现在正由于成为口岸而日渐繁华。在广东的西部和相邻的广西，以及其他东方口岸澳门、广东等地之间的大量本地货物主要通过北海中转。由此欧洲商人将北海作为'西部的广州'的观点不断膨胀，最终让他们产生了从这个新开口岸中捞取更多好处的渴望。"

然而，包尔腾在"信件"中阐述当时的许多商人想从这个新开的北海口岸中捞取更多好处的渴望，却受到交通不便的制约。当时从广东及港、澳等口岸来北海的人们，最便捷的路途是从海上乘坐外国商人的蒸汽轮船前来。遗憾的是，所有当地的商人却继续雇用平底帆船，这就使得快捷的蒸汽轮船很少驶往北海。如果从广东内陆前往北海，则是一个需要两周漫长而乏味的旅途。如果雇用一些特殊的交通工具，则费用相当高昂。一个最快的路线是乘坐蒸汽轮船先到海南岛的海口，然后再转乘平底帆船穿过海湾到北海。但在乘坐平底帆船的途中，往往会遭到海盗的袭击。在包尔腾主教写此"信件"的3个月之前，一艘从海口前往越南海防的平底船遭海盗袭击。船上有一两个法国天主教传教士。海盗最终被击退了，传教士声称是"受到了圣母玛利亚的帮助"。由于种种原因，对于外人来说，北海是一个较难进入的地区。即使这样，包尔腾还是选中这个地区传教。包尔腾和他从香港带来的助手（均为中国基督徒）到北海后，在城镇中心找到了一个还算不错的房子，大概住了5个月。"这里的居民并没有对我表示不友好，但同时也没有什么友好的迹象"。但总体来说居民对基督教都没有什么兴趣，却也有少数前来询问一些关于宗教的问题。于是包尔腾和他的助手把他们的房子布置成教堂，其中的一间改造成布道室，对来了解宗教问题的人采取问答式宣讲。

这样做以后，来布道室听他讲经的人越来越多，几乎把整个布道室挤满了。其中有几个人表示接受洗礼。

包尔腾在"信件"中写道：北海"周围的乡村似乎对我们的巡回布道比较欢迎"，并"收到了来自雷州、钦州、灵山、涠洲以及很多周边其他地方的邀请"。"1878年2月，当我从北海回来（返回香港）的时候，我向南徒步走过雷州半岛，这花了我7天时间抵达位于琼州海峡的海港（应为今徐闻），从那里我乘坐一艘小船渡海到海口，然后找到了一艘前往香港的汽轮。在我穿过雷州半岛的旅途中，每晚都住在见到的比较大的村子或小镇，即使是在这些极少有外国人出现的地区，我也没有受到任何搅扰。"包尔腾在北海开展过一些讲经布道，以及对周边地区进行考察后认为，北海可以成为这一地区的教会中心。"我会尽快购置一块土地来修建一座小型教堂"。为此，包尔腾想尽一切办法筹款，并向被他称为"我亲爱的朋友们"（指支持传播基督教的一切人们）呼吁，"各位谁愿意资助这项计划，我非常焦急地寻求你们的怜悯。如果可能的话，为这个新的布道计划提供帮助"。

包主教于19世纪末曾到北海调研和传教,这对他在1886年与柯达医生一道创立北海一所教会医院——普仁医院产生重要影响。在新建的医院大门的门匾上,曾用中文刻着包尔腾、柯达这两位创建者的名字就是历史的见证。院内曾设一间福音堂,通过办医院继续传教。1905年,一座建筑面积为353平方米的哥特式教堂在普仁医院东侧建成。这座以《圣经》人物"路加"(一位医生)命名的教堂举行落成庆典时,英国伦敦总会派代表前来庆贺。这标志着基督教新教在北海的传入达到了鼎盛时期。

包尔腾1897年辞去主教职务,在欧洲旅行并写作,1907年去世,享年81岁。

陈铭枢将军在北海

范翔宇

提起著名的爱国将领陈铭枢在北海的事例,许多人都知道,位于北海中学内的国家文物保护单位北海中学图书馆(原名合浦一中图书馆)是陈铭枢将军捐建的。至于再找陈铭枢将军在北海的其他事迹,知之者也就不多了。

北海中学的前身为什么是合浦一中?合浦一中为什么会选址在北海,既然要在北海创建中学,为什么当时不叫作北海中学或北海一中,而是叫作合浦一中呢,这些都与陈铭枢将军有着莫大的关系。

民国14年(1925年)11月30日,国民革命军第四军第十师师长陈铭枢率部征讨八属军邓本殷,平定了广东南路的军阀之乱,率部挺进廉州,受到了各界人士的热烈欢迎。

陈铭枢率部进驻在廉州后,合浦、北海一带渐见安定兴旺。

此时北海各界人士一再联名向合浦县政府递呈要求在北海街区筹建一间中学的信函。时任合浦县县长钟喜赓趁机将北海各界人士的迫切请求转述于陈铭枢师长。陈铭枢了解到北海民众的愿望后,立即表示大力支持,并指示钟喜赓抓紧筹备工作。1926年3月,国民革命军第四军第十师师部从廉州移驻北海。在陈铭枢的支持下,中学筹备工作于8月底基本完成,并于9月1日正式招生。中学就被命名为"合浦县立第一中学"。

在北海街区设立中学命名为合浦一中,其实这也是由当时的教育体制决定的。根据民国《中学规程》第二章第7条规定:"省立中学以所在地地名名之。县市立中学,径称某某县立中学。一地有主别相同之公立中学二校以上时,得以数字的顺序别之。"

从资料查证得知,原来的廉州府中学堂改称为广东省立第十一中学校后,今后在合浦县境内的创建的县立公办中学,一律按顺序排列,而不是按地名名之。在北海开设的中学是合浦的第一间县立中学,这样,就命名为"合浦县立第一中学"了。合浦一中初成立时共有四个班,学生297人。首任校长是中山大学毕业的岑福祥。

在合浦一中的筹建过程中,陈铭枢师长筹集到了一笔资金,本意是准备在合浦县城建一个图书馆。建校筹委会得知后,立即派代表向陈铭枢建议,请求将这个图书馆建在合浦一中校园内。陈铭枢欣然同意,将所筹资金全部赠与合浦一中,并为之书写题词"合浦图书馆"。

1928年7月底至8月初,中山路一改往日的喧闹浮躁,显得有些沉静,但见街道上往来的车辆行人,都带有几分严肃的气氛。原来,"广东南区高雷阳廉行政会议"正在这里召开。时任广东省主席、国民政府军事委员、北伐军总政治部副主任兼国民革命军第十一军军长兼广东南区善后委员行政委员会主席陈铭枢也来到北海,主持指导这次会议。

当时的广东省南区包括海南、高州、雷州、阳江、廉州(含合钦灵防),多年来,由于受到粤桂战争,陈炯明、八属军盘踞及匪乱之苦,是广东最贫穷的地区。陈铭枢是合浦曲樟人,面对家乡贫困他又怎能坐视不管?因此他趁去海南视察之便,专程赶到北海主持会议。这次南区行政会议从7月26日开始,至8月6日结束,大部分时间都与会员食住在北海老街。

陈铭枢一到北海,首先就到合浦一中(即今北海中学)了解教育发展的实况。一年前,他捐资给合浦一中兴建了一座图书馆,他又召集地方贤达,了解地方吏治问题和人民生活状况。在掌握了真实具体的乡情之后,陈铭枢在第一天会议上致"开幕词"。在"开幕词"中强调一定要尽快采取有力措施,积极除害兴利,首先要消除多年战乱遗留的伤痕,着手解决民生和教育等问题,他特别强调要抓好师范教育,从培养合格的老师入手。

参加了开幕式之后,陈铭枢立即驱车回到故乡公馆,参加了募捐筹建合浦县立第五中学(今合浦公馆中学)的活动,还领衔撰写了倡导书,并慷慨捐资1.5万元。接着,又捐资在他的出生地璋嘉创办了合浦县第三小学(今合浦曲樟乡璋嘉小学)。当他办完以上捐资办学的事情之后,回到县城廉州时,得知廉州一庞姓祖母104岁时,立即叫人备齐贺礼,并赠白银20元,又亲笔隶书"民国老人"泥金匾,派乐队送赠。一时成为佳话,该匾现仍存于廉州庞姓后人家中。

8月6日是广东南区高雷阳廉行政会议闭幕的日子。陈铭枢又专程赶到北海参加了闭幕式,在闭幕式上致"闭幕词"。陈铭枢结合他连日来在北海、廉州等地调查得到的民生吏治和社会建设状况,着重谈了吏治风尚问题,他满怀期待地说:"吾千言万语,实望诸位,自励自奋,个个树立卓绝之风范,各位对于决案,如能极力奉行,不是敷衍,再能廉洁自励,勤劳不懈,急公为义,受民守法,必能令南区早日臻光明之域。"陈枢说完这段话之后，又笑着对与会者说："今天晚上承蒙北海乡贤在上海楼设宴款待诸位，我也有一件小礼物送予诸位，希望诸位不嫌微薄笑纳。"

闭幕式结束后，与会者到上海楼晚宴时，开席间果然每人都得到了一个小礼盒，打开看时，扉面印着陈铭枢的书法题词："廉洁自励，勤劳不懈，急公为义，爱民守法。"众人看了，无不为将军的用心所感动。这就是上海楼陈铭枢赠扇勉同俦的传奇，不知当年与会者谁还保留着这柄意义特殊的扇呢……

在这次"广东南区高雷阳廉行政会议"上，陈铭枢宣布将南区行署设在北海，处理高雷钦行政事宜，并任命第十一军（军长陈铭枢）副军长蒋光鼐兼任南区行署主任，这是北海最早设置的地区级行政机构。

同年，陈铭枢还报请广东省政府第四届委员会113次会议同意，在北海设立南区公路速成学校。

陈铭枢还捐资委托蒋光鼐修建北海的老菜市（位于今北海中山路）。

"广东南区高雷阳廉行政会议"后，时任国民革命第十一军副军长兼广东南区行政公署主任蒋光鼐率戴戟部（二十六师）驻北海，在北海开展了一系列的市政经济建设，如：是年12月在普度震宫左后方动工兴建北海简易机场。第二年，1929年2月18日，"广州号"飞机首航北海，蒋光鼐20日在北海乘机返广州，开创了北海航空事业先筹；支持北海民众抵制日本人到北海捕鱼的活动。当时日本人以机制冰船之便利，闯入北海近海滥捕海鲜运到香港贱价出售，严重影响了北海本地渔船的正常生产销售。当地渔民、渔商联名向省政府申告，蒋光鼐支持这一申告行为，并指示"设法维持，或向日领交涉，或设法制止"；支持筹办北海麻风病医院；等等。

蒋光鼐将军在北海的这些事迹，都与陈铭枢将军紧密相关，是北海历史中的一个亮点。可惜的是，长期以来埋没于史籍之中，没有引起重视。现在应该及时予以挖掘、整理，与十九路军在北海、陈铭枢在北海等史实组合起来，共同形成一个新的历史景观，是很有价值的。

1955年3月，政协武汉市第一届委员会第一次会议召开，武汉市政协正式建立，陈铭枢当选政协副主席。同年6月1—15日，陈铭枢参加全国人大代表团来北海视察，主要了解发展渔业生产的一些情况。视察后，陈铭枢向中央提出了三项建议：（1）请组织各方面的专家组成调查团和研究机构到北海渔区进行有计划的调查研究，必要时组织围网渔轮、舷拖或对拖渔轮到东京湾（北部湾）渔场作试验捕捞，总结经验，为今后在北海发展新型渔港提供依据；（2）请中央铁道部考虑修建由玉林到北海的铁路支线；（3）请中央考虑在涠洲建港问题。

在北海期间，陈铭枢到故乡重游，感慨万分，写下了《北海游泳》一首抒怀：

挥师南指震雷霆,父老犹能识姓名。
网撒何人纵鲛鳄?陆沉无计遏鲵鲸。
运移重见珠还浦,尘垢须凭海濯缨。
浮沉只逐中流转,途遥老骥更长征。

陈铭枢将军在诗中,表达了在"运移重见珠还浦"的新时代里,要通过"尘垢须凭海濯缨"去严格律己,勇于自我思想改造的精神和坚定的爱国信念。吐露了"浮沉只逐中流转,途遥老骥更长征"的心声,以此证示自己什么时候都将命运与国家民族的兴衰连在一起。这正是先生的可敬之处。

陈铭枢在北海考察期间向中央提出了的三项建议,而《北海游泳》一诗则是将军留给北海人民的珍贵精神遗产。

民间技艺八仙过海

范翔宇

一、南方五虎将赖成己

赖成己（1888—1955年），合浦公馆人，他与番禺黄啸侠、东莞林荫堂、惠阳林耀桂、惠州张礼泉并称为民国"南方五虎将"。

赖成己自幼习家传南拳，后拜张茂廷专学李家拳、双刀、棍、钯，兼习骨科，曾在广州仓边路设医务所，业余练武不停。后又在李济深的第八路军总指挥部任医官和国术教师。当时广州荟萃了不少南北武林名师，如"北方五虎将""南方五虎将"等。赖成己常与南北名拳师相互切磋，博采众家精华，创编出"南蛇过洞"象形拳传世。该拳意气神合一，气得手聚，刚柔相济，重意不重力，运动中处处带弧形，并运用圆圈劲、提劲、沉劲、弹劲、崩劲等突发劲，犹如大蟒似动非动、似静非静状态，结构紧凑，浑然一体，颇具实战价值。他还将其师傅张茂廷接到广州，师徒常在中山公园、岭南大学等处表演武术。

1938年，广州沦陷前，赖成己回乡在合浦县廉州镇设诊所行医，并成立了珠光国术社，开办南拳、太极拳等多种国术班，均免费传艺。该社常组织武术队伍到农村表演，所得收入，开办南拳、太极拳、剑、刀、棍等免费学习班，以推广武术。1945年，珠光国术社受有关部门委托，连续6年举办了戴手套技击、徒手搏击和套路表演赛。赖成己强调"未学功夫先学德，德重于艺"。

1929年3月，陈铭枢赴香港转南京开会时，寓于香港皇后酒店。不料酒店失火，仓促跳楼逃避，足部受伤，虽在香港治疗月余，但回广州仍行走不便，时作拐状，被戏称"跛老虎"。后来陈铭枢闻赖成己医术独特，专门请他为己治疗。赖成己的疗法与其他医生有所不同。一方面将手按摩正其骨骸疏其血脉，一方面将跌打药煮热，用纱布包裹向患处反复熨帖，如此则使患者甚感舒适，忘其痛苦。不久陈铭枢的双足强健如初，每晨还到东郊跑马锻炼。由此可见，赖成己的医术了得。

二、盲人太极名家金承珍

金承珍，生于 1912 年，广西合浦县廉州镇金屋村人。1934 年考入国立广东省法科学院。是年，杨式太极拳第三代传人、被后人称为杨式太极拳集大成者杨澄甫先生应陈济棠之邀，南下广州教拳。金承珍闻讯前往拜师学艺，因学习班名额已满未果。后来，杨澄甫在法科学院再开一个学习班，杨澄甫及其长子杨守中亲自到班授拳，金承珍得以如愿并任班长。金承珍十分珍视名师传艺，刻苦学拳。两年后，学拳结业，金承珍学会了杨式太极拳架、推手、器械。1936 年，他东渡日本，留学于东京政治大学法律系，课余练拳不辍。此时，金承珍因先天性视网膜色素变性病，视力急剧衰退，日本和德国医生断言他可能不到 40 岁就会失明。他只好结束学业，1937 年回国。金承珍回到广州，其时杨澄甫已逝，他再学于杨守中，精练太极剑和推手，功力又有新进展。3 年后返故里。40 岁后，金承珍双目失明，丧失了劳动能力，生活上和精神上的压力很大，后来，他患上了颈淋巴结核，老伴陈媛才又有重度神经衰弱和脉管炎，小儿子又患精神分裂症，一家三口，老弱病残，没钱治病，全靠老伴微薄的退休金生活，正如他在诗中自嘲："一病竟如是，一贫竟如此，徘徊搔白首，叹负平生志。"

在艰难困苦中，金承珍始终保持乐观豁达的态度，精研太极，功夫日益精深，凡与金承珍较量的人，搭上他的手都无法走脱而失败，不少挑战者被摔出一丈多远，爬起来还觉得莫名其妙。更多的时候，是其妻代其出手，也屡次获胜。太极拳师"金先生"的名气也渐渐大起来。金承珍不但在太极拳的实践上有成就，在理论上也多有创新。他非常重视太极拳理论研究，双目失明后，其总结、创新的太极拳理论由弟子读给他听。

1979 年，他将创作的七言 120 句的《太极拳歌》寄给中国太极拳名家顾留馨，以诗歌的形式，把太极拳的拳理、练法、技击作用形象化地表达出来，显示了他在文学和拳艺上的功底。顾留馨将它视为珍品收藏起来，并写文章高度评价金承珍，说他"不幸双目失明，仍坚持练习太极拳，至今垂四十年，在合浦指导太极拳，从学者众，近作《太极拳歌》，身残志坚爱利之""殊为难得可贵"。是年，杨澄甫著名弟子傅钟文之子、杨式太极拳名家傅声远专程从上海到合浦看望金承珍，并在合浦组建了永年太极拳社合浦分社，推举金成珍做名誉会长，这对北海、合浦的太极拳健身运动起到了积极的推动作用。1982 年，《武林》杂志发表了金承珍的《太极拳歌》，引起了太极拳界的普遍关注。1983年，金承珍创作《太极拳螺旋运动》，1983年于《武林》杂志发表后，在社会上很快流行起来，对群众健身运动产生了良好的影响。

从20世纪40年代开始，金承珍在石康镇义务教拳几十年，从学者甚众，学员遍及南宁、钦州、北海、合浦各地，人们开始认识太极拳强壮体质、平和气性、化育身心、增强智能、卫身御侮的功能，增强了练习太极拳的兴趣。他的弟子还获得国家五段、六段拳师资格，有些弟子成为市、县太极拳运动裁判员。金承珍的事迹感动了不少太极名家，如顾留馨先生对他非常赞赏，常与他书信来往，交流太极拳修炼心得。1988年10月，金承珍辞世，他的弟子和学生自发捐资为他在石康镇修了一座坟墓。每到清明，他的传人以及当地群众手捧鲜花到他墓上拜祭，以纪念这位善良慈爱、身残志坚的太极名师。

三、国际象棋国手邓文湘

第一届全运会的国际象棋冠军邓文湘是广西合浦人，1930年出生在一个旧军人的家庭。3岁时已经学会了下中国象棋，5岁时便能和大人下棋对阵。1949年邓文湘全家迁往湛江。湛江解放前夕，邓文湘参加了一个茶楼举办的中国象棋比赛，获得了冠军。因此被誉为"棋坛小英雄"。不久邓文湘与其父失去了联系。

1949年后邓文湘一家回到家乡合浦。邓文湘的母亲是一位手工艺者，一直依靠做鞋赚点钱。邓文湘在家乡教了一年私塾后，又摆棋摊糊口，先后辗转越南、南宁，击败了不少当地中国象棋的好手，被当地人称为棋王。因无固定职业，母子为生活所迫到广州投亲靠友。到广州后，邓文湘曾一度在广州文化公园门前摆起了棋摊为业，经过几年的闯荡江湖，邓文湘已成为羊城棋坛的风云人物。

20世纪50年代中期，因摆棋摊带有赌博成分而被广州市政府取缔，邓文湘顿时失去了生活来源。1957年，邓文湘首次参加广州市中国象棋的甲组联赛，那次比赛杨官璘获得冠军，陈洪钧获得第二名，邓文湘获得第三名。此后，他多次获得广州市甲组棋手称号，名次位居前列，曾获得广州市甲组棋手邀请赛冠军。

虽然当时的甲组棋手并没有工资，但他们每天晚上可以在广州的文化公园和人民公园应众，应众的棋手每晚能获得两三元钱的收入，邓文湘又可以凭借他的棋艺赚钱养家了。

1959年，广东省为了准备第一届全运会的棋类比赛，开始选拔参赛中国象棋、围棋和国际象棋的棋手。邓文湘顺利通过多次选拔赛，代表广东出战第一届全运会。这期间邓文湘还获得广州市国际象棋冠军、广东省第一届运动会国际象棋冠军,并在第一届全运会比赛中获得冠军,成为我国第三位国际象棋个人赛的冠军。第一届全运会后,广东建立了"三棋"的专业队,邓文湘成了广东省国际象棋队的第一位专业棋手。

1960年,邓文湘参加了在北京进行的全国国际象棋个人比赛,获第二名。1962年,邓文湘参加了在合肥举行的全国个人赛,再次获得全国个人赛的第二名。1964年在杭州举行的全国比赛中,邓文湘带病出战,帮助队友获得冠军。1965年的全国个人赛在银川举行,邓文湘获得比赛第二名。20世纪五六十年代,邓文湘在他的国际象棋棋手生涯中获得一次全国冠军、三次亚军。

1963年和1965年邓文湘两次作为中国国际象棋队队员参加了中苏国际象棋友谊赛。

"文化大革命"开始后,邓文湘先被下放到"五七干校"劳动。20世纪70年代初,邓文湘全家被遣送回合浦,至80年代才到广州棋艺社任教,他的学生有后来成为女子国际特级大师的彭肇勤、获得中国分区赛女子冠军的吕小莎等。80年代末邓文湘退休,之后邓文湘曾经参加广州市"三联杯"象棋元老赛,获得冠军。1999年11月,邓文湘因病在广州逝世。

四、少女名伶金山桃

金山桃,合浦县老虎塘村人,姓黄,真名不详,合浦著名的曲艺和粤剧两栖女演员,金山桃是她的艺名。

金山桃5岁时,被人收养学习吹、打、弹、唱等演奏技艺,师从当地较有名气的黄文甫、郑德河等乐师。金山桃学艺聪慧,声情并茂,并能较快地学会各色人物的唱腔技巧和表演技艺。八九岁时,便随"樱桃松柏女童曲艺班"到茶楼酒馆设坛演唱曲艺,轰动了当时北海和合浦的曲艺迷。茶楼酒馆的老板也纷至沓来,争先与"樱桃松柏女童曲艺班"签订演唱合约,以吸引顾客。该曲艺班曾到东兴、钦州以及越南芒街等地进行营业性的演唱。后来,女童曲艺班又师从梁梦觉等粤剧艺人学习演粤剧,使女童成为曲艺、粤剧两栖演员。她们曾以"会嫦娥女童粤剧班"之名,先后在北海、海口、安铺、湛江、南宁、武鸣等地进行营业性演出,深受群众欢迎。金山桃这位出色的童伶,更为观众所推崇。在广东安铺演出时,观众为她的出色表演赠送了一幅横彩,上书"南国神童金山桃"。

金山桃演戏,初饰小武,后演花旦。她有两招演技最有名:一是使面色,二是跳突椅。能谙熟这两招技艺的演员,在广东的下四府(旧称广东的高、雷、廉、琼)公认首推金山桃和金山超（李燕起）。金山桃表演使面色时，不用化妆搽粉，却能用气功力使脸部泛不同颜色，来表现人物的各种心态及情绪。在《李环卖箭》一戏中，她饰演李环。李环三次卖箭被人欺负的不同内心感受，她都能通过使面色这种技艺，将其淋漓尽致地从面部表现出来。表演时，她深吸一口气，继而闭气，再用丹田力一运气，脸上即泛绯红，强烈时面如猪肝色；收红时只要一抹脸，呼气即敛红。她表演跳突椅（又名莲花座）时，身段敏捷，落椅身轻，寸度准确。在演《七状纸》《方世玉打擂台》《武松打虎》时，给观众留下的印象颇深。表演时，她穿一对高靴，在戏台上从一张高台飞跃过另一张高台，并转身180度，收双足交于臀部之下，稳当地飞落到另一张高台的椅子上，仿如观音坐莲状。这一精彩的技艺表演，获得观众的热烈喝彩。

1943年，因患霍乱她在合浦仙逝，葬于廉州郊外文昌塔旁，时年17岁。名伶早殒，乡民及戏剧同行皆为之痛惜，同行艺人多到其坟前拜祭和缅怀。

五、说书高手咸鱼包

在廉州的方言俗语中，有一句"咸鱼包、讲噻（廉州俗语，多余之意）话"之戏称。这句戏称就出自民国年间的一位说书人"咸鱼包"。"咸鱼包"因其姓包，合浦干体人，以贩卖咸鱼而名。

由于他经常在北海、合浦两地讲故事，地点多选在北海，他常于晚上在三角平台讲故事。廉州上新桥头和北海老街的"东宁社坊"处摆档说书。所讲的书目都是传统的文学名著，有《三国演义》《岳飞传》《杨家将》《薛仁贵征东》《薛丁山征西》《薛刚反唐》《东周列国志》《水浒传》《西游记》《济公》《七剑十三侠》等。"咸鱼包"很会说书，引古论今滔滔不绝，一说就是两三个小时，听故事的一般都有100人左右。但是，每当讲完一段"古"，惯例要求听客捐点"口水钱"时，大多听客就一哄而散，所得甚微。而"咸鱼包"也不因此放弃此好，还是坚持说书不辍。久而久之，市民们对"咸鱼包"的坚持而又所得甚微之举戏称为"咸鱼包、讲噻话"，他的原名虽被淡忘了，但在廉州却留下了一句戏称和一段故事。

当年珠海路"大益盛"老板的二三事

何兆海

看见沉睡已久的珠海路老街如今日渐复苏,成为北海著名的旅游景点,每天游人络绎不绝、流连忘返的一派繁华景象,笔者就如释重负,不由自主地想起这条老街昔日的许多陈年旧事。

珠海路在北海的史册上曾有过辉煌的一页。从20世纪20年代起至50年代末,珠海路是北海最繁华的商业街。笔者世居北海,现已近耄耋之年,是目睹珠海路当年繁华景象的见证人。这里曾经商贾众多,商铺林立。最著名的商号有大益盛、广怡昌、广信号、人和兴、广珍祥、盛昌号、贞泰、生泰等。其中大益盛商铺在我的记忆中尤为深刻。

大益盛主要经营苏杭绸缎布匹,老板叫邓展南,因生得又肥又白,市民送他一个"大益盛肥佬"的外号。大益盛门店装潢讲究,一张长桌,靠壁三面环列玻璃货架,绸缎布匹陈列其中,门店左右两个玻璃橱窗分别存列最新货样。店内玻璃灯饰,是当时北海众多商铺中最富有时代感的一家。顾客进店,西装革履、笑脸相迎的"肥佬"即对顾客行90度鞠躬礼,接着给顾客介绍品种,耐心详尽,不厌其烦,买与不买、买多买少他并不在意,一样以礼相待。故进来的顾客很少空手而归,生意颇为红火。

北海市文史专家黄家蕃先生生前和"大益盛肥佬"交往至深,是一对无话不谈的老友。笔者一次和黄老先生闲谈,他对笔者谈起邓展南一段鲜为人知的经历。

邓展南是广东顺德龙山乡人,14岁就随父来到北海经商,后来子承父业,苦心经营。

清末民初,北海商铺火灾频频,其中最大的一场火灾是"广生财"京果杂货店起火,烧毁十几家商铺,损失惨重,故人们谈火色变。之后消防工作被北海商会和一些社会团体，如广州会馆、北海普善堂提上议事日程，组织了以各大商号中的青年伙计为主的"北海义勇消防队"，并动员全市商家赞助。很快便以"广仁社"名义从香港进口一台轻便灵巧、水压较强的英制灭火机。邓展南当时是广州会馆骨干成员，被推举为消防队长。每遇火警，他即吹响警笛，满街走动召集队员到广州会馆集合，并按分工携带器材奔赴火场。在火灾现场他亲自指挥，临危不惧，忘我精神为众人所赞。至抗战胜利止，在他任消防队长期内，北海未发生过像"广生财"那样大的火灾。

1937年抗战爆发，北海海陆交通断绝，广商大贾纷纷撤离，邓展南是唯一留下来与北海共患难的广商。他积极参加各项救亡运动，捐资献力，成为"北海各界抗敌后援会"中商人代表的骨干分子。他领导的"义勇消防队"成员，同时是"义勇壮丁队"和"义勇大刀队"的队员。抗战期间，他带领"北海义勇消防队"曾配合驻军进行过一次"战事"大演习，为整个战时中扑灭日寇空袭多次起火提供了实践经验。

抗战胜利后，北海驻军发起建立"抗战胜利纪念亭和纪念碑"的号召，地方各界积极响应，纷纷捐资建设。邓展南当时是筹委会成员，身兼建亭建碑财务和施工监督等具体任务。现在仍矗立于中山公园内"抗战胜利纪念亭"（"抗战胜利纪念碑"后来被拆毁）凝结着他的 份心血。

1942年，北海社会贤达多人发起重建和恢复爱生院（原址位于现在的自来水厂）施医施药赠棺义殓等事业。邓展南是"重修爱生院委员会"成员，在开展募款修复等实际工作中尽心尽力，让当时许多贫困孤寡的病难者感激不尽。

1945年，邓展南为广州会馆负责人。他继承先辈对北海地方各项公益事业作贡献的传统，利用广州会馆会产收入的经费和会址房舍，创办了一所私立小学，取广商在北海最早成立的慈善机构"敬义堂"和"太和医局"各一字，命名为"北海私立敬和小学"（现海城区五小前身），邓展南任校董，为振兴北海抗战后的教育事业作出了贡献。

1949年后，邓展南在中山路改营电灯器材生意，店号为"祥记"。他一向奉公守法，公平交易。然而在镇反运动中却蒙受不白之冤，"文化大革命"中又遭受不公待遇，晚年生活困苦，以代写书信和教珠算度日，后被赶回原籍，1975年在故里病逝。

第四篇

海丝风貌·光影故事

特色小镇"标配"

瞭 望

公元前214年前后，秦灭六国后，于岭南设置桂林、南海、象郡辖治骆越大地。史传当时大批中原汉人为避战乱，南迁移民到南海、象郡交界处定居，南康地名或许由此渐渐而来。元鼎六年（公元前111年），西汉灭南越，象郡和南海郡分治，合浦郡始立，南康地面由于水路交通便利，中原商贾经此纷至交趾，以米易珠，驿路通衢，集市渐旺。唐代以后，藩镇割据，郡县俱废，明朝在北部湾一带设"珠场八寨"据守沿海，南康寨居中，为珠场巡检司驻地；清道光年间，南康属珠江团南康局；民国期间，抗战烽火连天，南康偏安一隅，茂隆、北国客栈、同和隆等诸多大商号闻风啸聚，人烟日显密稠，船货商贸繁荣。及后，精巧的庙宇、深幽的古井、狭小的街巷，鳞次栉比，渐次组合成为南康街貌的古雅风情，以及沉淀着滨海历史沧桑的"标配"。

纵观南康全貌，解放路南洋风格骑楼一溜排开，街、庙、府、宅等诸多老建筑星罗棋布，以它独具匠心的造型为古镇塑造了一个鲜活的灵魂。19世纪末20世纪初，欧式殖民风格建筑与南洋诸地民俗特色相混合，在传统的岭南建筑基础上加上流行的仿欧装饰元素，古色古香、线条流畅，从侧面反映出南康商业人文曾经远达南洋西欧，街市繁盛各有迹可循。清朝康熙、乾隆年间因坊间买卖形成的商业街——鱼巷街，至今仍然保留着传统建筑形式：砖木结构，木门木窗、木挑梁、木质楼板，青砖山墙，门口设置敞廊，弧形的檐口天花设计独特，颇为有趣。南康老街偶尔也有青砖式样民居，风格多变，各不相同。这些历史文化街区经历了多次风云变迁，刻印着南方商埠城市从街区演变为集市的清晰脉络，表明了南康地域曾经作为古代中国中原与大西南地区货物交易必经之路。

特色小镇南康不但古建筑堂皇有序，蔚为大观，民间非物质文化遗产更有"花灯""神相""还福""社戏""地戏"数十种类，农闲时村邻圩场互相唱戏斗法蔚然成风,令人眼界大开。其中民间神曲《卖鸡调》(俗称《南康调》)风行乡里田间,几乎人人都会哼唱几段。相传此曲从清光绪年间沙塘岭书院调妹、鸡郎凄美的爱情故事中演绎而来。曲调主要根据"南康白话语腔定音,一般为七字或十一字,押韵,拄尾腔,奏过门,主旋律简单但音调复杂,节奏快慢合适,每小节唱四句或六句",优美动听,富有地方浓郁乡土特色,是不可多得的民间艺术精品。在二胡、扬琴等乐器伴奏下,或团体对唱,或群唱,别具韵味。

徜徉南康老街,也许,老字号风味小吃"叶氏水籺"让你大饱口福,流连忘返;也许,百年"卖鸡调"古曲新唱,流淌着千年古镇的历史回音,会使你感同身受……历经风雨和时代变革的南康古镇,乘着全域旅游东风,在"美丽乡村"行动的不懈努力下,古代海上丝绸之路的古驿道渐渐焕发无穷生机,乡村田园综合体经济初具规模,特色骑楼街区魅力四射。

古代合浦史地杂谈

邹逸麟

西汉武帝元鼎六年（公元前 111 年）平南越置合浦郡，治合浦县，故址在今广西浦北县（治小江镇）南近合浦县界的旧州村。东汉六朝因之。唐后为廉州治。北宋开宝五年（972 年）迁治今合浦县治（廉州镇）。太平兴国八年（983 年）废廉州合浦县入石康县。咸平元年（998 年）复置，仍为廉州治。元为廉州路治。明清为廉州府治。2 000 余年来它一直是岭南地区西部的一个政治、经济中心。在其发展的过程中，有几个地理问题值得一谈。

一、关于西汉合浦郡治所问题

历来学者都认为《汉书·地理志》所记郡国首县，就是该郡国的治所，似成定论。直至清人阎若璩撰《潜丘劄记》，始提出异疑，他列举了《汉书纪传》及《水经注》中涉及汉代郡国治所者，就中虽大多数即《地志》的首县，也有少数非《地志》之首县，遂以为班志（班固所著《汉书·地理志》）无义例，首县未必郡国治所。以后王鸣盛增加数证，助成其说。其后学者多从此说。然 1952 年严耕望先生撰《汉书地志县名首书者即郡国治所辨》（《严耕望史学论文选集》，联经出版公司，1991 年版）一文认为："西汉二百余年中，郡国时有增省，区划时有变动，治所亦常有迁徙，班志乃末年平帝世一时之版籍，吾人不能据秦及汉初或中叶之事例以驳班志。"他认为班志郡国首县为治所乃平帝时制度。关于《汉志》郡国首县是否郡国治所问题，涉及面太大，不在此讨论。这里只讲合浦郡治所问题。《汉志》合浦郡首县徐闻，王先谦《汉书补注》曰：《水经·温水注》："合浦郡治合浦县。"此证以汉时合浦郡当治合浦县。严耕望先生认为：据《温水注》，合浦郡置于元鼎六年（公元前 111 年），海南岛上珠崖、儋耳二郡置于元封元年（公元前 110 年），几乎同时而置。"合浦仅有今广东西南隅尽雷州半岛之地，其时合浦县既当郡之中央，又与郡同名，自为郡治无疑。然昭帝罢儋耳郡，元帝罢朱崖郡，而《地志》合浦郡有朱卢县，都尉治。《续志》作朱崖。吴卓信云'盖即改故珠崖郡所置，是今之琼州一府为汉朱卢一县地也。'王先谦同。其说甚是。是西汉末合浦兼有今海南岛地，其时徐闻地当雷州半岛之顶端，地控海岛与大陆之要冲。又据《地志》，其地为海上交通之起点……吾人可以想象儋耳、朱崖两郡既罢为朱卢县，属合浦，则一郡中心为徐闻县，非合浦县，即就交通及军事控制言，徐闻亦远优于合浦，徙治合浦，亦理使然也。郦注叙事至合浦县亦带叙郡事，故不及徙治，不足据以驳平帝时郡治徐闻也。"（同上揭）1988年，谭师季龙先生撰《自汉至唐海南岛历史政治地理》（《历史研究》1988年第5期）以详尽资料考订认为："西汉海南岛上儋耳、珠崖二郡，自昭帝始元五年（公元前82年）、元帝初元三年（公元前46年）先后废弃后，就一直不属汉王朝版图，作为合浦郡属县之一的朱卢县实在今博白或玉林一带。直至隋大业六年（610年）中原王朝才复有海南岛地。至为确论。然则徐闻县地为合浦郡中心之说就难成立。"然笔者认为珠崖、儋耳二郡废弃后，合浦郡治迁于军事前线徐闻亦非绝对不可能事。约当于王莽执政前，郡当复治合浦，王莽时改合浦郡名曰桓合，改合浦县名曰桓亭，徐闻不改名。亦可参证。因此即便严说能成立，西汉一代合浦郡亦以治合浦为主，况其说尚无确凿证据支撑，故可不论。视西汉一代合浦郡治合浦县，目前尚无确证可以否定。

二、合浦是西汉时期岭南地区最早的对外贸易港之一

《汉书·地理志》载："自日南障塞、徐闻、合浦船行可五月，有都元国；又船行可四月，有邑卢没国；又船行可二十余日，有谌离国；步行可十余日，有夫甘都卢国。自夫甘都卢国船行可二月余，有黄支国，民俗略与珠崖相类。其州广大，户口多，多异物，自武帝以来皆献见。有译长，属黄门，与应募者俱入海市明珠、璧流离、奇石异物，赍黄金杂缯而往。所至国皆禀食为耦，蛮夷贾船，转送致之。亦利交易，剽杀人。又苦逢风波溺死，不者数年来还。大珠至围二寸以下。"都元国、邑卢没国、谌离国、夫甘都卢国、黄支国等地，历来考证不一，不必详论，大致在今南洋和印度洋沿岸一带。总之，自西汉开始，合浦就是我国南海上的对外贸易港。当时自合浦县顺廉江而下出海，远达印度半岛和斯里兰卡一带。而廉江是一条良好的港口航道，出海后沿着北部湾海岸航行，达南洋诸地。《旧唐书·地理志》"自汉武帝以来朝贡，必由交州之道"，即此。

秦汉时代的番禺（今广州市）在当时岭南东部地区亦为一重要都市，然在海上贸易

方面不及合浦。因当时番禺城外是一溺谷港湾,沙洲林立,河道浅阻,不利海船航行。《汉书·地理志》所谓地"处近海,多犀、象、毒冒、珠玑、银、铜、果布之凑,中国往商贾者多取富焉。番禺,其一都会也",指的是与中原内地联系而言。因番禺与中原交通有五岭诸道和西江、灵渠之便,故汉武帝元鼎五年(公元前112年)秋,平定南越相吕嘉时,分四路进军:一路出桂阳,下湟(洭)水;一路出豫章,下横浦;一路出零陵,下离水;一路"发夜郎兵,下牂舸江(西江),咸会番禺"(《史记·南越列传》)。可见中原至岭南的交通皆会于番禺,番禺为中原至岭南的交通中心。徐闻、合浦、日南诸港来的海夷货物必先至番禺,然后再北上中原;中原所来丝绸等物亦当先至番禺,然后运至合浦、徐闻等港出海。故番禺为海内外商品集散地,当为岭南一重要都会。

三、合浦采珠业的兴衰

合浦郡土地狭少,且多山地,古时农业不发达,当地以采珠为业,以珠易米。所以两汉三国时从合浦港出口的商品中当以珍珠为主。而地方官多贪珍珠为宝,欺压百姓。《后汉书》卷76《孟尝传》载:"迁合浦太守。郡不产谷实,而海出珠宝,与交趾比境地,常通商贩贸籴粮食。先时宰守并多贪秽,诡人采求,不知纪极,珠遂渐徙

图4-1 妇女们正在采珠(许振国 摄)

于交趾界。于是行旅不至，人物无资，贫者饿死于道。尝到官，革易前敝，求民病利。曾未逾岁，去珠复还，百姓皆反其业，商货流通，称为神明。"此为"合浦珠还"成语的出典。三国吴曾一度改合浦郡为珠官郡。《晋书》卷57《陶璜传》载："合浦郡土地硗确，无有田农，百姓唯以采珠为业，商贾去来，以珠贸米。而吴时珠禁甚严，虑百姓私散好珠，禁绝来去，人以饥困。又所调猥多，限每不允。今请上珠三分输二，次者输一，粗者蠲除。自十月讫二月，非采上珠之时，听商旅往来如旧。并从之。"可知三国时朝廷控制采珠业，上好珍珠均为朝廷强占，次等品才得贸易。

唐时合浦县的海面称"珠母海，郡人采珠之所"（《旧唐书·地理志》）。贞观六年（632年）至十二年（638年）间还分置过珠池县（《新唐书·地理志》廉州），当为管理采珠业而置。《舆地纪胜》卷120廉州《风俗形胜》引《元和郡县志》："（廉）州西南至廉江入海处约二百里，其海口有梁德镇，亦是往安南水路。"《岭表录异》载："珠池，廉州边海中有洲岛，岛上有大池，谓之珠池。每年刺史修贡，自监珠户入池，采以充贡。池虽在海上，而人疑其底与海通。池水乃淡，此不可测也。耆旧传云：太守贪珠即逃去。采珠皆采老蚌，剖而取珠。如豌豆大者，常珠也；如弹丸者，亦时有得；径寸照室之珠，但有其说，卒不可遇也。又取小蚌肉，贯之以篾，暴干，谓之珠母。容、桂人率将烧之。以荐酒也。肉中往往有细珠如粟梁。乃知珠池之蚌，随其大小，悉胎中有珠矣。"唐时合浦港仍为岭南地区对外贸易港之一，但所产上好珍珠仍为朝廷贡品，这无疑对合浦港经济发展有极大影响。五代时交州土族吴权自立为王，越南北部自成一政区，脱离了中原王朝的版图，这一政治局面的改变，对合浦的产珠业也是有一定影响。南宋绍兴二十六年（1156年）"闰（十）月丙午，罢廉州贡珠，纵蛋丁自便"（《宋史》卷31《高宗纪八》）。"盖珠池之在廉州凡十余，接交趾者水深百尺，而大珠生焉。蜑往采之，多为交人所取，又为大鱼所害。至是，罢之。"（《宋史》卷宗186《食货志下八》）从此，珍珠作为朝廷贡品定罢，当地疍民自愿往采听便，无疑对减轻当地人民的负担起了良好的作用。不过明清以后，民间的采珠业当仍然存在。明洪武中在合浦县白龙城地方置珠场巡司，当即今北海市辖区营盘港入北部湾口白龙圩所在。以后移驻合浦县东南六十里处，疑即今北海市辖区西村港上端的旧场。清康熙四年（1665年）裁，八年复置。这个巡司职能可能是保护采珠户不受越南珠户侵害和有关海防事宜。

四、合浦港的衰落

三国吴黄武五年（226年）分交州东部南海、郁林、苍梧三郡为广州，治番禺；

交趾、日南、九真、合浦四郡为交州。合浦变成与越南北部地区合成一个大政区，与中原的关系渐远，这可能是影响合浦港发展的一个契机。六朝以后，岭南地区经济日益发展。广州地区接受北来移民最多，带来中原先进的生产技术，促进了当地的生产。南朝时海外贸易空前发展，广州港因此而逐渐兴起。上述五代交州独立，合浦港毗近邻国，海舶往来，商品出入，必受其干扰、影响。再则海口沿岸多沙洲、海礁的自然环境，随着海上航行技术的提高，船舶载负量的增加，其不利因素逐渐为人们所认识。《岭外代答》卷一云："尝闻之舶商曰：自广州而东，其海易行；自广州而西，其海难行。自钦、廉而西则尤为难行。盖福建、两浙滨海多港，忽遇恶风，则急投近港。若广西海岸皆沙土，无多港澳，暴风卒起，无所逃匿。至于钦、廉之西南，海多巨石，尤为难行。"宋代以后，珠江三角洲大力开发，广州港腹地大于合浦港，且出口产品有丝绸、瓷器等，远较合浦港单一珍珠为强，故合浦港的海外贸易逐渐衰落。

千年风韵小镇干江

庞华坚

如果不是世人重翻历史画卷，这个小镇当仍会继续沉寂。100 年，1 000 年，甚至更久。千百年来，它一直坐落在那片稻田中，寂寂无声。春水盈盈，稻苗泛绿，小镇上灰黑的青砖围墙和灰白的石板路，相依相伴；稻翻黄浪，秋收冬至，小镇人黑白分明，宠辱不惊。这小镇就是合浦县城西南约 7 千米处的干江。

一、古之干体，合浦门户

著名秦汉史专家、中国人民大学国学院教授王子今先生，在其《合浦的海气珠光》一文中认为："到了西汉时期，合浦作为南洋航路重要出发港的地位更为明确。班固撰写的《汉书》卷二八下《地理志下》已经明确告知人们，合浦是远航黄支国的出发港，也是东方海上航路上的名港。"合浦成为汉代海上丝绸之路始发港是历史的选择。汉武帝收复河西走廊后，开辟了历史上著名的陆上丝绸之路。但是随着经济的发展和对外交往的需要，光凭陆上的丝绸之路远远不够，开辟海上丝绸之路是自然而然的事情。囿于当时的航海技术，海上航行只能沿着海岸线前进，合浦由于有发达的内陆水系，又是在距离中南半岛最近的同时拥有河港、海港的城市，便成为海上丝绸之路始发港的选择。古合浦港正是如此应运而生。

古合浦港在哪里？

《新唐书》载："合浦全部之水，皆从干体港入海。港口宽广，地势险要。"文史专家黄家番先生进一步解释："合浦古港在今北海市东北约 12 千米的合浦县干体乡、南流江出海口的'三汊港'，从江口进入数千米一段，江阔水深，俗称'西洋江'。此处'港汊交错，可泊巨舶'，故知为古港区所在，舟楫从江口上溯可达广西玉林市船埠，从船埠登岸东行 16 千米旱路即入北流河，通珠江水系，接漓江过灵渠到湘江再入长江。是除西江以外又一沟通中原与南海的大动脉。"

原来曾经繁华一时、名动朝野的古合浦港就在现干江小镇一带。

二、烟火生动，曾经显赫

《广东考古辑要》记述："合浦县鹿井、三村二寨，在县西南干体营。"《武经总要》记述的鹿井、三村二寨，就是干体营辖地。可见，干江古墟建成的年代至少是千年以上。而干江作为军事要地，苏立柽阐述得更清楚明了："《新唐书》载高骈征南诏，由中原出发，过灵渠，越桂门关，沿南流江南下，到干体港，然后西达交趾。宋宝祐间，倭船入寇，理宗诏廉州沿海，严申防遏。明洪武二十七年（1394年），太祖朱元璋下诏命廉州防倭。到了清顺治时，更在干体设干体营，置游击（相当于后来旅长）、守备（相当于后来团长）。康熙时，干体营官兵定额1 518名，有大小兵船11艘，灰斗船4艘，艚船7艘。康熙五十七年（1718年）申洋禁，在干体八字山建炮台。光绪十一年（1885年），法军侵越，法舰窜南沥，炮轰北海，合浦戒严，干体又筑土堡红坭城以防守，这都是干体在中国史上作为南方军事要塞的事例。"

红坭城和八字山，在干江一东一西，其上的炮台护卫这个小镇，更时刻注视海面上的动静。这两处军事建筑，至今仍然有痕可寻。

如果说，干江是一个"由女人把持的圩镇"，想必反对的人不多，皆因干江妇女名头太响。干江妇女，讹名"勤礼婆"（"勤礼"为"干体"

图4-2 采珠节期间，燃放合浦塔架烟花（范翔宇 摄）

合浦话谐音），不仅合浦，也蜚声于灵山、浦北以至沙河、博白等地。以前，干江人家对外买卖，大多由妇女承担，她们的劳作影响着家庭收入，她们自然也掌握了家庭经济的支配权。每天早上，不管刮风下雨，天还没亮，干江妇女就从海边担海鲜到廉州街卖，急追紧赶二十几里路，这是一般壮实男子也难以顶得住的苦力活。到了廉州街，为争分夺秒，她们仍然要在闹市中急速奔走，往往会一面走一面吃喝，远远的，便要行人让路。故有人指责干江妇女嚣张，也算是事出有因。实际上，很多时候，她们是比较和善的，对那些笑话她们抛头露面辛苦干活和讪笑的人，她们从不计较，一笑了之。但是，和善不代表可以被欺负。在外做生意，她们很团结，如果哪个姐妹被别有用心的人欺负了，她们一定会二话不说，抡起扁担，一哄而上。

勤礼婆不仅讲话大声，在社会上处事也大胆，而且颇具集体意识。1925年，陈炯明部属"八属军"邓本殷部虽被击溃消灭，但其统治"八属"两年多期间铸造的已失去货币价值的八属毫艮还充斥市场。一些不良政府人员和警察县兵，便用这些八属毫艮来强行"购买"鱼虾，造成卖鱼者损失严重。在廉州街卖鱼的，多是勤礼婆。于是她们搁下扁担，集体罢市，致使廉州人日食无鲜，素食三日，直到那些人迫于社会压力，不得不以铜圆交易，才复工。

虽然，干江妇女用一根扁担撑起了家庭的半边天。但毕竟只是半边天，撑起另外半边天的干江男人的光彩，其实一点也没被勤礼婆的光影笼罩，他们干得更出色，只是不喜张扬，不那么引人注目罢了。

苏慎初，清末秀才，后投笔从军，考入广东陆军速成学堂第一期，1908年加入同盟会，曾被举为广东临时都督兼民政长。林朱梁，1924年春，由粤军第一师师长李济深保荐投考黄埔军校，同年5月入黄埔军校第一期第三队学习，抗日战争全面爆发后，历任第一八师九五九团上校团长、第七战区挺进第一纵队少将司令等职。辛亥革命廉州起义主要领导人苏干初、林朱赞、苏健今均是干江人。

学术方面，尤其是中医学，干江人取得了很大的成就，苏健今、苏立民等均为岭南名医。1917年，苏健今28岁时，全国招考60名公费留学生，报考者不下数千人，他脱颖而出，考取留学日本早稻田大学，攻理工化学4年，为合浦最早留学生，著有《胡卢燕石斋诗文集》《石鼓文扶桑摹本考证》《中药今释》《妇科医案》等，是北海市中医院的主要创始人。苏立民为晚清末造秀才，1912年毕业于两广陆军军医学堂，承邑中名医陈冠峰、王孟材和潘梅斋等前辈扶持，以善治伤寒、瘟病和挽救危症而著名，著有《医案医话集》《橘泉仙馆医案杂着》《橘泉仙馆验方录存》等。廖元仲先生在《干江赋》中感叹："古有不为良相，即为良医之说，干体士子尊古道，名医迭出，悬壶济世，德莫善焉！此乃干体之荣耀矣。"诚如是。

三、崇文好学，书香浓郁

干江男人在各行各业取得的不小成就，固然让人竖大拇指。但一方水土养一方人，个人取得的不俗成就，很多时候更关联个人和家族，同一个小镇、一片地方关系不太大。而干江有这么一群男人，在100年前的某一天，聚到一起，经商量后，他们干了一件造福一方、恩泽子孙的大事情：为父老乡亲盖一间新式学堂！

那是光绪二十六年（1900年）的事了。那个时候，整个广西，新式学堂都没几间。而且，他们说干就干。由乡绅苏培初、周光鉴和郭李润牵头，具有州同知、光禄寺署正、布政司经历等职衔及科举功名的50余名乡贤领衔成立筹建团队，劝捐募款。学堂于次年建成开学。学堂课程设置除经学外，还开设中外历史、中外地理及数、理、化、动、植物学科，学校不仅购置经史子集，还购置大量外国书籍，为珠乡合浦的教育事业与外面世界接轨，作出了贡献。

干体学堂成立，不仅使本地有了规范的新式学校，也推动了本地教育的发展。在其创建后的第二年，干体秩序学堂、海汇学堂和峙山小学相继成立。干江小镇方圆不过1华里，人口约2 000人，却有学校4所。其后，基督教也在干体成立女子小学，而塾师包唐陛、黄焕图、包朱缓、陈元镒、洪以祥等人，继续设馆授徒。1942年，在干江学堂的基础上，由苏健今、林仲幹、陈濯涟、洪彬洲、陈普耀、苏立民、苏法其等组成校董会，筹备成立干体中学。这就是后来一直兴办至今的干江中学。

小镇上之所以会出现广西最早之一的民办近代学堂，是因为小镇有崇文好学的传统。干江人，脾气不大，心气不高，酒不求醉，饭饱即可，过着恬淡的生活，却根深蒂固地尊师重教。镇上谁做生意发了大财，引不起大家的注意；但谁家有人考上大学，去了北京、上海、广州读书的消息，却会一夜之间传遍全镇，让人肃然起敬，并用以教导自家子弟。据不完全统计，干体中学创建后，学子中又出了5名县长、多名将军和200多位专家教授，学科遍布社会科学和自然科学各个领域，仅按获副教授以上高级职称者计就有200多人（其中正教授60多人）。比如清华大学教授冯乃谦、中山大学教授李瑞声和华中科技大学教授郑家乐等。林翼中、邓世增等著名军政人士，也是从这间小镇学校走出去的。这些人，虽然身在千里万里之外，但乡愁浓茂，乡情绵绵。逢年过节，不少人会抽时间回来寻宗问祖，设立奖学金鼓励后学，秉承和延绵崇文好学、尊师重教的传统。

四、千年小镇，风韵犹存

  小镇小，深院大户少，有的多是一间连一间的青砖瓦房。"古之干体，非大富之地，然温饱之乡耳。"（廖元仲《干江赋》）遇上那条巷子，拐进去，随意漫步就可以了。

  干江乡原有八社、六庙、"六宗祠"、牌坊、八角亭和古井等古迹。八社为文兴、中屯、中兴、里仁、厚福、兴贤、永庆、东兴社，近年已渐恢复。六庙却大多荡然无存，非风吹雨打之故，实是几十年前被人为捣毁。文武庙庙址后改建成干体学堂，庙前座建有左右两楼，坚固依然。康王庙址原在今小学校内，曾重修于嘉庆二十一年（1816年），后被毁，现康王庙为近年重建。

  水星街是干江镇最古老的街道。街道上的房子建筑年份普遍在100—200年间。虽然在最近四五十年里，随着时代风气的变迁也曾改名二街、小新街等。但时代风气仿似一阵风，吹吹就过去了，出门在外的人寄东西回家或者少小离家老大回的，都称这条老街为水星街。水星街街道由青砖铺砌基础，中央接连不断镶着长条的青石板而成。石板路两边的木门，偶尔会"吱"的打开，更多时候是紧闭着的。寂寞、斑驳，一扇接一扇。木门像老人，老了，对外界失去了当初的激情和向往。他们好像更乐于坐在岁月深处，看光阴从指缝间流逝。一年，两年，更长的时间……

  讲了这么多干江，那么干江一名从何而来？

  李瑞声（中山大学教授）、钟定世（广州大学副教授）两位干江中学的老校友在其撰写的《合浦、干体、干江》一文中，讲到了这样一个故事——中山大学某历史系教授问他们俩："你们老家为什么时称'干体'，时称'干江'呢？"他们回答，据《合浦县地名志》记载：传说"此地最早是姓陈的三兄弟居住，成墟后，以人名分为干体、干江、干德三个区，后统称三区为干体，干体又叫'干江'。数百年后，干体发展为合浦县小有名气的墟市，陈氏三兄弟则成为干体开发的始祖。"他们进而又对"干体"两字进行解释："干"为"天人合一"，"体"以仁义、诚信、道德为基，求以沟通、人和、共生发展进步。

  不管他们俩的说法是传说还是正传，这个小镇，千百年来就在廉州西南七八千米处的稻田里直到现在。稻苗的清香、稻谷成熟后的浓郁气息，一年又一年熏着它的一砖一瓦。小镇上一代又一代的人，在这里，过着世俗的平静生活。

图4-3 干江严福远旧居(范翔宇 摄)

说北海非遗　话民间传奇

罗　伟

北海，作为一座有着 2 000 多年历史的文化名城，有自己的根，有自己的历史故事和民间传说。经千百年来孕育、沉淀出的传统民间文学类非遗精品"储量"丰富，流传至今仍魅力十足。这些具有鲜明性格、动人形象的传说与故事，一直在北海民间口口传颂，深受群众喜爱。

珠乡大地千古流传的、列入各级非遗名录的传统民间文学，包括历史典故、名人故事、民间传说、神话故事等，有"合浦珠还""美人鱼传说""文昌塔故事""六湖垌传奇""新渡古圩传奇""阿斑火"等。其中，"合浦珠还""美人鱼传说"被列入自

图 4-4　非遗大舞台（罗　伟　摄）

治区级非遗项目名录。

北海历史悠久，民间传说与神话故事源远流长，有着地域性的独特韵味，三面环海的地貌特质造就了本地居民别具特色的民俗民风，以"海"为生的先民们在长期的生产生活实践活动中，孕育了各种家喻户晓的瑰丽神话传说和故事；而这些"活"在民众口头、丰富多彩的民间传说，内容积极，主题鲜明，具有思想性和哲理性，富有启迪意义，表达了我们先民奋斗不止、向往美好生活的强烈愿望。

在这些一代代得以流传下来的民间故事、民间传说中，不少是根据发生在北海的真实历史事件改编整理而成，如"合浦珠还""美人鱼传说""阿斑火"等，富有鲜明的"海洋"文化特征和地方乡土气息，承载着北海历史和北海人民的情感与向往，弥足珍贵。

接下来，让我们一起走近这些"北海非遗"传奇故事，把城市的这些宝贵底蕴和风采一一记住。

一、白龙见证合浦珠还

"合浦珠还"这个典故可谓家喻户晓。

"孟尝何处去了，珍珠再度回来。"2007年，"合浦珠还"这一民间传说入选广西首批自治区级非物质文化遗产名录，使"合浦珠还"这一民间神话传说更好的得到演

图4-5 珠还合浦——明珠回归到人民手中（钟云明 摄）

绎和保护。

"合浦珠还"，出自2 000年前的北海。据《后汉书·循吏传·孟尝》载："郡不产谷实而海出珠宝，与交趾比境，常通商贩，贸籴粮食。先时，宰守并多贪秽，诡人采求，不知纪极。珠渐徙于交趾郡界。于是商旅不至，人物无资，贫者死饿于道。尝到官，革易前敝，求民病利。曾未逾岁，去珠复还。百姓皆反其业，商货流通，称为神明。"言简意赅的记载，描述了汉代合浦郡守孟尝清廉改政，使当时经济萧条、民不聊生的合浦廉州郡治得以经济复苏，南珠重还，让合浦成为富庶之乡的千年佳话。

与"合浦珠还"牵连的传说有很多，"割股藏珠"就是其中一个。据传，波斯人喜爱珠宝，而合浦南珠享誉海外，汉唐时期不少波斯人经海上丝绸之路慕名前来合浦寻宝，但采购到珍珠后却因回程千里，为免途中失盗，波斯人就以刀割开股腋，将宝物藏匿携带。这就是历史上的"割股藏珠"典故。

2015年年底，考古学家曾在白龙珍珠城遗址周边发现多处汉、唐及明清时期的陶器、瓷器、琥珀、玛瑙及奇石异物，从而证实了北海合浦不仅是中国古代最早的海上丝绸之路始发港之一，而且是我们先人通过海丝路与外交往的史实。

与"割股藏珠"相比，不少有关"合浦珠还"的传说更是跌宕起伏。相传明朝时，合浦白龙珍珠城附近的古珠池——杨梅珠池有一颗夜明珠，每到夜静之时便会发出耀眼光芒。这让皇帝垂涎欲滴，在太监黄公公逼迫之下，珠民终获明珠。为及时将夜明珠呈贡上京，黄太监连夜策马赶往京城，但刚到村外的梅岭之下，忽然泛起白光，明珠竟不翼而飞。黄太监只好再回白龙城强逼珠民寻珠，总算把夜明珠弄到手。可又怕再得而复失，无奈之下，黄太监将自己腿股割开，放入夜明珠后即动身返京。岂料再过梅岭时，闪电交加，夜明珠已不复在。惊恐万状的黄太监自知难以交差，于是吞金自尽。现在白龙珍珠城的太监坟据说就是当年黄太监的葬身地。而现在北海民间仍流传的俗语"走不出梅岭"就出自这一典故。

以"珠还合浦"口头传说为蓝本改编的还有大型古装粤剧、新编歌舞剧等。20世纪60年代初，合浦县率先将粤剧《珠还合浦》推上舞台，全剧分为闯海遇珠、渔村结缘、钦命

图4-6 珠还合浦——把明珠交给当差（钟云明 摄）

逼珠、明珠献身、梅岭飞珠等剧目。在每次国内外公演中座无虚席，展示了北海悠久的历史文化。1962年4月，我国著名戏剧家、诗人田汉对《合浦珠还》粤剧颇感兴趣，在观看了该剧后作评："此剧题材优美，曲词字字珠玑。"

据北海市铁山港区营盘镇"合浦珠还"民间故事传承人李世涌说，这些传颂了近2 000年的故事就发生在白龙珍珠城，虽经朝代更迭，但从目前仅存的城址、碑刻、太监坟及众多出土文物中都可佐证合浦珍珠曾经的兴盛和无比的荣光。

二、文昌塔故事

在合浦汉代文化博物馆对面，挺拔着一座俊秀的古塔，这就是合浦文昌塔。"文昌塔故事"为北海市非遗项目。

这座建于明万历四十一年（1613年）的古塔，是一座砖结构八边七级楼阁式塔，高36米，塔座8.1米，内径2.6米，塔基以长条青砖石板构筑，塔身由青砖叠砌而成，每层塔内壁均砌有佛龛、佛像，登塔方式为穿壁绕平座，每层外檐作菱角牙子叠涩砖檐，塔内各风门均与阶梯相通。文昌塔南襟禁山，西倚望州岭，北临府城，西扼干体港，为"全郡砥柱"，是具有较高历史文化价值和艺术价值的一座古建筑。

文昌塔又称番塔、文笔塔、文峰塔，是当时钦廉地区一座具有"风水"意义的宝塔。据明崇祯《廉州府志》记载："址于城南之冈，累七层，高丈十，贯以阶升，外扃以环道，翼以扶栏，朱碧辉映，时有铮铮之声。峭出之间如文笔状，固一郡之望也。"《合浦县志》记述：建造文昌塔，是因为"此地无高冈，江流斜去，形家所忌"，由此造成"民无储蓄，科民寥寥"。于是，"造塔以镇之。塔名文昌，义取丁火之文明也"。讲述了建造此塔的目的就是"旺文、启智、利学业"，以庇文化昌盛，护文运振兴，改变"民无贮蓄"、文运不昌的劣势，使之丁火文明鼎盛。

当年合浦为什么建造此塔？除了官本记载外，还有很多民间传说，长传不衰的有："建塔造鞭赶犀牛。"传说很久以前，有"犀牛"及"金鸡"出没于合浦，徘徊于旧州、常乐和石康一带圩镇，并在常乐滚出3个大水塘，致使这些圩镇灵气凝聚，日渐兴旺，还出了个皇后。而每天鸣啼的"金鸡"因被放牛娃发现追赶，"金鸡"飞落合浦北部的一个小山坡，即现在的"金鸡岭"。为寻觅"金鸡"，犀牛便跟随到"金鸡岭"附近活动。据传犀牛所到之处，便是"龙脉"所在，将来是会出皇帝的地方。消息传到京城，为不危及自己统治，皇帝便迅速命人在犀牛所卧之处建造起这座鞭状的高塔，每天日出日落，塔影便像一根巨大的七节"鞭"将犀牛驱赶鞭打。至此，犀牛便遁迹而去。现在的钦州犀牛脚，据称就是犀牛离开时留下的脚印。

图 4-7 建于明代的文昌塔（范翔宇 摄）

另一传说，明朝时，合浦县城来了个"番鬼"（洋人）。一次，"番鬼"来到江边，看到江里的犀牛，预感到合浦日后必会兴盛。为扼制合浦发展，便散布谣言说："西门江里的犀牛是个妖孽，会祸害地方。"州官听其怂恿，便在沿江旁的禁山上建起这座酷似鞭子的塔，将犀牛驱赶。也因此，文昌塔也称为"番塔"或"番塔脚"。

民间传说各异，但文昌塔建造后合浦多才俊，特别是清末民初时期更是人才辈出，如张国元、陈铭枢、香瀚屏、邓世增、苏慎初、林翼中、沈载和、刘润纲、廖国器、苏殿金、许锡清、岑麒祥、龙大均、罗慷烈、苏健今、许甘谱等一大批文人武将。该塔不仅是北海第一塔，也是广西仅存的十大名塔之一，其建筑造型和结构均具有较重要的艺术和科学价值。

三、美人鱼传说

有关美人鱼的记载，世界各地都有不少美丽动人的传说，安徒生童话《海的女儿》更是名扬世界。

北海也有自己的美人鱼。而这南海海域"海的女儿"的故事，在北海市沿海民间流传地最为广泛和集中，具有广泛的群众基础和传承性，在打动无数听众心灵的同时，也给漂泊在大海中的渔民寄予了美好的憧憬与愿望。

据《述异记》记载："南海有鲛人，身为鱼形，出没海上，能纺会织，哭时落泪……"《博物志》又曰："鲛人从水出，寓人家积日，卖绡将去，从主人索一器，泣而成珠满盘，以与主人。"岁月不居，时节如流，美人鱼凄美的雏形基础和离奇故事，激发了人们丰富的想象力，并在广泛传播中被不断神化扩大，逐渐演绎成今日感人至深的传奇经典。

北海有关美人鱼的民间传说有很多，最为感人的是：北海青年渔民林允出海捕鱼，遇上海怪掀起风浪，在追袭中，林允跌落海中并受重伤，生死攸关之际，海的女儿挺身相救，以夜明珠击退海怪，把林允救出并给予疗伤。他们在日久相处中萌生情愫，终成一对神仙眷侣。返回人间后，贤淑善良、聪慧端庄的海姑娘得到了乡邻的爱戴，加上美丽耀眼的夜明珠，遂引来了地方海霸的垂涎。面对黑恶势力，夫妻俩坚强不屈，拼死反抗，不幸林允惨遭杀害，悲痛万分的海姑娘以夜明珠杀死海霸后，孤身回到大海中。因思念夫君，泪洒北部湾海域，珠贝吞其泪，便孕育出晶莹的珍珠。亦因此，合浦产出的珍珠晶莹圆润、价冠全球。

而另一个在合浦县沙田镇和北海市铁山港区白龙村流传广泛的美丽传说是：南海龙宫的龟丞相因贪赃枉法，被龙王驱逐出宫，到白龙珍珠城一带海域收罗了一批虾兵蟹将作乱，搜刮当地疍民，搞得民不聊生。当地百姓不畏强权，奋起反抗，恼羞成怒的龟丞相刮起阵阵妖风，将人畜、房舍毁坏殆尽，一时哀鸿遍野、饿殍满地，到处是流离失所的灾民。人间出现这番惨状，龙王三公主（龙三妹）闻讯后，用自己的乳汁给遇难的百姓疗伤，帮助众百姓搭棚盖屋、修船补网，重建家园，并以自己的智慧和本领解除了龟丞相的妖法，收服了作乱的虾兵蟹将。百姓感念三公主救死扶伤、助贫济困的恩德，遂为她建造庙宇接受百姓膜拜。而体恤百姓辛劳的三公主毅然在白龙和沙田海域游弋，帮助百姓从事种田织布、造船织网、采撷珍珠。据传，后来在北海市沿海生活的美人鱼（儒艮）就是三公主的化身，成为海边渔民的守护神。

美人鱼传说在生动传播正能量的同时，反映了北海人对真善美的向往。2016年，"美人鱼的传说"入选北海市首批市级非物质文化遗产名录，并入选自治区级非遗项目。

四、北海民间传奇"阿斑火"

"阿斑火"是北部湾沿海一带渔民流传最广的口头传说，具有广泛的群众性和民间传承性。

阿斑，相传是合浦县西场、党江沿海一带渔村的渔家姑娘，从小心地善良、吃苦耐劳，但不幸年少时患上天花，因脸上有斑点，人们便习惯称呼为阿斑女。在她13岁那年，父母相继病故。此后，无依无靠、孤苦伶仃的阿斑女为偿还向渔霸借给父母治病的钱，只好卖身抵债，到渔霸家做丫鬟。渔霸不管阿斑女的哭喊哀求，把她卖给了妓院。为保贞操，阿斑女以绝食抗争，遭到鸨婆天天打骂，过着人不人、鬼不鬼的生活。

而与阿斑女青梅竹马的青年渔民海生，出海回来得知阿斑女的遭遇后，在乡亲们的帮助下，凑钱将阿斑女从妓院赎了出来，并把阿斑女带上船藏在船舱下。几天后，渔船出海，突然乌云翻滚，狂风大作，海面上巨浪滔天，渔船在一片汪洋中颠簸。此时船主听闻，渔船上藏有女人，得罪了海神，因此而掀起风浪。心惊胆战的船主吓得赶忙烧香求神，并把躲在舱底的阿斑女拉上甲板。

"阿斑是我的妻子，是我把她带上船的。"知悉阿斑女是海生偷带上船的，船主一边臭骂海生，一边怂恿其他船工，说这女人触怒了海神，现在海神怪罪我们，只能把她抛下海祭拜海神，才能保佑大家的性命。虽经海生苦苦哀求，但惊慌失措的船工们还是把阿斑女推下了大海。此后，每当刮风下雨时，阿斑女便变成火焰在大海上寻找自己的爱人……

民间传说"阿斑火"为北海市非遗代表性项目。

千年古城廉州

范翔宇

廉州古城墙自宋元祐年间建成以来，经过历代的维修扩建，到了清代城墙周长已达 2 500 米，高达 11 米，护城河周长 3 200 米，宽 9 米。由此形成了现在的廉州老城区。廉州古城作为唐、宋、元、明、清历代的府城所在，城中积累了丰富多彩的建筑景物，城中的门楼就是其中最具特色的景观，而廉州府城中的门楼又有大门楼和小门楼之分。

图 4-8　1932 年的廉州古城钟鼓楼（范翔宇　摄）

大门楼是指根据廉州古城交通和防卫而设置的城门门楼，这些城门楼是经过了不同朝代形成的，主要有：东门门楼钟鼓楼，西门门楼金肃门楼，大南门门楼定海门楼，小南门门楼，北门门楼北大楼。

廉州古城东门原为朝天门，后又改为朝阳门，门楼称钟鼓楼，址在今廉州中山路、奎文路、水洞口、小北街（师范路口）四条街巷交界的十字街口，与廉州府衙门（今体育场至中山公园一带）紧紧相倚。在古代城池建筑中，一般钟楼和鼓楼是分开的，廉州古城的东门门楼却是钟楼和鼓楼连在一起，因此称为钟鼓楼。据相关资料记载，廉州古城东门钟鼓楼是参照西安古城钟鼓楼设计建筑的，在全国古城钟鼓楼景观中极具价值。廉州钟鼓楼一度作为合浦县广播站，1973年才被拆除，殊为可惜。

南门楼称为定海门，又称为南大门，址在今定海北路、解放路交叉处，即还珠宾馆北侧，取名定海，寓意海不扬波，国泰民安。定海门楼前是护城河入海河段，又是前往北海的陆路通道，门前有定海桥、攀龙桥、龙门桥、云龙桥。登上城门，可听海潮波声，可见桥带相映，是寄情抒怀的好去处。

南门楼西去百米之隔，有小南门。小南门址在今合浦县城青云与解放路交界路口，与府学孔庙相对，是清朝乾隆年间重修廉州城墙时，知府以风水之故，增设此小南门，时称文明门。以增强廉州府的文云。这就是为什么廉州城墙会开两个南门的原因。风水之说虽然滑稽，但小南门的开辟却方便了交通，有利于城郊的发展。今天的廉州城区，基本上是向南扩展，由此可见古人的先见卓识。抗日战争时期，为了便于疏散城中民众，定海门被拆除。

西门楼位于中山路与西华路交界，古称金肃门，这是以地理方位、五行来取名的。金肃门前的惠爱桥原名就因金肃门而称金肃桥。金肃门靠近西门江，是海防的重点，为了防御海盗及外敌侵扰，西门楼上建月城作拱卫，城楼上又设置观敌台、望墩和串楼。到了清代康熙二十二年（1683年）重修廉州古城墙时，又把西门楼增高3尺，添置窝铺。金肃门因此成为古城四门中最高的门楼。西门楼前有广州会馆、天后宫、华光庙、三圣宫，是人们祭祀、演戏聚集的地方。西门楼于1958年扩建西华路时被拆除。

北门楼古称北大楼，位于体育场北面，今城基路西路东头。北大楼面对雁湖（今北河塘），又有龙江故道河水灌入护城河。北大楼隔护城河相望的有孟尝祠、还珠亭和孟太守流芳坊、孟尝衣冠墓，东北侧是千年古刹东山寺，别有一番风景。北大楼在抗日战争时期部分被拆除，1958年修建城基西路时完全被拆除，踪迹无觅。

廉州古城墙的门楼雄伟壮观，体现了廉州城的气势和地位，是古城的标志性建筑。而廉州城内还有许多小门楼，却是精致小巧，别有一番景致。这些小门楼或建于街巷口，作为某条街巷口、某条街巷的分界牌楼；或是建于私家宅院的大门口，是一个家庭或一个家族的庭院标志。这些小门楼造型各异，没有统一的标准和尺寸，似乎是随心所欲的设计，却体现出一种时代特征，反映出一个城市的兼容吸纳性。正是这些风格不同的小门楼，为后世见证了合浦"俗有四民"中的客户居城郭、业商贾，从四面八方进入廉州古城谋生创业的历史及人文特色。在这些小门楼中，最令人赞叹的就是三重结构式的门楼，这种门楼的结构体现出主人的做人世态。

第一层门楼是当街建筑的，门扇对着街道，门楼不大，只有普通对开门扇般大小，非常不显眼，人们经过时不会注意到。进入这个门楼之后，转侧是第二层门楼，这层门楼要比第一层高大，建筑格局也复杂，有绘画、瓦当、斗拱之类的装饰。走过第二层门楼，转侧就是第三层门楼，这第三层门楼实际上才是整座宅院的大门，除了绘画、瓦当、斗拱之外，还有栅格帘板、花托，甚至雕花石柱。进入第三层门楼，才能真正了解这座宅院的规模和布局。设置这种门楼的主家，非富即贵，非商即官，属于藏富不露、显贵不扬的深谋远虑之人。此外，还有书院的门楼、商铺的门楼、祠堂的门楼、戏院的门楼、会馆的门楼，等等。总之，走在廉州古城老街，细心寻觅之间，你会从这些门楼之中感受到历史的凝重和永恒，也能从中感受到廉州古城的千年神韵、百家世相和百缕幽思。

一、廉州古城内多奇井

廉州古城内的古井功用各不相同，因此也留下许多关于古井的轶闻。

一曰"廉泉井"，原名甘泉井，相传是汉代遗迹。因井泉涌如潮，水质甘美，自汉至清一直为城内居民饮用。到了乾隆年间，廉州知府陈淮为了纪念汉代合浦太守孟尝施政廉明而使"珠还合浦"的功德，将甘泉井改名为廉泉井，还在井边立了块石碑以纪其事，廉泉也就成了人们期待廉政吏治的象征。如今的廉泉井虽然水质变差，但其寓意深刻，每过井旁碑前，总教人肃然起敬。

图4-9 合浦汉窑出土、供特定人群使用的水井（范翔宇 摄）

图 4-10 廉泉古井。建于明代,原名甘泉井,是古时廉州府署官吏的生活水源(邓超斌 摄)

二曰"东坡井",在今合浦师范校园内,清代廉州游击署前,与东坡亭相邻守望,为当年苏东坡在廉州留下的雪泥鸿迹作证。宋元符三年(1100年),苏东坡获赦从海南儋州渡海北归,在廉州小住了近两个月。其间,他看到廉州民众平时都是直接到西门江挑水食用,这样很不方便,也不卫生。他就捐出自己的俸禄,闲暇之余还率城中民众挖了此井,珠城民众为纪念这位老夫子,便把此井命名为"东坡井"。此后,由于岁月变迁,东坡井几遭湮没。到了清乾隆年间,廉州知府康基田率众"开疏城河,宣泄城内池积水,于城东隅得东坡井",于是予以重建。并在东坡井、东坡亭前修建了东坡塘。自始以来,珠城的文人雅士、官吏迁客,临其井、登其亭、游其塘、思其人,廓然清回间,翼然高明中,树色波光里,为一郡胜景。东坡井水质甘醇,至今尚可使用。

三曰"双月井"。双月井建于何时没有准确的日期记载,但从井址位置位于清廉州府衙后街的万灵寺边(即城基路五金公司仓库内),可判断其应建于明清之间。双月井据说是人立在井边可看见井内有两个月亮的倒影而得名。双月井宽 3 尺,水深 14 尺、井水清冽,冬夏水位相差不大,泉涌如喷,任汲不竭,20 世纪 70 年代尚是居民常用的水井。后因自来水普及,逐渐被世人遗忘,只有故址存留,引起人们的怀古思情而已。

　　四曰"让水井"。此井在今大北街中段。据老一辈人回忆，由于此井之水有酒度，用来酿酒出酒率特别高，故称"酿水井"，意即酿酒之井。后人相传图简，便写作"让水"。当时城内的居民除了用此井酿酒之外，还用作镀镜。用"让水井"的水镀出来的镜面不但光滑整洁，而且经久不变质，也许井水中含有某些特殊的化学成分元素。

　　五曰"朱砂井"。此井据说有治疗疮疥之功效。井址在今廉州奎文路武圣宫前。天清气朗之时，探头向井内观望，可见殷红色的影像从井底涌起。据记载，这是因为井底有朱砂矿的缘故。但是，当将井水打上来后，却又没有任何颜色和异味，反比其他井水甘纯。据传古城内居民有从井底捞取朱砂磨成浆糊状治疗疮的习惯，清代井旁立有井碑记述其事，可惜井碑已无踪迹，难辨真伪。由于"朱砂井"处于街路上，今人为防止小孩跌进井内，已把井口封死，只剩下一个井沿任人凭空追忆。

二、古城寺庙多传奇

　　廉州古城的寺庙，有史记载，从晋代在南越王行宫旧址建成的灵觉寺算起，历朝历代寺庙修建均有兴替。廉州古城的寺庙到底有多少？恐怕这是一个谁也说不清的数字。虽然民间流传有"五寺十三庵七十二庙"之说，但这也只是某一时期的特指。从

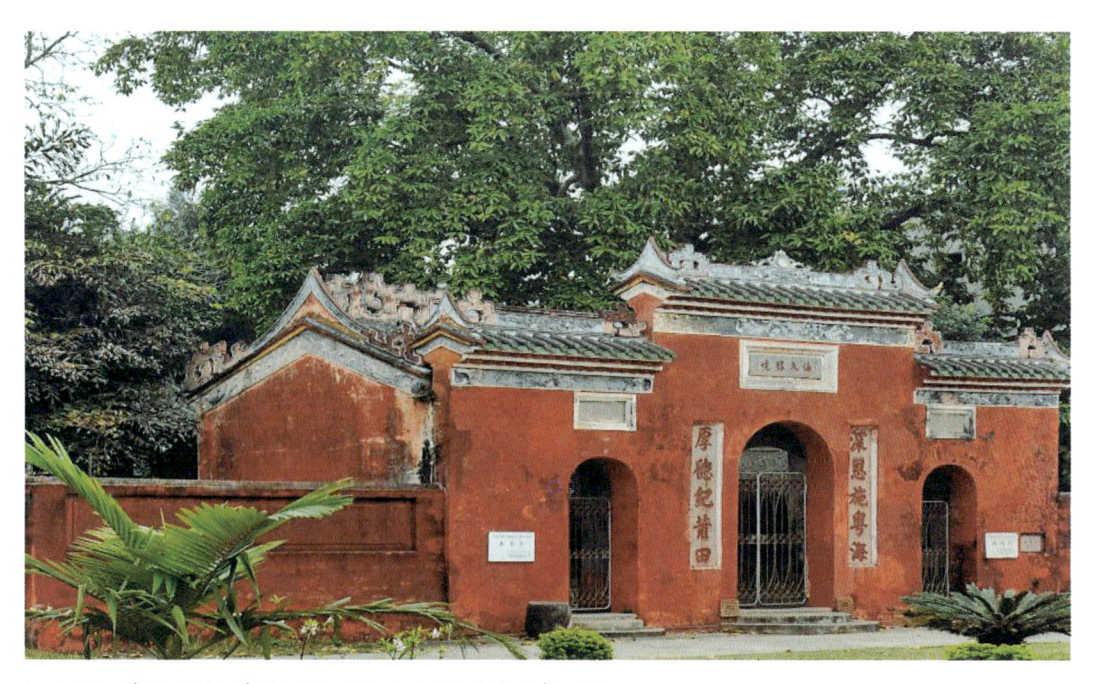

图 4-11　建于明代的廉州天妃庙门楼访仙玉（范翔宇　摄）

史籍的搜寻中得知，大部分的古寺庙都已湮没，留名书籍中的虽然为数众多，但是这些寺庙也都是有名无址。可确定的是，清末民初在史籍中记载的廉州古城内的各种大小寺庙超过三四十家，但现在尚能知名知址的，规模较大的只有10余家了。以廉州古城的方位来搜寻，具体布局如下：城东的有东岳庙，址在东门口对面，曾被用作合浦县酱料厂，规模宏大。20世纪60年代中，毁于龙卷风。东岳庙前有一对联很有意思："你来了么，到底是人还是鬼；他出去了，始知无法也无天。"

东岳庙旁就是清代的演武场，再过一里路则是五谷庙，庙址大约在今延安北路一带。

五谷庙再东去一里是千岁庙。

廉州古城的钟鼓楼对面有关帝庙，即今奎文路的武圣宫。武圣宫曾经被用作合浦县图书馆、青少年阅览室，后又租给商家卖装饰材料，乱建乱改之后，把庙中的大石柱都砸断了。后得智梁法师修复后重新对外开放。武圣宫大殿内有四根巨大的花岗岩石柱，可称是镇庙之宝。

如果以古廉州府衙为中心计算方向，城东还有一座很重要的寺庙——万寿宫，这是供奉清代历朝皇帝灵位的庙堂，大小官员逢节都要在此拜祭，庙址即今合浦县公安局内。

图 4-12　合浦东山寺（邓超斌　摄）

城南有廉州府学所在的孔庙，也即是廉州中心校前的"红庙"。孔庙是廉州、钦州、雷州的最高学府，主管钦廉四属（曾一度管到石城县，即今廉江）的科举员生名额，规模宏大。庙中有状元桥，泮池、下马碑等标志性建筑，可惜已损毁。现存的演舞台、大成殿、崇圣殿成了出租营业场所。孔庙曾作过县立第一小学，简易师范。

与孔庙隔街相望的是县学宫明伦堂，址在学宫街中，即旧县委内。旧县委内还有武庙，1927年曾由地方人士发起，在武庙建戏院。

城南的沙街尾（今康乐街）旧有城隍庙，建于明末清初。据记载，每逢新官上任，都要先到城隍庙祭祀以求国泰民安。

城南门外有文昌庙，清末德国传教士在沙窝街建教堂"建德园"（今还珠宾馆内）文昌庙地块被收购改建教堂。

城东南又有真君庙（二郎神庙），地址在今东坡商业街。东坡商业街原为真君塘。真君庙曾作过县立第四初级小学。真君庙和真君塘是廉州古城的重要景观，真君塘与东坡塘雁湖（北河塘）、东湖、西湖等被列入"廉阳八景"之中。如今湖填庙毁，后人误把真君塘呼作将军塘。

城西有三圣宫，即在下街一带，旧址在合浦基督教会教堂后。这也是一座规模很大的庙堂。民国初年，廉州第一间补习学校就设在三圣宫。

三圣宫西侧有华光庙，地址在中心市场，华光庙是珠城香火最盛的庙堂之一，每年春秋二祭的活动及广府人请戏班来唱戏，都是在华光庙搭戏台。华光庙有一名武功高强的和尚叫癫和尚，带出了一班武师，以打李家拳而名扬两广。华光庙曾作过县立第六初级小学。

华光庙旁有药王庙，又有天后宫。

值得一提的为廉州天后宫。廉州天后宫是清初封海迁界时，涠洲居民迁入廉州所建，封海迁界结束后涠洲居民又迁回涠洲重建天后宫，廉州天后宫却留了下来。该天后宫与海角亭、魁星楼相邻，周边有逝者亭、漾江轩、浮碧榭、观海楼、砥柱亭，人文景观极为丰富。廉州天后宫曾作过县立第五初级小学。

城北除了有大北街的风神庙、北河街的康王庙（康王庙曾作过县立第二初级小学，现在是廉州镇初级中学）、北山庵之外，还有万灵寺。万灵寺在今体育场背后，据传当年达摩到合浦时，曾在万灵寺抄经种树，如今保子庵门前的香芒子树，相传就是达摩当年手植，后人移种过去的。城北最壮观的祠庙还有孟尝祠、还珠亭、孟尝流风坊、孟太守衣冠墓组成，地址在今力车厂（即轻化设备厂）内，孟尝祠毁于1932年。

三、名园雅事显风流

廉州古城的老街旧巷中,至今依然保存着许多古代的建筑,如清代四合院、明代城墙遗址以及老桥旧码头、担水巷、老铺号等。除此之外,老街旧巷中还有许多冠以"园"名的建筑。

这些"园"中有名人雅事,有重要历史事件见证。

绪园,也称绪楼。绪楼两字是国民党元老、原任国民政府行政院长于右任所题。

绪楼位于廉州阜民南。"园"其实就是一幢独立住宅,由于其建筑格局是独立的,前后进之间有天井,在廉州方言中,这个天井也称为"园"。

廉州人喜欢在天井四周种些花草果树,养些小鸟鱼类,似是一个小花园。廉州的老街旧巷中,有很多这样的"园",其称呼就是这样形成的。叙楼也称叙园,实际上就是一幢有天井的楼。

这是就建筑格局而言。另外,廉州街内的"园",大多有各自的门楼,在门楼雕塑或书写园名,如雅园、蕴园等,都是一楼一园或一宅一园。

廉州老街中的园,也有作书院、学社、学校的,如:明代的北园学社,就是在北园设立学社。

图4-13 廉州府中学堂旧址。廉州府中学建于清末,为中西结合硬山顶砖木结构建筑,占地约300平方米(范翔宇 摄)

北园学社是明代"廉阳三学社"之一。清末民初，洋教传入，洋人建学校、医院、教堂，也入乡随俗，取名为园。1903年，德国人在廉州沙窝街买地建了一幢小洋楼作教堂，先后在此间设立过学校、医院，并将此楼取名为"建德园"。后作粤南信义会会地，现为合浦县重点保护文物单位。这是廉州街内唯一保存最完整的"园"。

最著名的园是宋代邓园。宋元符三年（1100年），苏东坡在廉州居住候任时，邓园的主人邓拟热心让出邓园给苏东坡居住。邓园是一个园林建筑，园内不但有茂松修竹，还有池塘假山，有长春亭和清乐轩。古人诗赞邓园"诸花张素锦、春芳无时歇""风泉泻幽壑，鱼鸟同旦暮"，可见景色清幽雅致。苏东坡离廉后，人们便在邓园的清乐轩建东坡亭以作纪念。

明末清初的爱园也是珠城古代名园，地址在今中山公园至合浦师范一带，园中以莲花池为中心景区，周边建有清濯轩、观稼亭、挹翠亭和云林精舍。时称"小亭风露晚，一径稻花香"。

爱园的东北边有还珠亭、孟太祠、孟尝流风坊，景致蔚为大观。可惜爱园也在岁月中湮没了。

四、古城名池多风雅

廉州古城内多池塘，这与古城的排水系统紧密相关，特别是到了清代乾隆年间，廉州知府康基田对府城的排水设施进行了大规模的改造扩建，府城内的池塘也就具有了储水排涝的功能。要了解珠城五池位置，就必须了解宋、明间珠城的环境状况。廉州古城在唐代是街城，也就是说只有街道，没有城墙。到了宋代才建泥夯的城墙，明代建砖石城墙。唐、宋间的廉州古城只有0.65平方千米，尚没有五池。五池是宋、明间扩建城墙后才形成的。根据清代廉州古城地图的标志，这五池不叫池，而叫湖，分别是北湖、南湖、东湖、西湖和雁湖。

北湖在廉州古城北城门内，即今廉州中山公园内，图书馆北面。北湖原与北城门外的雁湖相通。明朝以后多次扩建砖石城墙时，雁湖被引作护城河，即今的北河塘。雁湖成了北河塘之后，曾经成为西门江的航运码头之一，帆影如云，渔歌唱晚，自成一景。因此有诗赞之："雁湖有雁下汀洲，海角潮声日夜流。秋净长天浑一色，帆樯高出碧云头。"北湖与雁湖一墙之隔，登上城墙，但见湖光连环，楼台相侵，星月倒映，确是一个好去处。廉州古城墙被拆除之后，北湖与雁湖的水路也被堵塞了，成了一个城中湖，成了排洪积淤的废水池，只有当春秋雨水到来之期，北湖尚能一显湖光之姿。

西湖是五池中最小的也是最早湮没了的一个，因其在古城西门江附近而得名，位置约在今体育场一带。由于湮没的时间早，没有留下具体的文字记述。只有从廉州古城的地图标记中，找出它的位置所在。

东湖即今东坡塘。东湖周边旧有长春亭、清乐轩、观稼亭、挹翠亭、云林精舍等楼台亭阁，还有爱园（公园）。东湖自古就是文人雅士官吏绅商览胜之地，诗人称之为"鱼跃池深春渺渺，鸿飞天远路渺渺"，又称之"碧藻又淤鳞，明霞掠飞鹜"。后来苏东坡从海南渡海北上返京，在廉州候任，住了两个多月，"坡公海外来，结庐烟水窟"。即是在东湖旁的清乐轩居住，后人便把东湖改称为东坡塘，并在塘边建亭，旁边又有苏东坡率众挖成的东坡井，景致自成，名声显赫，成为"廉阳八景"之首。东坡塘、东坡亭、东坡井曾一度湮没。到了清乾隆年间，廉州府太守康基田率领军民重修廉州街城，修建排洪设施，重挖东坡塘时发现了东坡井遗址，因此重建了东坡亭、东坡井、造福后人。

南湖是五湖中的老大。北与东湖相连，南与古城南门外的护城河相连。东湖西有廉州府书院集中的学前街、高廉粮库大使衙门、廉州府白石场盐署衙门。明清之际，乡人在东湖边建真君庙，祭祀二郎真君。因真君庙香火鼎盛，名声远扬，东湖也就被称为"真君塘"了，诗称东湖"杨柳荫移岸，花木郁葱青"。南湖原接南门（定海门）护城河，直通西门江入海，南门护城河段曾建有四座石拱桥，月明星稀之夜，三五好友，登桥抒怀，别有一番情趣。

山口大士阁

范翔宇

大士阁又名四排楼,位于合浦县城东南 85 千米永安古城的中心,因在阁楼上供奉观音大士而得名。

大士阁的建成年代已无可考,一说建于明洪武年间(1368—1398 年)。一说始于明万历四年(1576 年)。虽然始建年代之说有差异,但大士阁建于明代,在清道光年间曾重修一次,是确定的。

大士阁是由两座敞开式的亭阁相连的建筑,但其内部构造和上、下层平面却是一

图 4-14　山口大士阁(范翔宇　摄)

个统一的整体。它采用具有南方建筑特点的穿斗式和抬梁式相结合的大木构架，整个建筑以后座的四柱厅为中心，全阁坐北向南，分前后两阁，后亭高7.43米，前亭高6.38米。建筑面积248.5平方米，底层建筑面积为167.5平方米，二层建筑面积为81平方米。面阔3间，进深6间，分前后两阁，上下两层，前后阁相连通，中无天井分隔。两阁相连，浑然一体。上层阁楼式，下层无围栏敞开式，整个楼阁采用穿斗式和抬梁式相结合的大木构架，大木构件全部采用南方铁木，主要承重结构为36根圆柱，柱基为雕刻宝莲花的石垫，其中1根立柱柱脚悬空，是全阁最精巧、最奇特的部分。

各柱间有72条牵梁联系着，有108个矮子顶，梁柱纵横交错，全用榫卯或穿枋连接，不用一钉一铁，角柱、柱头、梁架、托脚、攀间、出檐等部位的建筑格调明显呈宋元时期建筑风格。

站在楼下仰望，木条上下左右穿插，最令人惊讶的是，36根圆柱支撑在入土10厘米的宝莲花石垫上。石垫下没有任何人造基础，使得整个建筑布局精巧、结构严密、合理协调、艺术精湛，构成一个优美稳固的统一体。

屋檐有三级挑梁，每级均有木垫子承托，亭内各梁间也有木垫子作支承。两亭檐部紧连，均为重檐歇山顶，屋顶用板瓦、筒瓦仰覆相扣。每顶有九脊，各条脊上都有精致的花纹装饰。

前座的正脊正吻兽是一对展翅凌空的凤凰，脊正面中央是一幅二龙戏珠图，两条堆贴浮雕的游龙栩栩如生。

后座的正脊正吻兽则是一对鼓目圆睁的龙首鱼身怪兽，鳞、角分明，凶猛异常。各条垂脊、戗脊的装饰更为丰富多彩。有的垂兽是仰首欲腾的蛟龙，有的脊兽是雄狮戏金钱，还有各种形象生动的鸟、兽、果、树、百草花卉等浮雕，把各条脊的正反两面装饰得色彩斑斓，充满着浓厚的生活气息和民间艺术特色，艳丽壮观。大士阁在建筑学上有很大的科学艺术研究价值，更是研究南方古建筑的重要实物资料。自明代以来，合浦曾遭多次风暴袭击和地震摇撼，附近几里内庐舍倒塌，该阁却岿然屹立，是合浦县保存最长久、最完整的古建筑物，现为国家级重点保护文物单位。

大廉垌
——客家人之渊薮

刘忠焕

一、公馆之名何来

大廉山,因东汉合浦太守费贻"节义至仁、廉洁奉公"而得名。在大廉山的包裹下,是一个盆地,中间有一条河流穿过,此处即是大廉垌。自明代中后期起,这里陆续迁来一个客家人群,搭屋定居,开垦耕牧,繁衍生息。这个地方又因是古官道驿站,叫公馆,因而人们习惯将这个人群称作公馆人。

理解这片土地,以及生活在这片土地上的公馆人,需要一个入口。笔者以为,兼顾地理、历史、语言、生活习惯等因素,挑选早些时候大廉垌里公馆人的生活,比较合适。

——公馆历来地少人多,讨生活难是不争的事实。纵使有山有林,纵使开荒不断,纵使公馆男子虎背熊腰、公馆女子勤俭持家,穷日子仍旧是难以摆脱。

——往昔,公馆是七里八乡茶余饭后消磨时间的话题。如今,随着公馆的不断发展,它更成了一个广泛散播的传奇。仿佛,提起公馆人不服输、敢闯敢干的劲头,人们便不由得兴奋起来。

公馆指的是什么?这里断不是指诸侯的离宫别馆,也不是官宦富商的高门大户,它仅仅是一处客家人的聚居地。据史载,这里曾是蛮荒之地,一条古驿道从广州至化州至廉州,经过此处设了一个驿站,盖有几间茅草房子,供过往的吏使、商人、迁客歇息,于是人们给这几间破房子起了个"高大上"的名字——公馆,这个地名就此保留了下来。叫"公馆"的地名,现在的广东省茂名市也有,那里也是一个古驿站。而后,不同姓氏的客家人一拨又一拨陆续迁居于此,逐渐形成了民风强悍、语言独特的客家族群。

从前,公馆是相当封闭的,在大廉山的合围下,三面环山,一面向海,是一块遥远而难以抵达的异境。其封闭的含义有多重——地理上的畚箕形,水文上的靠天下雨、生产上的自给自足,还有贫困、歧视、械斗、匪患、压迫、无援的交错与影响。

中华人民共和国成立后,政府沿着古官道,也就是广州至合浦的原路,拓宽修筑成了公路,即325国道公路,使公馆的交通得到改善。20世纪90年代,修建合浦至湛江的G75号高速公路时,规划中又绕开了公馆,从铁山港直接跨海到广东。曾经,公馆是一切意义上的死角,意味着公馆是无望的弃土、最恶的生存。

但是,再封闭的地理也不会撒手放弃,因为再贫瘠的土地也是希望的所在。慈悲的雨季到来,滋润了大廉峒,这块土地就能生长养卫子民的水稻、红薯、木薯、芋头、黄豆或其他作物。为了宝贵的耕地,公馆人的屋舍都是散乱疏离地搭盖在山脚下,甚少占用种植地。一座座的土围城,默默雄踞一隅,守卫着那一方水土,炊烟缭绕,生活悠长。

春天来临,公馆人耕作繁忙起来,他们播下种子,也播下一年又一年的希望。秋收之后,他们又在屋旁的空地上堆着高高的稻草秆棚,让没有青草吃的耕牛过冬。畚箕形的大廉峒,实际上也自成一统,围住了别具风格、袅娜黏齿的公馆哐话。公馆人在苦寂的家园里,日出而作,日落而息,打发自己艰辛的日子,也调养自己独特的精神。

二、公馆之人何来

是什么原因使得这些客家人接踵迁来大廉峒?据资料所载,明代中期,广西獠人(瑶民)、僮人(壮民)大肆侵扰、攻占、杀戮廉州府辖地州县,祸害达100多年之久,造成廉州府社会混乱、民生凋敝;至成化年间达到高峰,石康县遭到攻陷,掳掠、屠城之后,造成这一带百里无人,以致社会动荡,经济萧条。明弘治年间,广东布政司只好榜召省民和闽客入廉,这一举措,史称"闽客填廉"。

于是,廉州府重建秩序,随之人口大增,农事兴旺。

而原来在闽南、粤北的客家人,分散的、各式各样的以宗族姓氏为主体的群落,在当地经常遭逢难以抗拒的强力,或者是战争,或者是灾荒,或者是与土著居民的械斗,使家乡变成了地狱。总之,在家乡活不下去了,求生的欲望便发动了向南的迁徙,以寻求新的保护地和新的生活。

向南,向南,不断向南的迁徙就这样发生了。浪潮催动南移,人群不断涌动,筚路褴褛而来，还伴随着一路的哭泣与一步三回头的留恋。

据陈海春在《客家往事》载："明弘治十八年（1505年），陈念邦携妻挈子，从福建省汀州府上杭县来苏里州试街瓦子巷迁到广东省城居住。时值朝乱国争，四海不靖，广州城难于安居。故又迁至粤西吴川县，后再迁广东省廉州府合浦县兴忠里六湖（今广西合浦曲樟）九塘下村开基创业。"

据笔者家族谱所载，祖上也是在稍后的万历年间，从粤北五华县迁至化州石城县（现廉江市），后迁至廉州府合浦县河浪坡（山口）、新兴里（公馆）香草江。

其他姓氏的南迁，莫不如此。而这一波波开疆拓土、寻求生路的浪潮，它的息止，在于畚箕形的大廉峒。

很庆幸，这部分南迁的客家人，在这个畚箕形的大廉峒里得到了收容。如《诗经·大雅·绵》里所载："古公亶父，来朝走马。率西水浒，至于岐下。"收容的过程，无法细考，但笔者想，肯定不会是和风细雨的。这里荒无人烟、树高林密、瘴气遍地，还有豺狼虎豹，环境是残酷的。但这块沉默的土地，终是敞开胸怀收容了艰难而来的人群。

这是块处女一般的土地，具有观音菩萨的心肠，凡生命皆尽予收容。这块宽容的大地，这个畚箕形的大廉峒，像母亲把手臂伸向孤儿。这个接纳的过程，肯定是一个感人的过程，而不断接纳人的大廉峒，也逐渐变成了热土，变成了公馆人的家园。它原本是地理的结果，后来却成了土地的性格。

就这样，大廉峒成了公馆人的乐享之地。不管这些挈妇将子而来的人群，是矢志于道的士人，还是耕耘田畴的农夫；也不管他们是精神上的勇于进取，还是生活里的被迫无奈，他们的目标，仅仅是为了寻求一个平和安定的场所，怡养性情、繁衍生息而已。

三、思变与干劲

定居下来之后，公馆人最亟待解决的问题是水利，毕竟水利是农业的命脉。如若没有风调雨顺的年景，大廉峒的产出将是大打折扣的，加上夏日的暴雨、台风，秋冬的干旱更会让那些可怜的农作物遭罪，居住民的收成更少。到20世纪80年代，公馆人已经繁衍有10余万之众，嗷嗷待哺。但公馆人战胜靠天吃饭、等天下雨的决心，比当年的愚公移山的决心还要大。

在上级大力兴修水利的号召下，公馆人穷则思变，几乎是出动了全部劳动力，几万号人马，用板车和肩挑，于1960年修成了旺盛江水库（含六湖峒水库），为自己带来了福音。与此同时，公馆人在没有机械的情况下，靠着人工开凿了璋嘉涵洞，又沿大廉山脚修建了东西排灌渠。那条穿越大廉山山体的涵洞，输出了六湖垌水库的水，源源不断地灌溉着整个大廉垌，这是几百年来公馆人最大的壮举。

东灌渠经香山、石湖、扫管、南山、长坡、石岭、浪坡等村庄，流过了白沙的龙江、文明、西坎。西灌渠沿六甘、均塘、竹联、新秀、沙垠一直流到盐田村。清冽的湖水流出璋嘉涵洞后，蜿蜒游走，如一条条动脉持续输血，千年相隔的六湖垌水，终于灌溉到了干旱的大廉垌。梦境终于成真，自古就靠天下雨而得以耕种的公馆人，有了灌溉自如的好日子。

如果说引水渠是大廉垌的动脉，那么公路无疑就是大廉垌的静脉。如前所述，公馆有国道但没有高速公路的窘境，现在得到了改变，前几年开通的 S21 号玉铁高速公路，这回再穿大廉垌而过，在淡水井村给公馆人开了一个出入口。曾经，让司机谈路色变的公馆，有了最便捷、通畅的运输命脉。

四、民俗与民风

方言是公馆人气质的标志之一。公馆的客家方言，可以追溯到广东梅州和福建长汀。老辈的人说过，闽南和粤北的客家话，是大种哇，而我们公馆话是所有改变的小种哇，都是一路而来。涉及语言唯恐说错，我只能说，我们是一脉相承的，都是来自远古中原的客家人。

且行且走，集腋成裘，大廉垌成了客家人的渊薮，村庄沿着大廉山脚或者不占用水田的高坡上分布，如星罗状，绵延不断，风景别具。公馆人秉持着千年客家人的习惯，有多子多福的观念和兄弟众多不受人欺负的风气，都是多胎生育。在178.5平方千米的大廉垌，已是人丁兴旺，众生芸芸。而在漫长的迁徙和农耕生活中的公馆人，为了立足和防卫，民风逐渐变得强悍起来。

人多是件好事，可以增加劳作收入，但有时候又是件麻烦事。大廉垌地窄人稠，资源有限，难免会磕磕碰碰。为水源、为山林、为地界、为坟山都能动刀动枪，动辄就会动员几十号人甚至几百号人来干仗。那些大规模动家伙的群斗，都是以姓氏为旗号的，属于血脉偾张的宗族械斗。20世纪八九十年代，就曾发生过震惊八方的李姓与沈姓、朱姓与彭姓之间的宗族械斗，影响极为不好。

当然，那些只是偶尔发生的事情，将公馆完全看作是好斗且蛮不讲理的地方，是片面的。其实，从传统的角度来看，大廉垌还是个社会稳定、自然和谐的安乐窝。自有乡土以来，那些乡村之道就在这里积岁沉淀，端凝厚重，历久弥新，不可动摇。一部族谱，几章村约，几句家训，便定下了规矩。而在规矩约束下的子民，大多以讨生活为主，克己复礼，勤勤勉勉。

是啊，这个大廉峒，有峨峨祠堂，有黛黑屋舍；有幽幽书院，有琅琅书声，且人才辈出。多少年来，那些老围屋、泥砖屋和新楼房，那些星罗棋布的村庄，呵护着人们的生老病死。天不变，道亦不变，公馆人如山之沉静安定，立于天地之间，静观世事风云变幻。他们洞察悲苦，无妄执念，借此而自豪无比。

——如此这般，造就了宁静中和、生趣盎然的大廉峒，造就了生生不息、勤劳勇敢的公馆人。

高德的冠名

李裕芳

明代为防备倭寇（海盗），在今庙山附近江瓦窑一带地势较高的海岸设置烟墩（烽火台）——"高德墩"。史籍上便开始有了"高德"的冠名。冠名"高德"与《诗经·小雅》"高山仰止，景行行止"有关。司马迁赞喻孔子说："'高山仰止，景行行止'，虽不能至，心向往之"。后来郑玄对这几句话注解为："古人有高德者则慕仰之，有明行者则而行之……"当年设烟墩的地方是一片荒僻的海岸，周围没有村落，但地势较高。设名的官员很有文化涵养，为这个烟墩起了个高雅的名字。其时高德的居民是古代到此避难居住下来的珠民，他们从事捕鱼作业，渐渐成了渔民。它的附近是一个小口岸（现在的高德）。这里的最大特点是有一个天然的小港口，即马栏江、七星江、勒棚沟汇成的出海口。因港口优良，在古代的海外贸易南流江口至冠头岭的始发港中，高德无疑是其中一个。

高德有一大片广阔富饶的浅海滩涂，有名目繁多的浅海产品。周边的八大村人（军屯、马栏、龙潭、岭底、赤壁、关井、平阳、横路山）每逢大退潮的汛期，常到这里来捕捉鱼虾、拾取螺蛤，海滩上聚集了一群一群拾海的人，有男有女，他们提前到来，等候潮退。这时，大家便说笑话、讲故事、山歌对唱。场面热烈欢乐、快活风流。年年如此，时间久了，大家便脱口将这地方叫做"风流墩"，高德渐渐向港口方向发展扩大，"风流墩"附近一带地区到了明代都称为高德了。《廉州府志·卷六》载："高德墩，府城南三十里高德港口。""又自郡城西桥下舟，沿海而东，至永安千户所，所历干体、高德港、冠头岭、龙潭、武刀、白沙、珠场、陇村、禄村等寨。"据此可知高德港在明代已是今北海境内港口及兵寨。这时候，高德贸易港口的地位就更加不可置疑了。

此时高德的渔业和农业已有相当的发展，并带动了工商业。所以向来有"先有高德后有北海"之说。建于明末的高德庙的庙联："高居临海北，德泽溥天南。"这联子是嵌名联，以"高德"两字为上下联首字。它充分概括了高德的地理环境特点，在北海地区，高德的地势最高。

高德浅海滩涂为周边的广大农村提供了取之不尽的水产品食物，蒙其恩泽，高德先民繁衍生息，继往开来。

南珠那点事

刘忠焕

一、南珠的叫法始于何时

"南珠"是个专用名称。这个亮堂堂的名称，是清初屈大均写了《广东新语》之后方始得名。之前都是叫珍珠，其中以合浦出产的珍珠最为著名，又叫合浦珍珠。屈大均在《广东新语》里说："合浦珠名曰南珠，其出西洋者曰西珠，出东洋者曰东珠。东珠豆青色，其光润不如西珠，西珠又不如南珠。"对于南珠的提法，从来没有人质疑过，大概是因为南珠的高品质所致。以后在提"南珠"的时候，明代以前的称作珍珠，以后的才可以称作南珠。

至于"其出西洋者曰西珠，出东洋者曰东珠"的说法，人们在认知上有偏差。有人认为，西洋就是大西洋，"西珠"就是大西洋出产的珍珠。其实，这是错误的。话说明代初期（1405—1433年），郑和率船队浩浩荡荡下西洋，一共下7次，影响非常之大。郑和下的"西洋"，是沿着中南半岛、马来群岛、印度半岛、阿拉伯半岛走，最远才去到东非沿岸。可见，西洋应该指的就是印度洋，而西珠即为印度洋、波斯湾沿岸所产珍珠。"东珠"的提法也有人提出质疑，如余汉桂在《鱼文化在广西的积淀》一文中说："屈大均所说'出东洋者曰东珠'则不确。当时的东珠为淡水珠，产地辽宁松花江下游及其支流。"这个质疑提法，也是有一定道理的。

二、珍珠的色泽如何来

珍珠的色泽很妖娆，令人爱不释手。那么，珍珠的绚丽多彩从何而来？民间的一些传说、提法颇具神秘色彩，也很美丽，如滴露成珠、鲛人泣珠、附着成珠、映月成珠，等等，都是令人遐想的故事，但真相不是这样的。1925年，柴萼在他的著作

《梵天庐丛录》里，解开了蚌贝、珠母成珠的秘密——"由有沙粒等物窜入蚌壳，蚌体受其刺激，常以膜摩擦……其所分泌之真珠（珍珠）质附着于物体之面，久之……遂成真珠。"传说归传说，童话故事凄美但不一定是事实，科学原理和事实依据才是最真实的。

三、与珍珠有关的地名

合浦产珠几千年，有很多与珍珠有关的地名，如古时候的珍珠湾、珠场八寨、鲎港、廉州城西卖鱼场，等等。有些地名看似与珍珠无关，实则它们都曾是珠民下海采珍珠时的港口，或者卖珍珠的地方。原来合浦党江的一处沙滩，是停泊珍珠船的地方，后来，珍珠船的建造、旧船的修理作业，都在这个地方进行，慢慢就成了船厂；再后来，家属、商贩也定居到这里寻找生活，居民越来越多，房子越盖越多，便成了街道，称为船厂街。还有北海的高德镇，此处原为一墩地，供渔民、疍户、珠民出入歇歇脚。其中一些人出海"卖力"赚了点钱，多在此地吃喝、赌博和寻欢，久而久之，人们把这个地方叫做风流墩。后来，大家觉得这个名称实在欠雅，乃反其道而行之，以高德之名取代，意在褒扬崇尚道德，以奉劝出海、做海的珠民、渔人不要沉沦于此。还有些地名，诸如鲤鱼、螺江、渔江等，似乎也是与珍珠相伴而生的。

四、南珠的文献记录

每次开海采珠，必须得到朝廷颁布的诏书方可进行，并记入当地政府的志书，当作文献保存，可见上下对采珠的郑重其事。合浦郡在元代之前，是历朝唯一的天然珍珠产地，之后别的地方才有了珍珠场。在这个过程中，多有文献记录采珠的事情。古代涉及珍珠的文献记录史料不下 50 种。《明史》第 58 卷有明代珍珠采集的记录。本地的《廉州府志》（徐成栋纂修，清康熙六十年出版）记录得较多。如："嘉靖四十一年春，诏采珠。冬，复采珠。是岁，竹有花实。"很少有在一年里采两次珠的，因为多采一茬对珠池的产出很伤元气，会加速珍珠资源的枯竭；又如："万历二十九年冬，采珠。实支银六千两，广州府银二千两，惠州府银一千两，高州府银一千二百两，肇庆府银一千三百两，廉州府银五百两，堪进珠二千一百两，有奇不堪细、扁、歪、小珠一千九百七十两二钱，卖银解布政司贮库，抵充船只、工、木之费。"账目透明公开，很详细。

五、珍珠如何分等级

珍珠肯定要分等级，这样才能定出不同的价钱，不同等级价钱差别很大。大的原则是："以大小分、两定价""身分圆而精光者价高"等。到了明朝已分得很细，如明代沈怀远曾提出按围长定珍珠为九品。但后来，珍珠产量越来越少，定级越来越困难，便发生了标准的变化。清代王三聘总结了前人经验，得出了珍珠品鉴的"大、重、圆、净"四大原则。而明末宋应星在《天工开物·下篇·第十八·珠玉》里说得更详细："自五分至一寸五径者为大品。小平似覆釜，一边光采微似镀金者，此名珰珠，其值一颗千金矣。古来'明月''夜光'即此便是。白昼晴明，檐下看有光一线闪烁不定，'夜光'乃其美号，非真有昏夜放光之珠也。次则走珠，置平底盆中，圆转无定歇，价亦与珰珠相仿。次则滑珠，色光而形不甚圆。次则螺蚵珠，次官雨珠，次税珠，次葱符珠。幼珠如粱粟，常珠如豌豆。琕而碎者曰玑。自夜光至于碎玑，譬均一人身，而王公至于氓隶也。"清屈大均在《广东新语》里也有类似描述，看形状而判断其贵贱好孬。

六、珠郡治所的变化

自汉元鼎六年（公元前 111 年）设立合浦郡始，便有了管理珍珠采收、交易的机构。三国吴黄武六年（227 年），因珍珠之故，更合浦郡之名为珠官郡，孙亮时又恢复合浦郡旧称。五代南汉刘䶮置媚川都，专以采珠为事，媚川，是取自陆机《文赋》里的"水怀珠而川媚"之意。到了唐贞观六年（632 年）在合浦郡南部设立了珠池县，专事珍珠。宋代为廉州府，元代为廉州路，明清又为廉州府。

治所的变化，也留下了不少古遗迹。在铁山港营盘镇的海边，有白龙珍珠城遗址。在合浦县廉州中学校园内，有海角亭，是北宋时为纪念东汉太守孟尝"珠还合浦"的政绩而建，后又几经修缮、重建和迁址，而定现址。合浦县城东北还有还珠亭，亭已不存，只遗下楹联："孟尝何处去了，珍珠几时飞回。"据廖国器主修《合浦县志》（1931 年）载，尚有孟太守祠，今也考证无踪。

七、珠市设在哪里

珍珠的交易场所一般设在哪里？往事如风已如烟，人生如梦已如尘。世事更迭，已寻觅无处。留有记录的尚有两处。

一处是廉州城西卖鱼桥。屈大均在《广东新语》里说:"东粤有四市:一曰药市,在罗浮冲墟观左,亦曰洞天药市。有捣药禽,其声玎珰如铁杵臼相击,一名红翠,山中人视其飞集之所,知有灵药,罗浮故多灵药,而以红翠为导,故亦称药师。一曰香市,在东莞之寥步,凡莞香生熟诸品皆聚焉。一曰花市,在广州七门,所卖止素馨,无别花,亦犹雒阳但称牡丹曰花也。一曰珠市,在廉州城西卖鱼桥畔,盛平时,蚌壳堆积,有如玉阜。土人多以珠肉饷客,杂姜齑食之,味甚甘美,其细珠若粱粟者,亦多实于腹中矣。"屈大均还说:"予尝至合浦,止于城西卖鱼桥,故珠市也。闻珠母肉作秋海棠或杏华色,甚甘鲜而性太寒。"《草木记》云:"采珠人以珠术作鲊,今不可得。土人饷我珠肉,腊以为珍,持以下酒。"珍珠螺肉都吃出了高度,可见珍珠市场的热闹。此为民间市场。有人猜测,是现在廉州镇还珠桥一带。

另一处是白龙珍珠城,此为官方市场。明洪武七年(1374年),朝廷下令在合浦白龙村一带建造白龙城,南北长 320 米,东西宽 233 米,墙高 6 米,城墙内外砌火砖,中心每 0.1 米一层黄土夹一层珍珠贝壳,层层夯实,珍珠城由此得名。珍珠城开有东南西三个城门,门上有楼,可瞭望监视全城和海面。城内设有采珠太监公馆、珠池大使官邸、珠场巡检司。现在的珍珠城,只剩下了遗址,周围还可见古代加工作坊的遗址和明代钦差大臣《李爷德政碑》《黄爷去思碑》等遗迹。残贝散落,遍地皆是,可见当年采珠之盛。

八、南珠与"海丝路"的关系

"骑马客来惊路断,泛舟民去喜帆轻。"两汉时期,合浦郡是最重要的对外门户。《汉书·地理志》卷 28 记载:"自日南障塞、徐闻、合浦船行可五月,有都元国;又船行四月,有邑卢没国;又船行可二十余日,有谌离国;步行可十余日,有夫甘都卢国。自夫甘都卢国船行二月余,有黄支国,民俗略与珠崖相类。其州广大,户口多,多异物,自武帝以来皆献见。有译长,属黄门,应募者俱入海市明珠、璧琉璃、奇石异物,赍黄金杂缯而往。所至国皆廪食为耦,蛮夷贾船,转送致之。亦利交易,剽杀人。又苦逢风波溺死,不者数年往还。自黄支船行可八月,到皮宗;船行可八月,到日南、象林界云。黄支之南,有已程不国,汉之译使自此还矣。"

该段话的意思是说,汉武帝遣使臣带领满载着珍珠、丝绸、瓷器和黄金的船队,浩浩荡荡地从合浦港口起锚出发,穿越碧波万顷的南海,沿着中南半岛,航行到东南亚、南亚、西亚和东非、红海等地,去与这些沿岸国家交换璧琉璃、琥珀、玛瑙、水晶、香料等奇珍异宝。而合浦珍珠,不单只供应中土的王侯、富贾,还通过这条历史通道，辗转供应给外国的王侯、贵族。这条海上丝绸之路，不仅仅是商贸之路，更是文化交流之路。

九、珍珠的消费者都是谁

所谓的珠光宝气，实则是一种身份高贵的象征，谁都喜欢珍珠的光彩。屈大均说："今天下人无贵贱皆尚珠，数万金珠，至五羊之市，一夕而售。"买珍珠的人很多，即便是数万金的珍珠，一夜天光也能售空。屈大均又说："富者以珠多为荣，贫者以无珠为耻，至有金子不如有珠子之语，此风俗之所以日偷也。圣明在上，不宝珠玉，以朴俭身先，是所望于今日矣。"人人都想据出彩的珍珠而有之，这样的风气很不好，应当杀一杀。

尽管合浦珍珠素有"掌握之内，价盈兼金"之说，但顶级的珍珠也不是谁都可以买得到的。许多有名的珍珠，只闻其名，不见其身。于是，便有了不少的据说。据说：慈禧太后皇冠上镶嵌的数千颗珍珠，都是来自合浦；电视剧《铁齿铜牙纪晓岚》里，和珅送给慈禧太后的生日礼物——用珍珠拼成的一个"寿"字，用的就是合浦珍珠；英国女王皇冠上那颗拇指大的璀璨珍珠，也是来自合浦所产珍珠。

十、"珠还合浦"的历史意义

"虽然地远轻无益，幸得珠还古有名。""珠还合浦"的典故，大家耳熟能详，这里就不再赘述。需要指出的是，这个成语与"玉出昆山"一道，让合浦成为为数不多的能进入成语的地名，意义非凡。而"珠还合浦"还藏着一个勤政廉政的故事，勉励历代的合浦人，要勤勉做事，取财有道。"珠还合浦"到了今天，已经成了一种文化力量。我们追索某种文化轨迹的时候总会发现，民间口口相传的传说、故事，才是这种文化得以生长、繁荣和发展的根基与沃土。"珠还合浦"要表达的内容，无非就是：合浦的历史与珍珠是无法分割的，合浦的历史有多悠久，合浦珍珠的历史就有多悠久。正如屈大均评价合浦人时所说："生长海隅，食珠衣珠。"

十一、南珠对本地人取名的影响

合浦有美名，叫做还珠之郡、媚川之都、沉珠之浦、禺珠之乡、珠厓之国。出生于此地之人，多是秀丽而文雅的。月生于日，珠生于月，而人物又生于珠，所以，很多本地人都爱用"珠"字来起名,这也算是一种荣耀吧。屈大均在《广东新语》里有实例,他说:"吾粤所宝者珠,在古时凡生男子多命曰珠儿,生女多命珠娘。珠娘之可知者,交趾王之女曰媚珠,双角山之女曰绿珠是也。"

凑巧的是,笔者在查阅南珠资料时,也发现了一个以珠命名、写南珠故事的人。她是广西宁明人,中央民族大学教授,叫陆敏珠,写了一本书叫《行走在时间上的南珠乡》,向全国读者推介南珠。这是一种巧合,还是冥冥中的天生注定呢?

十二、南珠对诗词的影响

合浦珍珠历来名贵,而且品质高洁,迁客骚人喜欢将珍珠入诗,以美化诗境,如:唐代王维的"明珠归合浦,应逐使臣星";张祜的"月上连城璧,星环合浦珠";白居易的"可怜九月初三夜,露似真珠月似弓"。宋代苏东坡的"合浦卖珠无复有,当年笑我泣牛衣";郭正祥的"莫向沙边弄明月,夜深无数采珠人"。金代元好问的"骤雨过,珍珠乱撒,打遍新荷"。明代冯梦龙的"若是遗珠还合浦,却教拂拭更生辉"。清代冯敏昌的"白龙城外暮云行,珠母海南秋月明"。现代田汉的"玉润星圆千百斛,南珠应夺亚洲魁";陈毅的"看今朝,合浦果珠还,真无价"……对南珠的状境描写,达到了极尽的赞美。

十三、南珠对中医药的影响

南珠不但可以用来装饰、搭配、美体、养颜,还可用于中医治病。早在 2 000 年前,人们就认识珍珠并利用珍珠治病,如:三国时期的《名医别录》,把珍珠列为重要药材;不少的医药古籍,如南北朝梁代的《草本经集》、唐代的《海药本草》、宋代的《开宝本草》、明代的《本草纲目》、清代的《雷公药性赋》等,都对珍珠的疗效做了明确记载。

唐武宗时的宰相李德裕认为珍珠粉、雄黄等物经过提炼成丹,服后可长生不老、鹤发童颜,遂以珠宝粉、雄黄、朱砂煎汁为羹,每食一杯耗钱 3 万,过三煎则弃其渣,这样的奢侈作派,令人瞠目结舌。梁代陶弘景在《本草经集》中说,珍珠"有治目肤翳,止泄"等作用。唐代的《海药本草》认为,珍珠可以明目、除晕、止泻。在元代,元好问在《续夷坚志》里说:"盛夏以蜜水调之,加珍珠粉。"而一巷子的美娇娘,在日常喝水时,也加入蜜糖和珍珠粉饮用,认为这样的饮料既可以滋补,又可以防暑。

连接海上丝绸之路的永兴桥

李裕芳

永兴桥是北海市高德的一道风景,这是北海历史上存在的唯一真正的桥。永兴桥高德人一般只叫它旧桥头,因为它的西头有一间著名的永兴杂货铺,大家又叫它永兴桥。它的式样同图画中的单拱古桥有些相似。30多米长,砖砌的拱,石板的桥面,两旁有石拦。远近路人行商,欲到高德交易的,必经此桥而过,从永兴桥往北走130米左右就是古海上丝绸之路的码头——布路。货物要进出码头就得经过此桥。约1851年(太平天国初年),北海埠渐渐兴旺起来,从陆路进出北海做生意的,也必经此桥而过。一年四季,不论炎夏寒冬,挑担的、推车的、抬轿的,后来也有拉东洋车的,车来人往,络绎不绝。清末民初,这永兴桥头常聚集三五个推手推车的车夫,或载货、或载人,以此谋生。到了20世纪50年代初,还有乘坐手推车经过永兴桥的,她们都是一些年事已高的老妇人。据高德的老前辈回忆,印象最深的是,车夫都是赤膊的。除了冬天,他们个个都只穿一条宽筒短裤子,身上从不穿衣服,只披着一块搭膊布,头戴一顶竹笠,或一顶草帽,脚穿一双旧草鞋。太阳底下,浑身汗气蒸腾。

因为年代久远,桥座下面有裂痕,1956年,北海市有关部门认为是危桥,拆除了。

永兴桥是北海的名胜古迹、唯一真正意义上的桥,走过永兴桥就像回到了古代。重要的是,它是直接进入北海海上丝绸之路的两个古码头"布路"和"花阶"的必经之道。

范兰与涠洲岛盛塘天主教堂

土雨晶

近日与亲友同赴北海涠洲岛旅行,将岛上人文景观盛塘村天主教堂列为游览重点。

行前搜索百度"涠洲岛天主教堂",有关该词条的解释为:"涠洲天主教堂,是一所位于中国广西北海市涠洲岛上的天主教教堂,因位于盛塘村,故而又名盛塘天主教堂。该教堂由法国巴黎外方传教会传教士修建,落成于1880年。该教堂为哥特式建筑……是广西沿海地区最大的天主教教堂,2001年被列为全国文物保护单位。"词条提到教堂落成的时间,但没有提及建造者是谁。次日进岛游览,进入教堂门厅,看到壁上《涠洲天主堂简史》("述录"者不详)云:"今日风景怡人之涠洲岛,乃先人开拓之成果矣。1853年范神父接任,大兴土木,经过十年之努力,一座雄伟哥特式教堂终于1863年落成。"将以上两份资料加以对照可以发现,它们提到的教堂建设时间是相互冲突的。经稍加搜寻,笔者发现,在目前与该教堂有关的诸多介绍中,不少内容都是相互冲突的。为提供一种正确的涠洲岛文史及旅游知识,笔者认为,需要对以下几个相关问题做出考证:天主教入岛的时间问题,盛塘天主教堂的建设时间问题,教堂的建造者究竟是谁以及范神父(即范兰神父)与盛塘天主教堂的关系问题,等等。

首先,需弄清天主教进入涠洲岛的时间问题。《涠洲天主堂简史》认为,"范神父接任"(说明在他以前还有其他神父)以及教堂的建设起始时间都是1853年。这显然是不正确的,因为在这个时间,天主教还没有进入涠洲岛。据《广西通志·宗教志》载:"同治六年(1867年),法国籍神父错士带着1 500多名教徒上了涠洲岛……涠洲岛从此成为法国传教士的一个传教基地。"近年出版的广西首部海岛志《涠洲岛志》云:"同治六年(1867年),法籍神父与清粤督张树清上奏清政府重开海禁,移雷州、廉州船民于岛上,荒置数百年的涠洲岛田庐重兴;同年,法国天主教文神父带领流落广州的客籍入教难民江明兰、陈有荣等千余人来涠洲,先后在盛塘、城仔及斜阳各修建一座教堂。"这两份资料大同小异，都认为天主教进岛的时间是1867年。至于北海地区其他地方历史类文献，如《北海市志》《合浦县志》等，也均持同一观点。这说明，同治六年（1867年），天主教进入涠洲岛一说得到了学术界的普遍认可。由此也可看到，《涠洲天主堂简史》等资料所说的早在1853年（甚至更早）天主教就已入岛，以及现存教堂早在1853年就已开建的说法是不正确的。

其次，盛塘天主教堂的建设时间以及谁是教堂主持建造者的问题。关于这个问题，广西及北海文化学术界。主要有以下几种说法：

第一种认为现存教堂的建设时间是1853—1863年（即所谓的"经过十年之努力"），这是教堂门厅《涠洲天主堂简史》里的说法。这个说法是错误的，前文已经解释。同时《涠洲天主堂简史》还指出了教堂的建造者是"范神父"。

第二种是百度词条里所说的该教堂"落成于1880年或1879年"的观点。该词条解释说："在涠洲传教的法籍范神父，为解决宗教活动场所，于同治八年（1869年）在教徒最多的聚居点圣堂村（今盛塘村），花了10年时间，用岛上特有的珊瑚石，建造了这座占地面积近千平方米的教堂。"也就是说，盛塘天主堂建于1869—1879年或1880年，也是花费了10年时间，由范神父主持建造。

第三种是《北海市志（1991—2005年）》里提出的完全不同的说法："清光绪二至三年（1876—1877年），法籍神父夫耶茔、鹤威里在涠洲岛盛塘村修建天主堂。"《广西通志·宗教志》里的说法与《北海市志》大体相同，只不过指出了盛塘村天主堂"是由法国籍神甫拉威、夫耶堇、鹤威里共同主持修建的"。这两本书都没有提到范兰神父。

第四种是吴小玲、陆露在其编著的《南国珠城：北海》中的说法，即：法国天主教"派遣文神父随同客民（客家人）进入涠洲，设立教堂传教，涠洲天主教堂就是在此时建立的……涠洲岛天主教堂大约创建于清代同治八年（1869年），历时10年至光绪五年（1879年）落成"。也就是说，该教堂建于1869—1879年，是文神父所建。

第五种是《涠洲岛志》里的观点："光绪八年，1882年，法籍范神父以有钱出钱有力出力的口号，发动涠洲群众在涠洲盛塘村修建罗马式大教堂一座，用时10年始建成。"这种说法，把盛塘天主教堂的建设时间后推到1882—1892年，并指出其主持建造者是范神父。

综上可知，关于教堂的建设时间，就有5个不同的时间点，而关于教堂的主持建造者，也有5位神父。那么，现存盛塘天主教堂究竟建于何时？主持建造者又是谁？由于年代久远，资料文献匮乏，都已不可考。不可否认，当这些神父在涠洲岛传教时，他们必定都有自己的传教场所或者简易教堂，但这类临时性教堂或许并非现在这座遗留下来的大教堂。

笔者认为，盛塘天主教堂的主持建造者只能是范神父，而非其他神父，这是有巴黎外方传教会的权威档案文献作依据的。

经查询巴黎外方传教会档案，笔者找到了范兰神父的生平简介和悼文，发现了所需信息。档案中的生平简介部分大约是从悼文压缩而成的，而悼文则是由后来升任为天主教广州代牧区主教的魏畅茂撰写的。魏畅茂是巴黎外方传教会会士，比范兰神父小28岁，他于1899年（光绪二十五年）追随光若翰神父来华传教，后来陆续升任天主教广州代牧区主教（1923—1946年）和天主教广州总主教区总主教（1946—1947年）。当范兰神父于1906年在香港去世时，魏畅茂神父在广州担任石室圣心大教堂主任司铎及天主教广东代牧区副主教，而作为梅致远主教的副手，他对广东省下属各地代牧区的神父（包括涠洲岛司铎范兰神父）均深有了解。范兰神父去世后，魏畅茂写下了一篇悼文（载于巴黎外方传教会《1906年工作报告》，1907年印行）以记述其事迹，因此悼文的内容具有权威性。

这篇悼文较为全面地追述了范兰神父的学习和传教生涯，包括他在北海涠洲岛、河源、广州湾、广州沙面和香港的经历，对其建造涠洲岛盛塘天主教堂、广州湾（今湛江）圣维多尔天主教堂及在各传教地创办孤儿院、学校和麻风病院的细节多有涉及。悼文主要涉及以下时间节点：1844年7月5日，范兰出生于法国洛泽尔省芒德市小镇屈比埃；1871年，范兰就读于洛泽尔省芒德修道院；1873年10月，范兰进入巴黎外方传教会修道院学习；1876年9月23日，范兰被祝圣为神父，并被挑选至广州传教团；1876年12月14日，范兰随团启程赴广东传教；1877年，范兰被分派到涠洲岛传教；1884年，受中法战争影响，范兰被调往河源县传教，不久到香港避难；1886年，范兰重返涠洲岛传教，并筹建涠洲岛天主教堂；1899年，邵斯主教将范兰调往广州湾传教；1900年，范兰在广州湾筹建圣维多尔天主教堂；1902年，广州湾圣维多尔天主教堂举行落成祝圣礼（但并未完全竣工）；1903年，范兰从圣维多尔天主教堂6米高处摔落受伤；1904年，范兰因健康原因被梅致远主教召回广州；1905年，范兰在广州沙面短暂负责管理欧洲人教区；1906年9月26日，范兰在香港伯大尼疗养院中风去世。

巴黎外方传教会关于范兰神父的生平档案和悼文仅交代了1886年范兰筹划建造涠洲岛大主教堂事宜，也涉及筹措资金及雇用劳动力等方面事实，但并未提到教堂的竣工时间，这不免有些遗憾。不过，鉴于教堂顶层所挂白银合金大钟上刻有1889年铸造字样，我们可以推断，该教堂的封顶时间在1890年左右。

综上，笔者认为，涠洲岛天主教堂是由法国巴黎外方传教会传教士范兰神父主持建造，建造时间大约在1886年至1890年间。

历尽沧桑的北海西洋建筑

——漫谈洋楼在北海的诞生、发展、衰落与保护

周德叶

  1876年中英《烟台条约》签订,北海翻开了被迫对外开放的一页。2011年年底,北海市档案局和北海圣美公司在珠海西路展出的一幅画于1877年、题为"陛下领事馆的外面"的水彩画,就是这一历史的佐证。人们通过此画可了解到北海旧城区昔日的建筑式样和环境风貌。1883年,北海第一座西洋建筑诞生。随后的数十年间,在北海建造的洋楼一座座拔地而起,它们犹如一部部北海对外开放的立体年鉴,记录着其诞生、发展、衰落和保护的全过程。这些历经沧桑而幸存下来的洋楼,在距今的20年间先后被公布为市级、自治区级和国家级文物保护单位,为北海申报"名城"提供了宝贵的文化遗产条件,让人们从中了解北海近现代发展的另一个重要侧面。

一、从疍家棚式的英领馆到北海第一洋楼

  在现代人的印象中,外国领事馆一定是漂亮坚固的别墅式洋楼。但100年前英国在北海设立的领事馆,却是租用一间建在临海的疍家棚式的木屋。由于北海已对外开放,英国在北海设立领事馆那一年,清政府在北海设立海关(旧称北海关或洋关)。那些被清政府聘请主持北海关的洋人税务司(相当于今海关关长),率先于1883年在市区东郊不远处建造一座漂亮的洋楼——税务司公馆,专供北海的税务司居住。由于该楼是北海有史料记载建造最早的洋楼,故被后来的北海史学工作者称为北海第一洋楼。在建此楼的同时,在税务司公馆北面临海的斜坡上亦建造北海关办公大楼。两楼虽然当时由洋人税务司主持,但北海关为清政府开办,而且两楼均由中国建筑师罗树率领的施工队建成,故属中国人的洋楼。两楼在当时北海的土著人看来,犹如从遥远

西方漂来的海市蜃楼，是如此之高大、漂亮，与当时本地"类多版筑而居，编竹为瓦，雕墙峻宇"（《北海杂录》）的建筑形成强烈对比。应该说，两洋楼的建成，在北海的建筑史上有着重要的史料价值。

二、从第一洋楼到洋楼群的建造

北海英国领事馆的领事认为其馆的周围环境太差，看到北海税务司建了两座漂亮舒适的洋楼后，于1885年在距英领馆南面数百米处买地建造新的领事馆，这是一座非常漂亮、坚固的券廊式洋楼。随后在北海市区南郊的土地上，于1886年建造英国教会传教士居住的双孖楼和普仁医院，1890年建造法领馆，1900年建造德国教会公馆，1905年建造洋关外班洋员大楼和德领馆。19世纪末至20世纪初，北海约有大小洋楼20多座，是北海洋楼建造的兴旺时期。

1905年以后至20世纪40年代，北海天主教堂、神父楼、主教府楼、女修道院、圣德修道院、育婴堂、法医士公馆、五旬节圣洁会、洋员俱乐部、监察长楼等10多座建筑，如雨后春笋般先后冒了出来。

上述数十座洋楼都有各自的园子，园内除种植花草树木外，还有附属建筑。这些园子之间相隔不远，几乎连成一片。形成一个洋人工作生活区。19世纪末至20世纪上半叶，北海市区面积约0.8平方千米，其中洋人区的面积为0.23平方千米，占市区总面积的1/4多。然而在民国期间，由于受到第一、二次世界大战及其他因素的影响，英、法、德等西方国家在北海设立的一些机构相继撤离，其洋楼的主人也纷纷离去。曾一度亮丽的洋楼群日渐走向衰落。

三、保护人去楼空的洋楼群

1949年后，这些人去楼空的洋楼，成为近现代洋人在北海活动的历史遗存。据了解，这些洋楼群的一切都保存完好，由相关部门或一些单位使用。早在1956年，广东外事办（当时北海属广东管辖）发文到北海外事办，将"前法国驻北海领事馆"等"外人房地产"有关情况进行登记上报，这时人们知道这些洋楼及其附属建筑还是"外人的房产"，要保护好作为依据，由国家对有关"外人"财产统一处理。应该说，这一举措客观上使这些历史建筑得到了一定程度的保护。

然而，1949—1986年，一来北海没有文物保护机构，二来人们对往昔西方列强留下的洋楼，认为没有保留的必要，即使要保留，有两三座就可以了。因此，一些使用洋楼的单位，因拆旧建新的需要拆毁了不少。

1986年，全国进行第二次文物普查，于是，北海成立了文物保护机构。这些被拆剩的洋楼，相当一部分被市文化部门调查后，纳入市级文保单位报市政府审批。1992年，时任国家文物局副局长马自树到北海视察了英、法、德等洋楼后对主管文化的市领导说，像你们北海这样的西洋建筑，我国很多地方已拆得差不多了，而你们北海还能保留下来，这不容易，建议你们把这方面的经验写下来，争取在国家有关刊物上发表。第二年，英、法、德领事馆等旧址作为近现代重要建筑，被公布为市级文保单位。

这批文保单位的公布，引起了广西文化厅文物处的高度重视。该处在起草《广西区文物保护管理条例》时，在第一章"总则"中加了一条（为第7条）：反映历史上中外关系、民族关系的重要遗址、建筑、遗物，受国家保护。

该条例于1993年获自治区人大会议通过。在后来的一次全区文博会议期间，文物处的一位副处长告诉笔者，该条例主要是为加强北海西洋建筑的保护而增加的。由于国家文物局和区文物处对北海洋楼保护的重视，北海的市级文保单位中的一些洋楼，先后被公布为自治区级和国家级文保单位。

四、原英领馆的"平移"保护

1999年，北海市要开通北京路与解放路的连接，原英领馆刚好位于要开通的连接点上。若两路的开通要取直，原英领馆就必须拆掉。但此时的原英领馆已有了一个"护身符"——自治区文保单位。为此，市政府与有关部门不知开了多少次大小会议讨论数个保护方案，最后由市"四套班子"决定利用现代"平移"技术，将原英领馆易地整体"平移"保护。此方案经自治区文化厅和国家文物局审查同意后，由广西建筑科学研究院于1999年10月2日上午负责"平移"，仅两天时间，原英领馆被整体往东北方向迁移55.8米。这是北海文物保护的一件大事。

原英领馆平移后的10年间，部分破败不堪的国家级文保单位，如英领馆、医生楼、森宝楼、双孖楼（其中的一座）、大清邮政局、北海关等旧址都得到有文物维修资质的维修队进行维修，重现它们百年前初建时的原状。2012年1月18日《北海日报》报道，有着百多年历史的国家级文保单位涠洲盛塘天主堂和城仔圣母堂，已搭建脚手架准备大规模维修。这是北海文物保护的又一件大事。

2010年年底，北海被列为"国家历史文化名城"。"名城"的获得，归功于市委、市政府和全市人民多年来对北海历史遗存的保护，因而得到申报历史文化名城专家组和国家文物局领导到北海考察后的一致肯定。2009年5月23日《北海日报》报道，由中国工程院院士王瑞珠带领的专家组"实地考察了北海老街、普仁医院、英国领事馆、德国领事馆、法国领事馆等遗址后认为：从全国范围来讲，北海的区域优势明显，历史文化底蕴浑厚，历史遗存十分丰富，基本上具备了申报历史文化名城的条件。"2010年3月24日《北海日报》报道，时任国家文物局局长单霁翔到北海调研时，参观了珠海路老街，英、法、德等领事馆旧址和合浦汉文化博物馆后认为："北海完全有资格成为国家历史文化名城。"另据可靠消息透露，北海已获得1.5亿元资金，用于对"名城"历史遗存的修复、保护。若干年后，北海"名城"将以"突出自己传统特色"，呈现在世人面前。

木梁古风惠爱桥

刘忠焕

惠爱桥,是横架在廉州镇西门江上的一座木梁古桥。

一座古桥,大抵会有些故事的。凝视惠爱桥,在沧海桑田的一刹那,总会让人想起那片土地,想起那片土地上固有的精气神,让人寻觅到远去的岁月所留下的某些历史密码。

从汉武帝设合浦郡算起,我们脚下的廉州古镇,曾走过了2 000余年的历程,而惠爱桥,则要年轻得多。就算年轻得多的惠爱桥,对世人而言,也已经装下一筐筐的故事,说不尽道不完。在斗转星移的光阴中,人在变,物在变,古郡在变,惠爱桥也在变。不变的,是潜藏在我们血脉里的基因,以及我们永远的守望。

惠爱桥,已经成了廉州古建筑的标志物,来此游玩的人们,又可曾感受到来自时光的风?

据《合浦文物简介》载:惠爱桥又名旧桥,也叫西门桥。位于廉州惠爱路的西门江上。宣统三年(1911年)建成。此桥重建前曾设渡和桥。初始为渡,称第一渡。明正德年间(1506—1521年)知府沈纶以渡不如桥便,始造西门桥,也称金肃桥。嗣后年久桥圮。崇祯八年(1635年)知府郑抱素才修复。清乾隆二年(1737年),知府张绍美又修复。光绪十三年(1887年)毁于火,又复设渡。至宣统元年(1909年),邑乡绅商合力募捐,得钱万余贯,乃动工兴建,宣统三年(1911年)落成,知府李经野题匾为惠爱桥。并于桥东旷地建屋,年收租金,由商会储为养桥费用。抗日战争时,惠爱桥改名为民族桥;"十年动乱"时期又改名为反帝桥,后恢复原名惠爱桥。

惠爱桥的身世,如一位饱经风霜的老人,不但过程曲折,发生的故事也挺多。

此前,西门江上是没有桥的,桥址前身为渡,称第一渡,可见其交通位置的重要。自明朝正德年间始,时任知府沈纶造了桥,命名为西门桥,才直接沟通了两岸,方便了百姓和商贸的往来。

明清时期，每到秋天，煞气显重，是处决犯人的时候，廉州古城的西城门外是处决犯人的地方，因此，西门又叫金肃门，西门桥又称为金肃桥。

话说惠爱桥下的西门江，可不简单，它是汉代合浦郡海上丝绸之路最重要的黄金水道。《广西通志·自然地理》曰："在历史上，合浦曾成为我国西南地区对外贸易的重要港口。"《合浦县志·地理篇》亦载："流经县城由干体出海的西门江水道，历史上曾是南流江主要河道，船舶经干体港口直达廉州。"可见西门江第一渡的繁忙与风光无比。

明末清初学者屈大均在《广东新语》里记载："予尝至合浦，止于卖鱼桥，故珠市也。闻珠母肉作秋海棠或杏华色，甚甘鲜而性太寒。""土人饷我珠肉，腊以为珍，持以下酒。"他乘船自海上来，转入西门江溯流而上，抵达廉州珠市，在"卖鱼桥"处上岸。笔者有点怀疑，屈大均说的卖鱼桥，是不是西门桥呢？

西门桥建了塌，塌了建，多次翻修过。如明崇祯八年、清乾隆二年、清嘉庆二年等，时任知府者都主持过西门桥的重建。这期间，曾一度把桥移到兴仁里（今廉州镇三甲社），叫新桥，也就是现在的上新桥。但此处稍嫌偏僻，不利于居民出行，又迁回西门桥原址，故西门桥又有旧桥之称。

光绪十三年（1887年）夏，一场大火又把西门桥烧毁，还烧毁了桥两边的许多商铺。西门桥再度变为渡口，但码头的功能还在。光绪三十三年（1907年），李经野到廉州任知府，发动集资，重建西门桥。邑乡绅商合力成事，于宣统元年（1909年）完工。李经野将西门桥命名为"惠爱桥"，有惠爱百姓之意。李经野还亲自题写了桥名，这便是惠爱桥得名的来历。

在钢筋混凝土尚未应用于桥梁建筑之前，一般以木材或者石材来架桥。像著名的赵州桥，就是石拱桥。但惠爱桥（包括其前身西门桥），因为石材、资金、工匠等原因，没能做成石拱桥，只好就地取材，用木材架设之。

惠爱桥跨度26米，桥面宽2.75米，桥掩体高5.64米。为本地工匠蒋邑雍设计。用材全部为木质，整体呈三铰拱人字架形，拱脚支撑在两岸石砌的榄核形桥墩上，桥墩设有砖砌弧拱形泄水孔。造型庄重又不失灵巧。这种设计，匠心独运，为广西首创，全国也罕见，在我国传统木制桥梁技术史上独树一帜。

走在桥上，但见木梁横架，坚硬如铁，古风悠悠。而惠爱桥的前世今生，无疑是廉州历史的一个缩影。

20世纪80年代，笔者到廉州工作，才第一次见到惠爱桥。我走上桥去，抚摸着那些粗壮而老旧的木头梁柱，不禁为工匠的巧妙设计和工匠精神所折服。

古老的惠爱桥，连着两头的骑楼老街，往西是阜民南、北路，往东是西华路，转中山路，这一带为廉州的"商圈"，最为繁华了。这些街道，铺着厚厚的石板地面，两边是鳞次栉比的骑楼商铺。惠爱桥还辐射了一系列的专业市场，如篓行街、缸瓦街、上下柴栏、货运码头等，那些日用品、蔬菜、三鸟、农用品、药材、木材、猪苗等，都云集在这一带。

夜晚降临，这一带灯火通明，人来人往。西门江上虽然少了帆影点点，岸上却像白天一样，营业如常。几百年养育的商业味，从未改变。

明代诗僧释大善写有《朱桥》一诗："江潮不畏海门遥，进浦云生第二桥。乍入松涛旋作雨，忽翻竹浪又为潮。远来货物舟人识，初到商人店主招。夜泊客灯渔火伴，月明沙岸草萧萧。"笔者以为，这样的诗就是为惠爱桥、西门江和这一带的商埠而写的。

曾经与"廉阳八景"之西门古渡、埠市人烟有关联的惠爱桥，讲述着一个个神秘的传奇，也沉淀了一段段久远的故事，见证了廉州的前世今生。1995 年，惠爱桥被列为广西壮族自治区级文物保护单位，并成为一个旅游景点。在合浦迎八方来客时，惠爱桥成了一张木梁古风、古韵悠长的新名片。

近闻，县委、县政府打算将西门江两岸老城区打造成"海上丝绸之路"历史文化古城。以"丝海起合浦，一江两广情"为特色，以合浦南珠文化、海洋文化、汉唐文化为主题，以廉州古城为主体，建设成旅游休闲街区。这是一个好消息。

不管历史的脚步如何走，古老的惠爱桥依然屹立在当初的西门江上，依然是木梁古风，人来人往。

北海近代建筑的"幸运儿"

一、老街成为"幸运儿"

20世纪80年代初,北海还没有文物保护机构,人们对老街的保护意识淡薄。在那期间,凡老街需拆旧建新的房屋,一律不要骑楼,究其原因,听说是为了扩宽马路。今珠海西路还有数间骑楼被毁的遗迹,就是当时拆旧建新留下的印记。1984年,北海被国务院列为14个开放城市之一后,寂静多年的老街渐渐引起人们的注意。据说当时北京某建筑院校的一位著名教授带领他的弟子们到北海考察,除了老城的西洋建筑吸引他们的眼球外,珠海路老街的建筑群更令他们惊叹不已。带队的教授说,想不到在中国内地的最南端,还有这样一条具有文物特点的老街,在惊叹的同时,也为珠海路的一些骑楼建筑被拆旧建新后没有了骑楼而惋惜。这位教授后来向有关部门建议:北海一定要保护好这条百年老街,不能再毁骑楼了,今后若要扩展市区,可向市区南面发展。从此以后,珠海路骑楼被毁的现象得到了遏制。这是老街成为"幸运儿"而得到保护的一种说法。

二、中外专家对老街的赞叹

此后凡到北海参观考察的中外专家学者,都不约而同地对这条百年老街发出赞叹。1993年秋,美籍华人学者孙洁女士第一次到北海观光,便被珠海路的风物所吸引——具有西欧特色的临街立面的窗拱,拱顶的雕饰线以及立面顶上中西合璧的女儿墙雕饰,令她赞叹不已。她说,有一天她站在珠海中路往东西两端遥望却看不到尽头,很像一条巨龙,龙头在海关,龙尾在外沙,珠海路气势不凡。1994年7月,时任北京古建筑研究院院长王世仁参观了这条很有文物特点的老街后也非常惊叹,建议市有关部门应按照文物修复原则恢复其原貌，使它成为文化旅游一条街，这在中国也是一绝。20世纪末，英国来了一位退休的建筑专家白瑞德，对北海的古建筑进行研究和保护。经过近一年的调研，离开北海时留下一份调研报告，说珠海路和中山路一带的骑楼建筑老街显得十分独特迷人，北海旧城区的历史及文化价值，不但对北海市本身具有重要意义，而且对华南地区、全国甚至可能在国际舞台上都具有重要意义。1997年12月底，时任加拿大蒙特利尔市市长皮埃尔·布尔克参观珠海路后感到非常惊讶，他向市领导建议，北海可向联合国教科文组织申请，将珠海路老街作为世界文化遗产保护起来。

三、"幸运"的西洋建筑群

近代，因中英《烟台条约》的签订，北海被迫对外开放，英国于1876年在北海建立领事馆。在随后的数十年间，在北海建立的领事馆、教堂、医院、海关等西洋建筑林立。直到中华人民共和国成立后这些洋建筑约有30多座，但大多数已人去楼空。如何处理这些洋楼便成为有关使用单位要解决的问题。本来这批具有重要历史价值的近代建筑应得到保护，但至1986年，北海还没有文物保护机构，人们对往昔西方列强留下来的洋楼认为没有保留的必要，因此，使用洋楼的单位因拆旧建新的需要拆毁了不少。

1986年全国开展第二次文物普查，北海有史以来第一个文物清查保护小组（简称文保小组）成立，对北海的近代建筑进行了普查，并准备将其列为文物保护单位上报。但保护这些西方列强留下的建筑是否妥当，文保小组曾向自治区文物处请示，得到的答复是"文物普查期间先保起来再说"。时值北海正处在拆旧建新热潮中，使用德国领事馆旧址的单位准备对其拆除，再建一座新的办公大楼。文保小组知悉后在市文化局的支持下发函到自治区文物处反映，区文物处很快便以区文化厅之名发函到市文化局，说此旧址不能拆除，日后作博物馆用。就这样，德领馆旧址幸运地被保护了下来。后来，市政府公布了一批近代建筑为市级文保单位。区文化厅很重视北海近代建筑的保护，在制定区文物保护条例时，加了一条"反映历史上中外关系的建筑受国家保护"。1999年年底，市区要开通北京路与解放路连接，但英领馆旧址在要开通的道上，必须先拆除才能取直道。后来市文化局、市政府、区文化厅和国家文物局商议，决定"平移"该旧址，使得这座在北海有"大哥大"之称的近代建筑和其他一批洋楼没有被毁而成为"幸运儿"。2001年，这批"幸运儿"因具有重要的历史价值被国务院公布为全国重点文保单位。

四、"幸运儿"成为北海近代史的陈列馆

2016年5月1日，笔者参观由市文物局举办的北海近代外国领事机构历史陈列馆揭幕仪式。陈列馆就设在英领馆旧址。此馆上下两层共有5个展馆，按顺序先后陈述英、法、德等8个国家在北海设立领事馆；陈述各领事馆在北海展开的政治、文化和社会活动；外国人在北海的生活内容；各使领馆对北海的影响；近代英帝国主义在中国各大城市设立领事馆的分布。整个陈列馆用翔实的史料、历史照片和文物布展。中国作家协会副主席陈建功参观陈列馆后给予了高度评价，认为陈列馆的开放是让文化遗产融入现代生活的大手笔，是推动北海近现代历史的展示。尤其是陈列馆设在英领馆旧址，是一个很有特色的展览。陈建功副主席以作家观察事物敏锐的目光，看出了利用这些"幸运儿"作为近代史展馆的特色，比如：用英领馆旧址陈列北海近代外国机构的史料；用德国森宝洋行旧址陈列北海近代洋行历史的史料；用海关寄信局旧址陈列我国最早邮政局的史料；用普仁医院医生楼旧址陈列北海最早开设的西医院和麻风病院的史料；用骑楼老街开设北海老城历史文化馆。据市文物局计划，今后还将继续以北海关旧址陈列北海海关的史料；以德国长老会旧址陈列北海宗教史的史料。总而言之，这些"幸运儿"在市区各类展馆中具有"镇馆之宝"的价值，这就是北海各近代历史展览馆的特色。

西汉羽纹铜凤灯

刘忠焕

在合浦，铜凤灯是无与伦比的文物瑰宝，是汉代墓葬錾刻纹青铜器的代表作。凝视铜凤灯，它反映的不仅仅是作为汉代郡治和海上丝绸之路始发港的繁荣兴盛，也彰显了当时手工制作技术极高的水平。

铜凤灯是1971年在合浦县望牛岭西汉晚期一号墓发掘出土的，出土时是一对。铜凤灯高33厘米、长42厘米、宽15厘米，外形仿凤鸟，双足并立，昂首回望，凤尾羽毛后曳垂地，与双足共同支撑身体，轻盈而稳固。凤身细刻有羽毛，轮廓清晰。头、冠、颈、身、翅、尾、足，比例协调，栩栩如生。凤背是一个圆孔，放置灯盘，颈内空，由两节套管相连，可以折开和转动，腹腔可盛水，回首的凤嘴衔喇叭形灯罩，正对灯盘上方。当灯火点燃之时，油脂燃烧后的烟灰通过凤嘴进入颈部，传达腹腔，溶于水中，消除了油烟污染。

铜凤灯采用细线浅刻花纹工艺，异彩大放，已经达到了青铜装饰的里程碑水准。造型也逼真美观，极具艺术观赏性。因此，铜凤灯出土后得以入选"中华人民共和国出土文物展览"，漂洋过海，到日本、罗马尼亚、南斯拉夫、墨西哥、荷兰、比利时等国展出。1995年，再度随"中华文明珍宝展览"出展北欧挪威等国，可谓名扬四海。

铜凤灯，仅是后人以其外观造型而命名，在汉代，这一类的灯具有一个统一的名称，叫做"釭灯"。这个"釭"字，《说文》中释为"车毂中铁也"。《说文》段注为："凡空中可受者，皆曰釭。"《释名·释车》曰："釭，空也，其中空也。"《广雅疏证》也说："凡铁之中空而受枘者，谓之釭。"在汉代之前，"釭"主要应用于车辆和建筑上。到了汉代，工匠们借鉴了车辆和建筑上的设计，巧妙地在灯具上安装了弯曲而中空的导烟管，制作出了造型优美而且环保的"釭灯"。

造型复杂的釭灯，不仅出土于合浦，在全国各地的汉墓发掘中也屡有发现。据报载，河北满城一号西汉墓出土的釭灯，其灯腹内壁尚存有一层薄薄的白色水碱，证明其中曾储水。在湖南长沙五里牌401号西汉墓中，出土了装有双烟管的釭灯，烟气的流散更加通畅。在湖南长沙桂花园西汉墓，出土过牛形的釭灯。在江苏扬州邗江东汉墓，出土过错银铜牛灯。在河北满城2号西汉墓，出土过宫女状的"长信宫灯"。在山西平朔照十八庄1号西汉晚期墓、襄汾吴兴庄西汉晚期墓和陕西神木的汉墓中，出土过雁鱼釭灯，以雁颈为烟管，雁口衔鱼。新近发掘的江西南昌海昏侯墓中，亦出土了一件雁鱼釭灯。

据考证，在汉代，点灯用的油脂都是十分珍贵的动物油，蜡烛还没有出现，植物油也没有用做燃油。而动物油脂燃烧后，烟雾很大。釭灯的发明与使用，无疑是聪明才智的结晶——将烟气导入灯腹的水中，减少烟尘对室内的污染。

在这些出土的釭灯中，不少都是名花有主的。如海昏侯刘贺的雁鱼灯、长信宫灯为西汉阳信侯刘揭所有等。但合浦的铜凤灯，在现存的资料中只有灯具本身的简介，却没有考证出是谁的陪葬品。是当时发掘过于匆忙，只取文物，疏于考证？还是考证水平不行，放弃了？这些疑问，还有待科考人员的重视与努力。

在汉朝，地处岭南沿海边陲的合浦郡，除了南流江沿岸外，大部分区域依然处于蛮荒之地，少有王侯之类的大人物到此。据陆敏珠《行走在时间上的南珠乡》记载："合浦汉墓群葬考古出土大观中有汉代中山王太后卫姬（汉平帝的生母），国丈董恭等皇亲被贬谪迁徙于合浦，即薨安葬于此地。"配得上铜凤灯这种高级陪葬品的人，很可能就是这少部分人，也有可能是郡守、将军这一类权倾一方的封疆大臣。当然，合浦郡在当时也是海上丝绸之路的始发港，贸易繁忙，也不排除是家底殷实的巨贾。

孤檠秋雨夜初长，愿借丹心吐寸光。可见，即便是已经入土为安的墓主人，也要像生前一样，为一方水土的安宁与兴旺，鞠躬尽瘁、操劳家国大事。彼时，釭灯非一般人家所消受得起，照明成了达官贵人或者商贸巨贾在黑夜里唯一的寄托。而在墓室的漫漫长夜中，釭灯还能照亮墓主人未竟的使命。

历史上，有喜欢卖弄文采的"文艺青年"，爱拿釭灯来说事。如，西晋的夏侯湛写有《釭灯赋》，誉为"取光藏烟，致巧金铜；融冶甄流，陶形定容"。南北朝的王融在《咏幔诗》里说："但愿置樽酒，兰釭当夜明。"江淹在《别赋》里说："夏簟清兮昼不暮，冬釭凝兮夜何长。"南朝梁元帝在《草名诗》里也偶有佳句："金钱买含笑，银釭影梳头。"唐朝白居易在《卧听法曲霓裳诗》里也来凑热闹："起尝残酌听余曲，斜背银釭半下帷。"

可是，到了后来，釭灯就少有人提起了。就连《康熙字典》里，"釭"的词条里都说了，"按金釭，非灯，乃诗人误用也"。可见，到了明清时期，已经没有"釭灯"

的记忆了。原来是有了蜡烛和植物油点灯之后，便省了许多的事，加上炼铁技术的出现，青铜器便隐退江湖，釭灯也退出了历史舞台。

不管怎样，釭灯还是为后人传达了美好与智慧。它将审美、实用与科学融为一体的高超设计，使人为之拍案叫绝。而在众多的釭灯中，笔者最推崇的还是铜凤灯，毕竟龙是华夏的图腾，配得上龙的便是凤，华夏子孙喜欢龙凤呈祥，自古皆然。铜凤灯的寓意，已经表露了吉祥的好彩头。

现在，铜凤灯不仅是一件可供观赏的文物，其精美的设计还在深深地影响着人们的生活。

2011年11月，北海·世界客属第24届恳亲大会，吉祥物"阿凤"招人喜爱。她就是根据铜凤灯而设计的，配上客家人的习惯称呼"阿凤"，一股客家风情扑面而来。

2014年5月，北海园博园开园。站在大门前迎客的便是巨型仿制的"迎宾铜凤灯"。

2014年9月，南宁机场新航站楼（T2航站楼）投入使用。这座建成后被称为"双凤还巢"的航站楼，其设计灵感便来自铜凤灯。与北京首都机场T3航站楼"中国龙"造型遥相呼应。

2016年12月，合浦"西汉羽纹铜凤灯"荣登"中国2016亚洲国际集邮展览"邮票。

另外，广西特产网，将神兽尊、铜鼓、铜凤灯包装成"广西吉祥三宝"，卖力推介……

"今宵剩把银釭照，犹恐相逢是梦中。"我们已经无法再追忆铜凤灯的前世今生了。也许，我们得到的仅是它的一个信念，那就是釭灯在与光阴流逝的对抗中，从未动摇过。

赤江陶瓷：揭开历史的尘封

罗 伟

北海制陶手工业长达2 000多年，而赤江陶艺，承传了北海延续千年的制陶工艺，是北海陶艺中最璀璨的一朵奇葩。

位于北海市铁山港区兴港镇的赤江陶窑，自宋元而始，兴盛于明清，历经800多年，至今仍窑火不熄。作为桂南粤西地区仅存的宋元窑址，其历史久远、工艺成熟的"赤江陶烧制技艺"，2015年入选北海市级非物质文化遗产代表性项目名录，2018年列入自治区级非物质文化遗产代表性项目名录，成为北海众多"品牌名片"之一。

北海制陶业之所以能在赤江传承千年不衰，除了市场因素外，其得天独厚之处在于当地蕴藏着储量丰富、高品质的高岭土、石英砂等矿产资源，以及熟练、完善的陶瓷烧造技艺。

赤江陶艺的盛名，最早可追溯至宋代，且随海上丝绸之路扬名海内外。从赤江旧窑址出土的宋代的瓶、罐、碗、盆和瓷片中，均为拉坯成型，说明当时的陶瓷技艺水平已相当之高。随后几百年，由于屡经战乱及历代对外贸易政策等原因，赤江陶瓷业一度走向衰落。而清朝道光年间，赤江陶瓷重燃炉火。至同治年，南康垌心坡村的吴正仁、吴正义、吴正礼兄弟3人到赤江建"白碎窑"，厂号为"义和祥"，生产缸、煲、盆、钵等民用生活陶器。到清朝末期，增建了"伯公窑"和"中间窑"，有6条窑口和1条碗窑。民国期间，组建为"同益公司"，生产煲、砵、盆、碗、碟、缸、杯、壶等多种陶器，产品畅销粤港澳以及欧美、南洋诸地。

中国古陶瓷专家冯先铭在《古陶瓷鉴真》一书中说："在广西，宋代烧青白釉的有桂平和北海2窑，桂平窑所烧器皿较多，北海窑只烧碗盆碟等器……主要供外销之用。"

近年来，文物工作队从赤江出土的大量陶制品中，发现各种瓮、壶、盆、碗、钵、压槌、垫托、擂钵、筷筒、器盖、烟斗和拨火罐等，其制作工艺和烧造技术，从宋元至明清，历年间都有很大提高。如对瓷土的选择、提炼，因材施釉，在纹饰题材、制瓷种类、施釉颜色等方面都有所进步。烧造技术方面，窑炉也从半倒焰式的馒头窑改为平焰式的"龙窑"。

现在的赤江田头屋村，还存有一座距今160多年的"龙窑"。这座依山坡倾斜而建的"龙窑"，窑长50余米，堆土高达7米多，形似卧龙。据"赤江陶烧制技艺"非遗传承人陈李明介绍，这座"龙窑"用土砖堆砌而成，窑头、窑床、窑尾呈直焰式筒形穹状隧道，窑脊上两旁设有多个小洞，制陶工艺极为考验耐力和技艺，其特点是升、降温快，生产周期短、产量大、成本低，烧制出的陶瓷品洁白细腻、质地优良，既降低成本、提高质量，又扩大了生产规模，高峰时，年产陶瓷可达几十万件之多。

在陈李明的工作室收藏着一些赤江古陶瓷皿器和碗碟碎片，陶瓷片上的图案和雕刻的花纹清晰可辨，勾画的装饰线粗细一致，釉色纯净，见证了赤江陶艺曾经的辉煌。

在工作室的展架上，摆放着大量造型各异、风格独特的赤江青白瓷和多种颜色的釉瓷器。陈李明称，经百多年演变，赤江艺术陶艺与广东石湾陶艺异曲同工，都秉承传统拉坯成型方式，兼以原生态的草木灰原矿着色，素心素面，古朴文雅，陶器纹路自然中透着别致的格调，颜色千变万化，润实坚致、经久耐用，兼备实用性与艺术性。

自20世纪80年代以来，赤江陶瓷以出口为主，是广西陶瓷出口创汇大户。相关制品有日用陶器缸、盆、罐、砂煲以及炻瓷、日用瓷器、艺术陶瓷等，最具代表性的产品是砂煲和炻瓷。由于其制作原料是二次沉积黏土，具有黏性强、可塑性、透气性能好，不含有害元素，且具有杀菌和抗菌能力等特点，被外商誉为"中国特色炊具""中国正牌炻瓷产品"。

除日杂用品外，赤江陶瓷还出产有瓶、壶、碟、罐等高雅艺术器皿。赤江陶瓷艺术品类丰富，有乡土风物、神仙道佛、戏剧故事人物、生肖造型等具有浓郁民俗色彩的作品，也有实用与艺术相结合的瓶壶罐，以及用于建筑装饰的青白瓷围栏、釉面水滴等。题材造型端庄大方，釉下手彩精美，实用性与艺术性并存，风光一度媲美相邻的钦州坭兴陶、佛山的石湾陶，是不可多得的艺术珍品。

由于兼具民族特色和鲜明的地域文化特征，从1963年开始，赤江陶瓷在国内外各种产品宣传、展销活动中多次获得金、银、铜大奖。2007年至今，赤江陶瓷制品历年获"广西名牌产品"称号；2013年，赤江田头屋古窑址被列为"市级文物保护单位"；2015年，赤江陶艺进入第三批市级非物质文化遗产代表性项目名录；2017年，赤江陶器入选"广西老字号"名榜；2018年，"赤江陶烧制技艺"列入自治区级非物质文化遗产代表性项目名录。

近年来，赤江陶瓷焕发生机，在题材创新、造型技艺和烧制技法上既有传承又有创新，产品造型、釉色、装饰技法等都得到了全面提升，迈上了一个新的艺术台阶。

珠光蔚起白龙城

范翔宇

一、白龙珍珠城

白龙珍珠城是一座因白龙而名、因珍珠闻名、以还珠传世的历史文化古城。这里曾经回响过传旨宣诏的马蹄声；留下了王者千岁的采珠梦；升腾起抗倭御寇的烽火狼烟；留下了岭南才子的诗词华章。南城门外，犹听采珠螺号飘荡而过；杨梅岭上，却见飞珠遗址有迹可循；白龙井畔，更有珠贝层叠的岁月留痕，承载着千古传奇，寄托着百代守望，蕴含着丰富厚重的文化魅力，传递着珠还合浦的浩气清风。

图 4-15　白龙珍珠城遗址（罗伟　摄）

白龙珍珠城城内的建筑因年久失修而大多损毁，但城墙及城门基本完整。抗日战争期间，为防日寇轰炸便于城内居民疏散而拆除了大部分城墙及城门，只剩下南城门及东侧一段2.6米高的残墙。20世纪80年代中，所剩南城门和残墙也崩塌损毁。

现存的白龙珍珠城门楼为南门楼，是20世纪90年代初，为举办北海首届国际珍珠节及合浦首届采珠节而在南门楼旧址重建的。同时，为了有效地保护尚存的城墙遗址，在重建白龙珍珠城南门楼时，采取了延长城门墙体建保护棚的措施进行覆盖保护。城门墙体保护棚内的城墙遗址长约30米，宽10米，最高处2.5米。从南门楼墙体保护棚外向东延伸的古城墙遗址，有迹可循者约60米，最宽处5米，最高处1.5米。

登上南门城楼，向南遥望，白龙珠池隐约于浩瀚烟波中；举目向西，可见入海口江流婉转如带；放眼东去，杨梅岭上古寺踪迹可寻；回望城内，一街三行格局依然。

白龙珍珠城在建城的过程中，充分考虑到地处海岸丘陵的黄砂土层地质特征，结合本地无山少石的资源状况，采取了三合土材料（即用石灰、狗皮砂、黄黏泥混合在一起）的夯墙方法。为了增强墙体的坚固性，还加进适当的桐油、土制板糖和糯米粉。由于当地缺乏狗皮砂，而积累存留有大量的珍珠贝壳，因此在拌制夯墙材料时，就采用珍珠贝壳来代替狗皮砂。由于珍珠贝壳形状凸凹不一，与石灰、狗皮砂混合夯实后，更有利于相互"咬紧"黏合，增强了墙体的紧密坚韧性，由此形成了白龙珍珠城城墙中大量珍珠贝壳存留的现象。

由于利用珍珠贝壳作夯墙材料是就地取材，资源丰富，成本低，城内的一部分民居也采用此方法夯墙建造房屋，至今城内尚存留有以珍珠贝壳与石灰、狗皮砂三合土夯制墙体的民居。

白龙珍珠城这种特殊的珍珠贝壳城墙里面，保存了大量的古珠贝，在构成了独一无二的建筑景观的同时，也为后世研究古代孕育南珠的特定珍珠母贝——合浦马氏珠贝的物质结构及生长形态，提供了难得的物质遗存，除了景观欣赏价值之外，还具有不可代替的科学考证价值。

至今，城墙遗址下，还遗留有大量的古代珍珠贝壳，这些珍珠贝壳层厚度分别从60厘米至2米不等，质地坚硬如石，光泽如丝，温润如玉，是不可复制、极具开发价值的特色资源。

南门楼东侧，依次是防御千户所、采珠太监公馆、盐场大使、县丞、水师都守、龙门协右营把总、司巡检等衙署旧址所在地。

南门楼西侧发掘出土有西城门遗址，遗址上呈现出清楚的车辙，车辙虽然来自不同的方向，但宽度相同，由车辙的宽度可辨析西城门的大小，由此又可测出与西城门、南城门的距离，为考证白龙珍珠城的规模提供了准确的数据。西城门遗址前，还发掘恢复了具有 300 多年历史的白龙古井。

白龙珍珠城于 1962 年被公布为县级文物保护单位。1982 年 8 月 25 日被公布为广西壮族自治区文物保护单位。

二、海防备倭要塞

明崇祯版的《廉州府志》《海防篇》中记："白龙墩（沿边设兵戍守的堡塞，广东称之为台、墩），府南七十里，前内监采珠衙门，居八寨之中，珠场巡司衙门、东西八寨俱属管。东盐场巡司前衙门亦在此，今迁东寨。川江村系管盐丁。"

清乾隆《廉州府志》记述："白龙城，坐落府南八十里，属合浦。周围三百三十丈有奇，高一丈八尺，东西南三门并城楼。创自前明洪武年，内有采珠太监公馆，珠场巡检、盐场大使衙门，旧址尚存。"

清道光《廉州府志》《建置》篇中记述："白龙城在县南八十里，周三百三十丈有奇，高一丈八尺，东西南三门并城楼。明洪武初创建，内有采珠太监公馆，珠场巡检及盐场大使衙门。旧有水师汛地。自永安抵龙门沿海五六百里，中间呼应，鲜灵应。修复白龙旧城移驻水师都守，为水陆中枢，俾声援联络兼可策应郡城，存其说，以备采择。""白龙城汛，把总一名，兵二十五名，原设拖风船一艘，奉裁。东至珠场司汛，水路三十里，西至冠头岭、三汊口汛，水路一百里。南系大洋，北至上下窑，陆路十里，至府城水路一百六十五里。分管村庄二处，宁村距汛四里，疍户村距汛一里。"

白龙城汛把总管辖的各汛有：白龙汛、珠场汛（今铁山港南康境）、调埠汛（今铁山港营盘境）、陇村汛（今铁山港营盘境）、川江汛（今合浦白沙境）、沙尾汛（今合浦白沙境）、对达汛（今合浦沙田境）、砍马汛（今山口境）、英罗汛（今山口境）、山口汛（今山口境）、西山汛（今广东廉江境）。

白龙城汛同时又是廉州水师右营龙门营的协防要塞。

《广东海防汇览》记述："雍正二年，合浦县丞移驻永安城。珠场巡检司驻白龙寨城，稽查沿海八寨地方。白龙城兼防珠场、调埠、陇村、川江、凡四汛。白龙寨城，龙门协右营把总驻扎。"

清道光《廉州府志》《政经志·沿海古墩台》中记："白龙城，县南七十里，城内为珠场巡检司及东盐场大使衙署。"

《协防篇》中记："冠头岭三汊口汛，千总一员，兵八十八名，原设拖风船二艘，快马船一艘，奉裁。东至白龙城汛，水路一百里。"

民国版《合浦县志》中有一段记述，对此做了注解："白龙城在县南八十里，周三百三十丈有奇，高一丈八尺，东西南三门并城楼。明洪武初创建，内有采珠太监公馆，珠场巡检及盐场大使衙门。旧有水师汛地。自永安抵龙门沿海五六百里，中间呼应，鲜灵应。修复白龙旧城移驻水师都守，为水陆中枢，俾声援联络兼可策应郡城，存其说，以备采择。"

《海防》篇中记述："白龙城汛在龙营东水路三百二十五里路，府治东南水路一百六十五里，冠头岭东水由西沙入于港分为四，曰白龙港、旧珠场港、白虎港、陈瑾港。"

由上可知，白龙城的历史建制及功用主要是为了军事防御目的，而军事防御的主要对象就是"备倭"，即防御日本倭寇的侵扰。白龙城汛把总管辖的各汛有：白龙汛、珠场汛（今铁山港南康境）、调埠汛（今铁山港营盘境）、陇村汛（今铁山港营盘境）、川江汛（今合浦白沙境）、沙尾汛（今合浦白沙境）、对达汛（今合浦沙田境）、砍马汛（今山口境）、英罗汛（今山口境）、山口汛（今山口境）、西山汛（今广东廉江境）。

除上之外，还可以了解到许多历史文化知识，如：珠场八寨、珠场巡司、盐场大使、水师汛地、沿海古墩台等，并从中更进一步地认识到白龙城在当时所处的地位与作用。这对进行旅游开发时设置景观景点而言，能否准确、鲜明地体现出白龙珍珠城的历史文化特色，是至关重要的。

三、建筑布局

据现代考古发掘测算，白龙珍珠城平面呈长方形，坐北向南，南北长321米，东西宽233米，面积约75 000平方米。白龙城的城墙在夯制时，每夯一层黄土就加一层珠贝，用以代替石子，层层夯实，因此也为后世留下了白龙城城墙的独特现象，见证了当年盛产珍珠的景况。

至于白龙之名的由来，据说古时有一条白龙在该地上空飞旋，落于地面瞬息不见踪迹，人们认为白龙降临乃舆地之福，故将该地名命为白龙村。廉州七大古珠池之一的白龙池也因此得名。建城时，也就以地名命名为白龙城。

白龙城建成后，原是为了抗倭而设的防御千户所，又称白龙防御千户所。后来，在城中增设了采珠太监公馆、盐署办公衙门，而在这些官员中，采珠太监是有钦命在身、专事采珠的，享有特权，当然见官高一级，因此采珠优先。白龙城原先最基本的功能被渐渐淡忘，为抗倭而设的防御千户所城堡就被"白龙珍珠城"的称呼替代了。

古城内的街道布局设置，以东南西"三行"为主，"三行"是指鱼行、鸡行、米行三条主要南北走向的街道。如今还剩下与南门相对的中街还基本完整，尚可从中依稀看到当年的格局。南门东侧，依次是防御千户所衙门、采珠太监公馆、珠场巡司衙门、盐场大使署、水师都守署等。由此可见，当年古城规制之宏大，设施功能之齐备。了解了这些，才能对白龙珍珠城的旅游开发做到心中有景，策划有序。

与此同时，要基本弄清白龙珍珠城现有的物质遗存。白龙珍珠城现有的物质遗存主要有：

（1）古城墙。白龙珍珠城的古城墙除了南城门所保护的一段之外，还有大部分的古城墙被长期荒弃，有的人家在古城墙遗址搭猪舍鸡栏；有的在上面种速生桉树；还有的则为了通行，把古城墙挖开。处于荒弃的古城墙，不论是规模还是珠贝残迹，都要比南城门内保护的一段大得多、好得多。

（2）三行老街。古城内的三行老街是古城布局的重要见证。三行老街具有典型明清风格的卷棚顶结构屋顶；商号依稀可见的民国骑楼；深嵌在民房夯墙里的层层珠贝；青砖铺成的街道路面，这些都是不可复制、不可增量的历史证物。此外，三行老街的老房子里，还有大量至今仍不被重视的民俗器物，这都是将来白龙珍珠城旅游开发时难得的资源。

（3）碑刻和古珠贝。古城内的碑刻和古城周边的古珠贝，也都是极具保护开发价值的物质遗存，应当及时加以有效保护。例如"宁海寺记碑"，原在白龙城内，宁海寺湮没已久，但从碑文上还能基本考查出宁海寺的建成年代、创建者的姓名。这对于考证白龙珍珠城的建制历史，都是非常宝贵的直接物证。

近年来，在对白龙城的历史文化资源挖掘研究中，又先后发现了白龙古井、西城门遗址、白龙铜鼓出土遗址、白龙城碉楼、教会传教点等，这些都是独具特色的文化旅游资源。

四、老街建筑结构

白龙城南北长 321 米，东西宽 233 米，面积约 75 000 平方米。白龙城内的建筑格局，原是以军事建制需要为主，白龙防御千户所、龙门协右营把总、水师都守、珠场司巡检等军事衙署均驻城内。城内还建有炮楼。

随着合浦县丞（相当于县令）、采珠衙门（采珠太监公馆）、盐场大使衙署等行政机构的入驻，改变了城内单一的军事建制建筑格局。形成了自南门至东门一带的衙门机构行政区；南门至北门的南北大街商业区；以南北大街为主轴，自南北大街东侧由南向北依次分布，东西走向的三条专业市场街道：米行、鱼行、鸡行，由此形成了

"一街三行"的商贸布局。白龙城内的建筑格局也在不同的历史时期呈现出不同的时代特征。

首先,在建筑材料方面,早期的墙体是以三合土夯墙为主,建筑物遗存主要体现在城墙遗址、民房墙体和炮楼。在墙砖的使用方面,早期的民房除了街道两边的一部分商铺适用三合土夯墙之外,大部分民房都是使用泥砖,采取青砖夹柱的建筑方式。随着城内商贸经济的发展,商铺和民房逐步使用"一三七"(一寸厚,三寸宽,七寸长)型制的青砖,而城墙门楼和衙门机构行政区的建筑则使用特制的城墙砖和"二四八"(二寸厚,四寸宽,八寸长)型制的青砖。而房屋顶的建筑材料,则由陶瓦行条组成。

其次,在建筑的形状结构风格方面,早期的三合土夯墙形制以方形为主,遗存的建筑以炮楼为标志。白龙城内的炮楼位于南北大街北端,原为三层长方形建筑,墙体宽厚,约80厘米,二层以上的四面墙体上设置有内宽外窄的枪眼,整座炮楼的形状结构与当地的客家土围城的结构相同。民国时期,炮楼临街的墙体经改造成骑楼格局后作商铺,商号名"昌权"。中华人民共和国成立后,曾作为白龙公社机关驻地旧址,现为民居。

老街临街商铺的建筑多传统的砖木结构,内部结构以前铺(厅)后房(库)的两进为主,两进之间有天井,以利于排水、采光和空气流通。商铺的大门多为木板制作,铺面建有铺窗趸,铺窗趸上留有小窗洞,是为了方便街市打烊后,夜来客人购物方便。客来时,叩窗交钱取货,不用深夜洞开的撒门,既方便又安全。

老街临街商铺采取双坡硬山顶建筑,门前统一留有砖柱走廊,砖柱上绘制商品商标,又可挂招牌,既方便客人购物行走,又能体现商铺的经营特色和实力。老街商铺的走廊主要有以下几种:

(1)拱券屋檐廊顶结构,走廊的瓦面建成半圆形状,瓦面有双层。也有单层。这种拱券屋檐廊顶结构精致,廊顶下的墙壁上海绘有吉祥的民俗图案,这是主人经营实力的标志。建有拱券屋檐廊顶的商铺,就其建筑风格推测,年代较久远,应在清后期。

(2)斗拱拱券屋檐廊顶结构。这种建筑的特征,就是在与拱券屋檐廊顶结构的基础上增加了斗拱,这主要为大户商家或官署所有。

(3)镶饰瓦当屋檐廊顶结构。瓦当是古代中国建筑中覆盖建筑檐头筒瓦前端的遮挡,用以装饰美化和蔽护建筑物檐头的建筑,起源于汉代,属于最早的建筑装饰构件之一。在白龙城老街中,镶饰瓦当屋檐廊顶结构的房屋商铺虽然只有少数,但由于建筑豪华,住家非富即贵,对于考究老街的商业社会结构有着重要的意义。

(4)普通的檐廊结构。这是老街中最普遍的商铺住家,这种商铺住家多为砖瓦结构，建筑年限多在民国以后。

（5）骑楼建筑。老街内存留有少数的骑楼建筑，基本上都是商业用途。除了炮楼改建的之外，多系建于民国中后期，由经商有成的人士回乡建造。

老街内不同型制结构的商铺房屋，见证了在不同的历史时期内，白龙城老街社会经济的发展形态。

五、铜鼓出土遗址犹在

据民国版《合浦县志》记述："光绪四年、五年间，白龙城南门外二里许有土阜，俗称小墩岭。渔人从墩脚海沙内挖出铜鼓五，形状花纹如前述（鼓平面直径二尺零六分，颈圆周六尺，腰圆周五尺五寸，底圆周六尺二寸八分。腰左右共四耳，系以铁链。身高一尺二寸，鼓面花纹十五层，为锐干角者。二层为古钱形者，六层为四瓣花形者，一层为蝉形者，二层为方画饰形者，三层鼓身花纹相类皆精工细密。沿边蹲蛤蟆六，其三为单，其四为双。蛤蟆大小负重量二百觔有奇。）最大者送入白龙三清庙，一鼍入城南李氏安园，一鼍入珧市于宅，一鼍入城南李氏平园，一鼍入山体藏天后宫。"

光绪四年、五年间，即是 1878 年、1879 年。这是目前最早的关于白龙城出土汉代文物的纪录。在民国版《合浦县志》中，对这五面铜鼓出土后的去处都有准确的记录。遗憾的是，到后来都不知所踪了。

除此之外，在民国年间，白龙城又挖出了 3 面铜鼓。

为了探究白龙铜鼓的史迹，笔者专门前往白龙城查访，经与城中老人交谈，知道白龙城铜鼓的事典。由于岁月久远，对于清代出土的铜鼓，都只知其事，而出土地址在何处，也都是"未识其庐山真面目"；但一提起民国出土的铜鼓，老人们的话题就多了起来，并能准确地说出出土铜鼓的地址所在，是在白龙城南门外约两里海岸边的一个名叫"暗沙窝"的地方。

根据老人们的提示，在营盘镇有关人员的带领下，笔者一行顺利地找到了海岸边的"暗沙窝"。但是，由于当地村民在这一带抽沙，原来的地貌已经大面积改变。正在寻觅间，发现树下面正坐着一个放牛的老翁。经交流，老翁了解了笔者一行的来意，笑着对我们说："哈，你们算是找对人啦，我当年就是亲眼看到过这几只铜鼓。"说起当年铜鼓出土的情况，老翁说，当时有两个地方挖出铜鼓，这两个地方都是在海岸的沙窝边，两处地方东西相距约三四百米。老翁边说边拿起手中的木棍，指着西边的一处沙丘告诉笔者，那是两只铜鼓出土的地方，说罢转身指着东边的另一处沙丘说，那是一只铜鼓出土的地方。

当我们问及铜鼓是怎样被挖出来的时候，老翁哈哈笑了起来说："那还用挖啊，西边的两个铜鼓是因为被海水冲崩了沙岸之后露出来之后被人们取出来的；而东边的那只铜鼓是因为被牛踩出来后才发现的。这些铜鼓被发现后，当时的政府部门就派人扛走，放在白龙城旁的'疍屋'里，过了一段时间才拉走。"

老翁所说的"疍屋"，是因何而得名，就连老翁自己也说不清楚，只说是疍人，即疍家佬居住的，因此世世代代都是如此称呼。听了老翁所说，笔者一行立即赶往"疍屋"，找到了村干部带路。来到"疍屋"前，却使我们大跌眼镜，原来，我们以为老翁所说的疍家佬住的"疍屋"是一般的疍家棚，谁知竟是一座客家土围楼式的建筑。高墙深院之中，青砖拱券，厚实的夯土墙上枪眼并列，显得格外森严。由于"疍屋"已经很长时间没人住了，楼顶、门窗已经塌空，整个土围楼内只剩下一座完整的泥砖建成的四合院，至今还有人居住。当我们再次向村干部打听这座"疍屋"名称的由来时，村干部也是说不出根源，只知道这曾是某姓家族的祖屋，由于早年间屋主一家都外出后，没人照管就成了这个状态。村干部还告诉我们，在"疍屋"的子孙中有人抗战时就参加革命。真希望这间"疍屋"的后人能回来修复这座有历史纪念意义的土围楼。

这就是关于白龙城及周边区域田野考古及出土文物的事典，留给了人们太多期待，也给人们留下了太多遗憾。相信也会有更多令人惊喜的发现……

六、白龙城外杨梅岭

在神话版的《珠还合浦》民间传说中，有"龙女化珠""太监割股藏珠""梅岭飞珠"等情节，说的是太监在白龙城掠抢到了龙女变幻的夜明珠后，在回京的路上经过杨梅岭时，这颗夜明珠就自动飞回白龙珠池。因此，为了防备夜明珠再度走失或被抢劫盗窃，这位自以为是的太监就在自己的屁股上挖开了一个洞，把夜明珠放进去之后，再缝合起来，以为这样再过杨梅岭的时候，夜明珠再也不会飞走了。谁知当他走到杨梅岭时，夜明珠还是飞回了白龙珠池。

杨梅岭位于白龙珍珠城东南约1千米处。就地理环境来考察，杨梅岭的确有雄踞海天、拱卫白龙城之势。因为在整个营盘镇的海岸地貌形态中，杨梅岭的地势最高。故在民间的口碑演绎中，杨梅岭有营盘的"印台"之称。无怪乎渔家们把护卫夜明珠的希望寄托在杨梅岭了。而杨梅岭名称的由来，则是因为岭上生长着具有传奇色彩的杨梅树王而得名。

据村里的老人说，杨梅岭上的杨梅树很多，其中的一株杨梅树王长得特别高大，成为渔家出海的方向坐标。久而久之，这颗杨梅树王在渔家的心目中，就有了保佑乡里平安的灵性。渔家们有了什么疑难事，都会来到树下倾诉祈祷，排解忧虑。而当时，村里有一个人发了一笔横财。他为了把这笔财宝藏好，而又不被别人发现，于是就想到了一条"巧计"，即在太阳出来的时候，以太阳照射在地上的树的阴影边缘线为标记，把财宝埋了进去。他以为这样神不知鬼不觉，就可以放心了。但是有一天，这珠杨梅树王突然不见了。这样一来，这个人埋财宝的标记线也不见了。此后，尽管他凭着记忆中的杨梅树王的阴影边缘线的位置拼命地挖，但任凭他怎样挖，即使挖遍了半边山岭，也无法找到所埋的财宝，最后只好放弃了挖寻。然而奇怪的是，当这个人放弃了挖寻之后，这株杨梅树王又突然回到了原位，而被挖开的地方在岭底下成了两条大水沟。时至今日，来到杨梅岭的一株古榕下，确实可见两条大水沟的痕迹依然存在。

杨梅岭的另一个神奇点就是岭头上建于元代的杨梅寺。这座杨梅寺的建立也来源于一个传奇的故事。

据明崇祯版《廉州府志》记载：相传，古时有一块浮在海面的大盘石，随风漂到了杨梅岭下的海滩。渔家们见此状况，都认为这是天赐神物。于是都到这块盘石前祈祷许愿，祈祷以后出海都能够风调雨顺，得到好的渔获收成。许愿得到神石的保佑之后，就专门建一座寺庙来供奉神石。果然，经过祈祷许愿之后，渔家每次出海都得到了好的渔获收成。于是，大家就决定把这块神石抬上杨梅岭建寺供奉。当大家合力扛着这块神石往岭顶上走，行走至一株杨梅树下时，绳子突然断了，神石再也扛不动了。渔家们就因此认为这是神石要在这瑞安座的表示，于是就地建起了一座寺庙。因为是在杨梅岭上的杨梅树下，就取名为"杨梅寺"。据称杨梅寺建好后，不但是对渔家们的祈祷许愿非常灵验，更是在每逢水患旱灾、疫病侵害时，"祷之即应"。到了明代洪武二十九年（1396年），廉州府通判（明代分掌粮运、水利、屯田、牧马、江海防务等事务的州府副职）夏子辉对杨梅寺进行了扩建。在这次重建中，夏子辉针对珠民到珠池采珠时多遇风险而产生恐惧畏难心理的状况，在寺中增加了护佑珠池大有、祈祷珠民平安的祈祷规制，使之规模更胜从前，香火连绵不断。此后，白龙城及周边的渔家在每年的农历三月，都要在杨梅寺举行一次隆重的集体祭海仪式，以祈祷珠池大有及渔获丰收。从廉州府通判夏子辉扩建杨梅寺的时间来推定，时在明代洪武二十九年即1396年，距元朝灭亡、明朝建立的1368年仅28年，因此杨梅寺创建的时间应该更早远，起码是在元代。

来到杨梅岭寻访古寺，就得沿着从山坡上伸延下来的一条布满网状树根的泥道爬上山坡，来到一棵古榕树下。这棵古榕不知经过了多少代的轮回生长繁衍，发达的根系和树的主杆已经参差混生在一起，形成了独木成林的景观，与周边攀绕生长的灌木丛连成一片，把整个杨梅岭造就出一派原始山林的景象。而山坡泥道上层层的网状树根，正是这棵古榕树蔓延的根系所致。

古榕树下，虽然已经看不到当年杨梅寺的盛况，但在古榕树下的周围，到处都可见到杨梅寺的墙脚遗址及散落的寺中旧物件。在杨梅寺遗址残留的旧物件中，有硕大的鼎型香炉、石雕莲花托、石烛台、石础座和础柱、古城砖及形状不一的石件。从形状造型上看，这些大型建筑的构件，似依稀可辨杨梅寺往昔的规模。在这些寺中旧物件堆中，笔者还发现了一块埋在泥中，约三四十厘米见方的陶瓷构件。这块陶瓷构件的形状很像是屋脊檐角的残留部分，构件上半部的左上方刻有一个放射出光芒的太阳，在太阳图案的右下方，则刻有一条墨鱼；构件的下半部则是代表海水波纹的弧线。这组图案的线条粗糙简练，构图风格古朴中带有几分图腾的神秘气氛。看着这个构图，不禁让人联想起渔家建寺的祈愿：放射出光芒的太阳代表天气晴朗，风调雨顺；而墨鱼则代表渔获大丰收。或者这个放射出光芒的图案，又是一颗闪闪发光的夜明珠，代表着珠飞不过梅岭，珠还白龙池。总之这里面蕴含着何种文化信息，确实一下子难以破解。但从构件的檐顶造型上看，可见当年杨梅寺建筑风格的独特之处及其宏大规制。虽然至今杨梅寺已经毁坏多年，但白龙城及周边渔家的集体祭海仪式，每年三月都还在这里举行。每年祭海仪式留下的痕迹，更增添了人们对古寺遗址的猜想，激发起人们观光探究的浓厚兴趣。

这就是充满神秘色彩的杨梅岭、杨梅寺、古榕树和祭海仪式。在太多的沧桑传奇中，隐藏着太多尚未解开的历史谜团……

杨梅寺遗址1993年被列为合浦县文物保护单位。2001年被公布为北海市文物保护单位。

七、杨梅珠池

杨梅珠池的史料记载，最早可溯源到元代以前。据《明史》《大明会典卷》等史籍记述："成化九年、令看守廉州府杨梅等池奉御、兼管永安"；"二十三年、差太监一员、看守永安所杨梅珠池"；"弘治七年、差太监一员、看守广东廉州府杨梅、青莺、平江三处珠池。兼巡捕廉琼二府。并带管永安珠池。"这些经典史籍多次提及朝廷对杨梅珠池的经营管理，由此可见杨梅珠池在南珠产业中的重要地位与影响。

明代屈大均在《广东新语》中记述："合浦海中有珠池七所。其大者曰平江、杨梅、青婴，次曰乌坭、白沙、断望、海猪沙，而白龙池尤大。"

八、西城门遗址

白龙珍珠城西门遗址位于西街口,从挖方现场中可以清楚地看出,遗址上出城的车辙虽然来自不同方向,但都是由城内向外走,车辙的宽度都是相同的,由此也可看出城门的大小。此外,西门面对白龙古港口,又与白龙古井相近,由此可推测,西门在古代是重要的对外交通通道。白龙珍珠城西城门的遗址发现,为考究白龙城的规制提供了重要见证。

九、珍珠贝层遗址

白龙珍珠古城周边地下埋藏着大量的古珠贝,最厚的珠贝层可达 2 米,这都是极具保护开发价值的物质遗存,应当及时加以有效保护。

十、城内衙门考证及街道布局

白龙城曾作为各级官员衙门的驻地,衙门主要集中建于南门内的东侧,依次是防御千户所衙门、采珠太监公馆、县丞衙署、珠场巡司衙门、盐场大使署、水师都守署等。由此可见,当年古城规制之宏大,设施功能之齐备。这也都是将来白龙珍珠城旅游开发时难得的资源。了解了这些,才能对白龙珍珠城的旅游开发做到心中有景,策划有序。

古城内的街道布局设置,以东南西"三行"为主,"三行"是指鱼行、鸡行、米行三条主要南北走向的街道。如今还剩下与南门相对的中街基本完整,尚可从中依稀看到当年的格局。古城内的三行老街是古城布局的重要见证,老街三行具有典型明清风格的卷棚顶结构屋顶;商号依稀可见的民国骑楼;深嵌在民房夯墙里的层层珠贝;青砖铺成的街道路面,都是不可复制、不可增量的历史证物。

十一、西海庙传说

西海庙创建于明代,原址曾建有天妃庙(有考证认为明宣德年间所建的天妃庙址即于此)。据营盘民间传说,古时候,有一位渔夫在白龙港海上捕鱼时,每次撒网后总是被海底的什么物件卡住,船筏拉不动,无法行驶。于是渔夫默祷:海中灵物或过往神仙，如有什么需要服侍伺候的，拜托行个方便，让我把拉网捉鱼回家后，一定尽力而为。默祷结束后，渔夫拉网时，果然渔获大有，装满了船舱。当渔夫在整理渔获时，发现其中有一块礁石，拿来洗干净时，却是一座似人非人的五爪雕像。渔夫立即小心翼翼地把雕像包好，赶紧划船回家。而在回家的途中，总有一个白色的影子，时隐时现，忽前忽后地跟着，直到渔夫划船靠岸时，发现岸边不知何时漂来了一块白色的木雕神像。渔夫感到这是神灵的昭示，于是就带领家人在岸边就地建了一座庙来安奉这两座神像。因庙址是在白龙城西边海岸，故取名为西海庙。由于不知道神像属何路仙班，于是就着形状，将在海中捞起的神像称作"五爪大王"，将在岸边遇到的神像称作"煲水哥哥"（"煲水"：当地方言即是浮在水面的意思）。这就是西海庙的建成及庙中供奉"五爪大王""煲水哥哥"的由来。

十二、城内郑千岁墓

白龙城建成后，城内最高级别的官府衙门，就是供采珠钦差住所的采珠提举司。明代采珠钦差大多由太监担任，这些太监的职权很大，有的还兼有盐务和税收的职权。明代采珠频繁，所以进驻白龙城的采珠太监不少，如"李爷去思碑"中的太监李敬就是其中之一。据《廉州府志》等记载，白龙城内有太监郑千岁墓。这个太监郑千岁是谁呢？由于缺乏史料查证，至今还是一个谜。在封建社会里，千岁封号非寻常所得，均为皇家兄弟或分封藩王。太监被封千岁，只有明代七下南洋的三宝太监郑和。至于白龙城内的郑千岁墓，是否与郑和有关联？这是历史留在白龙城的一个重大疑团。

十三、罗隐与白龙神牛地的传说

罗隐（833—909年），原名横，字昭谏，浙江省杭州人，唐末五代时期诗人、文学家、思想家。

罗隐虽然才气非常出众，但科举之路非常坎坷，他10多次赴京参加进士考试，最后都是以落第告终，自称"十二三年就试期"，时也戏称之为"十上不第"，无奈间将名字的"横"改为"隐"，意即归隐不踏仕途。直到光启三年（887年）55岁时，归乡依吴越王钱镠，才得以任钱塘令、司勋郎中、给事中等职。至后梁开平三年（909年）去世。

在民间传说中，罗隐是地仙，而且有一张"圣贤嘴"，说什么就灵验什么，在民间广为流传。据民间传说白龙城外海中的神牛地，就是因罗隐而成。

罗隐科举仕途不顺，也就懒得在此一条路上走到底，干脆就四处游玩。加上他有说什么就应验什么的"圣贤嘴"，到哪里都有人讨好接待。一天，他要前往慕名已久的白龙城观光游玩。但他听说白龙城里有一个姓叶的富翁，不但非常吝啬，而且很势利。于是，当他来到了白龙城西村时，就多了一个心眼，把身上穿的衣服全都脱了，换上破衣烂衫，装成讨饭乞丐的模样，来到叶富翁家门前要讨水喝。叶富翁见罗隐破衣烂衫的样子，不但不给水喝，还恶言恶语相向，将罗隐驱赶。罗隐离开后，立即换了一身华丽的衣服，再次来到富翁家门前讨水喝。富翁见了一身华丽衣着的罗隐，立即笑脸相迎，把罗隐请进家中，捧为上宾，热情招待。罗隐见富翁如此嫌贫爱富的嘴脸，于是就对富翁说，白龙城外的西村海中有一口池塘，只要将100斗盐倒进去，就会变成百顷良田，而且倒多少盐进去就会得到多少顷良田。富翁听信罗隐的话，就马上把100斗盐倒进了这口池塘。却不知这口池塘就是神牛的窝，富翁正是因为沾这口神牛窝风水的保佑，才得以发家致富。富翁把盐倒进神牛窝后，池塘的水变咸了，就跑了出来。神牛跑了之后，富翁就开始没落，又变成了穷人。

　　却说那神牛被盐水呛出池塘后，就一口气地往海中跑，最后跑到了白龙珠池边时，看到珠池水晶宫门口有一座鲵鱼石，于是摇身一变，就变成了两条鲨鱼，日夜守护着白龙珠池里的夜明珠。这就是民间传说中白龙珠池有双鲨看守的由来。

　　自从神牛变成双鲨守珠池之后，鲵鱼石就开始流出淡水，为捕鱼采珠的渔家提供食用水。如今，在白龙城老一辈的口碑中流传的鲵鱼石故事就是因此而来。

十四、白龙古井证沧桑

　　白龙城西城门遗址外原有3口古井，由于历史久远，已经湮没。最近，营盘镇为了挖掘整合白龙城的历史文化遗迹资源，开始对这3口古井进行探方挖掘，已经准确地找到了其中一口古井的所在位置，并完整地挖了出来。

　　挖出来的第一口古井位于西城门遗址外的海岸小道旁。这是一口青砖围砌井壁的方形水井，井的口径约3尺，井的口沿四周都铺上了石板条，与北海地区常见的古井没有特殊的差别。只有一个明显的不同，就是井口中间多铺架了一块石板条，使井口成了"日"字形。为什么要在井口多架设一块石板条呢？这个令人不解的现象引起了大家的关注。有人认为可能是由于井水较深，增架这块石板条是为了让人们在打水时，能够一只脚跨在石板条上，既方便提水又省力。但是，这一说法并不能令人信服。有人认为，古时水井提水都是用吊杆或辘轳，这样更省力又安全。同时古代人对水井有着民俗崇拜，大多数水井旁设有水井龙神位，让人跨过水井提水的可能性不大，因为这是民间忌讳。因此，这口白龙古井的石板条不可能是为了让人们在打水时一只脚踏在石板条上省力而设置，应当别有他用。对此，也有人认为是为了方便盖井而设置。虽然对此众说纷纭，但最终的答案还是要等到挖至井底时，看是否有新的物证出现才能下结论。

白龙古井的出现，还有一个值得关注现象，就是根据当地人士的介绍，另外两口古井的位置与已挖出来的这口古井相距不远，也是处于相同的海岸坡地上。这样就给了人们一个联想：就已挖出来的这口古井的规模而言，是足够一个村子的人使用了，但是3口水井都连在一起，可以想见起码当时在白龙城及周边聚居的人口一定不少。而且就水井建造的规格而言，所用的建筑材料与当地民居的建筑材料大不相同。根据现场考察可见，现存老城区内的老房，大部分以夯土为墙，这是因为普通的老百姓建房子只能就地取材，用黄泥、砂土、石灰混合成"三合土"夯墙。而白龙古井的建筑材料是专用的青砖和石板条，由此足以证明，在当时的环境条件下，这口白龙古水井不只是为普通百姓的用水而建造的。而且，在当时的社会环境中，白龙城曾作为采珠太监公馆、珠场司巡检、盐场大使署、千户防御所、县丞衙署、水师都守等衙门的驻地，周边不可能聚居大量百姓。因此，这3口白龙古井很大可能是专为城内衙门所建造。至于建造的具体年代及用途，期待着白龙城这3口相连的古井在完成挖掘考证之后，能给我们带来更多的、有助于揭开白龙城神秘面纱的信息资料。

十五、祭海祭珠神仪式

据明代宋应星《天工开物》记述："凡廉州池，自乌泥、独揽沙至于青莺，可百八十里。……疍户采珠，每岁必以三月，时牲杀祭海神，极其虔敬。"

明末清初的岭南三大家之一屈大均在《广东新语》中说："凡采生珠，以二月之望为始，珠户人招集赢夫，割五大牲以祷，稍不虔洁，则大风翻搅海水，或有大鱼在蚌蛤左右，珠不可得。又复望祭于白龙池，以斯池接近交趾，其水深不可得珠，冀珠神移其大珠至于边海也。"

明崇祯版《廉州府志》记载："相传有盘石浮而至，渔人以为神。因祝之，若得鱼符所期，当立祠以报。果如所祝，遂升石至杨梅，绳断即其处立庙，故名。凡水旱疫疠，祷之即应有灵验。洪武二十九年通判夏子辉为采珠重建。"

由上可知，每年农历二月十五日开始至三月间，是官方确定的海祭、祭珠神时间，祭珠神是在白龙城，祈祷珠神移其大珠至于边海，让珠民容易采捕。祭祀海神是每年的农历二三月，在杨梅寺举行一次隆重的集体祭海仪式，以祈祷渔获丰收。

十六、钦差杜臻巡视白龙城遇老虎

古往今来,关于白龙城的故事总是成为人们口中不衰的传奇,许多达官贵人在白龙城留下人生足迹的同时,也为白龙城留下了足以资政考古的史迹事典。清康熙二十三年(1684年)春,钦差杜臻巡视白龙城及其所遇所记,就为白龙城记录留下了珍贵的考证史料。

杜臻,字肇余,浙江秀水(即今嘉兴)人,顺治十五(1658年)年进士,他在康熙时代历任翰林院侍读学士、内阁学士,礼部、吏部、刑部三部的左右,官至工部、刑部、礼部、兵部四部尚书,故有四部尚书之称。

康熙二十二年(1683年),为了考察广东和福建沿海地区的疆域民生与海防建设情况,康熙命时任工部尚书的杜臻与内阁学士石柱为钦差大臣,巡视粤闽沿海边界。白龙城作为重要的海防要塞,是廉州水师右营龙门营的协防要塞,与永安千户防御所城池相互呼应,时有"水陆中枢"之称。除了承担稽查沿海八寨的地方防务之外,还管辖白龙汛、珠场汛(今铁山港南康境)、调埠汛(今铁山港营盘境)、陇村汛(今铁山港营盘境)、川江汛(今合浦白沙境)、沙尾汛(今合浦白沙境)、对达汛(今合浦沙田境)、砍马汛(今山口境)、英罗汛(今山口境)、山口汛(今山口境)、西山汛(今广东廉江境)等地的边防海巡。因此,也是杜臻粤闽巡视之行的重点之一。

杜臻完成了廉州府城的巡视事务之后,于二月初一前往白龙城。由于当时天色已晚,不便入城,只好在城外露宿。却没有想到这竟是一个惊魂之夜。杜臻后来在《粤闽巡视纪略》中记述当时的情形:"二月丁酉朔行四十里至上窑,又三十里至白龙城。明时采珠内监所驻也,有城四门,内官署及巡道署废址犹存于城之东隅,皆荡为墟莽,城亦倾壤。是夕宿于野,四无人居,张幄以寝。夜分有物至帐外,勃窣作声。披帷视之,麂然巨虎也,方睨枥上,朦朦未觉,圈豕先见之,惊啼跃出,虎啮之而去。"

"平坡遇大虫"(廉州方言称老虎为"大虫")。这在廉州府的民谚中是指碰到了不可能发生的事情,而杜臻的白龙城外露宿之夜竟然真的是"平坡遇大虫"。是夜,杜臻听到了异常的声响,当他披衣起来外出察看时,看到的居然是一只大老虎。这只老虎正走到马槽边,窥视着马匹,伺机要对马匹发起攻击。但马匹也许过于疲倦,正在打瞌睡中,没有发现身边潜在的危机。而旁边猪圈栏的猪却先看到了老虎,由此惊恐起来,跳出猪圈逃命。这样正撞上了虎口,做了替死鬼,被老虎咬住拖走。杜臻夜宿白龙城外遇虎的经历,为廉州府"平坡遇大虫"存留了考证史实。

虽然经历了老虎吃猪的惊魂之夜,但杜臻并没因此仓促中断巡视日程,而是继续既定的行程："丙戌行三十里至兵畔村，又十里至珠场寨，明时设兵以防珠盗者也。偕李抚军、张正郎列坐海岸，望海外云山重叠如画，西即白龙城，东为调埠寨，又东稍南为永安所。而雷州又在其东，舒雁行列一览可尽。塘兵献鲎鱼雌雄各一，十二足，色青黑眼在背上，口在腹下。按鲎雌尝负雄，获雄则得雌，雌或脱去亦终就毙矣。吴都赋谓之乘鲎是也。尾锐而长，触之能击刺。人在海遇风则举尾扇之，俗呼鲎帆。陆佃《埤雅》视鸥制柂，观鲎掣帆是也。韩退之南食诗：鲎实如惠文，骨眼相负行。盖谓鲎实圆细如惠文，冠所缀珠然也。其血蔚蓝，实可以醢，介可以杓。"（《粤闽巡视纪略》）

杜臻在这段记述中，为我们留下了很重要的一个线索，就是他在白龙城巡视期间，守卫塘汛的士兵给他送来了一对鲎，由此他知道了鲎的血是淡蓝色的，鲎的蛋可以做酱状食品，而鲎壳还可以用来做成杓。这是关于古代北海地区最早食用并综合开发鲎产品的记录。

十七、宁海寺记碑考述

宁海寺建于白龙城内，寺废圮后，宁海寺记碑被遗弃于白龙小学内。1988年，广西壮族自治区文化厅文物处建白龙珍珠城碑亭，以收藏与白龙城相关的碑刻。碑亭建成后，宁海寺记碑移入亭内收藏至今。

宁海寺记碑，高156厘米，宽82厘米，厚14厘米。碑体由龙生九子之赑屃（又名霸下）背驮。赑屃头在出土时已损坏，现存头部为后补上。正面残存可辨的文字如下："钦差内臣……宣德戊申年奉……命来守珠池……诚心，海……于……年十二月戊寅日……工。……宁海寺……海神。"

考查碑文中"钦差内臣""宣德戊申年奉□命来守珠池"等记述可知，是时朝廷派采珠钦差到白龙城监守珠池。宣德戊申年，即明宣宗（朱瞻）三年，即1428年。宣德是明宣宗朱瞻执政的年号，执政时间为10年，即1426—1435年。其间，派出钦差到雷廉珠池监守采珠。

被派到白龙城监守珠池的采珠钦差是杨得荣。杨得荣奉皇命来白龙城监守珠池后，即动工兴建宁海寺，并于第二年十二月十五日竣工。宁海寺建成后，成为为渔家珠民祭祀海神和珠神的场所。由此可知，起码在宣德年间，白龙城内为接待采珠钦差，就设有采珠提举司的办事衙门（太监公馆）。杨得荣同时还在白龙城建天妃庙，并立碑纪事，因此为考究宁海寺的历史建制留下了参考凭证。

屈大均在《广东新语》中记："凡采生珠，以二月之望为始，珠户人召集嬴夫，割五大牲以祷，稍不虔洁，则大风翻搅海水，或有大鱼在蚌蛤左右，珠不可得。又复望祭于白龙池，以斯池接近交趾，其水深不可得珠，冀珠神移其大珠至于边海也。"

由此又可知，白龙城宁海寺是海上丝路始发港古代渔家珠民举行祭海仪式遗址的重要见证之一。

十八、黄爷去思碑考述

黄爷去思碑，原立于白龙城南门外，是为了记述明代万历年间的涠洲游击将军黄钟的事迹而建立。碑高 178 厘米，宽 95 厘米，厚 17 厘米。考证碑刻铭文，结合《廉州府志》《雷州府志》的有关记述，大略可知其事。

据康熙版《廉州府志》卷六《备倭》篇中记述，涠洲"昔为寇穴，万历六年，移雷州民耕住其地。万历十八年，设游击一员镇之。二十八年移于永安"。游击署移驻合浦山口永安后，同时兼辖涠洲、白龙城寨的"备倭"海防。而黄钟则自万历二十六年（1598 年）至万历二十九年（1601 年）任涠洲游击。黄钟原是广东从化千户防御所的百户，后以军功升任涠洲游击，时移驻永安城。

黄钟在任期间，曾率水师清剿涠洲、永安、白龙一带的海盗匪患，战功显著，如碑文所称："公既至，盗贼闻公威望，戢弓弃戈者十之六七。"民众"推牛饷士，士感恩欢呼，愿效死以报"。特别是在万历二十七年（1599 年）前后，倭寇屡犯广东沿海，进逼侵掠雷廉两府，气焰嚣张。黄钟亲率战舰出海与之作战，击退敌舰，挫败了倭寇的进犯图谋，保得地方安宁。万历二十九年（1601 年），黄钟调职离任，吏属士民为之立此"黄爷去思碑"，以表功德。

碑文中有"李公奉命采珠，与公竭力协力，谋而谋同"句。句中的"李公"，即是当时奉旨到广东采珠的内监李敬。由此可知，黄钟在任期间，清剿海盗匪患，抗击倭寇，曾得到李敬的助力。

黄爷去思碑及其所记载的史迹，是海上丝路始发港北海古代海防备倭、抗击外侮的重要存证，为后世考察白龙城的人文史迹提供了重要线索。

十九、李爷去思碑考述

李爷去思碑，原立于白龙城南门外，碑高 181 厘米，宽 88 厘米，厚 14 厘米。碑文原刻有数百字，现能辨认的字迹如下：

"官进侍内承运库典□

……民者也，遂以命公，濒海□民亦皆□用之。故而遣重臣，又以吾民□。丙午，李公□齐力问以故□会□当□。闻开采之际，珠官一至，百姓远徙，近海百里绝无烟火□之中□过半，李公……

广州府助银十两……"

碑文中的"进侍"，指侍候帝王的太监。"内承运库"，是明代的宦官机构名，主要职责是掌大内库藏，金银珍宝均隶之。由此可知碑主人的身份。

碑文中的"丙午"，即"丙午年"。根据立碑的朝代纪年推定，可以确定为明万历三十四年（1606年）。这是明神宗朱翊钧（1573—1620年在位）的执政年号。

碑文中的"李公"，查《廉州府志》《明史》等史志典籍得知，是万历二十七年奉旨到广东采珠的内监李敬。是时，李敬以珠池内监职兼带管广东矿税。在任历时8年，至"丙午年"。由此可知，立碑时间应在丙午年（1606年）后。

碑文中的"闻开采之际，珠官一至，百姓远徙，近海百里绝无烟火"一段，是指李敬的前任、监管开采珠池职兼征市舶司税课的太监李凤。李凤在任期间，对珠民狂征暴敛，残害一方，荼毒为祸，民愤极大，引发民变。碑文中故有此说。

而李敬在任期间虽然恶行不减，但鉴于前有李凤之祸，致珠池群盗蜂拥，曾上书皇帝请求罢采。又如黄爷去思碑文中所述的"李公奉命采珠，与公竭力协力，谋而谋同"，也算是为白龙城一带的剿匪抗倭出了力。这就是得以立碑纪事的原因。

李爷去思碑虽有献媚之词，但由此见证了采珠太监为祸珠池的社会背景。

二十、天妃庙记碑考述

天妃庙记碑是1988年广西壮族自治区文化厅文物处为修建珍珠城碑亭，挖掘地基时出土的。碑亭建成后，天妃庙记碑移入亭内收藏至今。

天妃庙记碑，高146厘米，宽74厘米，厚14厘米。天妃庙记碑为宣德三年（1428年）监守雷廉珠池采珠钦差杨得荣所建。宣德四年（1429年）十二月天妃庙建成后，立碑以记。天妃庙记碑的大部分碑文可辨认，文字如下：

"天妃庙记

钦差内臣杨得荣立天妃庙碑。

天妃，闽中湄州山人也，少即神慧，海上有□，舟楫得济，人民获安，故海边各立宫□□奉祀之。宣德三年余领命守珠池，就于海岸起立新庙一所，□□□□宝地风平浪静，海道肃清。仍祈境内□□，□生乐业，共享太平。乃使工刻石□□□□。□工于宣德四年冬十二月戊寅日。□□□年冬十二月己酉日□。

宣德辛亥四年冬至后四日立"

从碑记铭文记述中得以考证，天妃庙与宁海寺是同时兴建、同日竣工的。由此可见，当时白龙城祭祀文化之盛况，也为考察天妃文化进北海入海上丝路始发港传播的历史状况提供了准确的时间、地点及人文特色，具有重要的见证意义。

天妃庙记碑的存在，见证了白龙城天妃庙是广西北部湾地区最早的天妃祭祀宫庙之一。

二十一、白龙城"珠还合浦"神话传说

（1）白龙献珠。古代，在合浦福成江入海口的海面上，经常有一条白龙升腾盘旋。夜晚时，这条白龙还会从口中吐出一颗夜明珠，为还在海上劳作的渔民照亮海。从此之后，渔家每次出海都是风调雨顺，渔获大有。各地的渔家闻讯后，纷纷聚集在这一带居住，由此形成了村落。渔家为感念白龙的恩德，就将村名定为白龙村。

（2）珠池渔歌。白龙村的渔家在白龙的帮助下，不但经常渔获丰收，还在白龙的指引带领下，找到了盛产珍珠的珠池。此后，白龙村的渔家又能够去到珠池捕捞珍珠，拿到集市去交换粮食和生活所需品，增加了收入，日子一天天好起来。为了感谢白龙的帮助，大家就把这个珠池称作白龙珍珠池，并且在每年三月都要举行祭珠池仪式，以表达敬奉和谢意。

（3）筑城采珠。随着白龙珠池出产的优质珍珠越来越多，名声远播，各地的珠宝商们也都赶来收购白龙珍珠，却也引来了强盗及海匪为患。朝廷为此专门在这里建了一座千户防御所城堡，以加强地方治安管理及保障珍珠税赋和珍珠贡品的征集；还在城中设置了直属朝廷的采珠机构——采珠衙门公馆。城堡建成后，就白龙珠池之名而称白龙城。

（4）义救龙女。白龙村有一位善良正直的后生名叫海生。海生与老母亲一起相依为命过日子。海生以水性好、敢于见义勇为、热心助人而深得乡亲们敬重。凡村里遇到疑难之事，都请海生出面主持化解。有一次，不知从什么地方来了一个海怪，这个海怪张着血盆大口守在珠池入口，见有采珠人经过，就咬伤或吞噬。渔家因此都不敢去采珠了。海生决定只身闯进珠池探险，为民除害。

海生带着鱼叉刚来到珠池，就被海怪张口卷起的巨大漩涡抛起摔下。就在海生奋勇地与波涛周旋时，发现有一个女子正被海怪追逐着。海生趁海怪与女子相持纠缠中，奋力将鱼叉插进了海怪的双眼，海怪负痛逃离，海生救下了女子。原来这女子就是珠池龙宫的三公主，而海怪则是一条千年鲨鱼精。龙宫三公主得海生解救后，欲以

身相许而报恩来挽留海生。海生以侍母尽孝推辞了龙女的好意，回到了白龙村。

（5）碧海夜光。海生驱除了千年鲨鱼精救了龙宫三公主后，珠池又恢复了往日的安宁平静，渔家又可以到珠池去采珠谋生了。龙宫三公主却放不下对海生的思念，决定到渔村去与海生一起生活。于是，她就变成了一只孕育有珍珠的硕大珠贝，让海生在采珠时得到。海生把龙宫三公主变的珠贝带回家后，龙宫三公主现出了原形。海生不愿因为家境贫穷而连累龙宫三公主跟着挨苦，再一次拒绝了龙宫三公主的情意。但龙宫三公主并没有因此而放弃，而是坚定地留在海生家中，白天帮着担水煮饭，洗衣织网做家务，照顾海生的母亲。每逢月晦或阴天的晚上，龙宫三公主就化成夜明珠出现在海空，为渔家照明引路。在龙宫三公主的护佑下，白龙村渔家安居乐业。

（6）渔村结缘。龙宫三公主的真情终于感动了海生。在八月十五日中秋节那一天，海生和龙宫三公主喜结连理。吉日良辰，花好月圆之时，白龙村的所有乡亲都来为海生庆贺。海生的母亲高兴地告诉大家，新娘子的名字叫珠女。婚宴席间，大家一起高兴地唱起了《采珠谣》，跳起了欢乐的采珠舞。老龙王也派来了海中众仙，化幻彩虹，暗中助兴。

（7）太监逼迫。为了搜索更多的白龙珍珠，皇帝派出太监以钦差的身份作为采珠提举司使。采珠太监为了讨好宫中妃嫔争宠斗艳的奢求，私自扩大了征集珍珠的比例，将原定的"官四民六"改为"官六民四"。并实行滥采，将原来官府三年一次的集中采珠，改为每年一采。为了逼迫珠民多采好珠，太监还派兵将珠民赶至海中，将石块绑在珠民身上，沉到珠池底采珠。珠民因此"死者常葬鱼腹间"，积血化为海水丹。万落千村半已残。白龙珠池的珍珠也转移到其他海域隐藏了起来。

（8）珠民护珠。珍珠转移到其他海域隐藏了起来，即使"以人易珠"也满足不了采珠太监的贪欲。而这时，有奸徒为向采珠太监示好邀功，跑去告密说，白龙珠池海面上升腾的夜明珠就是海生的妻子珠女变幻的。采珠太监于是派出官兵包围了白龙村，限令村民交出夜明珠。村民们自动组织起来奋起反抗，宁死也不愿交出夜明珠，杀戮悲剧一触即发。

（9）龙女化珠。面对着天良丧尽的采珠太监，为了避免乡亲们遭受无辜的残害，珠女毅然挺身而出，向采珠太监提出，只要撤出围村的官兵，并亲口向全村乡亲们做出承诺，以后不得有任何报复行为，自己可以化幻成夜明珠由太监带走。采珠太监为了得到夜明珠，只好答应了珠女的条件，将围村的官兵全部撤走。就这样，珠女为救乡亲，献身化成了夜明珠。

（10）太监夺珠。珠女献身化成了夜明珠被采珠太监抢到手后，立即用千层丝绸、百层锦盒把夜明珠封闭起来，在重兵护送下连夜赶回合浦郡城。为了防止在将夜明珠护送到京城的途中，被珠民拦截夺回，采珠太监想出了恶毒的"连坐计"：在夜明珠离开合浦境地之前，凡有所失，均以白龙村全部村民"连坐"惩罚。海生和村民们只好忍痛看着珠女被囚禁运走。

（11）梅岭飞珠。采珠太监以为出此毒计之后便万无一失，就可以安全及时地将夜明珠运送进京向皇帝邀功。于是一方面派出八百里加急快骑向京城报喜，一方面以钦差的权力严令沿途加派官兵接应。之后，就带着大队精兵铁骑，浩浩荡荡地护送着夜明珠向京城出发。就在采珠太监一路上做着飞黄腾达的美梦来到白龙城外的杨梅岭时，突然间只见电闪雷鸣，夜明珠冲开了千层丝绸，百层锦盒的囚禁，飞回了白龙村。

（12）割股藏珠。夜明珠飞回了白龙村后，惊魂未定的采珠太监顾不得丢盔弃甲的狼狈相，立即驱赶兵马追到白龙村，再次夺回了夜明珠。领教了夜明珠梅岭飞珠的灵性之后，采珠太监意识到单靠武力是难以确保夜明珠顺利送达京城的，只好张榜求贤问计。这时有人献计说，夜明珠原是珠女变幻，属雌性，只要将之封闭在雄性的血肉中，就能将灵性化解。采珠太监听了之后立即将自己的股肉割开，将夜明珠塞了进去，再用丝线缝了起来后，顾不得伤痛就再次登程赶路。然而，刚到白龙城外的杨梅岭时，又见电闪雷鸣，夜明珠还是冲天而起，飞腾而去。采珠太监至此始知两次白龙飞珠不过杨梅岭，此是天意不可违。而自己再次误了行程，也无珠可献，已是犯了欺君大罪，只好自杀了之。

（13）珠还合浦。夜明珠飞回合浦之后，又重新出现在海空之上，她以自己的智慧仁爱之光，引导着曾经转移到别的海域去的珠贝重新回到合浦的各个珠池，不断孕育繁衍着更多优质的珍珠，让珠民们得以重回到珠池采珠谋生。为了感恩龙宫三公主（珠女）化幻夜明珠惠民的功德，民间将龙宫三公主奉为白龙珠池之神，朝廷为此专门扩建了杨梅寺，增建了祭祀珠神的规制，并确定了在白龙城举行祭祀白龙珠池珠神仪式的时间、规制及礼仪，一直传承至今。

（14）千秋珠韵。1958年，合浦的文艺工作者以白龙飞珠不过梅岭的传说为素材，创作了神话粤剧《珠还合浦》。1959年，粤剧《珠还合浦》作为国庆十周年献礼剧目，举行了专场演出，获得成功。此后，又先后经过10多次修改，最终形成了五场神话粤剧《珠还合浦》，并被国家文化部选调进京，参加全国戏剧汇演后，被确定为全国少数民族优秀保留剧目。2000年，粤剧《珠还合浦》参加广西第五届剧展，荣获"桂花工程"一等奖和11个单项奖。2007年，"合浦珠还民间传说"入选第一批自治区非物质文化遗产名录。粤剧《珠还合浦》成为献演剧目，此后，还多次到澳门、广州演出，继续精彩地传播着珠还合浦永恒的文化魅力。

后 记

北海是一座蕴含文化气质之城，历史造化厚重神奇，丝路人文独具魅力。编辑本书来彰显这种传统文化张力，以助力北海文化软实力提升，是我们已久的心愿。2017年4月19日，习近平总书记视察北海时强调："要让文物说话，让历史说话，让文化说话。""写好新世纪海上丝路新篇章。"总书记深情的嘱托、殷切的期望，让我们倍感温暖、倍受激励，编书愿望更为强烈和迫切了。经过反复斟酌，我们将书名定为《海丝北海》，并于2017年下半年就着手搜集材料，2019年年初又在报刊、网络、微信公众号开展征文活动，但所收集到的材料不足，而且许多内容难以触摸北海丝路文化的厚重脉搏，对此，我们曾一度充满焦虑和不安。

2019年5月，我们与北海市图书馆在推进社科普及基地共建过程中，得知该馆收集有相关的北海史料后欣喜异常，当即请求他们帮助提供这些史料。该馆副馆长陈宗雁对此十分支持，将其掌握的有关史料悉数提供。与此同时，我们通过这些亲朋的口口相传以及微信、电话等方式，动员包括离退休干部在内的80多人参加征文活动，确保了文稿数量。值得一提的是，很多像何兆海等已年届耄耋的老同志，虽然不会使用电脑，眼睛昏花，但怀着对北海的挚爱和创作的热情，仍然积极投稿应征，令人感动。

本书在编纂过程中，得到了北海市委、市政府领导的高度重视，市委宣传部牵头组织市社会科学界联合会、北海日报社开展征文活动。上海社会科学院对编辑本书给予大力支持，表示与北海市社会科学界联合会共同出资出版本书。该院院长王德忠在百忙之中为本书作序，我们对此深表敬意。本书还得到了北海市图书馆馆长李道海、文献信息部主任莫雯、网络技术部主任陈喜的积极配合；得到了北海日报社记者庞华坚、市摄影家协会部分会员的热心帮助，谨致谢意！市文联副主席邓超斌提供了部分照片，市委党校校务委员赖文葵为本书提了许多宝贵意见，付出了艰辛劳动，深表感谢！

时任上海社会科学院党政办主任邵建、科研处副处长李宏利等也为本书出版付出辛劳，没有他们的鼎力相助，本书难与读者见面。

本书写史而不拘囿于史，既有史料的严密，引经据典以求真；又有记人叙事，强化了阅读的趣味性，让人在轻松的赏析中了解北海的历史与现状、探讨海丝文化内涵、认识北海的历史人物、解读北海发展轨迹，具有可观的收藏和翻阅价值。

由于本书编纂时间仓促，难免错漏，敬祈谅解。

恳望读者朋友多提宝贵意见和建议。

编　者

2020 年 12 月

图书在版编目(CIP)数据

海丝北海 / 上海社会科学院，北海市社会科学界联合会，北海职业学院合编 . — 上海 ：上海社会科学院出版社，2021
 ISBN 978-7-5520-3481-3

Ⅰ.①海… Ⅱ.①上… ②北… ③北… Ⅲ.①北海市—概况 Ⅳ.①K926.73

中国版本图书馆CIP数据核字(2021)第155453号

海丝北海

编　　者	上海社会科学院　北海市社会科学界联合会　北海职业学院
出 品 人	佘　凌
责任编辑	熊　艳
封面设计	夏艺堂艺术设计
出版发行	上海社会科学院出版社
	上海顺昌路622号　邮编200025
	电话总机021-63315947　销售热线021-53063735
	http://www.sassp.cn　E-mail: sassp@sassp.cn
排　　版	南京展望文化发展有限公司
印　　刷	上海盛通时代印刷有限公司
开　　本	787毫米×1092毫米　1/16
印　　张	24.5
插　　页	1
字　　数	460千
版　　次	2021年10月第1版　2021年10月第1次印刷

ISBN 978-7-5520-3481-3/K·622　　　　　　　定价：128.00元

版权所有　翻印必究